의사소통장애아동 부모교육과 참여

석 동 일 저

대구대학교출판부

의사소통장애아동 부모교육과 참여

국립중앙도서관 출판시도서목록(CIP)

의사소통장애아동 부모교육과 참여 = Parents education and participation in children with communication disorder / 석동일. -- 경산 : 대구대학교 출판부, 2006
p. ; cm

참고문헌과 색인수록
ISBN 89-7794-396-5 93370

379.13-KDC4
371.914-DDC21 CIP2006001856

머리말

21세기의 특징 중 하나는 문제를 해결함에 있어서 팀 접근을 강조하고 있다. 이 이념의 기저에는 개별사고보다는 집단사고, 이분법적 사고보다는 복시각적 사고, 단일 학문접근보다는 다중 학문접근이 보다 정확히 문제를 해결할 수 있다는 데 있다. 이와 같은 시대적 맥락과 더불어 언어치료사만의 치료는 이제 생각할 수가 없으며, 부모를 포함하여 치료에 도움이 되는 모든 사람이 팀이 되어 치료에 접근해야 된다는 사실이다. 따라서 이 책에서는 "의사통장애아동의 문제 해결에 부모가 반드시 참여해야 하며, 참여를 위해서 부모교육은 필수적이다"라는 전제에서 집필의 기본 방향을 설정하고 있다.

또 하나의 기본 방향은 의사소통장애아동 치료의 궁극적인 목표를 의사소통 그 자체가 아니며, 의사소통장애를 가지고 있는 아동에 두고 있다. 따라서 언어치료의 결과도 중요하지만 어떤 방법으로 언어치료가 이루어졌느냐의 과정도 중요하다. 이와 같은 이념에서 행동주의 심리학에 기초한 전통적 언어치료 방법에 대한 비판이 대두되면서 인간중심주의 심리학을 바탕으로 하는 자연적인 언어치료방법의 필요성을 강조하기 시작하였다. 아울러 천민 문화적 언어 치료 방법에서 탈피하여 고급화된 언어치료를 추구하기 시작하였다. 이런 인간중심주의적 요구에 따라서 총체적 자연적 언어치료의 필요성을 느끼게 되고 이런 요구를 가장 효율적으로 반영할 수 있는 환경인 가정과 어머니가 상당히 많은 언어치료사의 역할을 해야 한다는 것에 두 번째 기본 철학을 두었다.

세 번째 기본방향은 의사소통장애의 효율적인 치료는 최 조기교육이 필수적이며, 이 조기교육의 장이 가정과 부모라는 데 두었다.

그리하여 의사소통장애아동의 문제 해결은 가정과 치료실이, 부모와 치료사가 팀이 되어 접근해야 함을 전제로 이 책의 내용을 구성하였다. 아울러 부모의 교육만으로는 문제가 해결될 수 없으며, 부모가 참여할 때 실현된다는 관점에서 부모의 참여도 이 책의 핵심 내용 중 하나이다.

이런 맥락에서 지금까지의 치료사 중심의 방법에서 탈피하여 치료사, 부모, 가족 및 관련 전문가를 포함하는 팀 접근적 방법에 대한 인식의 중요성을 다루었고, 가정과 치료의 연계성, 즐거운 학습, 가정의 자연스런 경험의 중요성, 치료사에 대한 신뢰감 형성, 부모의 교육 참정권을 보장하는 필요성을 충분히 반영할 수 있는 내용을 구성하는데 역점을 두었다. 또한 부모 교육의 목적과 내용에서 기술 훈련보다는 정보 나누기와 부모 인식의 전환에 초점을 맞추었다. 기본적인 내용은 모든 장애아동 부모에게 공통적으로 적용할 수 있는 것으로 구성하였으며, 심층적으로는 의사소통장애아동 부모를 위한 내용을 다루었다. 이러한 구성에 비추어 볼 때, 이 책은 특수학교 교사, 언어치료사, 심리치료사, 직업재활 상담사를 포함하는 전문가와 부모 및 가족 모두에게 필요한 안내 및 정보를 줄 수 있다고 생각한다.

이 책은 크게 세 부분으로 구성하였다. 의사소통장애아동의 특성과 부모교육의 본질, 의사소통장애아동의 조기교육, 의사소통장애아동의 가족중심치료를 근간으로 하여 보다 심층적인 하위내용을 논하였다. 그리고 임상적인 이해를 위하여 필요한 장에서는 임상사례를 소개하였다.

이 책이 출판되기까지 자료와 원고 정리에 도움을 준 권미지 선생, 이명진, 박수나 학생에게 감사를 표한다.

2006년 7월 30일

대명동 연구실에서 석 동 일

차 례

제 1 장 의사소통장애의 특성

제2장 의사소통장애아동 부모교육의 본질

제3장 의사소통장애아동 부모교육 이론

제 4 장 의사소통장애아동의 가족 정서

제 5 장 의사소통장애아동 가족의 상호작용

제6장 의사소통장애유아 조기교육의 기초

제7장 의사소통장애유아의 가정 지도

제 8 장 조기 의사소통기능 지도

제9장 의사소통장애아동 부모 및 가족 상담

제10장 의사소통장애아동 가족 중심 치료기법의 절차

제 11 장 의사소통장애아동 가족 중심 치료의 상담기술

제12장 의사소통장애아동 가족 중심 치료기법의 적용

제1장 의사소통장애의 특성

의사소통장애를 가진 사람은 모든 학습에 필요한 기본 도구를 가지지 못함으로써 학교 및 사회생활에서의 활동과 참여에 제한을 받게 된다. 따라서 이들은 대부분 학업 성취 수준이 낮고 사회 및 직업 적응을 잘할 수 없다. 그러나 의사소통의 문제는 개선될 수 있으며 경우에 따라서는 극복될 수도 있다. 어떻게 하면 그것이 가능한지, 그리고 어떤 방법이 효과적인지, 이러한 물음을 중심으로 이 장에서는 의사소통장애의 개념과 진단을 중심으로 그 특성을 이해하는 데 초점을 둔다. 의사소통장애의 유형에는 말장애, 언어장애, 그리고 듣기장애로 나누어진다.

1. 개념

1) 정의

(1) 의사소통(communication)

사람 간에 사고, 정보, 그리고 아이디어를 교환하는 것을 말하며, 이 과정이 일어나기 위해서는 송신자, 메시지, 그리고 수신자가 필요하다. 송신자는 메시지를 보내는 사람을 말하며, 수신자는 송신자의 메시지를 이해하고 반응하는 사람을 말한다. 메시지에는 구어(spoken language), 문어(written language), 수어(sign language), 그리고 체어(gestured language)와 같은 언어적인 것과 의사소통환경과 같은 비언어적인 것이 있다. 즉, 의사소통이 이루어지기 위해서는 메시지가 있어야 하고, 그 메시지가 송신자에 의해서 암호화되어 표현되어야 하며, 그 메시지는 수신자에 의해서 해독되어 정확히 수용되어야 한다. 따라서 송신자, 메시지, 수신자 중에서 어느 한 요소가 결여되어도 의사소통은 이루어질 수 없다(그림 1-1).

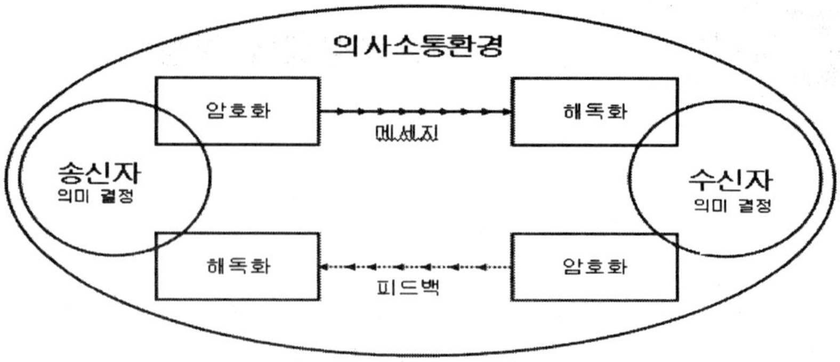

〔그림 1-1〕 의사소통 모델

(2) 말(speech)

언어 부호의 구어적 표현으로 음성기관에 의해서 언어학적인 기호를 조음 및 음향학적으로 산출하는 것을 말한다. 말소리를 산출하는 음성기관은 발성기관, 조음(발음)기관, 그리고 공명기관으로 구성되어 있다. 발성기관은 주로 날숨에 의해서 기류를 생성하는 발동부(폐)와 성대에 의해서 기류를 1차적으로 변형시켜 소리를 발생하는 발성부(성대)로 나눈다. 조음기관에서는 조음자(능동부)인 아랫입술, 혀끝, 앞혓바닥, 뒷혓바닥, 혀뿌리와 조음점(고정부)인 윗입술, 윗잇몸, 여린입천장(연구개), 센 입천장(경구개), 인두벽의 협응에 의하여 기류를 2차적으로 변형시켜 특정한 말소리를 만들어 낸다. 그리고 입술강, 구강, 비강, 인두강으로 구성되어 있는 공명기관에서 화자의 독특한 말소리의 특성(맵시)을 나타내 준다(그림 1-2).

(3) 언어(language)

의사소통에 쓰이는 부호와 기호의 체계이다. 언어의 하위 유형에는 조음기관에서 내는 음성을 형식으로 하여 어느 일정한 모양의 음성에다가 뜻을 실은 기호의 체계인 구어와 이 구어를 문자 부호화한 문어가 있다. 그리고 음성언어의 규칙과는 다소 다르며 얼굴과 손 등을 주로 사용하는 수어와 그 외에 몸짓과 제스처로 된 체어(body language)가 있다.

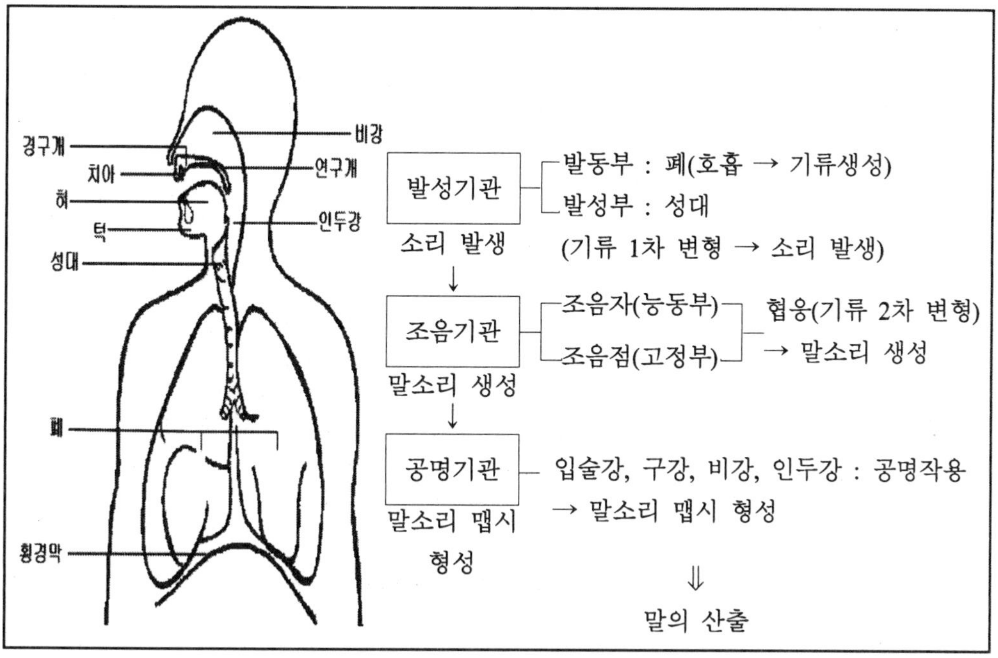

〔그림 1-2〕 말의 산출 과정

(4) 의사소통장애(communication disorders)

의사소통장애는 일반적으로 말과 언어장애 그리고 청각장애(hearing disorders)를 포함한 포괄적인 개념이다. 의사소통이란 송신자와 수신자 사이에 메시지를 전달하는 과정으로 이 과정에서 일어나는 모든 장애를 의사소통장애라 할 수 있다. 즉, 메시지는 다양한 방법으로 전달될 수 있으며, 그 과정에서 장애가 온 것이다. 따라서 의사소통장애에는 ① 기호체계의 의미를 수용하거나 처리하는 능력, ② 개념이나 기호체계를 나타내는 능력, ③ 기호체계를 전달하고 사용하는 능력 등에서의 손상이 포함된다.

의사소통장애를 가지게 되면 메시지를 전달하거나 지각하는 데 결함이 있으며, 이로 인해 학습·경제적·사회적 불이익을 받을 수 있고, 정서적 발달에 부정적인 영향과 신체적 손상 또는 건강의 위협을 받게 된다.

2) 분류

의사소통장애는 크게 말장애, 언어장애, 그리고 청각장애로 나눌 수 있다(그림 1-3).

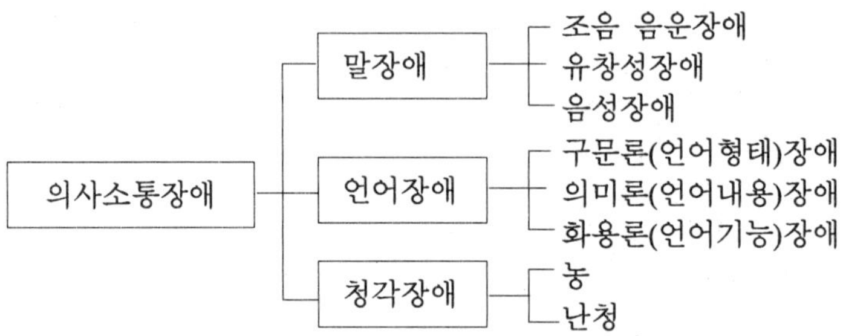

〔그림 1-3〕 의사소통장애의 분류

(1) 말장애(speech disorders)

말장애는 조음 음운장애, 유창성장애, 음성장애로 나눈다.

① 조음 음운장애(articulation and phonological disorders): 조음기관에 어떤 이상이 있거나 잘못된 언어학습, 청력손실, 정신지체 또는 심리적 정서적 원인으로 인한 대치, 생략, 왜곡, 첨가 등의 증상으로 바른 조음을 못하는 경우이다. 조음 음운장애의 유형에는 음소적 장애(phonetic disorders)와 음운적 장애(phonological disorders)가 있으며, 음소적 장애는 음성기관의 구조적, 운동적 또는 감각적 장애 때문에 어떤 어음을 어떤 문맥에서도 바르게 낼 수 없는 경우로 기질적 조음장애라고도 한다. 반면에 음운적 장애는 음성기관의 기질적인 장애가 없음에도 오류를 나타낸다. 이들은 음의 산출에는 문제가 없으나 그들 자신의 어음산출 방식을 사용함으로써 오류를 나타낸다. 이들을 기능적 조음장애라고도 한다. 이 장애의 범주에 방언으로 인한 경우는 제외한다.

② 유창성장애(fluency disorders): 습관적으로 머뭇거림, 반복, 연장 등의 형태로 비정상적인 방해를 나타내는 증상을 유창성장애라고 한다. ASHA(1993)에서는 "음, 음절, 단어, 구의 비정상적인 리듬과 반복으로 말의 흐름에 방해를 받는 것이며 과도한 긴장, 투쟁적 행동, 그리고 부수적 매너리즘 등이 동반될 수 있다."

고 정의하고 있다. 이들의 유형에는 말의 흐름(시간)에 문제가 있는 것으로 음의 반복 또는 연장 등에 의해 말의 흐름에 이상을 가져오는 말더듬과 말이 너무 빨라서 발음이 잘못되거나 혼란된 문장구조로 말을 하는 속화, 그리고 말의 속도가 너무 느려서 말의 요지의 이해가 곤란하고 듣는 사람으로 하여금 지루함과 답답함을 주는 너무 느린 말의 형태들이 있다.

③ 음성장애(voice disorders): ASHA(1993, p.40)에서는 '음성이 화자의 나이나 성별에 비해 부적절하며 음성의 질, 고저, 강도, 공명, 지속시간이 비정상적으로 산출되는 경우'로 정의하고 있다. 즉, 말소리가 보통 사람과 달라서 상대방에게 불쾌한 느낌을 주거나 이야기의 내용이 충분히 전해지지 않는 경우로 여기에는 음도(pitch), 강도(intensity), 음질(quality) 이상으로 나눌 수 있다. 음성장애는 말의 명료도를 방해할 정도로 매우 심한 경우를 제외하고는 그 장애가 쉽게 노출되지 않는다. 그러나 후두의 제거로 인한 경우는 그 장애가 명확하다. 음성장애의 기본적인 유형으로 발성장애(phonation disorders)와 공명장애(resonance disorders)로 나누기도 하며, 발성장애는 음도(고저), 강도, 음질 이상을 포함하고 공명장애는 과대비성, 과소비성, 무비성 등을 포함한다.

(2) 언어장애(language disorders)

언어장애란 구어를 이해하거나 구사하는 대뇌 생리 과정에서의 결함으로 인하여 언어습득이 지체되는 의사소통장애의 유형이다. 언어장애는 수용 언어장애와 표현 언어장애로 분류된다. 즉, 자신의 의사를 언어적인 체계(예, 구어, 수어)로 상징화 또는 기호화하는 데 어려움을 나타내거나, 타인의 상징화 또는 기호화된 언어적인 체계를 이해하는데 어려움을 나타낼 수 있다. 언어장애의 유형을 구문론(언어형태)장애, 의미론(언어내용)장애, 그리고 화용론(언어기능)장애로 나누기도 하고, 실어증(aphasia)과 언어발달 지체(delayed language development)로 나누기도 한다. 실어증이란, 언어기호(language symbol)를 이해하거나 혹은 표현하지 못하는 경우를 말하며, 언어발달 지체란 말의 명료도가 문제가 되기도 하지만 어휘의 부족과 부적절한 문장형태를 사용하는 것이 주 특징이다.

(3) 청각장애(hearing disorders)

듣기장애는 청각경로에서 어느 부분의 손상으로 인하여 듣는 정도가 정상에서 일탈하게 되는 경우이며, 농(deaf)과 난청(hard of hearing)으로 나눈다.

2. 원인

의사소통장애의 원인을 유형에 따라 보면 다음과 같다.

1) 조음 음운장애

조음 음운장애 증상과 원인 사이에 1:1관계로 나타나는 경우는 없으며, 여러 가지 관련 요인들이 복합적으로 연결되어 하나의 증상으로 나타나게 된다. 원인으로는 해부학적 요인, 운동능력, 감각적 요인, 그리고 신경학적 요인 등이 있다.

(1) 해부학적 요인

어음의 산출에 영향을 미치는 해부학적 구조에는 입술, 치아, 혀, 경구개, 연구개 등이 포함되며, 이들 구조에 어떤 이상이 있으면 어음의 산출에 부정적인 영향을 미친다. 왜냐하면, 해부학적 구조에 이상이 있으면 특정한 어음을 산출하기 위해서 그 음 고유의 정확한 조음위치에 음성기관을 위치시킬 수 없기 때문이다.

(2) 운동능력

말은 조음기관을 통한 운동 행위이므로 조음능력과 운동능력 사이에는 밀접한 상관성이 있으며, 특히 음성의 분화능력이 우수한 혀를 중심으로 입술과 턱의 운동능력은 조음에서 매우 중요하다.

(3) 감각적 요인

감각적 요인에는 조음에 영향을 미치는 가장 중요한 변인인 청력을 비롯하여 어음 식별력, 구강 감각 지각력 등이 있다.

(4) 신경학적 요인

조음은 근육의 힘이나 움직임의 속도, 정확성, 지속성 등을 요하는 것이므로 신경 근육적인 기능 이상은 조음에 영향을 미치게 된다. 신경학적 요인에 의한 조음장애는 주로 기질적 조음장애로 마비성 구어장애(dysarthria), 구어 실행증(apraxia), 그리고 발달 구어 실행증(developmental verbal dyspraxia) 등이 있다.

2) 유창성장애

유창성장애의 가장 보편적인 것은 말더듬이다. 많은 유창성장애가 신경의 장애와 관련이 있지만 말더듬의 원인은 아직 명확히 밝혀지지 않았다. 따라서 지금까지 제시된 원인에 대한 이론 가운데서 상반된 이론들도 많이 있다. 여기서는 말더듬의 원인을 구조적, 신경증적 그리고 부정적 학습의 측면에서 제시한다.

(1) 구조적 원인

말더듬은 하나의 기질적인 원인을 가지고 있으며, 이러한 근원적인 신체적 결함 또는 기능부전이 겉으로 표출된 증상이라고 본다.

(2) 신경증적 원인

정상적인 말을 구사하기 위해 요구되는 빠르고 복잡하고 유연한 신경근육적 조정 또는 상황적 부담에 의한 불안, 정서적, 심리적 스트레스가 원인이 된다.

(3) 부정적 학습 원인

말의 학습과정에서 자연적이고 일반적인 초기의 실수, 머뭇거림, 방해 등이 근원이 되어 부적응 행동의 형식으로 학습된다.

3) 음성장애

음성장애의 원인은 크게 의학적 문제, 음성의 기능적 사용 문제, 음성 위생의 문제, 환경적 문제 그리고 심리적 문제로 나눈다.

(1) 의학적 문제

천식 · 갑상선 이상 · 치매 · 파킨슨병 등의 질병, 두경부와 관련된 수술, 대뇌 혈관 사고, 알레르기, 이뇨제 · 항우울제 · 항정신제 등의 약물 복용 등이 원인이 된다.

(2) 음성의 기능적 사용 문제

말을 많이 하는 것 · 소리 지르기 등의 음성 남용, 부적절한 음도 및 강도의 습관적인 사용, 부적당한 발성자세, 부적당한 호흡과 같은 음성 오용 행동 등이 원인이 된다.

(3) 음성 위생의 문제

흡연 및 음주 등이 원인이 된다.

(4) 환경적 문제

배우자 및 가족의 사망 · 별거 및 이혼 · 주거 환경의 변화 등에 의한 가족 및 가정생활, 직무의 변화 · 직장에서의 대인관계 등이 원인이 된다.

(5) 심리적 문제

불안 장애 등이 원인이 된다.

4) 언어장애

언어장애는 그가 소속된 사회 문화적으로 정해져 있는 정확한 언어 사용규칙에 문제가 있다. 여기에는 언어발달장애와 실어증으로 대별할 수 있다. 언어발달장애 즉, 구문론, 의미론, 화용론적 장애의 경우에는 인지적 능력, 사회성 문제, 운동능력 문제, 청력의 문제 등이 주된 원인이 된다. 말의 학습과정에서 메시지의 내용, 형식, 사용법 등을 적절하게 결합시키는 것은 일정 수준의 지적능력이 필요하기 때문에 정신지체는 언어발달에 장애를 가져올 수 있다. 지체정도에 따라 언어장애의 정도가 다르게 나타나지만, 정신지체는 음운론, 구문론, 의미론, 화용론 등 언어의 모든 측면에 영향을 줄 수 있다. 또한 듣기에 의해서 언어규칙을 학습하므로 듣기장애는 언어발달에 치명적인 영향을 미친다. 정서장애는 의사소통 욕구를 상실하거나 의사소통 상대를 두려워하거나 미워함으로써 의사소통이 이루어지지 않는다. 자폐증(autism) 아동은 타인과 음성언어적인 상호관계를 맺으려 하지 않는다. 또한 출산 시 외상, 자동차나 기타 사고로 인하여 폐쇄성 대뇌상해를 입은 아동들은 실어증을 야기한다. 한편 뇌손상의 병력도 없고 대뇌 병리적인 증상을 나타내는 신경학적인 증후는 없는데 실어증 아동과 동일한 장애를 나타내는 최소뇌손상 아동(minimally brain-damaged child)이 있으며, 이들은 읽기나 쓰기 같은 언어기능에 장애를 나타낸다. 끝으로 언어발달 장애의 원인은 언어경험의 박탈이다. 이를 테면, 부모들이 서로 말을 하지 않거나, 소음이 많은 가정, 부모와의 대화 부족 등은 언어발달에 부정적인 영향을 준다.

5) 청각장애

청각장애의 원인은 유전성, 약물복용, 음향, 외상, 노인성, 전신질환, 중이염에 의한 것으로 대별 할 수 있고, 손상부위에 따라 외이, 중이, 내이 및 신경으로 대별 할 수도 있다. 외이와 중이에 의한 원인은 별 문제가 되지 않으며, 내이나 신경에 의한 청각장애는 정도가 심하다.

3. 특성

1) 조음 음운장애

조음 음운장애는 음의 생략, 대치, 왜곡 그리고 첨가의 증상을 수반한다. 생략은 단어에서 발음되어야할 모든 음을 발음하지 못하는 경우이며(예, “바다”→“바아”), 대치는 표적음을 비표적음으로 대치하는 경우이다(예, “고기”→“고리”). 왜곡은 표준음을 비표준음으로 대치되는 경우이며(예, “학교”→“과대한 비음이 섞인 /ㅎ/발음의 학교"), 첨가는 표적음 외의 음을 첨가한다(예, "아기"→"자기").

조음장애는 어떤 문맥에서도 정조음이 어려우나, 음운장애는 어떤 문맥에서는 정 조음이 되나 다른 문맥에서는 정 조음이 안 되는 것이 조음장애와 다른 점이다. 그러나 일반적으로 두 장애의 특성을 구분해서 보기 보다는 묶어서 본다.

2) 유창성장애

언어를 유창하게 표현하는 것은 쉽지 않기 때문에 누구나 어느 정도의 비유창성을 나타낸다. 특히, 아동들은 언어를 학습하는 과정에 있기 때문에 비유창성을 더 많이 나타낸다. 이와 같이 정상적인 범위 내에서 말의 흐름이 깨어지는 것을 정상적인 비유창성이라고 하며, 주로 삽입(예, 나는 어 간다.), 수정(예, 나는 학교 아니 집에 간다.), 쉼(예, 나는 --- 학교에 간다.), 미완성구(예, 나는 가고, 형은---), 구의 반복(예, 나는 집에 나는 집에 간다.) 등의 증상을 나타낸다. 이와 같은 증상이 정상적인 범위를 벗어나면, 병리적인 비유창성이 된다. 병리적인 비유창성에는 단어전체 반복(예, 나는 나는 집에 간다.), 단어 부분 반복(예, 나나나나나는 학교에 간다.), 연장(예, 나~는 학교에 간다.), 폐쇄(예, 기류의 멈춤 또는 고정), 투쟁(예, 말을 하지 못하고 몸을 비트는 행동을 한다.) 등이 나타난다.

3) 음성장애

음성장애의 주 증상은 음도장애, 강도장애, 음질장애의 특성을 나타낸다.

음도장애는 너무 높은 소리(고 음도), 너무 낮은 소리(저 음도), 음의 높낮이가 없음(단 음도), 갑자기 소리가 급격하게 올라가거나 떨어지는 현상(음도 파열) 등이 나타난다. 강도장애는 너무 큰 소리(고 강도)와 너무 약한 소리(저 강도)가 주로 나타나는 증상이다. 그리고 음질장애는 목쉰 소리, 숨소리가 섞인 소리, 거친 소리 등의 증상이 나타난다.

4) 언어장애

(1) 구문론 장애

언어학적 구조 또는 형태의 이상으로 형태소 및 낱말의 배열과 그들이 결합하여 구, 절, 문장 등을 이루는 방법에 문제가 있다. 예를 들면, '풀이 토끼를 먹었다.'와 같은 문법형태소의 잘못된 사용, 낱말의 순서를 바꾸어 문장을 만드는 경우, 문장이 아닌 구의 형태로 사용하는 등의 특성이 있다.

(2) 의미론 장애

말의 이해 및 내용에 관한 이상으로 단어나 문장의 의미를 잘못 이해하고 사용한다. 예를 들면, 상대어(예, 여기-저기, 이-저)의 이해와 사용 곤란, 접속문의 의미 이해 곤란(예, '철수와 영수가 학교에 갔다.'에서 '철수'가 학교에 간 것은 이해하지만 '영수'가 학교에 간 것은 이해하지 못한다) 등의 특성이 있다.

(3) 화용론 장애

화용론적 능력이란 말하는 사람의 입장에서는 듣는 사람의 의도를 인식하고 이해하는 능력을 의미하며, 듣는 사람의 입장에서는 말하는 사람의 의도를 인식하고 이해하는 능력을 의미한다. 따라서 화용론적 장애는 실제 의사소통상황에서 말하는 사람과 듣는 사람과의 사이에 말의 기능적인 이상을 말한다. 예를 들면, 간접적인 표현을 이해하지 못한다거나 의사소통 순서를 잘 지키지 못하여 대답을 기다리지 않고 질문만 하기도 한다.

이들 아동의 일반적인 증상은 다음과 같다.

· 말을 잘 알아듣지 못한다.
· 어휘의 수가 적다.
· 말이 연결되지 않는다.
· 말의 수가 적다.
· 조사의 사용과 용언의 활용능력이 부족하다.

5) 청각장애

청각장애는 청력손실정도, 청력형, 장애의 발생 시기, 병변 부위에 따라 분류하나 일반적으로 말을 듣고 이해하는 정도에 따라서 농과 난청으로 대별한다. 두 집단 모두 말소리를 듣고 이해하는데 어려움이 있으며, 아울러 음운규칙의 학습에 실패하여 듣기와 말하기 능력 모두에 곤란을 가진다.

4. 진단

1) 조음 음운장애

조음검사의 목적은 선별, 진단(원인, 증상, 정도, 교육계획 결정), 효과의 측정, 예후의 측정 등에 있다.

(1) 선별검사

선별검사는 보통 5분 내에 실시할 수 있으며, 제한된 어휘샘플이지만 대표적인 샘플로 구성되어 있다. 선별검사는 비공식적인 것과 공식적인 것이 있다. 많이 사용하는 것으로 ① 자기의 이름과 주소 말하기, ② 하나에서 열까지 수 헤아리기, ③ 요일과 달 이름 말하기, ④ 자주 오조음되는 음이 들어 있는 발음을 유도하는 문장 반복하기, ⑤ 대표적인 어음이 들어 있는 문장 읽기 등이 있다.

(2) 진단검사

진단검사는 선별검사보다는 더 자세하게 실시되므로 더 많은 시간이 요구된다. 일반적으로 많이 사용하는 검사의 유형으로는 연속된 말검사, 어음검사, 자극수용력 검사(stimulability testing), 문맥검사(contextual testing) 등이 있다. 연속적인 말의 샘플을 얻는 가장 좋은 방법은 피검자와 자발적인 대화를 하여 얻는 것이다. 이렇게 하는 것이 어려운 경우는 ① 그림자극으로 유도해낸 대화적인 반응, ② 검사하려는 음을 포함하고 있는 글을 읽기, ③ 검사자의 모델을 따라 말하기 등이 있다. 어음검사는 피검자가 그림단어를 보고 명명하는 것이 가장 일반적이다. 이때 검사 자음은 그 단어의 어두, 어중, 어말 등의 위치에서 검사한다. 자극수용력 검사는 피검자가 조음평가에서 틀리게 발음한 음의 바른 모델을 모방하는 능력을 보는 것이다. 이 검사는 표적음을 포함하고 있는 음, 음절, 혹은 단어의 청·시각적 모델을 모방하기와 자발 발음하기의 두 결과를 비교한다. 즉, 비교 결과 자발 발음과 모방 발음의 능력이 같으면 자극수용력이 낮고, 자발 발음보다 모방 발음 능력이 좋으면 자극수용력이 우수하다. 문맥검사는 오조음의 일관성 측정과 오류음을 바르게 발음하는 문맥과 틀리게 발음하는 문맥을 찾는 데 목적이 있으므로 다양한 문맥에서 검사한다. 가장 널리 사용되는 조음 검사도구로는 3위치 조음검사, 한국어 발음검사(이현복 · 김선희, 1991), 우리말 조음 · 음운평가(신문자 · 김영태, 2002), 한국어 표준 그림조음검사(석동일 외, 2002) 등이 있다.

한편 음운장애 검사는 주로 음운변동을 검사하며, 석동일 등(2003)이 개발한 한국어 자동화 음운변동분석 프로그램(KAPA)이 있다.

2) 유창성장애

말더듬은 복잡하고 다차원적인 현상이기 때문에 평가방법 역시 다양한 접근을 통해서 이루어진다. 현재까지 객관적이고 신뢰성 있는 5가지 측정 영역은 말더듬의 빈도수, 말더듬의 평균 지속시간, 형태분석, 말더듬 비율, 그리고 수반행동 등이다.

(1) 말더듬 빈도

말을 더듬은 단어나 음절의 수 또는 %로 측정한다.

(2) 말더듬 지속시간

말더듬 지속시간을 평균하여 측정한다.

(3) 형태분석

형태분석에는 단어 전체반복, 단어 부분반복, 연장, 투쟁(막힘), 삽입, 수정, 미완성구, 구의 반복, 쉼 등으로 분석한다.

(4) 말더듬 비율

읽거나 말한 단어의 시간에 대한 비율로 측정한다.

(5) 수반행동

수반행동은 비유창한 말을 하는 동안에만 나타나며, 겉으로 드러난 수반행동

(예, 눈 깜박거림, 머리 움직임 등), 생리적인 수반행동(예, 심장맥박 변화, 떨림 등), 그리고 내면적인 수반행동(예, 좌절감, 공포, 불안 등) 등의 범주로 나누어진다.

3) 음성장애

음성장애의 진단을 위해서 아동에 대한 충분한 사례조사와 호흡, 발성, 공명에 관한 세밀한 분석을 해야 한다. 음성장애의 진단 및 평가영역은 사례조사, 음성 및 음성기능 평가로 나눈다.

(1) 사례조사

사례조사는 설문지, 상담 그리고 관찰로 이루어진다. 설문지에는 발병시기 및 기간과 같은 음성 문제, 현재의 질병과 약물의 복용과 같은 의학적 측면, 음성 사용, 흡연 및 음주와 같은 음성 위생, 유전적 요인과 직업생활 등의 가정 및 직장, 청력・언어・인지발달과 같은 발달적 정보, 성격・타인과의 상호작용과 같은 개인적 정보 등이 포함되어야 한다.

(2) 음성 및 음성기능 평가

음성 및 음성기능 평가에는 음성장애인의 음성을 직접 듣고 평가하는 주관적인 평가와 음성분석 기기를 사용하여 음향학적・생리학적・공기역학적 측면에서 분석하는 객관적 평가가 있다. 이들 검사도구로는 ① CSL(Computerized Speech Lab), ② MDVP(Multi-dimensional Voice Program), ③ Dr. Speech, ④ Visi-pitch, ⑤ Praat, ⑥ 후두 스트로보스코피, ⑦ 전기 성문파형검사, ⑧ Aerophone Ⅱ 등이 있다.

4) 언어장애

언어장애의 평가내용에는 언어체계의 구성요소와 언어과정의 두 측면에서 이루어진다.

(1) 음운능력

음운능력 평가는 주로 음운변동 분석을 통하여 이루어지며, 주로 생략·첨가·대치 음운변동을 분석한다.

(2) 구문능력

구문능력은 형태소의 결합, 구나 문장에서 낱말의 배열, 구나 문장의 접속 또는 연결 방법 등에 대한 능력으로 평균발화길이, 문법형태소, 구문 분석을 한다.

(3) 의미능력

의미능력은 낱말의 의미, 문장의 의미를 이해하고 표현하는 능력을 검사한다.

(4) 화용능력

화용능력 평가는 의사소통 의도와 대화능력으로 검사한다.

5) 청각장애

청각장애는 주로 순음 청력검사와 어음 청력검사에 의해 진단한다. 순음을 듣는 능력과 어음을 듣는 능력이 일치하지는 않는다. 그러나 순음청력검사도 회화범위의 말소리 주파수에서 이루어짐으로 순음청력검사 결과로도 어음을 듣는 능력을 어느 정도 예측할 수 있다.

단원 요약

- 의사소통의 요건에는 송신자와 수신자가 있어야 하고, 언어적 그리고 비언어적 메시지가 있어야 한다.
- 의사소통장애는 말장애, 언어장애, 듣기장애로 나눌 수 있으며, 대표적인 유형으로는 조음 음운장애, 유창성장애, 음성장애, 언어장애, 청각장애를 들 수 있다. 이들 장애는 독립적인 것이 아니고 상호 유기적인 관련성을 가지고 있

다.

▪ 의사소통장애의 원인은 장애유형에 따라 그 원인이 다르며, 모든 의사소통장애 유형별 증상과 원인 사이에 1:1관계가 성립되는 경우가 없다. 따라서 원인 역시 복잡하며, 유형 간에도 서로 복합적으로 관련되어 있다.

▪ 의사소통장애의 진단은 각 하위 유형별 진단도구들에 의해서 측정하고 평가한다. 국내에서도 많은 표준화된 검사도구들이 개발되고 있다.

생각할 내용

- 의사소통장애아동과 언어장애아동의 공통점과 차이점
- 의사소통장애의 분류기준과 그 의미
- 의사소통장애가 가족에게 미치는 영향

제2장 의사소통장애아동 부모교육의 본질

부모교육은 시대에 따라 그 인식과 필요성이 변하고 있으며, 용어 또한 다양하게 사용되고 있다. 따라서 이 장에서는 적어도 21세기를 조망하면서 부모교육의 정의, 목적, 기본 가정, 그리고 필요성의 측면에서 그 본질을 탐색하고자 한다.

1. 의사소통장애아동 부모교육의 정의

부모교육과 본질을 같이 하는 용어를 보면 크게 세 범주로 나누어 볼 수 있다. 즉, 부모교육(parent education) 또는 부모훈련(parent training), 부모참여(parent participation) 또는 부모개입(parent involvement), 그리고 부모 역할하기(parenting) 등이다.

부모교육 또는 부모훈련은 부모의 역할을 잘 수행하기 위한 교육 및 훈련으로 정의되며, 구체적으로는 ① 자녀의 의사소통장애 특성과 발달 특성을 바로 이해하고 이에 기초하여, ② 지금까지의 자녀 양육에 대한 사고, 행동 등 습관적인 태도와 방법을 재검토하여, ③ 새로운 자녀 양육 방법의 습득을 촉진시키는 교육적 경험을 말한다(이재연 등, 1990, p.36). 이것을 간략히 정의하면 부모역할에 변화를 주기 위한 일체의 교육적 활동으로 볼 수 있다. 이 용어에는 자녀에게 부정적 문제가 발생하지 않도록 하는 예방적 입장과 이미 발생된 문제를 치료하는 치료적 입장 모두를 포함하고 있다.

다음으로 부모참여는 자녀교육에 부모가 참여하는 것을 의미하며, 참여의 범위는 다양하나 크게 ① 의사소통장애아동 관련 정책을 입안할 때, ② 가정에서 치료사 역할을 할 때, ③ 치료실에서 보조 치료사 역할을 할 때 등이다.

끝으로 부모 역할하기는 비교적 최근에 나온 용어로 의사소통장애 자녀를 양육하고 보호하며 지도하는 과정을 의미하며, 어머니 역할하기(mothering)와 아버지 역할하기(fathering)로 나눌 수 있다.

이상에서 부모교육의 정의는 매우 광범위하며, 형식적(formal) 그리고 비형식적(informal)인 내용을 모두 포함한다. 부모교육은 '부모의 역할 수행에 변화를 일으키려는 것'으로서 '가정에서 부모의 자녀 양육 실행의 질을 높이기 위한' 목적을 가지고 있다(Schlossman, 1976, p.438). 아울러 부모교육의 내용은 아동 발달의 모든 면과 관련되어 있고, 아동의 신체적·정신적·정서적 문제가 모두 포함되는 광범위한 내용이다.

2. 의사소통장애아동 부모교육의 목적

의사소통장애아동 부모교육의 목적은 지식이나 이해 중심의 정보 나누기, 기술훈련, 부모인식의 전환, 그리고 문제 해결 등으로 나눌 수 있다(Fine, 1988).

1) 정보 나누기

(1) 목적 : 부모에게 도움이 된다고 판단되는 지식이나 경험한 사실을 알려주는 일
(2) 내용 : ① 의사소통장애 특성
② 의사소통장애아동 진단
③ 의사소통장애아동 치료방법과 내용(주로 이해나 지식의 측면)
④ 또래와의 상호작용
⑤ 취업, 진로, 결혼
(3) 방법 : 강연 및 토의, 관련 서적 읽기, 부모 모임, 인터넷 활용

2) 부모 인식의 전환

(1) 목적 : 양육 태도의 개선
(2) 내용 : ① 의사소통장애인관의 개선
② 의사소통장애 수용 자세의 확립
③ 의사소통장애아동에 대한 벌의 감소
④ 부모의 부정적 정서 감소
⑤ 적극적·능동적 대처능력 신장

⑥ 바람직한 부모-치료사 관계 형성

(3) 방법 : 강연, 부모교육, 성공사례 듣기, 자기반성 및 비판

3) 기술 훈련

(1) 목적 : 부모에게 의사소통장애아동 치료기술 습득

(2) 내용 : ① 시범 보이기(치료의 관찰)
② 치료하기
③ 동기유발 시키기
④ 가족교육 시키기

(3) 방법 : 시범-연습, 관찰, 치료방법 토의, 가정 치료 과제

4) 문제 해결하기

(1) 목적 : 습득된 기술에 의한 자녀의 문제 해결

(2) 내용 : ① 문제 파악하기
② 문제의 소유자 결정하기
③ 가능한 개입방법 탐색하기
④ 개입방법에 따른 결과 예상하기
⑤ 개입방법을 선택하여 시행계획 세우기
⑥ 시행된 계획의 효율성 평가하기

(3) 방법 : 과제-피드백, 보조 치료, 가정 치료, 치료활동 토의

이상에서 의사소통장애아동 부모교육의 궁극적 목적은 자녀가 가지고 있는 문제의 본질을 밝혀서 그것을 예방하거나 치료하는 데 있다. 이 목적 달성을 위해서 지식이나 이해도 중요하지만 아울러 치료할 수 있는 기술을 훈련받는 것이 필요하다.

3. 의사소통장애아동 부모교육의 기본 가정

모든 교육의 기본 전제는 가능성을 현실성으로 바꿀 수 있다는 데 있다. 이와 마

찬가지로 의사소통장애아동 부모교육도 몇 가지 기본적인 가정 위에서 성립한다.

1) 의사소통장애아동 자녀에 대한 부모의 영향

부모교육에 대한 기본 가정중 하나는 자녀의 성장과 발달에 부모의 영향이 크다는 전제이며, 특히 초기에 그 영향이 크다는 것이다. 자녀에 대한 부모의 영향은 아버지와 어머니의 역할 모두가 중요하다. 일반적으로 아버지보다는 어머니의 역할을 더 중요하게 생각하는 것은 어머니가 자녀를 양육하는 데 많이 관여하기 때문이지만 자녀의 성장과 발달에 아버지로서의 역할, 어머니로서의 역할 모두가 중요하다. 따라서 부모교육 프로그램에는 어머니와 아울러 아버지, 나아가서 가족 전체가 참여할 수 있도록 고안되어야 한다.

2) 조기 치료의 장으로 가정의 적절성

가정이 조기 치료의 장으로 적절한 이유를 다음과 같이 요약할 수 있다.

① 가정은 가장 자연스러운 치료의 장이다.
② 가정은 심리적으로 안정된 곳이다.
③ 유아는 가정에서 보내는 시간이 많다.
④ 부모가 시간을 적절히 활용할 수 있다.

3) 조기 치료 효과의 영속성

정신분석학이나 행동주의 이론에 의하면 아동기 초기의 경험 효과는 없어지지 않고 오래 지속된다고 본다. 물론 발달의 측면에서 보면 변화는 일생을 두고 각 단계에서 일어나며, 살아가면서 생기는 여러 사건과 그것이 행동에 미치는 영향을 강조한다. 따라서 성장의 후기 단계도 초기의 경험에 못지않게 중요하지만 부모교육의 측면에서는 조기 치료 효과의 영속성이 더 강조될 수밖에 없다.

4) 부모교육의 결과

부모교육이 부모의 지식, 태도 그리고 행동에 영향을 줄 수 있으며, 나아가 자녀의 양육태도를 바꾸어 자녀에게 영향을 줄 수 있다는 가정이다. 그러나 반대의 이론도 생각해 볼 수 있다.

첫째, 부모는 그들 부모 세대의 자녀 양육 방식을 반복할 수 있다.

둘째, 부모교육의 대상인 성인기는 아동기와 청년기보다는 학습이 비효율적일 수 있다.

4. 의사소통장애아동 부모교육의 필요성

지금까지의 논의에 비추어 보면 부모교육은 반드시 필요하며, 특히 의사소통장애아동 부모교육은 더욱 더 명확한 필요성을 느낀다. 왜냐하면 의사소통장애아동은 일반아동보다 환경의 영향을 더 많이 받기 때문이다. Hamner & Turner(1985)는 부모교육의 필요성을 다음과 같이 제시하고 있다.

첫째, 대부분의 사람들이 현재 부모이거나 미래에 부모가 된다. 그러므로 부모기의 역할에 대한 훈련이 필요하다.

둘째, 부모기에 대한 교육이 가정에서는 거의 제공되지 않을 뿐만 아니라 대부분의 교육 체계에서도 등한시되고 있다.

셋째, 부모기를 성공적으로 수행하기 위한 지침이 충분하지 않아서 부모들을 혼란스럽게 하고 있다.

넷째, 효과적인 부모역할은 특히 아동기 초기의 전반적인 발달에 걸쳐 중요하다. 가정은 한 사람의 생애에 있어서 최초이자, 가장 중요하며, 가장 지속적인 영향을 준다.

다섯째, 부모 역할하기는 어렵다. 자녀양육에는 상당한 스트레스가 따르고 부모가 원하는 만큼 자녀에게 해줄 수 없기 때문에 죄책감이 따른다. 따라서 부모역할을 효과적으로 하기 위해서는 이에 대한 지식이 필요하다.

여섯째, 부모들은 도움받기를 원한다. 부모교육의 인기와 그들의 광범위한 부모교육의 참여가 이러한 주장을 뒷받침해 주고 있다.

일곱째, 부모들은 도움이 필요하다. 급속한 사회변화는 가족에게 스트레스를 주고 가정생활을 침해해 왔다. 빈곤과 열악한 주거환경, 건강문제, 아동학대 그리고 이혼은 바로 이러한 스트레스의 원인이자 동시에 증상이기도 하다. 편부모, 십대부모 등의 가정생활 형태가 다양해짐에 따라 그에 따른 독특한 욕구가 생겼다. 부모는 지원체계를 파악하고 유지하기 위해서, 또 스트레스를 극복하는 데에도 도움을 필요로 한다.

여덟째, 어머니가 직장을 가짐에 따라 부모가 자녀를 돌보는 시간이 줄어들고 있다. 따라서 부모들이 자녀와의 시간을 효과적으로 보내기 위하여 어떻게 하는 것이 수준 높은 부모-자녀의 상호작용인가를 결정하는 데, 자녀를 양육하는 대안을 파악하고 확인하는 데 도움이 필요하다.

아홉째, 자녀양육에 아버지가 좀 더 적극적으로 참여해야 할 필요가 있다.

1) 시대적 요청

. 개인적 접근 → 팀 접근(팀 시스템을 사회가 요구한다)
 예) 팀장
∵① 일을 많이 하는 사회가치 추구 → 창의적 사회가치 추구
 ② 개인주의 → 협동, 화목의 가치 추구(win-win, we feeling)
. 이전 : 공부를 이기적 행위(공부해서 남 주나, 나만 잘 살면 된다)
 지금 : 더불어 잘 살기 위한 공부, 모두 잘 사는 사회(win-win, 남의 입장에서 볼 수 있는 눈, 남을 배려하는 마음, 남을 아끼며 더불어 성취, 친구가 좋고 학교생활이 즐겁다)
∴ 집단사고에 의한 최선의 답을 요구한다.

2) 언어치료에서 부모참여의 효율성

언어치료에서 치료사 중심과 치료사 + 부모 중심과의 치료 효율성을 비교하면 시간이 흐를수록 치료사 중심보다 치료사 + 부모 중심 치료가 효율성이 높다(그림2.1).

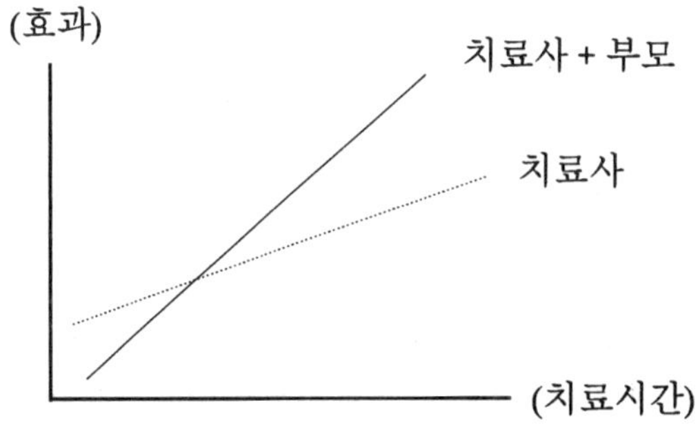

[그림 2-1] 치료의 효율성 비교

3) Lewin의 장(場) 이론(field theory)

B=f(p · e)이라는 장이론 공식에 의하면 의사소통장애아동은 행동(B)의 변화에 환경(e) 즉, 부모와 치료사의 영향이 크다. 왜냐하면 개인의 능력(p)이 부족하므로 상대적으로 환경의 영향이 크기 때문이다.

4) 부모의 인식 전환

(1) 의사소통장애아동을 있는 그대로 수용 한다.
(2) half empty 시각(할 수 없는 것에 초점을 둔 시각) → half full의 시각(할 수 있는 것에 초점을 둔 시각)으로 전환 한다.
(3) 가능성을 현실성 있게 수용(normalization → selfrealization)한다.

5) 치료의 연계성(치료실 - 가정)

(1) 진단 시: 정보 제공자
(2) 치료 시: ① 치료사의 보조
② 가정에서 치료내용의 활용(연습)

6) 즐거운 학습

이 시대가 요구하는 것은 공부하는 것을 즐기는 사람이며, 이 사회적 가치 기준을 이전과 지금을 비교하면 다음과 같다.

이전 : 공부를 잘 하는 사람(학교에서만 공부를 잘 하면 한평생 사용할 수 있었다 - 학교 공부만 하면 된다, 인상을 쓰면서 공부하는 사람)

지금 : 공부하는 것을 즐기는 사람(평생 변신을 위해 평생 공부 - 평생교육; 태내에서 무덤까지, 배움에 대해 희열을 느끼는 사람)

이와 같은 사회지향적 가치기준에 기초하여 가정이 가지고 있는 장점은 다음과 같다.

(1) 자연적인 치료 상황이 가정에 많다.
(2) 심리적으로 안정된 상황이다.

7) 부모의 치료사에 대한 이해와 신뢰감 형성

(1) 치료사는 아동의 현재 수준을 정확히 알려준다.

(2) 치료의 예후를 알려준다(현실성 있는 기대감).

(3) 치료사에 대한 신뢰감 형성 → 효과 지연에 대한 인내

8) 가정경험의 중요성 인식

(1) 장애아동에 대한 가족들의 시각과 태도

예, 과잉보호(자기능력을 인식하기 어렵다, 자기능력 발휘의 기회 박탈, 지나친 기대로 자기능력에 대해 환상적이 된다)

(2) 가족 간의 관계(가족에 대한 죄책감 예방)

. 가족에게 짐이 되지 않을까?

. 나 때문에 우리 가정이 불행하게 되지 않을까?

. 가족의 도움에 대해 눈치를 본다.

9) 부모의 치료 참여권 인식

(1) 아동의 욕구에 맞는 치료활동 요구

(2) 진단·평가에 부모의 동의 권리

(3) 평가결과에 대한 설명과 제안 듣기

(4) 언어치료기관 정보 제공 받기

(5) 모든 기록 비밀 유지 보장 권리

10) 조기 언어치료의 실현

(1) 발생된 장애의 회복 가능성 및 속도는 조기중재일수록 좋다.

(2) 발달의 계열성: 발달의 앞 단계는 다음 단계의 기초가 된다.
예) 듣기-말하기-읽기-쓰기

(3) 유아는 가정에서 보내는 시간이 많다.

(4) 장애유아는 정상유아보다 가정에서 보내는 시간이 더 많다.

5. 바람직한 부모 역할의 특성

바람직한 부모의 역할을 일반적으로 규정하기는 쉽지 않지만, 바람직한 부모의 특성, 부모 역할의 특징, 자녀의 일반적 요구 등을 중심으로 개관한다.

1) 바람직한 부모의 일반적 특성

(1) 바람직한 부모의 조건

① 전문가의 조언과 의견을 듣고 반영하는 부모(부모교육 프로그램 적극적 참여)
. 열린 사고를 가진 부모 즉, 남의 말에 귀 기울이는 부모
. 자녀의 문제 해결을 위해 적극적인 부모
. 전문가를 신뢰하는 부모(we-feeling)

② 애정적이며 수용적인 부모
애정적이며 수용적 부모(아동의 입장에서 아동을 이해하는 부모)의 본질은 다음과 같다.
a. 자녀와 많은 시간을 같이 한다(양적, 질적 개념 포함).
b. 자녀의 입장에서 생각한다.
. 자녀의 관심 고려(좋아하고 싫어하는 것 이해)
. 과제의 난이도 고려(어른의 기준이 아닌 아이의 기준)
. 가족 간의 관계 고려(형제 관계)
. 자녀의 능력에 맞는 기대수준 고려(장애 인정)
c. 자녀의 요구에 신속히 반응한다.
. 긍정적 자아감 형성 촉진(예, 영아기 젖 먹이기)
. 부모에 대한 신뢰감 형성
. 자녀가 자기의 요구를 표현한다.
d. 자녀를 인정한다.

③ 아동의 특성과 발달을 이해하는 부모
아동의 특성과 발달에 관한 더 많은 지식을 가진 부모가 보다 적절한 자녀 양육 행동을 할 것으로 간주된다.

④ 부모의 행동이 자녀에게 미치는 영향을 인식하는 부모

. 자녀의 행동과 부모의 행위가 인과적으로 연결되어 있음을 인식한다.

. 체험교육을 이해하는 부모

. 언어학습에서 부모의 모델이 중요함을 인식하는 부모

예) 훌륭한 부모는 말로써 공부하라고 하지 않는다.

적절한 듣기 환경과 말하기 환경을 제공한다.

⑤ 방관자가 아닌 자녀의 문제를 해결하려는 부모

. 자녀의 가능성을 믿고 노력하는 부모

⑥ 편안하고 자연스러운 부모

. 수직관계보다 대등관계를 가지려는 부모(친구같은 부모)

. 하지마라는 부모보다 할 수 있도록 촉진하는 부모

⑦ 친밀감을 느끼는 부모

. 인정하는 부모

. 대화하는 부모(대등관계의 부모, 잘 이해해주는 부모, 의논대상자의 부모)

⑧ 기타 자녀 양육 결정 요인이 우수한 부모

a. 능력 요인 : 지능, 건강

b. 성격 요인 : 부드러운 성격, 화를 잘 내지 않는 부모, 변화에 잘 적응하는 부모

c. 문화적 요인 : 사회 · 경제적 수준, 종교, 교육수준

d. 가족 구조 : 가족특성(양친부모, 부모연령), 가족의 수

(2) 친밀감을 느끼는 부모의 조건

친밀감이란 지적·정서적·신체적으로 몰입된 사랑과 상호 헌신을 말하며, 다음과 같은 조건을 갖출 때 형성된다.

① 인정

a. 존재의 인정

· 적절한 반응
· 이름을 부르거나 상대방의 생각을 지원해 주는 것
· 비언어적 인정 : 신체적 접촉, 눈 맞춤

b. 대화

부모 - 자녀 간에는 태도, 신념, 의견, 감정 등을 나눌 수 있어야 하며, 그들 사이의 차이점도 해결할 수 있어야 한다.

좋은 대화와 나쁜 대화의 예를 들면 다음과 같다.

예) 좋은 대화 : "넌 어떻게 생각하니?"
"어떻게 이것을 해결하지?"
"나 속상한데 이야기 좀 해보자"

예) 나쁜 대화 : "내가 그렇게 말했잖아"
"내가 시키는 대로만 해"

c. 수용

수용은 상대방이 표현하는 생각이나 느낌을 진심으로 이해하려고 노력하며, 이해한 것을 반영하여 반응하는 것을 의미한다. 이를 테면, "미소 짓기", "동의 한다", "끄덕임", "계속 잘 해보라" 등은 상대방에게 용기를 준다.

d. 일반적인 것보다 개인적인 표현

일반적이기보다는 개인적으로 대하는 것이 상대방을 더 인정하는 것이다. 예를 들면, "시험에 합격할지 걱정이다"보다는 "비율이 1.5대 1밖에 안되는데 넌 꼭 합격할 것이다"가 개인적인 표현이다.

e. 거부와 무시의 배제

"넌 아무것도 몰라", "넌 정말 골칫거리야", "어린애처럼 행동하지 마" 등은 상대방을 거부하는 태도이며, 상대방이 존재하지 않는 것처럼 반응하는 것은 무시의 표시이다.

② 자기 노출

자기 노출이란 자신을 상대방이 정확히 인식하도록 하며, 노출하는 사람에 대한 불확실성을 감소시키며, 앞으로의 상호작용에서 보상과 대가가 얼마나 따를 것인가를 예언해 준다.

자기 노출의 특성은 다음과 같다.

a. 노출이 증가하면 친밀감도 커진다.

b. 노출은 보상이 따를 때 증가한다.

c. 노출은 상호적인 경향이다.

d. 여성은 남성보다 더 노출하는 경향이 있다.

e. 여성은 자기가 좋아하는 사람에게 더 노출하는 반면에, 남성은 그가 신뢰하는 사람에게 더 노출한다.

f. 자녀는 아버지보다 어머니에게 더 노출한다.

(3) 자녀 요구의 정확한 이해

① 양육

a. 과잉보호 자제

. 요구하는 모든 것을 들어주지 않는다.

. 아이도 원칙을 알며, 때로는 부모를 시험한다.

. 단호하게 대처해야 할 때는 주저없이 한다.

. 어리광은 무시한다.

. 아이의 경험을 박탈해서는 안 된다.

b. 허용의 자세

. 실수를 관용하여 자녀로 하여금 하고 싶은 의욕을 가지게 한다.

. 잘못한 행동에 대해 지나친 이유의 추궁을 하지 않는다.

. 자녀의 새로운 도전 의욕을 말살시키지 않는다.

c. 자녀에게 정직해야 한다.

. 부모도 잘못한 것은 사과를 한다.

d. 일관성을 유지한다.

. 비일관성은 아이에게 혼란을 야기시킨다.

e. 약속은 반드시 지킨다.

② 언어발달

a. 말할 동기의 부여

. 열심히 아이의 말을 들어준다(인정-동기부여).

. 말할 기회를 준다.

부모가 아이의 말을 대신해서는 안 된다.

예) "바나나 먹고 싶지?"

. 아이의 감정을 솔직히 말할 기회를 제공한다.

예) 부모의 부당한 점 이야기 하는 것 막는다. “잔말 말고 시키는 대로 해”
. 잘 하는 행동은 꼭 강화를 한다.
. 바람직하지 않은 말투의 삼가(비웃기, 분석하기, 반문하기 등)
예) “그런 말을 하는 것을 보면, 너는 동생을 미워하고 있구나.”
b. 좋은 듣기상황 고려
. 아이가 귀 기울일 때 말해준다.
. 아이의 키 높이에 맞게 말해준다.
c. 좋은 언어모델 제공
. 간단하고 분명하게 말한다.
. 내용과 어울리는 표정과 몸짓을 한다.
. 어려운 말은 설명을 제공한다.

2) 부모 역할의 일반적 특징

(1) 부모 역할의 일반적 특성

① 역할의 불명확

. 부모 역할은 너무 광범위하고 비구조적이다. 따라서 부모는 무엇을 해야 할지 분명히 모르며, 역할수행에 혼란을 느끼며 어떻게 해야 할지 모른다.

. 사전 준비과정이 없다(교사, 언어치료사는 사전교육이 있다).

. 전통적인 자녀 양육 모델이 없다.

과거에는 부모 스스로가 성장하면서 배웠던 자녀 양육방법을 자녀 세대에 그대로 적용했으나, 오늘날의 급변하는 사회에서는 그것만으로는 부족하다. 일반아동은 ‘육아일기’가 있는데 이 육아일기에 의사소통장애아동에 관한 내용은 없다.

. 각 아동마다 개인차가 있으며, 독특하다.

모든 자녀에게 획일적인 양육방식을 적용할 수 없다.

. 부모 역할이 끝나는 시기가 불명확하다.

부모 역할의 종점은 자녀의 대학교육의 마침도 아니고 결혼도 아니다.

② 부모의 권위는 없고 의무만 있다.

일반적인 경우는 역할에 따른 의무가 주어지면 그 의무를 달성할 수 있는 권위가 부여된다. 그러나 현대사회의 부모에게는 그렇지 않다.

. 봉사활동도 다소의 권위가 내재한다.
. 실수의 여지가 없다.
부모에게는 자녀 모두를 성공적으로 키우도록 기대된다. 이것은 부모에게 큰 걱정과 죄책감을 준다. 자녀의 수가 적으면 더욱 실수의 여지가 없다.
. 부모 역할은 도중에 그만 둘 수 없다.
부모 역할은 명예퇴직이 없으며 하기 싫어도 해야 한다.
. 부모는 자녀를 부모 자신보다 더 나은 존재로 키우려고 의도한다.
사회가 고정되어 있지 않고 변화 발전하므로 그 변화에 적응하는 자녀를 양육하기 위해 부모는 더욱 어려움을 느끼며, 사회경제적인 수준(SES)이 낮은 계층은 더욱 많은 곤란을 겪는다.
. 부모는 자녀에 대한 총 책임을 진다.
자녀의 양육, 교육, 성격, 결혼, 직장, 평생 보호 등 모든 것에 대한 책임을 느낀다.

③ 중첩 심리적 역할을 가진다.
. 다중 역할 수행의 강요로 심리적 갈등을 가진다.

(2) 어머니의 역할

사회가 급변함에 따라 어머니에게 부과되는 역할도 점차 많아지고 있다(중첩 심리적 역할).
① 아내의 역할
자격 있는 동반자로서의 역할이 기대된다.
② 어머니의 역할
자녀의 문제를 예방하고 치료하는 역할까지 기대된다.
③ 가정관리자의 역할
가계에 대한 역할이 점차 확대되고 있다.
④ 지역사회에서의 역할
어머니는 지역사회나 친척과의 의사소통 역할을 해야 한다.
⑤ 가족 부양자로서의 역할
직장과 더불어 가족부양의 중첩역할을 가지고 있다.

6. 부모역할의 일반적 내용

부모의 역할 특성을 보면, 부·모 역할 구분이 줄어들고 있으며 역할의 확장에 의하여 중첩 심리적 역할(overlapping psychological role)을 많이 겪는다. 또 부부 관계가 복종 관계에서 동반자 관계로 바뀜에 따라 부모 역할의 내용도 바뀔 수 밖에 없다. 여기에서는 발달 단계별로 부모 역할의 내용을 개관한다.

1) 영아기(생후 2주~2세)

(1) 기본적 신뢰감의 형성

Erikson(1950)은 생활 주기의 단계에 따른 심리 사회적 발달을 제시하였다. 각 단계마다 심리 사회의 위기를 경험하는데 영아기에는 기본적 신뢰감과 불신감을 형성한다.

① 일관성 있는 태도

일관성은 예언성이며 나아가 신뢰성이다. 영아기에는 기본적 욕구의 일관성 있는 충족에 의해 신뢰성을 형성한다. 예를 들면, 아이가 요구할 때마다 젖을 주면 아기로 하여금 안전감, 확실성, 그리고 예언성을 느낄 수 있게 한다. 반면에 기본적 욕구의 비일관적인 충족은 두려움, 불안, 불신감을 느끼게 한다.

② 자녀의 의사소통 이해

이 시기에는 아이의 우는 소리에서 의사소통 내용을 짐작한다. 즉, 부모는 배가 고픈지, 불편한지, 졸음이 오는지를 아이의 울음에서 읽어내야 한다.

따라서 부모는 영아의 심리 사회적 위기를 마음대로 좌우할 수 있다. 즉, 영아가 신뢰감을 갖느냐, 불신감을 갖느냐 하는 것은 부모의 책임이다.

(2) 자아의 형성

자녀에게 있어서 자아의 형성은 양육자의 반응 유도 성공 여부가 중요하다. 즉, 기저귀를 교체해 달라고 울 때 교체해 주면, 아기는 자신이 행동능력을 지닌 존재로 인식하여 자신감을 가지고 자신에 대한 신뢰감을 형성한다. 만약 실패하면 열등감과 자기 비하의 부정적 정서를 가지게 된다. 따라서 요구할 때 즉시 요구를 충족시켜 주어 필요할 때면 자신에게 친숙한 사람이 온다는 것을 알게 하는 것이 필요하다.

(3) 상호성(ping-pong 관계)의 발달

상호성이란 부모와 자녀가 서로 자극과 반응을 주고받는 것을 의미한다. 자녀는 울음, 미소, 옹알이 등으로 의사소통하면서 상호작용에 참여한다. 이때 부모는 적절히 반응하기 및 자극주기를 하여야 한다. 이를 위해서 자녀의 자극에 민감해야 한다.

영아의 감각운동능력을 촉진시킬 수 있는 것으로 다음과 같은 것이 있다.

· 시각 - 밝은 색, 명암의 대비, 움직임, 그림, 얼굴 표정

· 청각 - 이야기 들려주기, 책 읽어주기, 일상 생활 음 들려주기

· 촉각 - 잡기, 안아주기, 쓰다듬기, 흔들어주기, 목욕하기, 장난감

· 눈과 손의 협응 - 18cm쯤 떨어져 있는 장난감 잡기

2) 유아기(3~6세)

(1) 자율성의 발달

자율성 발달의 배경은 자기 발로 서서 걷게 되면서부터 자기 주위를 열심히 탐색하여 자기가 해보고 싶은 것을 해보는 것이다. 따라서 이 시기에 '하지 마라'는 환경보다 '할 수 있는' 환경의 제공이 중요하다.

자율성 발달의 구체적인 방법은 다음과 같다.

① 아이의 능력에 맞게 스스로 할 수 있는 기회를 제공한다.

아이가 할 수 있는 것은 하도록 함으로써 아이에게 성공감과 성취감을 가지도록 한다. 이를 테면, 음식 먹기, 옷 입기, 장난감 치우기 등을 아이가 하도록 하는 것이 좋다. 그러나 의사소통장애아동의 경우는 일반아동보다 자기 스스로 할 기회를 박탈당하는 경향이 많다.

② 아이의 부족한 능력의 수용

아이는 사회적 기대에 적합한 행동을 못할 때 수치심을 느끼게 된다. 수치심을 가지게 되면 아이는 어떤 행동을 할 의욕을 상실한다. 그렇기 때문에 '너는 능력이 있다' 또는 '잘 한다'는 반응을 하여 아이로 하여금 자신감을 심어주어 수치

심을 느끼는 것을 방지하는 것이 중요하다.

③ 과보호와 비판적 자세의 배제

과보호는 아이로 하여금 자신은 강한 존재가 아니며 타인의 통제를 받고 있음을 느끼게 하여 열등감을 형성한다.

④ 선택권을 주어 '싫다'는 대답의 가능성을 방지한다.

예를 들어, "어떤 주스를 먹고 싶니?"하면 아이에게 선택할 수 있는 자율권을 주게 되며, "딸기 주스를 먹어라"하면 "싫어"라는 대답을 얻을 가능성이 있다.

(2) 사회성의 발달

또래와의 상호작용의 기회를 많이 주면 사회적 기술이 발달한다. 또래와의 상호작용은 다음과 같이 가정에서는 갖지 못하는 경험을 하게 한다.

① 자기의 순서를 기다린다.
② 장난감과 놀이 시설을 공유한다.
③ 만족을 지연시킨다.
④ 집단에 잘 협동하는 기술을 습득시킨다.

(3) 언어 기술의 발달

언어 기술은 사회적 기술 습득의 중요한 수단이며, 의사소통장애아동은 이 사회적 기술 발달에 제한이 있다. 따라서 이 시기에 부모는 ① 사물의 이름을 반복하여 말하고, ② 아이가 말할 때 강화를 하며, ③ 언어모델 제공을 풍부하게 한다.

(4) 지적 발달

지적 발달은 언어 발달과 밀접한 관련이 있다고 보는 것이 타당하다. 그러므로 부모는 안전한 환경에 다양한 사물과 경험을 제공하고, 색, 모양, 크기, 무게, 원인과 결과 등에 관련된 자료를 풍부하게 제공하는 것이 바람직하다.

(5) 긍정적 자아개념의 발달

① 긍정적 자아개념의 본질

a. 소속감 : 개인이 어떤 집단의 일부로 느끼는 것

b. 존중감(가치감) : 자기를 가치있는 사람으로 느끼는 것
c. 성공감, 자신감 : 일을 성공적으로 수행할 수 있다는 생각

② 긍정적 자아개념의 형성 배경
a. 타인과 자신의 존재 인식
b. 기본적 신뢰감 형성
c. 다른 사람의 행동과 환경을 변화시킬 수 있다는 역량이 생기는 것

③ 기본 가정
a. 자아개념은 학습된 것이고
b. 가정 내의 초기 사회화 과정에서 주로 학습되며
c. 행동을 결정하는 강한 요인이다.

④ 긍정적 자아개념 형성방법
a. 합리적인 행동의 통제
· 의사소통을 격려함으로써 대화를 풍부하게 한다.
· 한정된 범위 내에서 자율성을 허용한다.
· 논리적 설득, 권위, 강화의 사용
· 자율적 의지의 존중
b. 벌을 효율적으로 사용한다.
· 벌을 사용하기 전에 미리 벌을 받는 경우를 설명한다.
· 벌은 행동 발생 즉시 준다.
· 벌은 유아의 수준에서 이해되고, 벌 받을 만한 이유가 있다는 생각이 들어야 한다.
· 가능한 자연적인 벌을 사용한다.
· 벌은 사랑과 존중의 관계에서 실시한다.
c. 기타
· 아동에 대한 온정, 수용, 허용
· 아동에 관심을 가진다.
· 성공적인 상호작용의 환경 제공
· 일관성 있는 사랑, 성실성, 안전감
· 아동에 대한 기대를 분명히 한다.

· 부모 자신이 긍정적인 자아개념을 소유한다.

3) 학령기 아동(7~8세)

(1) 근면성의 발달

① 다양한 학습 경험에서 성공할 수 있는 기회의 제공
· 계획적 경험 : 캠핑, 소풍, 산책, 영화관람, 운동 경기 관람, 쇼핑
· 즉시적 경험 : 게임, 취미, 독서, 이야기, 휴식시간
② 공부할 수 있는 분위기를 조성
· 조용한 시간과 장소의 제공
· 부모의 잔소리 줄이기
③ 적절한 TV 시청
TV 시청이 많으면 가족과의 대화 시간이 줄어들고, TV를 보기 위해 다른 활동을 배척한다. 그리하여 성격상 부적응 행동이 발생하기 쉽다.

(2) 건강한 자아개념 형성

부모의 양육형태와 부모와 아동의 상호작용의 질적 수준은 아동의 건강한 자아개념 발달과 관련되어 있다.
① 아동이 지각하는 부모
훈육 시 심리적 압력을 사용한다고 지각하는 아동의 자아존중감은 낮고, 반면에 수용적이고 잘 돌봐 준다고 지각하는 아동의 자아존중감은 높다.
② 아동의 자아개념과 관련된 기타 요인
학령기 아동의 자아개념과 관련된 기타 요인들은 외모, 불안수준, 역량(특히 학업), 또래로부터의 수용, 가족의 크기, 출생 순위 등이다.

단원 요약

▪ 부모교육에 관련된 용어들은 다양하나 크게 두 가지 측면에서 정리를 할 수 있다. 즉, 부모교육의 궁극적 목표를 의사소통장애아동의 문제를 해결한다는

전제에서 먼저 부모의 교육적인 과정이 있어야 하며, 다음으로 교육된 내용을 가지고 실제 참여하는 과정이 필요하다. 전자의 관점을 좀 더 강조하는 입장에서 '부모교육' 또는 '부모훈련'이라는 용어를 주로 사용하며, 후자의 관점을 강조하는 측면에서 '부모 참여' 또는 '부모개입'의 용어를 사용한다. 그러나 어느 용어를 사용하든지 두 관점을 다 포함하는 용어로 보아야 할 것이다.

- '부모교육'의 구체적 정의는 자녀의 장애특성과 발달특성을 이해하여(이해), 새로운 자녀 양육방법에 대한 기능을 가지고(기능), 습관적인 양육태도와 방법을 개선하는(태도) 교육적 과정이다. 간략정의는 부모의 역할에 변화(예방과 치료 모두 포함)를 주기 위한 일체의 교육적 활동이다. 이 정의의 기본 전제는 언어치료사에 의해 부모교육이 이루어지고, 부모가 자녀의 문제 해결에 적극 참여하여 아동의 치료효율을 극대화하는 것이다.
- '부모참여'는 자녀교육에 질 좋은 부모로서 참여하는 모든 활동을 말하며, 참여범위는 교육정책 입안, 치료사 역할(가정), 치료보조 역할(치료실), 정보제공 등이다.
- '부모 역할하기'는 최근에 사용된 용어로 부모교육과 참여의 두 범주를 포함하는 개념으로 사용되지만 궁극적으로는 아동의 치료 효율성이 보장되어야 함을 강조하고 있다. 즉, 부모교육을 통해서 질 좋은 자녀 양육, 보호, 지도하는 과정으로 정의한다. 유형으로는 '어머니 역할하기', '아버지 역할하기', '가족 역할하기(형, 동생, 누나, 조부모, 삼촌 등)'로 나눌 수 있다.
- 부모교육의 목표는 정보나누기(이해), 기술 훈련(기능), 인식의 전환(태도) 목표로 나눌 수 있으며, 인식의 전환 목표에는 '문제를 해결하는 과정'과 '참여하는 과정'이 포함된다.
- 부모교육의 기본 전제는 자녀의 문제 해결에 부모의 영향이 크며, 인간중심주의적 그리고 총체적 언어접근이 가장 적절한 곳이 가정과 부모라는 점이다.

생각할 내용

- 부모교육의 본질과 요즈음 우리 사회가 추구하는 '팀 체제'와의 공통점
- 언어치료사 중심의 접근과 부모와 치료사 팀 접근을 효율성 측면에서 비교
- 언어치료의 '인간중심주의' 접근 입장에서 가정의 의미
- '총체적 언어치료의 관점'에서 가정의 의미
- 언어치료의 관점에서 핵가족 사회의 가정기능의 문제점

제3장 의사소통장애아동 부모교육 이론

부모교육 이론은 시대적·사회적 요구에 의해 다양하게 변하고 있다. 민주주의를 취하는 나라와 그렇지 않은 나라 그리고 시대가 바뀜에 따라 부모교육이론의 형태도 달리한다. 이 장에서는 부모교육의 현대적·민주적 관점에서 민주적 부모교육 이론과 부모 효율성 훈련 이론을 중심으로 개관한다. 또 부모교육의 유형 및 부모와의 면담기술과 내용, 부모-자녀 관계 유형에 대해서 논한다.

1. 부모교육 이론

1) 민주적 부모교육 이론

민주적 부모교육 이론은 Adler의 심리학 이론을 부모교육에 적용시킨 것으로 인간관계의 평등성을 특히 강조한다. 민주적 부모교육 이론의 목적은 부모가 아동의 행동을 이해하고 자녀와 평등관계를 형성하는데 있다. 여기서 평등관계란 주로 지시-복종관계가 아닌 의사 결정에 있어서 동등한 참여를 의미한다.

(1) 생성 배경

권위적 양육방식의 문제로 발생된 이론으로 다음과 같은 배경을 가지고 있다.

① 사회의 민주화 : 사회가 민주화됨에 따라 과거의 권위적 양육방식은 비효율적인 것으로 여겨져 도전을 받게 되었다.

② 상호 존중 : 어린이들을 어른과 동등한 인간으로 대하자는 이념이 대두된 것이 이 이론이 생성된 주요 배경 중의 하나이다. 그러나 상호 존중을 지나친 허용과 혼동해서는 안 된다.

③ 자유가 있는 질서 유지 : 자유와 질서가 병존하는 것이 민주주의의 기본이

념이다. 권위적 양육은 자유 없는 질서 유지의 이념이며, 허용적 양육은 자유는 보장되나 질서가 없는 양육을 의미한다.

(2) 기본 가정

이 이론의 기본 가정은 부모-자녀 관계의 평등주의를 바탕으로 민주주의를 구현하는 것으로써 민주적 부모가 민주적 자녀를 만든다는 것이다. 요약하면 다음과 같다(이재연 · 김경희, 1990).

첫째, 부모의 가치관·태도·신념 등의 생활양식은 자녀에게 영향을 준다. 이것은 모든 부모교육의 기본 전제이다.

둘째, 인간은 목적을 가지고 행동을 한다. 즉, 어떤 행동에는 반드시 목적이 있다. 예를 들면, 물건을 훔치는 행동은 훔친 행동(결과) 그 자체보다 왜 그렇게 행동할 수밖에 없었는지(목적)를 이해하는 것이 중요하다. 따라서 결과만 보지 말고 원인과 과정을 보아야 한다는 것이다.

셋째, 자유에는 책임이 수반된다. 이는 주어진 자유를 최대한 활용하여 능동적으로 생활함을 강조한다. 즉, 제한된 범위 내의 자유의지에 따라 선택할 수 있으며, 선택한 행동에는 반드시 책임을 지는 것이다. 그리고 자유로운 의지가 확실하면 할수록 자신의 행위에 대한 책임 의식도 강하다.

넷째, 인간은 사회적 존재이다. 따라서 가족이나 다른 집단에 속하고자 하는 욕구를 지니고 있으며, 욕구를 충족할 수 있는 방법을 끊임없이 찾는다.

다섯째, 유아는 시행착오를 반복하면서 상황을 파악하고 상황에 적합한 행동양식을 배운다. 즉, 자신에게 고통을 주는 벌을 피하기 위해서 어떻게 행동하여야 하는지 그 방법을 배운다.

(3) 행동 통제

아동의 행동 이면에는 아동이 기대하는 목적이 있다. 그러나 대부분의 부모는 행동 자체에만 관심을 가짐으로써 잘못된 행동을 감소시키기보다는 증가시키는 경우가 많다. 행동 통제의 구체적인 방법은 다음과 같다(이재연 · 김경희, 1990).

① 자연적 귀결

자연적 귀결은 자연적인 상황에서 아동 자신의 행동으로 인해 자신이 보상받는다. 즉, 스스로 벌을 받는다고 느낄 수 있는 방법이다. 이 통제 방법의 기본 전제는 아동이 행동 결과를 경험할 수 있도록 부모가 방해하지 않는다는 것이다. 즉, 부모의 꾸중과 벌은 자연적인 귀결 경험을 방해한다. 예를 들어, 만일 아동이 늦게 일어나거나 준비가 늦는다면 학교에 자각하는 자연적 귀결을 경험하게 될 것이다. 자연적 귀결은 사건의 자연스런 흐름을 허용함으로써 부모와 자녀간의 힘겨루기를 막는다. 대개의 부모들은 사건이 자연스럽게 흐르도록 놓아두지 않는다. 자녀가 받아야 할 벌을 미리 막아 자녀의 의존심을 조장하고 잘못된 행동을 격려하게 된다.

② 논리적 귀결

논리적 귀결은 상황에 따른 결과가 아동 자신의 행동으로만 존재하는 것이 아니라 다른 성인과 부모에 의해 행동 결과가 정해지는 방법이다. 논리적으로 행동과 관계되는 결과를 어른이나 부모들이 아동과 합의하여 정한다. 논리적 귀결을 만드는 사람들은 상호 존중, 상호 권리에 관한 지식, 사회 질서 등을 내세운다. 예를 들어, 세탁할 때 정해진 바구니에 더러워진 옷을 넣지 않은 아동은 자신이 옷을 빨아야 한다는 규칙을 정했다면 그렇게 해야 한다.

논리적 귀결을 계획할 때는 아동에게 상황에 따른 결과를 선택하도록 권리를 주고 아동의 결정을 수용해야 하며, 결과를 경험한 후에 아동에게 결정을 바꿀 수 있는 기회가 있다는 것을 알게 해 주어야 한다. 만일 아동이 잘못된 행동 즉, 규칙을 어기는 행동을 반복하면 다시 그러한 행동이 일어날 수 있는 상황을 지연시키거나 행동 결과의 범위를 확대시킨다.

논리적 귀결은 아동이 상황에 맞는 행동을 하지 않으면 바라는 결과가 없다는 것으로 벌과 같은 결과를 가져오지만 벌과는 여러 가지 점에서 차이가 있다. 자연적 귀결을 경험하도록 하고, 논리적 귀결을 계획하는 목적은 아동들에게 부모나 어른의 명령에 복종하도록 강요하지 않고 스스로 책임 지는 결정을 하도록 격려하고, 부모로 하여금 아동과의 권력투쟁에서 벗어나도록 하는 데 있다(표 3.1).

자연적, 논리적 귀결 방법은 부모가 아동의 부적절한 행동에 지나친 관심을 갖지 않도록 하여 의젓한 부모가 되도록 하고, 아동이 부모를 권력 투쟁에 끌어들이지 못하도록 한다. 자연적 귀결과 논리적 귀결을 양육방법으로 사용할 때 갖추어야 할 기본적인 태도는 다음과 같다.

<표 3-1> 논리적 귀결과 벌의 차이점

논리적 귀결	벌
· 일반적인 사회질서이다.	· 약한 자에게 권력을 과시한다.
· 잘못된 행동과 논리적으로 관계가 있다.	· 잘못된 행동과 관계있는 경우가 드물다.
· 도덕적 판단을 하지 않는다.	· "너는 나쁜 아이다"라는 말과 뜻을 나타낸다.
· 현재와 미래의 행동에 초점을 둔다.	· 과거 행동에 초점을 둔다.
· 행복한 미래와 관련된다.	· 위협이나 보복과 관련된다.
· 자유로운 선택을 허용한다.	· 복종을 요구한다.

- 아동의 목표, 행동, 정서를 이해한다.
- 단호하나 애정적인 태도를 가진다.
- 좋은 부모가 되기보다는 책임 있는 부모가 되도록 노력한다.
- 자율성을 격려한다.
- 말을 적게 하고 행동을 많이 한다.
- 권력 투쟁을 거절한다.
- 아동들과 책임감을 공유한다.

이것은 인간의 평등성을 기초로 한 방법이다. 그러므로 아동은 논리적 귀결의 경험을 통하여 자신의 권리를 요구할 수 있게 되고 책임감을 갖게 되어 의사결정에 동등한 참여를 하게 된다. 책임 있는 아동의 양육을 위한 기본 원리는 다음과 같다.

· 상호존중을 기초로 한 민주적 관계를 수립한다.

· 인격체로서 아동을 가치 있는 존재로 여기고 사랑하고 존중하며, 아동을 격려하는 의사소통을 한다.

· 아동과의 관계에서 벌이나 보상 대신에 논리적이고 자연적인 결과를 사용하여 아동이 책임감과 자기 훈련을 발전시킬 수 있도록 한다.

· 아동과의 관계에서 일관성 있는 태도와 행동을 보인다.

2) 부모 효율성 훈련

부모 효율성 훈련(parent effectiveness training : PET)은 Gordon(1976)이 개발한 부모교육 이론이다. 그는 아동의 정서적 문제는 부모-자녀간의 인간관계에서 발생한 것이며, 양자의 관계를 개선시킬 수 있는 방법을 부모에게 교육하여야 한다는 생각에서 이 이론을 개발하였다(이재연 · 김경희, 1990). 효율적 부모-자녀관계란 애정과 존경에 기초한 관계이다.

(1) 부모의 민주적 태도

① 어린이는 있는 그대로 받아들이는 것을 강조한다.

장애에 구애 받지 않고 자녀의 이야기를 잘 들어주며 그들의 느낌을 부모에게 표현하고 싶은 마음이 되도록 한다.

② 아동 중심으로 사고한다.

아동의 입장에 서면 아동의 문제를 더 잘 이해할 수 있다.

③ 풍부한 대화를 한다.

대화는 자녀의 인격을 존중하는 태도를 가지고 해야 하며 대화 기술이 필요하다. 따라서 잘못된 행동을 중심으로 이야기해야지 어린이의 인성이나 성격 등을 비난해서는 안 된다. 구체적인 방법은 다음과 같다.

a. 자녀의 감정을 표현할 수 있도록 도와준다.

b. 부모의 감정 상태를 언어로 표현한다.

c. 바람직하지 않은 말투를 사용하지 않는다.

· 비웃기, 별명 부르기, 해석, 분석하기, 동정하기, 반문, 신문하기 등

④ 칭찬이나 긍정적 강화를 과용하지 않는다.

⑤ 부모의 감정 상태를 언어로 표현한다.

⑥ 부모-자녀 사이에서 신체적 크기의 차이가 작을 때 의사소통은 더 효과적으로 이루어진다. 그러므로 부모는 항상 자녀의 귀 높이에 맞추어 이야기해 주어야 한다.

⑦ 체벌을 하지 않는다.

⑧ 선택하면 끝까지 해볼 수 있는 기회를 제공한다.

(2) 기본 가정

아동의 정서적 문제는 ① 부모-자녀간의 인간관계에서 발생한 것이며(따라서 부모-자녀 관계가 개선되면 문제가 없다), ② 양자의 관계를 개선시킬 수 있는 방법을 부모에게 교육시켜야 한다는 것이 전제이다.

(3) 목적

부모 효율성 훈련의 목적은 부모들에게 보다 효율적으로 자녀를 양육하는데 필요한 기술을 교육하는 것으로 구체적인 목적은 다음과 같다(이재연 · 김경희, 1990).

① 자성의 태도 갖기 : 문제가 부모에게 있는 경우 문제의 근원을 밝히고, 부모 자신이 신이 아니라 한 인간임을 깨닫고 자각하도록 한다.

② 감정 표현 기술의 습득 : 효율적 부모-자녀 인관관계를 위해 부모 자신의 감정을 솔직하게 표현하는 기술을 습득한다.

③ 의사소통 기술의 습득 : 부모-자녀 관계의 문제해결에 적절한 의사소통기술을 습득한다.

(4) 훈련의 내용과 방법

① 사전 조사

a. 수용성의 수준 파악

자녀들의 행동을 보는 부모의 견해에는 차이가 있다. 같은 종류의 행동도 부모에 따라 문제로 보기도 하고 정상으로 보기도 한다. 또 같은 자녀의 행동이라 할지라도 같은 부모가 일관성 없이 보기도 한다. 즉, 부모가 자녀의 행동을 수용하는 정도는 부모의 기분, 상황, 자녀의 출생 순위 등에 따라 다르다. 따라서 자녀의 행동을 무조건 수용해야만 한다든지 또는 언제나 일관성 있게만 수용해야 하는 것은 아니다. 그리고 수용하지 않으면서 수용하는 체 할 필요도 없다. 부모가 자녀에 대한 자신의 솔직한 감정을 인식하고 자신의 감정을 솔직하게 표현하면 자녀는 부모의 감정에 대처하는 방법을 터득하게 되고 보다 좋은 관계를 유지할 수 있게 된다(그림 3-1).

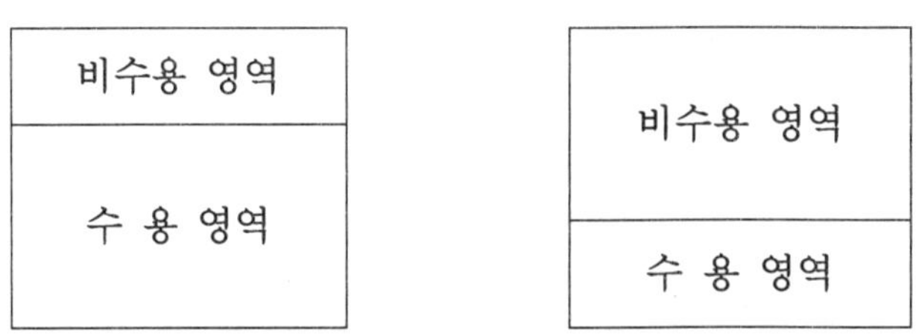

수용형의 부모 비수용형의 부모

〔그림 3-1〕 수용과 비수용의 정도

b. 문제의 소유자 파악

문제를 소유한 즉, 문제를 느끼는 사람이 자녀인지 부모인지 파악하는 것이 문제해결에서 중요하다. Gordon(1975, 1976)은 아동의 행동은 세 가지 유형으로 나뉘어 진다고 했다. 하나는 자신의 욕구를 충족시키기 위해 부모의 권리를 침해하고 방해하는 행동으로, 이 경우는 부모에게 문제가 있다. 예를 들면, 부모가 전화를 하는데 옆에서 노래를 부르며 떠들고, 외출을 약속하였는데 놀이를 계속하는 등의 행동이다. 다음은 아동이 자신의 욕구를 만족시키지 못하여 화를 낸다거나, 자신이 불행하다고 느낀다거나, 어떤 일에 좌절을 경험한다거나 하여 나타내는 행동으로 이때 아동의 행동이 부모에게 문제가 되지 않기 때문에 이것은 아동 자신의 문제이다. 예를 들면, 친구들에게 놀림을 당한다거나, 숙제를 못했다거나, 선생님께 꾸중을 들었다거나 등의 이유 때문에 나타내는 행동이다. 마지막으로 부모-자녀 관계에 전혀 문제되지 않는 행동이 있다(그림 3-2).

문제를 소유한 사람이 누구인가를 파악하는 것은 각각의 경우에 따라 적용되는 기술이 다르기 때문에 중요하다. 부모에게 문제가 있을 경우에는 상황에 따른 솔직한 감정을 표현하는 대면 기술(confrontation skills)을 사용하고, 아동에게 문제가 있을 경우에는 부모가 상황에 따라 돕는 기술(helping skills)을 사용한다(Gordon, 1975; 1976).

부모 효율성 훈련은 의사소통 능력을 향상시키기 위하여 상담, 대면, 문제 해결 등의 기술을 교육한다. 이러한 기술 교육의 중요성은 수용 언어 사용 능력을 향상시키는 데 있다. 실제 아동의 행동으로 인해 화가 나고 좌절을 느끼는데도 불구하고 아동의 행동을 수용하는 것처럼 꾸밀 때 문제가 발생한다. 부모가 자녀를 수용하는 것과 그것을 자녀가 느끼게 하는 것은 서로 다르다. 부모는 자녀를 수용하고 있다는 것을 증명해 보여야 한다. 수용은 아동의 활동을 간섭하지 않고,

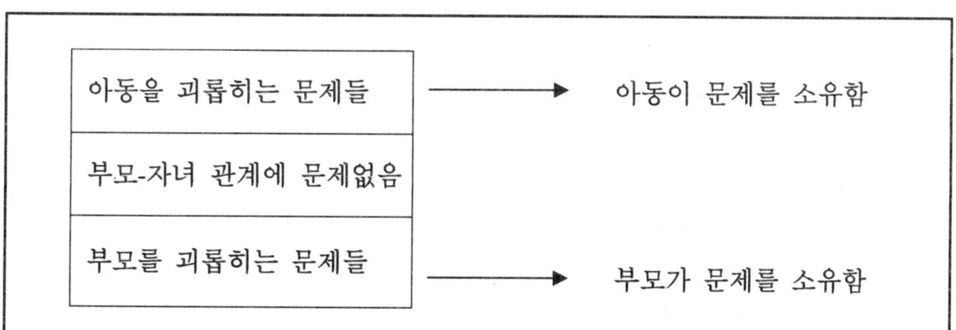

〔그림 3-2〕 문제의 소유자

비언어적인 메시지를 보내 단순히 아동이 말을 더 할 수 있도록 들어줌으로써 보여줄 수 있다. 예를 들면, 아동이 블록으로 모양을 만들고 있을 때 실수를 하거나 엉망으로 만들어도 간섭하지 않고 관심 있게 바라보기만 하여도 아동은 '지금 엄마는 내가 만드는 것을 인정하고 계시다'라고 느낄 것이다. 또한 제스처로 손을 흔들어 오라는 표시를 하면 아동은 엄마에게 갈 수 있다는 기쁨에 뛰어올 것이다. 수용을 손으로 표시하는 경우는 아주 많다. 수용적인 경청태도는 자녀의 행동을 격려하는 방법으로 좋은 수용방법이다. 아동이 "음-"하고 말을 중단하게 되었을 때, 엄마가 아동에게 빨리 말하라라고 재촉하지 않고 침묵으로 기다려 준다면 아동은 말을 계속하게 되고 자신의 말을 엄마가 수용한다고 느낄 것이다.

② 적극적 경청

적극적 경청은 자녀가 문제를 소유한 경우에 주로 사용한다. 아동을 돕는 기술 가운데 가장 효과적인 방법이다. 조용히 들어주기는 그냥 들어주는 태도임에 반해 적극적 경청은 들은 것을 이해하고 이해한 것에 대해 적절한 반응을 나타낸다. 이 방법의 기본 특성은 많이 듣고 적게 말하며(두 귀와 한 입의 비유), 이야기할 내용을 자녀에게 맡기는 것이다. 이 방법이 가지고 있는 기본 전제는 부모는 단지 자녀의 문제를 적극적으로 경청하면 좋은 관계를 유지할 수 있다는 것이다. 적극적 경청의 구체적인 방법은 다음과 같다.

a. 조용히 들어주기

· 너의 생각이 어떤지 듣고 싶다.
· 너의 생각을 받아 줄게.
· 이야기 할 내용은 네가 결정하여라.
· 네 문제는 네가 책임져라. 넌 할 수 있다.

b. 이해 반응 보이기

자녀는 열심히 자기의 문제를 이야기 하는데 묵묵히 듣기만 하면 자신의 행동이나 문제가 수용되지 않는다는 것을 이해하게 된다. 반면에 '고개 끄덕임', '미소 짓기' 등의 비언어적 표현과 '아아', '그랬는데', '그래서' 등의 언어적인 표현은 부모가 자신의 문제를 진지하게 생각하며 듣고 있음을 알게 해준다.

c. 계속 말하도록 격려하기

'난 네 생각이 참 흥미가 있는데…'와 같은 반응은 자녀로 하여금 계속 말을 유도할 수 있다.

위와 같은 방법으로 적극적 경청을 할 때 다음과 같은 점에 유의해야 한다.

a. 부모는 자신의 감정을 일시 중지하고 자녀의 전달내용에 관심을 집중해야 한다.

b. 부모의 수준을 자녀에게 맞춘다. 즉, 자녀의 입장에서 들어야 한다.

c. 부모가 이해한 바를 평가, 의견, 충고, 분석, 질문 없이 자녀에게 전달하여야 한다. 왜냐하면 자녀들은 부모와 대화를 가질 때, 자신의 문제를 이야기하고, 이해받고, 위로받고 싶어 하기 때문이다.

d. 대화를 방해하는 말투를 삼간다.

대부분의 부모들은 자녀에게 어떻게 하라고 명령하고 지시하며 "네 일이나 해 ! "(명령·지시), 어떤 행동이나 말을 하면 어떠한 결과가 일어날 것이라고 주의를 주고 협박하며 "그러면 가만두지 않을 거야"(주의·협박), 자녀에게 해야 할 일과 해서는 안 되는 일을 말하며 "그런 짓을 하면 못써"(훈계·설교), 어떻게 하면 문제가 해결되는가를 말하고, 조언이나 제안을 하고, 자녀 대신 해결책을 제공하며 "다른 친구를 사귀면 어떻겠니?"(충고·해결책의 대안)라고 말한다. 또한 반론을 제기하거나, 부모 자신의 의견을 제시하며 "어떻게 하면 서로 친하게 지낼 수 있을까를 알아야 해"(강의·이론의 전개)라고 충고하기도 하고, 자녀에 대해 부정적인 판단을 하여 "네가 잘못했기 때문이다"(비판·비난)하고 꾸짖는다. 또한 긍정적인 평가를 하여 "나도 그렇게 생각해"(칭찬·동의)라고 동조하거나, 수치심을 주며 "바보, 멍청이 ! "(욕설·조소·수치감)라고 비난하거나, 해석하고 분석하여 "정말로 그러는 것은 아닐거야"(분석·진단)라고 반응한다. 때로는 기분을 맞추기 위하여 "다른 친구도 많은데 뭘"(격려·동정)이라고 하거나, 이유를 알려고 하여 "왜 너랑 안 놀려고 하지?"(질문·탐문)라고 묻거나, 문제를 피하여 관심을 다른데로 돌리려고 "이젠 잊어버려"(중지)들의 반응을 보인다. 이러한 반응은 자녀로 하여금 부모와의 의사소통을 피하게 만들며 마음의 문을 닫게 한다. 자녀와의 의사소통에 부모가 적극적으로 참여하여 효과적으로 반응하게 되면 자녀가 마음의 문을 열고 더 많은 말을 하게 된다.

e. 아동은 자신의 내적 감정을 표출하지 않으면서 부모가 그 뜻을 이해해 주었으면 한다. 왜냐하면 직접 표현은 무시와 비난을 받을 가능성이 있고 간접 표현이 안전하다고 생각하기 때문이다. 따라서 암호화된 메시지를 받은 부모는 그것이 무엇을 뜻하는지 해석해야 한다.

f. 부모의 태도

· 자녀가 말하고 싶은 것을 듣고 싶어 하여야 한다.

· 의사소통하는 시간에 자녀가 말하는 특별한 문제에 대해 도움이 되기를 진

심으로 원하여야 한다.

· 부모의 감정과 자녀의 감정이 다르다 하더라도 아동의 감정을 수용할 수 있어야 한다.

· 자녀가 자신의 감정을 조정할 능력이 있고 스스로 문제의 해결책을 발견할 능력이 있다는 굳은 신념을 갖고 있어야 한다.

· 감정은 영속적이기 보다 오히려 일시적이라는 것을 인정하여야 한다.

· 자녀를 부모와 분리된 개별적인 존재로 보아야 한다. 그래야만 자녀가 자신의 감정을 가지고 있다는 것을 인정하게 된다.

'적극적 경청'의 장점은 다음과 같다.

a. 문제가 되는 감정의 정화작용(catharsis)을 촉진한다.
b. 부정적인 감정을 두려워하지 않도록 도와준다.
c. 부모와 자녀 사이의 온정적인 관계를 증진시킨다.
d. 자녀 스스로 문제를 해결할 수 있도록 격려한다.
e. 자녀가 부모의 생각과 견해를 더 잘 경청하도록 한다.
f. 자녀가 자신의 문제를 분석하고 해결책을 찾도록 격려하여 독립심을 길러준다.

③ 나 - 전달법

적극적 경청과 마찬가지로 부모는 자신의 생각과 감정을 효과적으로 아동에게 전달하는 기술을 습득하여야 한다. 자녀의 문제로 대화를 하는 경우와 자녀의 행동으로 부모에게 문제가 생긴 경우 사용되는 의사소통 기술이 전혀 다르다. 부모는 먼저 부모와 자녀 중 누구에게 문제가 있는가를 파악하고 자녀에게 문제가 있는 경우는 '적극적 경청' 기술을 사용하고 부모에게 문제가 있는 경우는 '나 - 전달법'을 사용한다.

부모가 자녀의 행동을 수용할 수 없을 때 즉, 자녀의 행동이 마음에 들지 않을 때 분노, 좌절, 욕구불만과 같은 내적인 감정을 갖게 되는데 이러한 경우에 문제의 소유자는 부모 자신이다. 부모에게 문제가 생기면 자녀의 행동을 고치려고 하거나 그때의 상황을 변화시키려고 하거나 부모 자신을 변화시키려고 한다. 자녀의 행동을 수정하려고 하는 대부분의 부모들은 자녀에게 해결 메시지(solution message)를 보내거나, 무시하는 메시지(put-down message)를 보내는 등의 비효율적인 의사소통 방법을 사용한다.

해결 메시지를 보내는 부모들은 "이렇게 해야 해"라는 말을 대부분 사용한다. 이러한 부모는 자녀의 생각을 고려하지 않고, 자녀가 가지고 있는 해결능력을 신뢰하지 않으며 자녀의 욕구를 무시하는 메시지를 전달하므로 자녀들의 반항을 유도하고 방어적이며 적대적인 태도를 갖게 하며 책임감을 배울 수 있는 기회를 박탈한다. 무시하는 메시지를 보내는 부모들은 자녀의 자아개념을 손상시켜 자녀로 하여금 자신이 무능력하고 무가치한 존재로 생각하게 한다. 이러한 비효율적인 메시지는 대부분이 '너'로 시작된다. 그러나 부모가 어떤 상황에 있을 때 자신이 어떤 감정을 갖고 있다는 사실을 자녀에게 솔직하게 전달한다면 자녀의 반항과 저항을 덜 일으킬 것이다. 즉, '너-전달법'보다는 '나-전달법'을 사용하는 것이 부모-자녀 관계를 원만하게 이끌고 부모가 받아들일 수 없는 자녀의 행동을 수정하는 데도 효과적이다.

예를 들면, 자녀가 방을 치우지 않을 때, "너는 게으름뱅이구나"라는 너-전달법보다 "내가 집을 깨끗이 하려고 애쓰는데 네 방이 더러운 걸 보면 화가 나!"라는 나-전달법은 자녀가 스스로 행동수정의 책임을 지도록 하고 아동에게 '나쁘다'라는 의미 전달을 피함으로서 훨씬 더 효과적이다. '나-전달법'은 행동에 대한 책임을 자신이 질 수 있도록 하여 자녀가 책임감을 갖고 자신의 행동을 건설적으로 변화시켜 나갈 기회를 제공하며, 또한 부모가 솔직하게 '나-전달법'을 사용하므로 자녀도 마찬가지로 자신의 감정을 표현할 때 솔직한 전달법을 사용할 수 있게 된다. 결국에는 개방적인 의사소통을 할 수 있는 능력을 지니게 된다.

'나-전달법'은 자녀에게 부모 자신의 감정 상태를 전달하는 방법으로 아동의 행동을 비판하지 않으면서 그 행동이 부모에게 어떤 영향을 주고 있는지 확실하게 전달한다. 문제의 소유자가 부모의 경우는 '나-전달법'을 사용하고 자녀인 경우는 '적극적 경청기술'을 사용하는 것이 효과적인 의사소통방법이다. 그러나 이상의 두 가지 기술이 통하지 않고 자녀는 자신의 방식대로 행동하려 하고 부모는 이러한 자녀의 행동을 말리려고 할 때 부모와 자녀관계는 갈등상황에 놓이게 된다. 이처럼 부모와 자녀가 요구의 갈등 상황(conflict of needs situation)에 처하게 될 때 갈등을 효과적으로 처리하기 위해서는 무승부법(no-lose method)을 사용하여야 한다.

④ 무승부법

a. 이념

부모-자녀간의 문제해소 방법으로 비 권위적 민주적 방법의 적용이다. 부모와 자녀간의 갈등은 일상생활에서 피할 수 없다. 즉, 한 사람의 욕구가 다른 사람의 욕구충족에 갈등을 일으키지 않고 계속 유지되기는 상당히 어렵다. Gordon(1976)은 갈등을 해결하는 기술(문제 해결 기술 : problem-solving skill)로 무승부법의 사용을 제안하였다.

대부분의 부모들은 부모와 자녀간의 권력투쟁에서 필연적으로 야기되는 갈등의 해결을 한 사람은 이기고(win) 다른 한 사람은 지는(lose) 관점에서 생각한다. 이러한 승부적 태도에서는 부모가 이기는 권위적 태도와 자녀가 이기는 허용적 태도의 두 가지 중 어느 하나를 택하여야 하는 갈등을 겪게 한다. 두 가지 방법의 승부적 태도는 서로 상반되는 갈등 해결 방법이다. 권위적인 방법을 사용하는 부모가 자녀와의 갈등 상황에 처하게 되면 자신이 정한 해결책을 자녀가 받아들이도록 설득하고, 설득되지 않으면 권위를 내세워 자녀들에게 복종을 강요하여 갈등을 해결한다. 이때는 부모가 승리자가 된다. 반대로 허용적인 방법을 사용하는 부모가 자녀와 갈등 상황에 놓인다면 자녀는 자신의 해결책을 부모에게 따르라고 주장하고 만일 부모가 이를 거절한다면 자신의 힘을 이용하여 부모를 이기려고 할 것이고, 결국에는 부모가 져서 갈등을 해결한다. 이때는 자녀가 승리자가 된다.

갈등 해결에 승부적 방법을 사용하는 사람들은 힘겨루기를 하려는 것이고 상대방을 이기기 위해 힘이 필요하다고 생각하고 기꺼이 힘을 사용하는 사람들이다. 양쪽이 자기의 방식을 고집하고 상대방의 욕구는 고려하지도 않으며 존중하지도 않는다. 승부적 방법은 어느 한 편이 패배감을 느끼고 그 책임을 상대방에게 전가하여 부모와 자녀관계의 형성에 나쁜 영향을 주기 때문에 효과적인 갈등 해결 방법이라 할 수 없다.

부모와 자녀의 갈등을 해결하는 효과적인 방법은 부모와 자녀 사이에 차이나는 힘을 줄이고 두 사람이 함께 수용하는 문제 해결 방안을 제시하는 무승부법(win-win)을 사용하는 것이다. 부모와 자녀가 요구-갈등 상황에 놓였을 때 무승부법을 사용하는 부모는 최종의 해결책을 모색하기 위하여 자녀와 함께 문제 해결에 참여하여 비판적으로 평가해서 가능한 해결방안을 결정한다. 함께 수용하여 합의된 결정이기 때문에 누구도 저항하지 않는다. 무승부법은 다음과 같은 이유에서 효과적인 갈등 해결 방법이다. 해결책의 결정에 자녀의 참여를 원칙으로 하기 때문에, 자녀가 문제를 해결하고자 하는 동기를 갖게 되며, 창의적이고 고차원적인 해결방안을 제시하게 되고, 자녀의 사고능력을 향상시키는 훈련이 된다. 또한 부모에게 적대감을 적게 갖게 되고 강요당하는 일이 적으며, 자녀를 한 인간으로 존중하여 취급한다.

b. 인간관계의 기본 형태

ⓐ 나도 옳다 - 너도 옳다 : 정신 위생상 건강한 상태

· 자기 자신과 다른 사람과의 관계를 편안하게 느끼고 만족해한다.

· 늘 성취욕을 가진다. 따라서 계속 활동하고 성장하려는 동기를 가지게 된다.

ⓑ 나는 옳지 않다 - 너는 옳다 : 열등감이 심한 상태

· 다른 사람은 모두 자기보다 우수하고 똑똑하다고 느낀다.

· 좌절적이고 자기에게 가치를 두지 못한다.

· 늘 패배감을 가진다. 따라서 동기가 부족하게 된다.

ⓒ 나는 옳다 - 너는 옳지 않다 : 타인을 무시·경멸하는 상태

· 타인을 부적절하고 가치 없는 사람으로 보려고 한다.

· 정서적으로 불안정, 두려움, 불신, 분노가 많다.

· 군림의 자세

ⓓ 나도 옳지 않다 - 너도 옳지 않다 : 염세적, 자포자기 상태

· 모든 인간관계에 대해 부정적이며, 아무도 믿지 못하게 된다.

· 자기불신, 실패감에 빠져 있음(이 세상 믿은 사람 없다).

· 생은 가치 없고 냉혹하다.

[결론]

ⓐ의 인간관계 형성은 너도 승자, 나도 승자의 무승부법

ⓓ의 인관관계 형성은 너도 패자, 나도 패자의 무승부법

ⓑ는 타인만의 승리

ⓒ는 자신만의 승리

c. 무승부법의 사용

부모들이 무승부법을 사용할 때는 6단계의 과정을 거쳐야 한다(그림 3-3).

1단계(갈등 확인 및 동기유발) : 부모는 자녀가 문제해결을 위해 참여하고자 하는 마음을 갖도록 하여야 한다. 부모와 자녀 사이에 갈등을 일으키는 문제가 무엇인가를 함께 확인하여 분명하고 상세하게 진술한다.

2단계(가능한 해결책 탐색) : 확인된 문제를 어떻게 하면 해결할 수 있을 것인지 가능한 방법을 다양하게 찾아본다. 먼저 자녀가 갖고 있는 해결방법을 알아보고 부모가 갖고 있는 해결방법을 자녀와 함께 생각해 본다. 자녀의 해결방법을

평가하거나 판단하거나 무시하지 말아야 한다. 부모와 자녀는 더 이상 좋은 해결 방법이 없을 것이라는 생각이 들 때까지 최선을 다해 방법을 찾아야 한다.

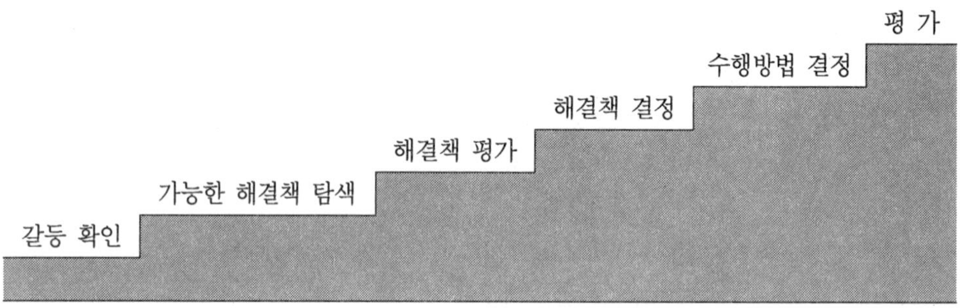

〔그림 3-3〕 무승부법의 적용단계

3단계(해결책 평가) : 해결가능한 모든 방법에 대한 평가를 하여야 한다. 부모와 자녀는 각자가 수용할 수 있는 것과 수용할 수 없는 방법에 대해 솔직하게 표현하여야 한다. 양쪽이 수용하지 못하는 방법을 제거하고 나면 대부분 좋다고 생각하는 한두 가지의 방법이 남게 된다.

4단계(해결책 결정) : 갈등을 해결하는 최종의 방법을 선택하여야 한다. 서로의 느낌을 솔직하게 교환하고 나면 자연히 좋은 해결방법이 나오게 되며, 더 나아가 창의적이고 발전적인 해결방법이 제시되기도 한다. 이때 명심해야 할 것은 서로 참여하여 결정한 방법이기 때문에 지켜야 할 책임이 각자에게 있다는 것이다.

5단계(수행방법 결정) : 결정된 해결방법을 어떻게 수행할 것인지 구체적인 방법을 결정한다. 자녀를 참여시켜 해결책을 결정하였기 때문에 수행방법의 결정은 용이하게 이루어진다.

6단계(평가) : 구체적으로 결정된 방법을 수행하고 그 방법을 선택한 것이 옳은 일이었는지 평가한다. 왜냐하면 결정된 방법이 만족스럽지 못한 것일 수도 있고 수행하기 어려운 방법일 수도 있기 때문이다. 문제점이 발견되면 다시 합의하여 결정하는 과정을 반복한다(이재연 · 김경희, 1990).

Gordon(1976)은 부모교육의 원리에서 부모가 자녀를 수용하고 존중하는 분위기를 형성하고 유지할 때, 아동에게 책임감을 갖도록 도움을 준다고 강조한다. 즉, 힘겨루기를 줄이고 효과적인 의사소통이 이루어지는 환경에서 양육된 아동은 문제 해결자로서의 능력을 갖게 된다는 것이다.

d. 장점

· 아동이 문제를 해결하고자하는 동기를 갖게 된다.
· 창의적인 해결방안이 제시된다.
· 아동의 사고능력을 향상시킨다.
· 부모에게 적대감을 적게 갖고, 강요당하는 일이 적다.
· 아동을 한 인간으로 존중한다.

2. 부모교육의 유형

1) 자녀의 연령별 유형

(1) 영·유아 부모교육

아기가 태어나기 전부터 만 5세까지의 의사소통장애아동 부모들을 대상으로 하는 교육이다.

(2) 취학 전 유아 부모교육

만 5세에서 6세까지의 취학 바로 직전 의사소통장애아동을 둔 부모를 위한 교육이다.

(3) 초·중·고등학생 부모교육

취학부터 고등학교까지 아동 및 청소년기의 의사소통장애학생 부모를 위한 교육이다.

2) 교육대상자별 유형

부모교육이 다양화되면서 부모교육을 받는 대상자도 범위가 넓어졌다. 20세기 이전까지는 주로 어머니 중심의 부모교육이 이루어졌으나, 이제는 아버지, 결혼

전의 남녀 청소년 즉, 예비 부모들까지도 부모 교육을 받게 되었다.

(1) 부모

주로 현재 의사소통장애자녀가 가지고 있는 문제를 해결하는데 도움을 받기 위해 부모교육을 원하는 대상이다.

(2) 지도자

이 범주에는 의사소통장애자녀가 없는 경우와 있는 경우로 나누어 볼 수 있으나 의사소통장애자녀가 없는 경우보다 자녀를 가진 부모교육 지도자가 훨씬 바람직하다. 후자의 경우, 전자에게서 느끼는 거리감, 열등감을 느끼지 않은 '우리'라는 공동체 의식을 가질 수 있다.

(3) 예비 부모

부모교육의 이론이 발달하고 그 중요성이 인정되면서부터 부모교육을 중·고등 학생을 대상으로 미리 시작해야 한다는 주장이 일어나게 되었다.

3) 부모교육 장소별 유형

(1) 치료실(학교) 중심 부모교육

주로 치료사(교사)가 효율적인 언어치료를 위해 계획된 프로그램에 의해 체계적으로 이루어지는 경우가 대부분이다.

(2) 가정 중심 부모교육

가정 중심 부모교육은 치료실 중심 부모교육에 비해 여러 장점을 지니고 있다.
① 치료활동을 가지고 가정으로 들어갈 수 있다. 치료실에서 부모들을 오라고 해도 오지 않을 가능성이 많으나 일단 치료활동을 가지고 가정을 방문할 경우 친밀한 관계를 유지할 수 있다.

② 부모들이 활동에 빠짐없이 참여할 가능성이 높다. 가정 방문자는 어머니의 사정에 따라 시간을 재조정할 수 있기 때문에 활동을 놓치지 않고 할 수 있다. 또 심리적 부담감 때문에 피하는 부모들에게 계속 접근함으로써 참여도를 높일 수 있다.

③ 각 가정의 수준에 맞게 개별화된 프로그램을 운영할 수 있다. 가정마다 가족 구성원의 문제나 욕구는 다르게 나타난다. 따라서 그들의 수준에 알맞은 자료 및 방법을 적절히 사용할 수 있다.

④ 가족 구성원 모두의 이익을 볼 수 있다. 어머니들이 배우게 되는 각 영역의 지식은 가정관리 기술을 높이게 되며 나아가 가족들이 보다 행복하고 즐거워질 수 있게 된다.

(3) 지역사회 중심 부모교육

지역사회에서 이루어지는 교육은 지역사회 중심 교육 또는 평생교육의 일부로 불려진다.

3. 부모와의 면담 기술과 내용

부모교육의 효율성을 높이기 위해서 가장 우선되어야 할 것이 부모와의 면담 기술이다. 특히 아동의 문제를 해결하기 위해서는 부모의 정보가 매우 중요하다. 면담은 언어적 상호작용을 매개로 하여 치료에 부합되는 여러 가지 정보를 부모로부터 수집하는 방법으로 이를 통해 심도 있는 정보수집이 가능하고, 반응의 진실성 여부를 확인할 수 있다. 또한 면담을 통해 정보수집뿐만 아니라 부모와의 관계 유지를 좋게 하고, 부모에게 아동의 문제 해결에 대한 정보를 주기도 한다.

여기서는 면담 시의 태도, 면담준비, 간접 커뮤니케이션 기술, 치료 참여 등을 중심으로 논한다.

1) 면담자의 태도

효율적인 면담이 이루어지기 위해서는 잘 듣기, 비언어적 의사소통의 이해, 부모가 처해 있는 환경의 이해, 서로 마음을 나누는 방법의 이해 등이 중요하다.

(1) 면담 시 일반적인 고려 사항

① 의사소통은 일방통행이 아니다. 즉, 둘 이상의 사람들이 상호반응을 하는 것이다. 예를 들면, "이 책이 당신에게 재미있었으면 합니다."에 대한 대꾸는 여러 가지 형태가 있을 수 있다. "재미있을 것 같습니다", "별 재미가 없어 보이는데요", '그냥 어물어물 했을 때' 등의 대꾸 방식에 따라 그 다음 반응이 달라진다.

② 부모가 이해하기 쉬운 어휘 및 문장 구조로 말한다. 예를 들면, '심리적 언어연령을 우리들의 기대 수준에서 비교한다면'의 표현은 동참하는 의사소통이 이루어지지 않는다.

③ 권위적인 태도를 지양한다. 부모가 참 편안하다고 느낄 수 있도록 말을 해야 한다. "동수 어머니, 똑바로 들으세요!"와 같은 말은 바람직하지 않다.

④ 말할 내용은 명료하게 한다. 이를 테면, "…그래서 중얼중얼", "알아듣겠지요?…중얼중얼" 등은 나쁜 태도이다.

⑤ 부모에게 질문하고 말할 기회를 준다. 문제의 소유자는 부모이기 때문에 부모에게 말할 기회를 제공해야 한다. 즉, 부모의 걱정을 자유롭게 표현할 수 있도록 보장해 주어야 한다.

⑥ 부모가 말할 분위기를 조성한다. 부모들이 가만히 앉아 있지 못하거나 말하기를 주저하면 치료사의 태도나 상담실 환경을 재조정해야 한다. 치료실 체제가 너무 거대하여 자기 아이 하나쯤에 대해서는 아무 관심이 없다고 느끼도록 하지 말아야 한다. 그리고 치료사는 정직한 것이 좋으며, 부모와 동등 수준에서 대화를 해야 한다.

(2) 듣기 태도

듣기 태도는 내적 마음의 성향으로 관심 및 취미까지 포함된다. 듣기 태도에는 다음의 세 가지 기본 원칙이 있다.

① 성실한 태도

여기서의 성실은 최대한의 성의와 진지한 마음가짐으로 귀 기울여 듣는 주의 집중 활동을 뜻하는 것이다. '듣는다'는 것은 말하는 사람과의 상대적인 활동이기 때문에 듣는 사람이 성실하지 않을 때는 말하는 사람의 생각과 느낌을 제대로 이해할 수가 없다. 그것은 마치 잔잔한 물만이 주위의 경관을 그대로 반영할 수 있는 원리와도 같은 것이다. 그리고 또 하나의 이유로는 성실성이 화자의 말하는 의욕과 직접 연결되기 때문이다. 듣는 사람의 관심과 주의집중이 없는 상황에서의 말은 의미가 없다. 성실한 태도를 구체적인 행동적 용어로 제시하면 정숙, 관심, 안정, 주의집중, 성의, 진지 등을 들 수가 있다. 남의 말을 듣는 데는 무엇보다도 안정되고 진지한 태도로 조용히 들어야 하며, 또한 말하는 사람의 말에 관심을 두어야 함은 물론 주의를 집중하여 성의 있게 들어야 화자의 말을 바로 이해할 수 있으며, 화자의 말하는 의욕도 북돋워 주게 된다.

② 예절바른 태도

남의 말을 듣는 사람이 몸가짐이나 반응 및 질문 태도가 비협조적이거나 무례하면 화자의 말하는 의욕상실은 물론, 화자의 생각이나 느낌을 이해하는데 지장이 생기게 된다. 구체적인 행동적 용어를 제시하면 예절, 의견존중, 반응, 질문 등을 들 수 있다. 듣는 사람이 바른 자세로 앉는 것은 무엇보다 중요하다. 시선의 초점을 화자에게 맞추고 바르게 앉는 것은 바로 마음의 수용자세를 뜻하는 것이다. 바르지 못한 자세는 수용자세가 안되었으므로 주의집중이 어렵고 졸음이 오기 쉽다. 그러므로 그러한 자세는 화자의 말을 바로 이해할 수 없고, 또한 화자의 비위를 거슬리게 하여 효과적이고 좋은 내용의 말을 기대하기 어렵다. 화자의 생각이나 의견이 수긍되지 않는다 하더라도 의견을 존중하는 협조적인 태도가 필요할 것이다. 그리고 화자의 말을 관심 있게 듣고 있다는 적당한 반응이 필요하다. 고개를 끄덕이거나 가끔 질문을 하고 감탄사를 말하는 등의 동의, 동감이나 부정하는 반응을 해야 한다. 그리고 질문을 할 때는 화자의 말의 맥을 끊지 않도록 유의함은 물론, 진지하고도 협조적이면서도 부드러운 말로 해야 한다.

③ 자연스런 태도

언어활동은 상대적이고도 상황성을 띄기 때문에 상대인 화자와 상황에 맞는 자유롭고도 자연스러운 태도를 취해야 한다. 듣는 사람의 태도가 너무 딱딱하고 어색하면 말하는 사람도 그 영향을 받게 되어 효과적인 화술과 좋은 내용의 말을 할 수 없기 때문에 말의 내용을 바로 이해하기가 어렵게 된다.

2) 면담 준비

(1) 장소 선정 및 좌석의 배치

면담장소로 치료실은 친숙한 환경이기 때문에 편안하다고 느낀다. 즉, 익숙한 공간이 정서적으로 안정된다. 그리고 필요한 서류나 자료를 즉시 찾아볼 수 있고, 아동이 행한 중요한 행동을 생각나게 하는데 도움이 된다. 예를 들면, "철수가 이렇게 낙서 했어요", "철수가 이렇게 장난감을 부수었어요" 등이다.

다음으로 좌석의 배치인데 책상을 부모와 치료사 사이에 두어서는 안 된다. 왜냐하면 물리적인 간격이 생길수록 정신적인 간격도 생기기 때문이다. 좌석은 부모와 교사가 잘 볼 수 있도록 배치해야 한다.

끝으로 장소 선정은 융통성을 고려해야 한다. 학교나 치료실에서 만나기를 꺼려한다면 다른 장소에서 만나는 것이 좋다. 즉, 아동의 집도 좋은 장소가 될 수 있다.

(2) 면담내용과 자료 준비

① 면담을 위한 내용의 설정

내용의 설정은 면담의 목적이다. 내용설정 시 유의점은 다음과 같다.

첫째, 명확한 목적을 가지고 만나야 한다(면담 목적의 명확화).

둘째, 부모가 준비할 것이 있다면 미리 부모에게 알려주어야 한다(부모 준비).

셋째, 내용은 되도록 간단해야 한다. 예를 들면, "우리 왜 만나자고 하셨죠?", "글쎄요, 이번 주가 학부모 초청 주간이거든요." 같은 경우는 바람직하지 못하다.

넷째, 내용은 구체적으로 진술되어야 한다. 예를 들면, '가정지도 기술 보급'은 일반목표이며 이것의 구체적 목표는 '감각훈련 프로그램을 직접 실시해보기'이다. 그리고 '아동의 수행정도에 대한 관찰'은 일반 목표이고, '도표화한 자료를 활용하면서 아동이 프로그램을 시작한 단계와 마친 단계에서 갖게 되는 위치의 설명'은 구체적인 목표이다.

② 아동에 관한 기록의 검토

목표를 달성하기 위해서는 관련되는 모든 자료를 검토해야 한다. 즉, 아동이 특정 상황에서 잘못 행동한 것을 기록해 놓은 것, 아동이 가장 잘 학습할 수 있는 방법의 검토, 아동의 진전 상태, 요약 등의 자료를 검토한다.

③ 도표자료의 준비

아동의 진전 상태를 간단하고 쉽게 설명할 수 있는 형태로 그래프를 작성한다.

④ 자료 제시 시 주의할 점

아동의 진전이 없을 때 아동의 탓으로만 돌리지 않도록 해야 한다. 필요한 경우 부모의 도움 및 조언을 받는 것이 좋다. 그리고 부모가 요청하지 않는 한 다른 아동과 비교하지 말아야 한다.

3) 간접 의사소통 기술

간접 의사소통은 부모와 대화할 시간이 부족한 경우에 필요하며, 구체적인 절차는 다음과 같다.

(1) 부모와의 약정

약정은 부모와 치료사 사이에 서로 책임질 부분에 대해 동의를 하는 것이다. 예를 들면, 가정 지도, 지도 보조, 진전 보고서 서명 등이다.

(2) 매일의 경과보고

치료사는 부모에게 매일 보고서를 가정에 보낸다. 이때 간단한 보고서 형식으로 보고한다. 1일 진전 보고서가 가지고 있는 의미는 다음과 같다.

① 자기 자녀에게 관심이 주어지고 있다는 것을 부모가 알게 해준다.

② 부모로 하여금 가정에서의 전략을 세우도록 동기를 부여해 줄 수 있다. 즉, 부족한 점은 보충의 동기를 가진다.

③ 아동에게 매일의 진전 상태에 대한 피드백을 제공해 준다.

(3) 증명서의 활용

매일 보고서 작성 대신에 중간 목표를 달성하였을 시에 증명서를 발급한다.

증 명 서
______가 ______목표를(활동을) 만족스럽게 끝냈음을 증명합니다. ______언어치료사 서명

이 증명서는 아동으로 하여금 특정 목표의 달성을 위한 학습 과제를 끝내도록 동기를 유발시키고, 부모에게 학습이 실제 일어나고 있음을 보여준다.

4) 자녀 학습에 직접 참여하게 하는 기술

치료사는 부모가 가정에서 자녀들을 잘 가르칠 수 있도록 아동의 학습에 영향을 주는 여러 가지 기본 학습 원리를 부모에게 소개해 주어야 한다.

(1) 부모와 함께 지도할 때 부모에게 위협적인 태도로 대해서는 안 된다. 가능한 한 부모들이 편안한 마음을 가지고 일할 수 있도록 해야 한다. 처음에는 아동의 단점보다 장점을 더 증가시키는 일부터 시작하여 부모로 하여금 신나게 참여하도록 하는 것이 좋다.

(2) 언제나 부모의 관심 문제에 대하여 조언해 줄 수 있는 준비를 한다.

(3) 여러 가지 실제 기술을 시범보일 수 있어야 한다.

(4) 부모의 의견이나 생각을 가볍게 생각하면 안 된다. 때로는 치료사가 해결책을 찾지 못할 때 부모들이 훌륭한 해결책을 제시하기도 한다.

(5) 치료사가 권위적이어서는 안 된다.

(6) 치료활동에 부모를 참여시킨다.

4. 부모-자녀 관계의 유형과 영향

여기서 부모-자녀 관계라고 언급하고 있지만 어머니가 주로 자녀를 양육하고 치료실에 데리고 감으로써 그들 자녀의 행동을 관찰할 기회가 아버지보다는 상대적으로 훨씬 많기 때문에 어머니-자녀 관계를 중심으로 논한다.

1) 부모 양육형태

(1) 권위적 양육

자유는 억제하고 질서는 격려한다.

(2) 허용적 양육

자유는 있으나 질서는 없다.

(3) 민주적 양육

자유도 격려하고 질서도 격려한다.
. 의사결정에 부모와 자녀가 동등한 참여를 한다(자녀-부모 대화 필요).
. 지시-복종의 관계가 아니다(자녀의 인격 존중).
. 상호 존중
. 지나친 허용도 아니다.

2) 부모-자녀 관계의 유형

부모-자녀 관계는 많고 다양하다. 이 많은 관계 중에서 의사소통장애아동을 가진 경우에 가장 많이 발견되는 세 가지 유형은 다음과 같다.
① 자녀와 자녀가 가지고 있는 의사소통장애를 수용하는 부모
② 자녀와 자녀가 가지고 있는 의사소통장애를 거부하는 부모
③ 자녀와 자녀가 가지고 있는 의사소통장애에 대한 그들 반응에 대해 보상하는 부모

(1) 수용하는 부모

첫 번째 범주는 자녀가 의사소통장애를 가졌음에도 불구하고 어머니가 자녀를

수용하는 부모-자녀 관계이다.

① 이 유형의 어머니의 역할

다음의 역할을 자녀가 수행하는 데 필요한 특수 욕구를 충족시켜 줄 능력을 어머니가 가지고 있다.

a. 정상적인 삶을 계속한다(언어, 대인관계, 발달과업의 성취, 직장, 결혼).

b. 가족 및 가정에서 보조를 맞추며 살아간다(가족과의 협동, 인정하고 인정받는 것, 소속감).

c. 시민과 사회인으로서의 의무를 다하며 살아간다(의무의 행사, 권리의 행사).

② 이 관계의 영향

부모로부터 수용을 받는 자녀가 대개 거부되는 자녀들보다 언어치료의 효과가 크다. 그 이유는 다음과 같다.

a. 말을 하기를 원하는 자녀는 먼저 그 자녀를 사랑하는 부모와 동일시 할 수 있어야 한다(동일시를 원할 때 의사소통 의도가 생긴다).

b. 동일시가 가장 잘 이루어지는 사람은 부모이다.

c. 장애아동의 예후를 풍부히 하는 데는 자녀와 그 자녀가 가지고 있는 의사소통장애를 수용하는 부모를 가지는 것이 제일 중요하다.

③ 수용 부모의 특성

a. 그들 자신에 대해 긍정적 느낌을 가진다(살 가치가 있다, 보람이 있다, 희망이 있다, 하면 된다).

b. 의사소통장애 자녀를 수용하고, 수용 감정을 자녀에게 나타낸다.

c. 일관성 있는 가벼운 훈육의 유지

d. 자녀에게 어떤 기준 적용이 불가능한 상황은 회피한다.

예) 자녀에게 잘 잘못을 말해 줄 수 없는 상황

e. 긴장을 느끼지 않는 조건에서 자녀에게 말해 줄 충분한 기회를 가진다.

f. 이 성공적인 관계에서 가장 명확한 사실은 의사소통장애아동으로서가 아닌 정상아동처럼 대하는 것이다.

(2) 거부하는 부모

① 사례

거부하는 부모의 사례를 요약하면 다음과 같다.

a. 의사소통장애아동을 가진 부모가 정상아동을 가진 부모보다 더 신경질적이다.

b. 거부 또는 적의의 부모 행동이 자녀의 적응에 불리한 영향을 미치며, 부모의 증오 행동은 자녀의 지능을 낮게 하는 원인과 관련된다. 아울러 사랑-미움, 또는 수용-거부 범주는 부모-자녀 관계에 관련되는 가장 현저한 부모 행동이다.

c. 의사소통장애아동은 정서불안을 일으키는 가족 관계를 가진다.

d. 의사소통장애아동 어머니들은 자녀가 말하도록 장려하는 기회가 적으며, 자녀에 대한 높은 행동기준을 나타냄과 아울러 자녀 행동을 혹평하는 경향이 있다.

e. 많은 부모가 의사소통장애아동을 거부하는 것을 의식적으로 원하는 것은 아닌 것 같지만 의식적 또는 의식적인 수준에 가까운 거부가 종종 발견된다.

② 거부 받는 의사소통장애아동의 특성

부모로부터 거부를 받는 의사소통장애아동이 나타내는 주요 특성은 다음과 같다.

a. 의사소통장애에 대한 적응문제를 가진다.

b. 부정적인 가족관계와 투쟁해야 한다.

c. 정서적으로 불안정하다.

d. 격려가 적다(정상아동에 비해).

e. 그의 행동에 대한 많은 비판을 감수해야 한다.

(3) 보상하는 부모

의사소통장애아동에 대한 부모가 가지는 의식적 또는 무의식적 느낌에 대해 부모가 보상하는 형태이다.

① 사례

보상하는 부모 유형에 대해 주요 사례는 다음과 같다.

a. 의사소통장애아동의 부모는 비현실적이고, 완고하며, 과잉보호하는 경향이

있다. 아울러 인격 결함을 가진 부모는 우수한 능력을 확립하려는 의도에서 계속적인 지도와 훈련의 행태로 자녀에게 보상하려는 것을 발견한다.

b. 의사소통장애아동을 가진 부모의 반응으로 원망(노함)과 죄의식 형태가 있다. 그리고 이들 부모는 의사소통장애아동을 낳은 것에 대해 사회적 비난을 받는다고 느끼고 있으며, 그 결과로 자녀에 대한 거부와 과보호를 가져온다.

c. 자녀를 싫어하고 거부하며 더욱이 이 거부로 심각한 죄의식을 가진 어머니들도 그들 자녀를 싫어할 것으로는 상상되지 않는다고 했다. 그리고 증오의 감정이 억압되어 극도로 방어적인 태도로 대치된다. 어떤 사람은 이런 어머니를 훌륭한 어머니라고 느끼지만 어머니의 과보호는 자녀를 불안하게 하고 사회적 부적응아를 만든다. 왜냐하면 과보호된 자녀는 복종적이고, 걱정이 많으며, 독립심이 부족하기 때문이다.

d. 과잉보호된 자녀는 재활 프로그램에서 수용 받은 자녀만큼 이익을 얻을 수 없다.

e. 지나치게 걱정하고 지배적인 어머니는 사실 그들 자녀에 대한 탐욕스런 관심을 가지고 있다. 어머니가 의사소통장애 자녀를 특히 좋아한다고 믿고 있는 동안은 그 자녀에 대해 깊이 억압된 적의를 가지고 있다. 어머니는 그 자녀를 너무 많이 사랑하기 때문이 아니라 전혀 그 자녀를 사랑할 능력이 없음에 대한 보상 때문에 과보호한다.

② 수용, 거부, 보상형 부모의 비교

이상에서 논의된 세 가지 형태의 부모가 가지고 있는 차이점은 다음과 같다.

a. 수용하는 부모는 상담지정에 대해 성실하며, 정상적인 방법으로 자녀양육에 대한 자문을 찾으며, 전문가의 권고를 잘 따른다.

b. 거절하는 부모는 상담지정을 잘 망각하며, 상담지정이 말소되기까지 거의 치료실을 방문하지 않는다. 그리고 자녀의 재활 프로그램에 참여도 하지 않는다.

c. 보상부모는 상담지정을 잘 지키며, 탈진상태까지(신체적, 정서적) 상담에 참여한다. 그들은 자녀의 진전에 대해 서두르고 걱정하며 "하루가 다 가기 전에 무엇인가 성취해야 할 것인데" 라는 불안하고 기분 나쁜 상태로 걱정한다. 내부에는 거부감을 가지고 있으면서 자녀를 수용하려고 애쓰며 보상하는 부모는 재활 프로그램에 너무 자주 참여한다.

③ 보상형 부모의 정서적 태도가 자녀에게 미치는 영향

자녀가 일단 어떤 민감성을 가지게 되면 긴장을 느끼고, 어머니의 정서적 상태를 자신의 신체적 문제와 연결하게 된다. 그들은 자신의 의사소통장애가 어머니 불행의 근원이라 생각하고 불안감을 느끼기 시작한다. 자녀는 더 이상 어머니의 걱정을 끼치지 않으려 하고, 이로 인해 언어치료의 진전에 저해를 가져오게 된다.

④ 보상형 부모와 수용 및 거부하는 태도와의 관계

이 보상형 태도는 수용과 거부를 함께 반영하고 있으므로 자녀의 정서적 안정에 해롭다(표 3.2).

<표 3.2> 수용, 거부, 보상형 부모의 관계

수용		거부		보상
사랑	+	무관심	=	소유감
감정이입	+	이기주의	=	동정
용서	+	흠잡기	=	과잉 관대
유순함	+	학대	=	감정억제
조심	+	부주의	=	의심
활기	+	냉담	=	과장된 활기

3) 부모의 태도와 그 영향

(1) 사례

부모의 태도가 자녀에게 미치는 영향에 대한 몇 가지 사례를 보면 다음과 같다.

① 한계성 지각

청각장애아동에 대한 부모의 태도에서 부모들은 자녀의 나이가 많아짐에 따라 자녀에 대한 한계성을 더욱더 지각하면서 부모의 태도는 보다 덜 수용적인 태도로 바뀐다. 일단 부모-자녀 관계가 형성되고 나면 좀처럼 잘 바뀌지 않는다. 왜냐하면 청각장애아동은 나이가 많을수록 가능성에 대한 기대가 희박해지기 때문이다.

② 의사소통 장애의 영향

가정에서의 의사소통장애와 부적절한 역할행동(장애아동의 가족위치 역할)은 학교의 사회적 환경 적응에 심각한 어려움을 가져올 수가 있다. 이와 같은 빈약한 사회적응 결과는 정상적인 학습을 방해한다.

(2) 조기부모 상담의 의의

이상에서 부모의 태도가 자녀에게 미치는 영향은 크다는 것을 알 수 있다. 따라서 조기 상담에 의해서 부모의 태도를 바꾸는 것이 필요하며, 그 의의는 다음과 같다.

① 부모는 그들 자신이 아닌 자녀에게 책임을 가진다. 더욱이 재활 프로그램이 성공적이라면, 부모는 프로그램에서 자녀가 이익을 얻을 수 있도록 강압, 억압에서 탈피하도록 도와 주어야 한다.

② 부모는 프로그램이 그들 자신이 존경받을 만한 인물임을 입증하기 위해서 입안된 것이 아니고, 사회적응을 하는데 있어 그들 자녀를 돕기 위한 것임을 알아야 한다.

③ 부모는 일관성과 수용태도를 유지해야 한다. 진전이 느리거나 빠르다고 해서 낙담하거나 지나치게 열정적이어서는 안 된다.

④ 부모는 그들의 자녀가 평생 동안 고통을 가지고 있으며, 가능한 한 정상에 가까운 생을 준비하도록 돕는 것이 부모의 책임이라고 이해해야 한다.

5. 부모교육의 운영계획

1) 운영의 기본 원리

(1) 내용, 방법, 시기 등은 언어치료실과 지역사회의 제반 여건 고려
(2) 부모들의 직업, 학력, 생활수준, 시간적 여유 등 고려
(3) 부모요구 기초-참여 증진
(4) 실천가능, 구체적, 쉬운 것부터
(5) 경제적 부담 고려

2) 부모교육 내용

(1) 언어치료 필요성과 교육대상
(2) 장애아동의 출현율과 원인
(3) 장애아동의 판별·진단의 절차
(4) 장애아동의 교육조치(배치)
(5) 장애아동의 출현 예방과 그 사후 대책
(6) 장애아동의 신체적, 심리적 특성
(7) 장애아동이 가족에게 미치는 영향과 그 대처 방안
(8) 장애아동 부모의 심리적 갈등과 해결방안
(9) 장애아동을 가진 학부모의 기본자세에 관한 내용
(10) 장애아동의 조기교육에 관한 내용
(11) 특수학교 교육과정과 일반학교 교육과정과의 차이점
(12) 가정에서 장애아동의 학습지도 방안
(13) 가정에서 장애아동의 생활지도 방법
(14) 통합교육의 장단점과 성공적인 통합교육을 위한 조건
(15) 치료교육(행동수정, 물리치료, 언어치료, 작업치료, 심리치료)의 원리와 적용 방법
(16) 장애아동 어머니회 활동과 역할
(17) 장애아동의 성교육
(18) 장애아동의 취미 생활
(19) 장애아동의 형제자매가 가지는 심리적 갈등과 해결방안
(20) 장애아동의 신변자립과 보건과 안전
(21) 장애아동의 법적 지위와 장애아동을 가진 부모의 권리
(22) 장애인 고용촉진 공단의 역할과 고용 현황
(23) 장애인 특례입학 제도와 고등 교육
(24) 장애인 직업훈련 교육기관
(25) 장애아동의 학교 졸업 후 취업문제
(26) 장애아동 평생교육
(27) 장애인을 위한 기관과 역할
(28) 장애아동을 위한 교육인적지원부와 보건복지부의 역할
(29) 선진국의 장애인 복지 정책
(30) 장애인 복지 제도의 향상을 위한 접근방법

3) 부모교육 연간계획 예시

월 \ 연차	1년차	2년차	3년차
3월	청각장애아동 이해		
4월	바람직한 부모	청각장애아동 조기교육	청능훈련
5월	놀이를 통한 언어지도	청각장애아동 심리 특성	발음 발어 지도
6월	가정에서 언어지도 내용	청각장애아동의 발음 특성	가족 중심 치료 이론
7월	내 아이는(초청강연)		
10월	영아기의 언어발달	보청기	가족 중심 치료 실제
11월	유아기의 언어발달	인공와우 이식	청각장애아동 교육방법
12월	나는 이렇게 키웠다(초청강연)		

단원 요약

▪ 민주적 부모교육 이론은 부모가 자녀의 행동을 볼 때 행동의 결과만 보고 판단해서는 안 되며, 왜 그러한 행동을 하려고 했는지 즉, 행동의 목표를 보는 것이 필수적이다. 행동의 통제 방법은 자녀와 합의하여 행동의 결과에 대한 책임을 가지게 함으로써 자녀가 스스로 행동을 통제하려는 태도를 형성하도록 하는 것이 중요하다. 가능한 자연이 벌을 주도록 함으로써 부모-자녀의 관계를 바람직하게 하려는 데 있다.

▪ 민주적 부모교육 이론에서 자녀의 행동통제의 핵심은 자연적 귀결과 논리적 귀결이다. 자연적 귀결의 특성은 자녀가 행동결과를 경험하도록 부모가 방해하지 않고, 부모-자녀 간의 힘 겨루기를 막음으로써 자기의 행동결과는 자기가 책임을 지도록 하는 것이다. 이에 반해 논리적 귀결은 행동과 관계되는 결과를 합의하여 정함으로써 아동 자신이 선택한 것에 대해서는 자기가 책임을 지도록 하는 통제방법이다.

▪ 부모 효율성 훈련 이론은 부모가 민주적인 태도를 가지게 하여 부모-자녀 간의 인간관계를 개선시켜서 자녀의 행동을 통제하는 방법이다. 부모의 민주적 태도로 적극적 경청, 나- 전달법, 무승부법의 자세를 가지는 것이다.

▪ 부모교육의 형태는 자녀의 연령, 교육대상자, 교육의 장소에 따라 유형을 나

누어 볼 수 있으며, 이와 같은 유형을 논하는 목적은 효율성을 극대화 하자는 데 있다.

▪ 부모와의 면담기술의 핵심은 부모가 가지고 있는 문제를 노출하도록 하는 것이며, 이를 위해 면담자의 듣기 태도, 편안한 면담장소 또는 분위기, 면담의 경제성 원리의 실현이다.

▪ 자녀가 가지고 있는 문제해결의 관건은 부모가 가지고 있으며, 어떤 부모-자녀관계 유형을 취하느냐가 성공의 열쇠이다.

생각할 내용

▪ 부모교육 이론의 기본 전제

▪ 바람직한 부모-자녀관계의 기준

▪ 자연적인 벌의 이념

▪ 자녀의 문제를 해결하는 최적의 부모 유형

▪ 정상아동의 부모와 의사소통장애아동의 부모의 태도

▪ 화내는 부모, 엄격한 부모, 과잉보호 부모, 짜증내는 부모, 침착하지 못한 부모의 전형적인 말투

▪ 대화하는 부모의 전형적인 말투

제4장 의사소통장애아동의 가족 정서

이 장에서는 언어·청각 전문가들이 흔히 접하는 가족들의 큰 변화와 관련된 감정을 중심으로 기술한다. 그리고 이들 감정에 의해서 야기되는 행동은 어떠한가를 살펴본다. 만약 치료사가 행동에 영향을 준 근원을 알지 못할 때 이 행동들은 치료사 - 아동 관계를 혼동시킬 수 있다.

1. 의사소통장애아동과 부모의 정서

1) 의사소통장애아동 및 부모의 일반적 정서

일반적으로 의사소통장애를 가지고 있는 사람들은 강한 부정적 감정을 지닌다. 이 사실은 아동과 그 가족 모두에게 병존한다. 의사소통은 인간에게 있어서 기본적인 도구이므로 의사소통이 차단되거나 방해될 때 정서적인 혼란을 느낄 수 있다. 이런 경우 이들의 예기치 못한 감정의 표현으로 인해 언어·청각 전문가들은 매우 곤란을 겪게 된다. 대부분의 교육 프로그램에서 전문가들이 접하는 사람들은 정서적으로 허약하기 때문에 치료 과정에서의 어떤 실수는 그들을 궁지로 몰아넣을 수 있다는 것을 전문가는 고려해야 한다. 이들이 가지는 부정적 정서는 다음과 같다.

(1) 슬픔(grief)

모든 변화에는 상실감을 느낄 수 있다. 큰 변화를 시도하는 사람이 크게 슬픔을 느끼는 것은 기대했던 미래에 대한 변화의 상실 때문이다. 부모들의 경우 대개 자녀들이 성장해서 집을 떠난 이후에 슬픔을 느낀다. 여행을 다니고 운동을 하고, 등산을 다니고 해야 할 중년기에 장애 부인을 둔 남편은 이상적인 생활이 힘들어지게 된다. 이런 경우 슬픔은 항상 남편과 같이 한다.

청각장애자녀를 둔 한 아버지는 다음과 같이 말했다. “내 자녀가 청각장애아동이라는 것을 발견했을 때 그것은 마치 감옥과 같은 소리로 들렸다. 그 다음에는 지루한 고통이 끊임없이 수반되었다.”

이와 같이 상실을 가진 슬픔의 과정은 죽음에 대한 반응과 매우 흡사하다. 왜냐하면 그것은 꿈과 기대에 대한 죽음이기 때문이다. Kubler-Ross(1969)의 연구에서 의사소통장애아동과 그 가족들이 경험한 상실감은 죽음에 임박한 사람의 감정에 비유할 수 있다고 지적하였다. 그리고 슬픔의 단계를 부정-노여움-협상-우울-수용으로 제시하였다.

Tanner(1980)는 슬픔의 반응에 대한 논문을 통해 “슬픔은 단일 반응이 아니고 상실에 대한 많은 대처 시도와 정서를 포함하는 복잡한 과정이다.”라고 언급하였다. 이를 테면, 유족은 그들 자신의 상실에 빠져들어 통곡하는 것에 바빠서 그들을 위해 무엇을 할 수 있는지를 알지 못한다. 의사소통장애 자녀를 둔 부모들의 슬픔 과정을 보다 승화시키도록 돕기 위한 것으로 다음과 같은 예를 들 수 있다.

여러분이 아기를 가지려 할 때는 이태리로 갈 환상적인 바캉스 계획을 세울 때와 같다. 한 아름의 여행안내 책자를 사서 모든 계획을 표시한다. 경기장, 미켈란젤로, 다윗, 비엔나의 곤돌라 등... 그리고 핸드북을 통해 이태리에서 할 간단한 말을 배운다. 그 모든 것이 매우 신나는 일이다. 마침내 여행할 날이 다가와서 짐을 탁송하고 이륙하여 몇 시간 뒤에 착륙을 하자 스튜어디스가 들어와서 “네덜란드로 오신 것을 환영합니다.” “네덜란드라고 말했소? 네덜란드? 나는 이태리로 여행계약을 했고 이태리로 가는 것이 나의 꿈인데!” 이에 대해 “미안합니다.”라고 스튜어디스가 말했다. “변화가 생겨서 네덜란드에 착륙했습니다.”, “그러나 나는 네덜란드에 대해서 아무것도 모릅니다. 나는 네덜란드로 올 생각은 결코 한 일이 없습니다. 나는 네덜란드에서 무엇을 해야 하는지 아무런 생각도 없습니다.”

중요한 것은 그들이 당신을 무섭고, 추한 곳, 굶주리는 곳, 흑사병과 다른 질병이 있는 곳으로 데려오지 않았다는 것이다. 다만 장소만 다를 뿐이다. 따라서 새로운 안내 책자들을 사고, 새로운 언어를 배워야 하고, 지금까지 만나보지 못했던 사람들을 만나야 한다.

네덜란드는 이태리보다 보다 당장은 못하다고 느끼지만 잠시 관광을 하면 숨을 멈출 경관을 보게 된다. 왜나햐면, 네덜란드에는 풍차가 있고, 튤립이 있기 때문이다. 이제 당신은 이태리로 가지 못했던 아픔을 수용해야 한다. 왜냐하면, 그

꿈의 상실은 매우 의미 있는 상실이기 때문이다.

그러나 만약 당신이 결코 이태리로 갈 수 없다는 사실을 통곡하면서 시간을 낭비한다면 네덜란드에 관한 매우 사랑스러운 것, 매우 특수한 것을 즐길 수 없을 것이다. 그래서 슬퍼하는 많은 사람들은 그들이 이태리에 있지 않다는 사실을 언제나 슬퍼하므로 "네덜란드"에서 비통함을 느낀다. 이와 같이 상담의 궁극적 목적은 네덜란드에서 경험하고 대처할 내용을 사람들이 인식하도록 도와주는 것이며, 네덜란드가 가지고 있는 내용을 평가하도록 가르쳐주는 것이다.

(2) 무력감(feeling of inadequacy)

인생의 급변에 직면하는 사람은 압박감을 느끼게 된다. 의사소통장애아동을 가진 부모들은 특수한 압박감을 느낀다. 부모는 자신의 자녀가 장애아라는 사실을 들을 때 정상아동 출산 시의 공포보다 몇 배로 증가한다. 압박감의 동반은 구조되기를 원하는 욕구이다. 부모에게 나타나는 백일몽의 하나는 "만약 누가 나의 자녀를 데리고 가서 말을 유창하게 하고 세련되게 양육해서 18세가 되어서 되돌려 준다면 얼마나 좋을까!"와 같은 것이다. 이 백일몽은 부모의 불안정과 무력감의 기저를 반영한다.

무력감을 느끼지 않는 경우와 느끼는 경우를 비유적으로 보면, 부모 집단의 한 아버지가 나에게 그의 축구팀의 선수가 되어줄 것을 간절히 원했다. 내가 거절하자 그는 나에게 코치가 되어주기를 원했지만 이 코치도 나는 거절했다. 내가 원하는 유일한 역할은 열성적으로 응원하는 것이었다. 나는 스탠드에 앉아서 열심히 응원하면서 나의 모든 정보를 알려주고 당신은 선수를 선발해서 내보내야 한다고 부모에게 말해주었다.

전문가인 코치가 그 시합에 참여하였을 때 부모들은 구경꾼이 되었고 경기 결과에 대한 책임이 없는 것처럼 행동하였다. 부모들은 그 코치를 칭찬 또는 비난하지만 그들 자신은 칭찬과 비난의 대상에 포함시키지 않는다. 구경꾼의 위치에서는 성장이나 학습의 기회가 드물다.

불행히도 많은 언어·청각 전문가들이 모든 시합을 주도하려고 한다. 우리가 도움을 주기로 약속한 사람들은 많은 고통을 가지고, 자기 자신이 매우 모자란다는 생각을 가지고, 또 책임감에 압도되어 찾아온다. 부모들은 가끔 "나는 부모일 뿐이고 당신이 전문가이다."와 같은 말을 한다. 우리가 많은 정보와 동정심을 가지고 있기 때문에 부모의 책임감을 빼앗아 그들을 보호하려고 한다. 그렇게 함으로써 부모로 하여금 구경꾼이 되게 하는 것이다.

문헌적으로 보호의 가장 극단적인 예의 하나는 슬리반(Annje Sullivan)과 헬렌 켈러(Helen Keller)의 이야기다. 슬리반은 많은 전문가들에게 역할 모델과 직업적 귀감이 되었다. 슬리반은 어린 시절 박탈감을 느끼며 살았다. 그의 어머니가 돌아가신 후 6세의 슬리반과 4세의 남동생은 알콜중독자인 아버지 때문에 가난한 가정에서 자라게 되었다. 그녀의 남동생이 죽은 바로 직후에 그녀는 시설에 보내졌고, 빈곤 속에서 나이 많은 사람들과 자라는 동안 교육적인 경험을 거의 하지 못했다. 그녀는 시각적 문제로 보스톤에 있는 퍼킨스 맹학교(Perkins School for the Blind)에 보내져서 시설에 있는 맹인들과 함께 교육을 받았다. 슬리반이 졸업할 때 헬렌켈러로부터 도움 요청이 왔다.

헬렌켈러의 집에 도착한 직후, 슬리반은 공식적인 일요일 저녁 만찬에 초대되었다. 슬리반은 헬렌의 아버지와 함께 테이블에 앉아 기다리고 있었다. 헬렌의 어머니가 헬렌을 데리고 들어왔다. 어머니는 헬렌을 통제할 수 없었다. 헬렌은 섬뜩한 소리를 지르고, 음식을 집어던지곤 하여 완전히 난장판을 만들었다. 아버지는 화를 내면서 그 자리를 떠나버렸고 어머니는 테이블 저쪽에서 헬렌을 완전히 낙담한 얼굴로 바라보았다.

여기에서 슬리반은 하나의 선택을 하였다. 즉, 헬렌의 어머니와 함께 지도하면서 헬렌을 다루는 방법을 어머니에게 가르쳐주든지 아니면 헬렌을 어머니와 분리시켜서 헬렌을 보호하든지 둘 중 하나를 선택해야만 하였다. 만약 슬리반이 헬렌의 어머니와 함께 지도를 했다면 슬리반은 유명하게 되지도 않고 신망도 받지 못했을 것이다. 슬리반은 헬렌을 오두막으로 데리고 가서 밤에는 어머니와 격리시켰다. 2주 정도 지났을 때 그녀는 의사소통을 시작하였다.

단적으로 말하면, 헬렌 어머니와 헬렌이 6년 동안 하였던 것보다 슬리반이 2주 동안 성취한 것이 더 많았다. 헬렌의 어머니는 크게 고마워 하였다. 그와 동시에 자녀에게 자신을 부적절한 어머니라는 확신이 더 많아졌다. 헬렌의 어머니는 더 이상의 어떤 시도도 하지 않았다.

슬리반이 죽고 난 후 헬렌에게 슬리반이 해 주었던 방법으로 그녀를 만족시켜 주는 사람은 아무도 없었다. 그녀는 굉장하고도 탁월한 기능을 가지고 있었음에도 불구하고 독립적으로 살아갈 방법을 배우지 못했다.

슬리반의 이야기는 보호의 극단적인 예이다. 때로는 우리가 아동에게 할 수 있는 가장 도움이 되는 것은 돕지 않는 것이거나 너무 완전한 방법을 주지 않는 것이다. 완전한 도움은 도움을 받는 자는 항상 자기를 무력하다고 느끼고 보조를 계속 요구하는 상태로 남게 한다. 효율적으로 양육하기 위해서는 적절한 시기에 도움을 주어서 장애아동으로 하여금 늘 도움만을 받는 사람이라는 평가를 받지 않는 것이 중요하다.

(3) 노여움(anger)

파멸적 변화를 경험하는 사람은 누구나 다 얼마의 노여움을 경험한다. 이때 노여움을 경험하는 사람은 이 노여움이 무엇인지 알지 못하고 그 노여움을 설명할 수 없지만 분명히 노여움은 있다. 노여움은 많은 근원을 가지고 있다. 가장 흔한 노여움은 기대가 깨어질 때 나타나는 것이다. 간단한 수준의 노여움은 만남을 약속하고 그 만남을 파기할 때 나타난다. 모든 부모들은 아직 태어나지 않은 자녀에 대해서 기대감을 가지고 있다. 즉 정상적으로 건강한 아이가 태어날 것을 기대한다. 그러나 태어난 아이가 '결함'을 가지고 있을 때 부모들은 노여워하며, 기만당했다고 느낀다.

다행히도 운명적인 실패에 대한 다른 기대는 그 장애가 치료될 수 있다는 것이다. 부모들은 자기 아이가 장애라는 사실을 수용하는 것보다 치료 방법이 없다는 사실을 수용하는 것이 더 어렵다는 것을 알게 된다. 예를 들어, 부모들은 달나라에 우주선을 보내기 위해 많은 돈을 쓰면서 뇌성마비를 위한 치료는 왜 찾을 수 없을까하고 말한다. 장애아동들도 역시 전문가에 대해 기대를 가지고 특히 슬리반과 같이 잘 가르쳐줄 것을 기대한다. 이 기대는 화를 내게 할 수도 있고 그렇지 않을 수도 있다. 장애아동들이 가지고 있는 기대 가운데서 가장 해로운 것은 장애아동들이 이행해야 할 방법에 대해서 이상적인 상상을 가지는 것이다. 이 기대는 장애아동들이 '무능하다', '약하다'고 느낄 때 그들 자신에 대해서 노여움을 느낀다. 이 자기지향적인 노여움은 매우 해롭고 때로는 우울하고 낮은 자긍심을 가지게 한다.

의사소통장애 자녀를 가지는 경우 부모 및 가족 개인의 자유가 상실되며 이것이 노여움의 다른 근원이 된다. 장애가 나타날 때 생활의 선택은 제한되고 이 제한으로 노여움을 가지게 된다. 한 청각장애아동 자녀를 둔 아버지는 다음과 같이 말했다.

「나는 회사에서 승진하기 위해 몇 년 동안 일해 왔다. 나는 이 승진을 매우 원했다. 그리고 오늘 내가 승진되었다는 통보를 받았다. 내가 그 승진을 승낙한다면 우리 가족은 청각장애아동을 위한 서비스가 제공되지 않는 작은 도시로 이사해야 한다. 그리고 내 아들은 기숙제 청각장애학교에 보내야 한다. 내 아내와 나는 이 선택을 굉장히 심사숙고 하였다. 지금 내가 이 승진을 승낙하면 내 아들을 엉망으로 만들게 되고 내가 승진을 승낙하지 않으면 내 경력에 손상을 가지게 된다. 나는 지금 매우 화가 나고 좌절감을 느낀다!」

이 아버지의 노여움은 매우 전형적이다. 그리고 이 노여움은 청각장애 유아를 양육하기 위해 가정에 머물러야하는 많은 어머니들이 가지고 있는 노여움과 같다. 배우자는 그들의 남편 또는 아내의 병 때문에 인생 계획을 수정 적용해야 한다. 예를 들면, 진행성 청력손실 때문에 회의석상에서 더 이상의 기능을 할 수 없는 사람은 매우 화를 내고 분개한다. 그의 아내도 역시 그들의 사회적 삶의 제약과 역할의 소외감 등으로 화를 낸다.

다른 또 하나의 보다 격노에 가까운 노여움의 근원은 사랑하는 사람을 아프게 하는 것에 대한 부모 또는 배우자의 노여움이다. 이 무기력 또는 무력감의 감정은 파괴적이다. 모든 부모들은 그들의 자녀를 위해 보다 좋은 것을 하겠다고 맹세한다. 그러나 그것을 할 수 없을 때 부모들은 엄청난 무력감을 느낀다. 아버지와 남편은 가족 역할 때문에 이와 같은 종류의 노여움을 보다 많이 경험한다. 전통적으로 남자들은 가족의 보호자이다. 가족이 마음 아파할 때 아버지는 그가 실패했다고 느끼고, 따라서 좌절과 노여움을 느낀다. 부인의 경우 노여움은 내적으로 향하여 우울증이 된다.

대부분의 언어·청각 전문가들은 화가 난 사람들을 다루고 있다고 느끼고 있다. 의사소통장애아동의 노여움은 자주 전문가에게로 전달된다.

노여움은 대부분의 대인관계에서 매우 어려운 정서이며, 노여움은 자주 사랑의 상실과 같아진다. 대부분의 가족들은 노여움의 대처에 대한 전략을 가지지 못한다. 대개 노여움은 인간관계를 매우 위협하는 것으로 보여 지며, 그 노여움은 순진한 희생자(개, 고양이, 전문가 등)로 대치되거나 내적 마음으로 전환하여 우울증이 된다.

노여움이 타파되고 표현하는 것이 허용되지 않을 때 그 노여움은 대인관계를 더욱 악화시킨다. 나에게 화를 내는 사람과 나에게 말을 하지 않는 사람에게는 파괴적인 방법으로 자주 행동한다. 예를 들면, 상담지정을 상습적으로 지키지 않는 화가 난 장애아동은 방안의 실내장식, 의자의 안락성과 같은 사소한 것에 의해 화를 내며 치료에 충실히 참여하지 않는다. 전문가들은 장애아동들에게 화를 낼 권리를 가지고 있지 않다고 느낀다. 그러나 표현되지 않은 화는 갑판 위에 떨어져 있는 탄약을 장진한 대포와 같아서 어느 순간에 폭발하여 그 배를 침몰시킨다.

전문가-장애아동 간에 많은 화의 근원은 내재되어서, 드러나지 않은 경우가 대부분이다. 건전한 대인관계에서는 거의 모든 기대들이 상대방에게 충분히 표현되어 진다. 반면에 건전하지 못한 대인관계일수록, 극단적으로 덜 인정된 대인관계일수록 내재된 기대를 많이 가진다. 이런 기대들을 충분히 표현하지 않으면서도 이들 기대들이 이루어지지 않을 때 화를 낸다. 만약 우리가 기대에 관해 충분히 표현하지 않으면 우리의 노여움을 조종할 수 없을 것이다. 예를 들면, 나는 아침에 등산을 목적으로 일찍 일어난다. 나는 아내를 성가시게 하지 않도록 하기위해 말하지 않고 출발한다. 나는 아내가 나를 너무 사랑하기 때문에 내 마음을 읽을 거라고 생각하고 등산을 간다. 내가 집에 돌아왔을 때 내가 기대했던 주스가 만들어져 있지 않아서 나는 화가 났다. 나는 아침에 등산을 출발하면서 주스를 요구하지 않아서 주스가 준비가 되어 있지 않은 것에 불평할 권리를 가지고 있지 않다는 것을 알면서도 화를 멈추지 않았다.

전문가-장애아동의 많은 대인 관계가 내재되어 드러나지 않은 기대 때문에 실패하고 있다. 예를 들면, 많은 기대들은 가정된 책임 즉, 책임을 질 것이라는 가정을 전제한다. 교사와 치료사는 부모가 아이와 함께 가정숙제를 할 것이라고 가정한다. 반면에 부모는 학업을 교사만의 영역이라고 가정한다. 이와 같이 명확히 하지않은 기대들이 화를 불러일으키지만 화를 직접 표현하지는 않는다. 따라서 교사/치료사와 부모는 상호 기대에 대한 논의를 해야 한다.

대인관계를 해치는 것은 노여움에 대해 조종할 의사가 없는 것이다. 노여움은 대인관계에서 매우 건전한 정서가 될 수 있다. 화를 내는 데는 많은 관심과 에너지가 있기 때문에 그 노여움은 변화의 연료가 될 수 있다. 만약 장애아동이 나에게 화를 낸다면 화를 내는 것이 당연한지를 알아본다. 만약 내가 임무를 태만히 했다면 나는 사과하고 가능한 한 수정한다. 만약 내가 충족시키지 못할 내재된 기대를 가지고 있는 상황이라면, 기대를 명확히 한다. 부모들은 너무나 자주 자녀가 가진 장애에 대해 화를 낸다. 화는 자인하기 어렵고, 내가 그 장애를 이야기했기 때문에 부모가 나에게 화를 내기가 쉽다.

노여움을 공개적으로 정직하게 다룬다면 결코 어떤 손실도 없다. 대인관계에서 고도의 신뢰와 친밀함이 없다면 노여움도 나타나지 않는다는 사실을 알기까지는 많은 시간이 걸린다. 만약 서로가 상대방의 화의 근원을 밝히려는 감정과 의지를 가진다면 대인관계는 화를 낸 다음 언제나 더욱 좋아질 것이다.

(4) 죄의식(guilt)

죄의식은 노여움 다음으로 의사소통장애아동 가족이 경험하는 가장 일반적인 감정이다. 모든 가족 특히, 어머니들은 선천적 장애자녀에 대해 죄의식을 느낀다. 일반적으로 죄의식은 여자의 경우에 더 많이 나타난다.

나는 만성적 질환을 가진 많은 배우자에게서 죄의식을 발견했다. 예를 들면, 남편이 알츠하이머병(Alzhrimer's disease)을 가진 것에 대해 부인은 자기가 주의깊게 점검을 하지 않은 때문이라고 생각함으로써 죄의식을 느낀다.

특히 어머니들의 경우에는 자녀에 대해 죄의식을 더 잘 느낀다. 어머니들은 장애의 원인에 대한 책임감을 주로 느낀다. 아버지의 죄의식은 가족을 보호하지 못한 것에서 느낀다. 많은 선천적 장애의 원인은 알려지지 않고 있다. 부모들은 원인을 임신으로 되돌아가 찾으려고 한다. 원인에 대한 지속적인 탐색은 불안정한 죄의식을 감소시키려는 욕구를 반영한다. 부모들은 그들의 죄의식이 해결되기를 원하고, 책임감을 느끼지 않을 원인을 찾기를 기대한다. 불행히도 많은 경우에 원인이 밝혀지지 않는다. 만약 부모들 자신에게 방책을 맡긴다면, 어머니들을 임신에 대해 세밀히 조사해서 '원인'을 찾을 것이다. 예를 들면, 어머니들은 비타민을 복용하지 않아서, 너무 자주 사우나를 다녀서, 담배를 피워서, 또 술을 마셔서 장애를 일으켰다고 느낀다. 비록 이들 죄의식의 비밀이 발견되지 않고, 합리적인 검사를 실시할 수 없더라도 어머니는 가끔 불평을 하고 그녀나 자녀에게 도움이 되지 않는 행동을 한다.

부모와 전문가 사이에 믿을 수 있고 친밀한 대인관계는 어머니가 그 자녀의 장애를 일으키게 했다는 느낌을 가지지 않도록 확립되어져야 한다. 인간중심주의의 대인관계는 어머니가 죄의식의 비밀을 털어놓는 치료적 환경을 확립할 수 있다.

죄의식은 장애아동의 종교적 감정과 경험에 기인할 수 있다. 많은 장애아동과 그 가족들은 장애를 그들 자신의 죄를 반영하는 것으로 여긴다. 만약 부모들이 임신 중에 장애에 관한 분명한 원인을 찾을 수 없다면 그들은 과거생활에서 그 원인을 찾는다. 만약 죄를 찾지 못하면 하느님이 그들에게 장애자녀를 주었다고 생각한다.

죄의식은 다루기가 매우 어려운 정서이다. 죄의식의 뒷면은 원망이다. 이 원망은 노여움과 달리 가끔 직접적으로 표현된다. 죄의식과 원망으로 쌓여있는 대인관계는 건강하지 못하다. 이들 대인관계는 대개 실패하고 바람직하게 성장하지 못한다. 죄의식은 행동의 강력한 동인이므로 자녀와 배우자를 조종하는 데에 가끔 사용된다. 고도의 죄의식과 원망을 가진 가족들은 자녀에게도 좋지 않다. 자녀에 대해서 죄의식을 느끼는 부모들은 동시에 원망도 경험한다. 자녀는 원망에 민감하고, 그 원망에 부정적으로 반응한다. 죄의식이 지배하는 대인관계는 많은 갈등이 있으며 신뢰수준이 낮다. 대부분의 부모들은 그들의 죄의식 때문에 자신을 혹사시키고 자녀를 과보호한다. 이유는 "우리는 자녀에게 무언가 나쁜 것을 가져오게 했다. 이제 더 이상 다른 것이 생겨나지 않도록 해야 한다."는 것이다. 이런 유형의 부모들은 자녀의 자율성과 주도성 발달을 방해한다. 그들은 자녀가 시야에서 벗어나는 것을 원치 않으며 그렇게 되면 불안해서 견딜 수가 없다. 과보호는 치료 상황을 악화시킨다. 즉, 전문가의 능력을 믿지 않는 죄의식 지배의 부모들은 치료사에게 질문을 던지고 다른 의견을 찾는다. 죄의식 지배의 부모와 오랜 기간 대인관계를 유지하는 것은 매우 어렵다.

죄의식은 때로는 초 헌신적인 부모가 되게 한다. 이런 부모들은 자녀들을 매우 열심히 가르치며 모든 워크샵과 회합에 참석한다. 이와 같은 헌신은 부모의 잠재력을 개발할 모든 것을 빼앗아간다. 비록 그들의 헌신으로 인해 어린이의 성취가 높아져 좋아 보이는 것 같지만 자녀는 나이가 들어감에 따라 더욱 나빠진다. 이 부모는 "내가 장애아동 부모가 아니라면 나는 누구란 말인가?"라고 방황하게 된다. 이런 죄의식 지배의 초 헌신적 부모들은 자녀가 성장하기 위한 탈출을 매우 어렵게 한다. 모든 부모들은 후기 청년기가 매우 어려운 때라는 것을 발견한다.

상담에서 죄의식의 문제는 가족들이 효율적으로 가능하기 위해서 반드시 다루어져야 한다. 죄의식의 비밀이 무지에 기초했을 때 예를 들면, 비타민을 복용시키지 않아서 청각장애가 되었다고 생각할 때는 정확한 정보를 제공해 줌으로써 고통스런 죄의식의 감정을 경감시킬 수 있다. 어떤 경우에 상담의 주된 목적은 비생산적인 행동으로부터 부모 또는 배우자의 죄의식을 해방시켜주어야 한다.

(5) 나약성 감정(feeling of vulnerability)

삶의 실존적 사실은 우리 모두가 비난 받을 수 있다는 것이다. 우리가 오래 산다면 무언가 나쁜 것이 우리에게 생길 것이며, 우리가 오래 살지 않는다면 무언가 나쁜 일이 이미 일어났을 것이다. 이 사실에 의해서 야기된 불안을 경감시키기 위해 적절한 신념을 개발한다. 우리는 우리에게 일어날 수 없는 나쁜 사실을 생각한다. 그 나쁜 사실은 단지 다른 사람에게만 일어난다고 믿는다. 이 신념이 없으면 우리는 비행기를 탈 수도 없으며 자동차를 운전할 수도 없다.

나쁜 사실 즉, 청각장애자녀들을 출산하게 될 때 나에게는 그러한 일이 일어나지 않는다는 신념의 은폐수단은 구멍이 난다. 우리는 우리가 실제 가진 것을 잃고 괴로워하며 우리의 존재가 얼마나 나약한가를 깨닫는다. 이 깨달음이 자주 우리를 놀라게 하고 두려운 시간을 가지게 한다. '나약성 위기'를 겪는 부모들은 죄의식 지배, 과보호 부모와 매우 흡사하다. 자녀가 뇌막염으로 청각장애아가 된 어머니는 다음과 같이 말하였다.

「내가 아이를 병원에서 집으로 데리고 왔을 때 나는 아이를 밖에 나가지 못하게 했다. 그리고 어떤 아이도 우리 집에 와서 놀지 않도록 했다. 왜냐하면 아이가 다시 아플까 두려워서였다. 내가 아이를 슈퍼마켓에 데리고 갔을 때 소독제를 가지고 가서 카트기에 뿌렸다. 처음 1년간은 아이가 다시 아플까봐 두려움 속에 살았다.」

해결되지 않은 죄의식의 감정에서 발생된 불안과 상반되는 나약성을 인식함에 의해서 야기된 불안은 정적인 힘이 될 수 있다. 우리는 나약성을 인식할 때 우선순위를 재배열할 수 있다. 우리는 우리 존재의 유한성을 인정함으로써 보다 충실히 살 수 있다. 만약 부모들이 쓰라린 과정을 거쳐 나아갈 때, 우리가 그들이 원하는 사랑의 관점에서 치료한다면 좋은 일들이 그들에게 많이 일어날 것이다. 그들은 주어지는 선물을 받으면서 하루하루를 살아가는 것을 배우게 된다. 비록 그들의 삶이 "이태리"가 아닌 "네델란드"라도 그들에게 제공하는 것은 많다.

(6) 당황의 감정(feeling of confusion)

거의 모든 의사소통장애아동들은 당황을 경험한다. 당황은 평가 경험을 가지지 않았던 새로운 정보를 습득하고, 완전히 익숙하지 않는 어휘를 습득하려는 학습과정의 정상적이고 건강한 부분이다. 불행하게도 장애아동과 그의 가족들은 특히 초기 진단단계에서 그들이 사용할 수 있는 정보보다 훨씬 많은 정보를 받는다. 전문가들은 데시벨, 오디오그람과 같은 어려운 용어들을 사용한다. 어떤 청각장애아동의 부모는 자녀를 위해 청력검사를 여러 번 받았고, 또 청각사에 의해 많은 설명을 들었지만 오디오그람을 이해하는데 1년이 걸렸다.

전문가들이 장애아동에게 있어 유일한 '정보원'은 아니다. 어떤 사람이 명확한 장애를 가졌을 때 일어날 수 있는 일 중의 하나는 익명의 상실이다. 그 사람은 다른 사람의 동정적인 이야기를 듣지 않고 그리고 충고를 받지 않고는 밖에서 일할 수 없다. 예를 들면, 휠체어를 타고 나가면 "신의 가호가 있기를" 등과 같은 말을 무수히 듣는다. 그리고 사람들은 많은 인내와 충고를 해준다. 만약 우리가 알고 있는 내용으로 안심을 못한다면, 좋은 의도의 많은 충고와 정보도 밝은 계몽보다는 실망을 주게 될 것이다. 과도한 정보제공에 의한 당황은 무력감과 불안의 감정을 증가시키기 때문에 매우 해롭다. 그로 인하여 장애아동의 자긍심을 감소시킨다. 장애아동이 심리적으로 정보를 수용할 준비가 되어있지 않을 때 정보에 기초해서 상담을 제공함으로써 장애아동을 당황하게 할 수 있다.

전문가는 정보를 제공할 책임을 가진다. 그러나 경험상 장애아동이 정보를 원하지 않으면 정보를 주지 않는 것이 바람직하다. "너는 무엇을 알고 싶니?"라고 대개 묻는다. 이 때 "나는 무엇을 물어야 할지도 모른다."라고 반응을 나타내면 "나는 네가 많이 당황하고 있다고 들린다."라고 말한다. 이것이 그 장애아동이 가지고 있는 감정에 관해서 말하려는 하나의 권유이다. 내용 질문은 장애아동이 새로운 상황에 보다 안정되어 있고 슬픔의 과정으로 조금 진전했을 때 나타난다. 만약 우리가 감정이입적인 듣기에 의해서 그 과정을 촉진한다면 그 내용은 나타난다.

슬픔, 불안, 무력감, 노여움, 죄의식, 나약성, 당황과 같은 감정은 장애아동과 장애아동 가족이 경험하는 광범위 하고도 혼란스러운 감정이며, 이러한 것들은 정서적으로 특이한 감정이다. 그들의 감정을 침착하게 수용하고 장애아동-전문가 대인관계에 긍정적 영향을 주겠다는 의지에 의해서 제 2차적 부정적 감정의 발달을 방지할 수 있다.

2) 전문가의 감정

이 장에서 장애아동에 관련하여 설명한 감정은 전문가의 반응 특징을 결정 지운다. 기술된 모든 감정은 정상 또는 건강한 것이다. 한 꺼풀 벗기면 우리 모두는 형제이고 자매이다. 예를 들면, 청각사는 어린이의 청력손실을 밝히고 가족과 적절히 상담하는 책임감으로 심리적 압박감을 느낀다. 이것은 아직도 좋은 검사 기술과 적절한 상담전략을 학습하고 있는 초보 청각사의 경우 특히 그러하다. 비록 능숙한 청각사의 경우도 검사하기가 어려운 아이와 상담하기가 어려워 보이는 가족을 만날 때 거의 당황과 유사한 불안을 경험한다. 실패에 대해 손가락이 시리지 않는 전문가가 있겠는가? 불안은 계속적으로 전문성 개선을 위해 박차를 가하는 자극이 된다.

전문가도 역시 노여움을 경험한다. 권하는 행동에 잘 따르지 않는 부모에 대해서 화를 느낀다. 장애아동과 가족을 보다 좋게 할 수 없을 때 그들은 격노, 좌절과 아울러 때로는 실망을 느낀다. 가족은 부적절하게 치료하는 전문가를 볼 때 더 강한 노여움을 느낀다.

죄의식 역시 전문가가 경험하는 한 부분이다. 자기가 치료했던 장애아동에 대해 후회하지 않는 언어·청각전문가는 없다. 모든 전문가가 피할 수 없는 실수가 우리의 '보배 중의 보배다'. 실수는 전문가가 배워야 할 내용을 알려준다. 책임감 있는 모든 전문가들은 그들의 '무능력한 부분'을 보완해야한다. 많은 언어·청각전문가들은 그들의 오류에 대한 죄의식으로 필요 없이 괴로워하는 경우가 있다. 다행히도 우리 언어치료사들은 뇌를 수술하지는 않는다. 그렇기 때문에 약간의 실수가 치명적인 결과를 가져오지는 않는다.

언어·청각 전문가 가운데 병원에서 장애아동을 다루는 경우에는 중증장애아동과 계속 마주친다. 이들 가운데 나약성을 인식하는 사람은 훌륭한 전문가가 될 수 있다. 의사소통장애아동의 감정을 기술할 때 부정적이고 고통스런 정서는 강조하는 반면 정적인 감정과 경험은 거의 논의하지 않는다. 많은 부모들은 그들 자녀가 진단되었을 당시보다 자녀를 보다 명료하게 인식하고 그들이 가지고 있는 장점을 알게 된다. 또한 자녀의 장애가 그들의 삶에 의미와 방향을 준다는 것을 발견한다. 자녀의 성장에 능동적으로 참여함으로써 근원이 되는 즐거움을 부모들은 느끼게 된다. 자녀가 이정표에 도착했을 때 부모들은 자녀의 성취에 도움이 된 지식으로 인해 다시 한 번 즐거움을 느낀다.

언어·청각 전문가 역시 장애아동의 가족과 상담함에 의해 즐거움을 경험한다. 진단의 초기단계에서는 모든 것이 가족들에게 실망을 주며 언어치료사 또는 청각사는 그들 부모의 생명줄이 된다. 대부분의 의미 있는 임상적 경험은 새로 진단된 청각장애아동 부모와 가졌던 친밀한 대인관계이다. 이 대인관계는 즐겁고 능동적으로 치료에 참여하는 원동력이 된다. 능력 있는 전문가는 가끔 부모들에게 "만약 당신들이 나와 즐거움을 공유한다면 당신의 고통을 공유하겠다."고 말한다.

3) 대처과정

(1) 일반적인 대처

Matson과 Brooks(1977)은 중복이경화증 장애아동과의 면담과정에서 부정, 저항, 긍정, 통합 등 4개의 대처과정을 발견하였다.

① 부정(denial)

장애아동-전문가 대인관계와 마찬가지로 부정의 기전도 단일 손상요인을 가지고 있지 않다. 부정은 무력한 감정에 기초한 대처전략이다. 부정의 감정에 있을 때 심리적으로 문제를 인정하지 않는다. 그 사람은 문제가 존재한다는 것을 인정하지만 정서적으로는 그 자신이 개입되어있지 않는 것이다. 부정은 매우 정상적이고 우리 모두에게서 일어나는 극히 인간적인 반응이다. 예를 들면, 운전하면서 엔진에서 이상한 소리가 날 때 라디오를 틀어서 반응한다. 만약 엔진의 잡음이 더 크게 나면 라디오의 소리를 더 높인다. 비록 라디오를 작동하는 것이 문제를 해결하는 것이 아니라고 인지적으로 알고 있더라도 그때 심리적으로 할 수 있는 유일한 것이다. 단적으로 말하면, 저절로 문제가 없어지길 희망하면서 문제의 존재를 부정하려고 노력한다. 라디오 전략을 적용하려는 욕구는 나의 능력으로 엔진을 수리할 수 있다는 신념의 결핍에 기초한 것이다. 그때는 자동차 엔진에 대해서 전적으로 무력함을 느낀다. 만약 당신이 라디오를 틀어서 반응하는 나를 어리석다고 훈계한다면, 나는 기가 죽은 모습으로 씩 웃으면서 당신의 생각에 동의할 것이다. 만약, 다른 대처방법이 없고 어떤 신념을 얻지 못하면 부정을 포기할 수 없다. 예를 들면, 만약 내가 엔진 보수과정을 성공적으로 완성했다면 경미한 잡음을 듣고도 길 옆에 주차하여 그 고장을 부정하는 방법이 아닌 보다 책임 있는 방법으로 그 위기를 대처할 것이다.

장애아동의 부모는 새로운 요구가 있을 때는 잠시라도 부정의 감정을 느끼기 시작한다. 가장 명확한 시기는 진단시기이다. 진단사실을 부정하고 긍정적인 진단을 줄 수 있는 전문가를 찾아다닌 것은 좋은 예이다.

청각장애를 대처하는데 있어서 부정은 청각장애를 명확히 하는 것에서도 생긴다. 예를 들면, 보청기는 청각장애를 가장 현저하게 노출시키는 것 중의 하나이다. 부모들은 도움이 된다는 것을 알면서도 보청기를 보는 것조차 싫어한다. 이것으로 부모의 대처단계가 어디에 있는지를 측정할 수 있다. 긍정과 통합의 단계에 있는 부모들은 보청기를 착용해야 한다고 주장하는 반면에 부정과 저항의 단계에 있는 부모들은 보청기를 제거한다.

장애아동 중심 전문가는 부모의 부정을 자녀의 진전에 대한 방해로 보고 부모에게 화를 낸다. 이들 전문가는 아동이 보청기를 착용하는 것이 얼마나 중요하고 또는 부모들이 수화반에 참여하는 것이 얼마나 필요한 것인지를 훈계하는 강의를 부모에게 한다. 부모들은 전문가의 생각을 따른다. 부모들은 전문가의 이야기가 얼마나 중요한가를 알고는 부정에서 후퇴한다.

전문가는 부정을 도움을 위한 탄원으로 인식하는 것을 배워야하며, 부모의 의무 유기로 보아서는 안 된다. 부정의 기초는 낮은 자긍심에 의해서 선동된 공포와 무지이다. 사람들은 다른 전략으로 보다 성공적일 수 있다는 신념을 느낄 때 부정을 포기한다. 부정은 쉽게 포기되지 않는다. 듣기와 간접적 지도에 의해서 부정보다는 더 좋은 대처 전략을 장애아동에게 가르칠 수 있다. 전문가들은 부모로부터 아이를 '구하려고'한다. 하지만 짧은 기간 동안 가정으로부터 떼어 놓는 것도 어렵다. 전문가는 부모의 부정이 건전한 대인관계 발달을 손상시키지 않도록 해야 한다. 전문가가 부정의 기전을 이해하지 않고는 어떤 성공적인 상담도 일어날 수 없다. 부정과 같은 행동의 판별도 매우 힘든 과업이다.

② 저항(resistance)

부정은 저항으로 혼합되고 때때로 부정과 저항이 구별되지 않는다. 저항의 단계에서 장애아동과 가족은 다음과 같이 말한다. "우리는 하나의 문제를 가지고 있지만 우리는 특수한 경우가 될 것이다. 우리는 이 장애를 어떠한 방법으로든 극복할 것이다." 예를 들면, 청각장애아동 부모는 다음과 같이 말한다. "나는 우리 아이가 청각장애아동이라는 것을 알지만 우리 아이는 탁월한 청각장애인이 될 것이다. 우리 아이는 정상적인 말을 하게 될 것이며, 탁월한 독화자가 될 것이며, 그리고 청각장애인이 가지게 될 것이라고는 아무도 예측하지 못한 놀라운 직업을 가지게 될 것이다."

저항이 부정과 다른 점은 그들 자신의 문제에 대한 지식을 가지고 있고 문제를 해결하기 위해 열심히 노력한다는 것이다. 저항단계 동안 장애아동은 어떤 지원집단과도 연계하지 않거나 동료 상담자와 만남에 의한 도움도 받기를 거부한다. 그들은 사실상 '폐쇄된' 장애아동이다.

부정과 저항 둘 다 슬픔의 과정을 앞질러 방해하거나 최소화하는데 사용한다. 부정단계에서 "나는 진실로 이 문제를 가지고 있지 않다."라고 말하고, 저항단계에서는 "나는 이 문제를 이겨낼 것이다."라고 말한다.

장애아동과 그들 가족에 있어서 어려움은 그들이 극복할 수 없는 장애를 가졌다고 깨달을 때 온다. 이 깨달음이 청각장애아동 부모의 경우 자녀가 청년기가 되어서 늦게 오기도 한다. 부모들이 기대했던 대로 탁월한 청각장애성인이 될 수 없다는 것을 깨달았을 때 꿈은 사라지고 슬픔과정은 새롭게 출발한다.

③ 긍정(affirmation)

긍정단계는 "나는 지금 다른 사람과 다르다. 그리고 나의 가족도 역시 다르다." 라는 상태이다. 이 대처 단계 동안 가족은 장애아동에 의해 에너지를 탕진한다. 이 단계에서 가족은 매우 활동적이 된다. 그리고 다른 사람을 도우려는 강한 욕구가 일어난다. 한 청각장애아동의 부모는 다음과 같이 말했다. "당신이 처음 당신의 아이가 청각장애아라는 것을 발견했을 때 당신 자신을 부정적으로 느낄 것이다. 지금 나는 모든 청각장애아동에 대해 부정적으로 느낀다. 자기 자신의 고통을 바깥으로 옮기는 것은 매우 건강하며 통합하여 전환되는 표시이다.

④ 통합(integration)

통합(수용)은 장애를 인생이란 견지에서 봄으로써 가능해진다. 이 단계가 되면 장애아동은 다음과 같이 말할 수 있다. "나는 잘 들을 수 없는 사람이다. 그러나 나의 인생의 다른 많은 측면을 개발할 욕구를 가진다." 통합/수용 단계에서 아직은 손실에 대한 고통이 있기는 하지만 장애에 의해서 야기된 슬픔과 변화는 다른 가치를 가진 새로운 인생형태로 통합된다. 긍정과 수용의 단계는 개인이 장애를 퇴치하는 것이 정상에 도달하는 것이 아니고, 장애에 직면하여 인생을 충분히 살아갈 수 있는 능력을 가지는 것이 더 값지다고 느낄 때 도달된다.

통합되는 정도와 속도는 각 개인마다 다르다. 어떤 가족은 부정에 영원히 고정되어 있으며 이것을 유일한 대처 전략으로 보는 경우도 있다. 또 어떤 사람이나 가족은 아주 빠른 속도록 이 단계를 벗어나거나 뛰어넘을 수 있다. 중요한 것은 가족의 자기신념이다. 그들이 대처하는 능력에 확신이 있을 때 부정에 의한 거짓 안정을 포기하고 긍정과 수용에 의해 책임감을 가진다.

(2) 특수 대처

대처는 고통을 피하거나 방지할 수 없는 어려운 생활상황에 대한 어떤 반응이다. 성공적인 대처는 언제나 성장 가능성을 포함하고 늘 변화를 요구한다. 불안정한 사람은 내적 또는 외적 요구의 변화하는 경향에 경쟁하는 새로운 반응을 끌어내려는 사람들이다. 우리는 인생이 요구하는 대로 인생을 살아가려고 한다. 외력에 의해 스트레스를 받을 때 성공적으로 대처할 수 있는 힘을 발견하고 개발해야 한다. 대처는 하나의 역동적 과정이다. 대처는 최종적으로 승리한 단계도 아니고 그 단계가 영원히 지속되는 것도 아니다. 때로는 대처가 순간 대 순간의 계획이다.

Pearlin과 Schooler(1978)는 대단히 어려운 상황에서 대처에 사용하는 4가지 전략으로 탈출, 수정, 재구성, 스트레스 감소를 제시하였다.

① 탈출(flight)

가장 초기의 주된 대처 전략은 탈출이다. 어렵고 스트레스를 받는 상황에 직면했을 때 각자는 탈출할 것인가 하지 말아야 할 것인가를 결정해야 한다. 인생의 어떠한 경우는 그 상황으로부터 벗어나는 것이 살아남는 길이라고 생각한다. 이것이 현실적인 상황은 아니지만 사람들이 성공적으로 대처할 수 없다고 느끼는 한 탈출을 생각하게 된다.

대처 전략으로서 탈출은 죄의식과 자긍심의 상실에 나약성을 가진 사람은 잘 일어나지 않는다. 이혼과 같은 실제적 탈출과 더불어 장애자녀를 가진 부모와 배우자에게서 자주 일어나는 심리적 탈출도 있다. 심리적 탈출은 자녀 또는 배우자의 죽음에 대한 환상의 형태로 일어난다. 이 경우 그들은 이 감정을 가진 것에 대해 큰 죄의식을 느끼기 때문에 많은 부모와 배우자가 수용하기 어렵다.

죽음 환상은 배우자의 실제 죽음에 대한 준비로 도움이 될 수 있다. 이 예기된 애통은 실어증 환자의 배우자와 뇌손상자의 가족에게 자주 볼 수 있다. 전문가는 이 환상을 결코 비판해서는 안 된다. 왜냐하면 이 환상은 환상으로만 남게 되어 심리적으로 매우 유용한 기능을 하기 때문이다.

② 수정(modification)

스트레스는 장애를 감소 또는 수정하는 직접적 조정에 의해서 감소될 수 있다. 예를 들면, 보청기를 착용하고 있는 장애아동, 휠체어를 사용하는 장애아동, 언어치료를 받는 실어증 환자는 손실에 의한 스트레스를 감소시킬 수 있다.

언어·청각 전문가에 의한 모든 치료는 의사소통 상황에서 장애아동과 가족의 스트레스를 감소시키고 보다 잘 적응할 수 있도록 계획한다. 불행하게도 언어·청각 영역에서 장애에 의한 스트레스를 감소시킬 수는 있지만 제거되지는 않는 많은 상황이 있다. 예를 들면, 가장 최적한 보청기의 사용에도 불구하고 많은 장애아동이 청력손실을 가지고 있다. 우리는 이들 장애아동이 그들의 한계성을 수용하도록 도와 주어야하고, 그들의 환경을 더 이상 수정할 수 없다는 것을 인식하도록 도와야한다.

③ 재구성(reframing)

스트레스는 상황을 보는 방법을 변화시킴으로써 감소시킬 수 있다. 이것은 스트레스의 원인을 재구성하거나 인지적으로 중화시킨다고 알려져 있다. 인지적 중화의 예는 자기보다 더 심한 장애를 가져 곤란을 겪는 사람과 비교하는 것이다. 이와 같은 비교를 '정적비교'라 한다. 재구성 전략으로서 정적비교를 사용할 때의 문제는 장애아동 또는 가족이 장애에 대해 감정을 바꾸는데 시간이 걸린다는 것이다.

④ 스트레스 감소

네 번째 전략은 스트레스에 직접적으로 적응하는 것이다. 아무리 성공적인 수정과 재구성일지라도 많은 장애아동들은 살아가는 것을 배워야하는 스트레스를 경험한다. 각 개인은 자기 자신 특유의 스트레스 감소 방법을 발견해야 한다. 어떤 사람에게 효율적인 방법이 다른 사람에게는 효과가 없을 수 있다. 운동과 작업이 일반적으로 스트레스 감소 방법이 된다고 생각하고 있지만 적용되지 않을 수도 있다. 운동은 장애인 배우자와 일시적이나마 격리시킴으로써 효과도 있지만 반복적인 운동 이를테면 조깅, 수영, 자전거 타기 등은 마음을 안정 상태로 바꾼다. 작업은 기분전환의 기능이 있다.

2. 청각장애(감각장애) 의사소통장애아동과 가족

의사소통장애를 일으키는 원인과 그 원인에 따라 나타나는 증상은 다양하다. 이 부분에서는 의사소통장애아동을 가진 가족의 문제를 다루되 원인별 유형 가운데 청각장애로 인한 의사소통장애를 중심으로 형제간의 문제, 동료 간의 문제, 연령별 가정문제, 그리고 청각장애아동 부모의 성격특성에 관하여 논한다.

1) 청각장애 아동과 정상인 형제간의 문제

말은 사회화나 행동규칙의 학습, 자기 의견의 제시, 그리고 감정을 표현하는데 그 중요성이 있다고 볼 수 있다. 따라서 의사소통장애를 가지면 불만, 반항, 노여움, 적대감 등을 말이 아닌 다른 행동으로 표출시키는 경향이 있으므로 의사소통장애아동은 폭발적인 성격을 가지고 있거나 충동이 강하다는 비판을 받는다.

1980년대 들면서 청각장애아동의 형제자매에 대한 연구가 활발히 이루어지고 있는 경향이다. 청각장애가 가족에 미치는 내용은 다음과 같은 것들이 있다.

① 가족의 시간을 빼앗는다.

② 장애로 인한 재정적 지출이 많다.

③ 가족으로 하여금 부정적 자아개념을 가지게 한다.

④ 불안, 우울, 분노 등 여러 가지 심리적으로 위축된 가정 분위기를 만든다.

⑤ 일상의 가족 책임감에 별도의 책임감이 첨가되어 과도의 책임감을 느낀다.

(1) 형제의 성별과 영향

여자형제가 남자형제보다 더 많은 영향을 받는다. 여자형제는 남자형제보다 동생을 더 많이 돌보며, 부모가 장애아동을 돌보기 위해 빼앗기는 시간을 대개 여자형제가 보충한다. 더욱이 장애형제가 입학하면 여자형제는 장애형제의 부족한 능력을 보충하기 위하여 더 많은 시간을 할애하여야 한다.

(2) 부모의 태도

형제-자매간에 문제가 있음을 부정하려는 경향이 강하며, 건강한 자녀보다 장애자녀에게 더 관대하고 허용적이다.

(3) 출생 순위별 경향

첫 번째 자녀가 장애아동인 경우 더 영향이 크다. 왜냐하면, 서열에 따른 기대수준이 다르기 때문이다.

(4) 정상형제의 태도

정상형제, 자매간의 고통은 어머니의 관심을 받지 못하고 어머니를 차지 할 수 없다는 사실과 관련되어 나타나며, 구체적인 태도는 다음과 같다.

① 어머니가 자신들에게 신경을 쓰지 않도록 하기 위해 가정을 떠나려고 한다.

② 나이에 맞지 않게 신앙에 전념한다.

③ 적대적인 행동으로 방어하려고 한다.

④ 장애형제를 시설에 위탁할 것을 요구한다.

(5) 형제간의 문제 해결

① 모든 자녀들과 개별적인 유대를 확인할 수 있는 시간을 만든다. 예를 들면, 시장에 물건 살 때 함께 간다든지, 부엌에서 식사 준비를 같이 함으로써 정상형제들과 이야기하고 사랑을 확인시켜 줄 시간을 마련해야 한다.

② 장애자녀를 키우는 노고를 부모만의 짐으로 생각하고 형제들에게는 부담을 주지 않으려는 생각은 바람직하지 않다. 즉, 정상자녀들에게 자녀들 수준에서 이해시키고 협력을 구하는 것이 바람직하다.

③ 정상자녀에게 능력 이상의 시간, 역할 내용, 정서적인 것을 요구하지 않는다.

④ 형제의 서열을 지키려고 하지 않는다. 출생순위와 자녀가 갖고 있는 능력간에는 차이가 있음을 인정한다.

⑤ 다른 형제와 비교하거나 걱정하지 않는다. 왜냐하면, 부모의 초조하고 불안한 마음은 모든 자녀들에게 쉽게 전달되기 때문에 부모가 여유 있는 마음을 보여주는 것이 중요하다.

2) 청각장애아동과 또래와의 문제

의사소통의 장애는 사회적 고립을 가져오고 따라서 자아개념이 낮아지는 악순환을 되풀이한다. 아울러 동료들 사이에 인기가 없으며 친구 사귀기가 어렵고 놀이친구로 인정도 받지 못한다. 또래는 꼬마 교사의 역할을 한다. 즉, ① 사회적 모델로서의 역할을 한다. 친구의 행동을 관찰함으로써 많은 지식을 습득할 수 있다. ② 강화자로서의 역할을 한다. 친구들의 인정을 받고 싶어 하며, 친구들의 이야기나 충고에 귀를 기울인다. ③ 행동, 능력, 외모를 판단하기 위한 기준으로서 역할을 한다. 왜냐하면, 친구는 공통의 과제를 가지고 있으며, 목표도 같고 능력이나 지위가 같으므로 적절한 비교상대가 된다. ④ 순서를 기다리고, 대화가 필요하며, 종속관계가 아닌 대등관계를 가짐으로써 민주시민의 자질 학습의 기회가 된다.

이와 같이 중요한 동료와의 관계를 유지시켜주기 위해서는 적극적인 방법으로 대인관계를 가르쳐서 동료와의 관계를 훈련시킨다. 그리고 정상아동들이 장애아동과 함께 어울릴 기회를 마련해주어 정상아동과 친구관계를 만들어주는 것이 필요하다.

3) 청각장애아동의 연령별 가정문제

(1) 유아기

자녀의 출생은 거의 모든 가족에게 큰 기대를 가지게 한다. 부모는 자녀가 발달과업을 성취할 때 즐거움과 만족을 느낀다.

① 부모의 적응 관계

Cansler, 등.(1975)에 의하면 장애유아 부모의 적응단계를 다음과 같이 제시하고 있다.

a. 부정단계

·충격 - 진단의 무시 - 이 병원 저 병원을 순례한다.

b. 지적 자각단계

·화, 죄의식, 우울, 슬픔, 실망, 비탄과 수치, 비난을 느낀다.

c. 지적·정서적 수용

·장애의 인정

·장애에 대한 재인식과 함께 다른 장애아동에 대해서도 관심을 가진다.

·시간과 정열을 건설적으로 사용한다.

·아동에게 실제적 기대를 한다.

·아동을 위한 프로그램을 옹호한다.

·적절하게 협력하고 상호 작용한다.

② 가족의 요구

정신과 의사, 상담가, 사회사업가, 특수학교 교사, 언어치료사, 소아과 의사들과 같은 전문가의 도움을 필요로 한다. 그러나 현실적으로 전문가들이 정확한 정보를 제공하지 못하고 있다.

③ 부모의 당황

부모는 다음과 같은 사실로 인해 당황하게 된다.

a. 부모들이 필요로 하는 것을 충족시켜 줄 관계자가 드물다는 것을 알게 될 때

b. 자신의 자녀를 위해서 스스로 모든 것을 결정해야만 한다는 것을 알았을 때

④ 부모의 선택

이 시기에 부모가 선택해야 하는 것은 다음과 같다.

a. 교육 또는 치료 받을 기관의 선택

b. 프로그램의 선택

c. 언어치료를 받는 일

(2) 학령기

특수교육진흥법에 의하면 학령기에 도달한 모든 장애아동은 적절한 교육을 무상으로 받을 권리가 있다고 명시되어 있다. 따라서 부모는 장애자녀를 기관에 맡길 수 있다는 사실에 다소 심리적 안정이 된다. 그러나 남들처럼 일반학교에 입학시키지 못하는 것에 대한 부정적 정서도 많다.

이 시기에 부모는 다음과 같은 재인식을 하게 된다.

① 자신의 아동에 대한 기대수준을 낮추어서 재적응해야 한다.

② 독립된 성인생활을 준비해야 한다.

③ 자아개념 손상의 원인을 제거해야 한다.

④ 학교와 가정과의 연계지도의 필요성을 안다.

(3) 청년기

이 시기에 대두되는 주요 문제는 다음과 같다.

① 직업선택의 문제

② 독립된 생활을 하는 문제(경제적 문제 포함)
③ 결혼, 미래에 대한 설계
④ 취업의 문제
·직장에서 다른 사람들과의 적응
.경쟁 속에서 채용 가능성
·능력에 맞는 일을 할 수 있을까?
·동등 대우
⑤ 인성에 대한 준비
·적절한 대인 관계, 여가 이용, 데이트, 결혼

4) 청각장애아동 부모의 성격특성

뇌성마비아동이나 다운증후군, 선천적 기형아처럼 출생 시부터 현저하게 눈에 띄는 장애를 가진 아이를 낳는 경우와 처음에는 장애가 있는지 잘 몰랐으나 크면서 어디가 이상하다고 느끼는 경우의 장애아동 부모에서는 조금씩 차이가 있다.

내 아이가 보통 아이들과 다르다는 것을 인식한 순간부터 무수한 생각이 떠오른다. 장애아가 선천적이면 배우자가 관련 질병을 가지고 있는지, 배우자의 가족들이 유전적 소질을 가지고 있는지 의심을 한다. 그리고 사고로 인한 경우는 원망하거나 전생에 지은 죄에 대한 벌이라고 자책한다.

청각장애 자녀를 대하는 어머니의 나쁜 유형에는 다음의 두 가지가 있다.

① 완전한 것 요구 : 정상아동과 똑같이 행동할 수 있다고 믿고 행동하기를 요구한다. 자녀의 사소한 실수에도 엄격한 제재를 가한다. 따라서 자녀에게 심리적 좌절을 겪게 만든다.

② 거부 : 장애 자녀에게 더 많은 시간을 들여야 한다는 사실을 거부한다. 그럴듯한 명분을 세워 여러 단체에 가입을 한다. 그리하여 자녀와 마주치는 시간을 줄인다. 이런 유형의 부모는 기숙사가 있는 학교를 원한다. 아울러 아동들을 고아원이나 보호 수용시설에 맡겨서 부모로서의 책임과 고통으로부터 벗어나려고 한다.

3. 뇌성마비(신체장애) 의사소통장애아동과 가족

1) 장애 발생 시기별 부모의 심리 특성

(1) 선천적인 경우

자녀에 대한 애착형성 이전임으로 문제가 더 많다.
① 부모가 거부하는 강도는 장애의 외현성 정도와 상관이 있다.
② 부정적 정서가 생긴다.
③ 자녀와의 애착형성이 방해 받는다.
. 부모와의 격리(입원)
. 자녀 죽음에 대한 공포
④ 정신적 충격이 계속된다.
. 신체적 장애를 매일 본다.
. 비통함, 상실감을 가진다.

(2) 후천적인 경우

자녀에 대한 애착형성 이후이므로 부정적 정서는 덜 하다.

2) 부모의 문제

① 아이를 돌보는 어려움이 있다.
부모에게 과다한 신체적, 심리적인 부담을 준다.
② 사회적 고립을 느낀다.
. 자녀와 함께 사람들이 모이는 장소에 가는 것을 피한다.
. 직장을 가지는 것이 제한된다.
. 가족으로부터 고립된다.
③ 긍정적인 부모-자녀관계의 유지 곤란
. 자녀의 요구 증가에 비해 부모에게 오는 보상은 거의 없다.
. 분노-죄책감-과잉보호의 악순환
④ 부모의 자아개념 손상

. 또래로부터 거부 경험
. 주위로부터 다양한 벌
. 자녀의 무능력
. 손상이 자녀의 성장에 비례하여 증대한다.

4. 정신지체 의사소통장애아동과 가족

1) 특성

(1) 발견시기가 늦다.
. 언어가 늦된다.
. 초산인 경우 정상발달 경로를 알지 못해 비교 기준이 없다.
. 생후 1년 내에서는 정상과 구별이 잘 안 된다.

(2) 진단의 지연
. 지능개발이 늦은 것으로 해석한다.
. 지체의 원인을 아동의 게으름으로 돌린다.

2) 부모의 반응

(1) 갑작스럽게 곤란에 직면하게 된다.
. 진단 지연
. 당혹감

(2) 진단에 대한 불신감을 가진다.
. 거부, 부인의 태도를 나타낸다.

(3) 부모의 일반적 특성
. 우울하다.
. 분노가 많다.
. 자녀에게 더 몰두한다.

. 사회성이 적다.
. 아동을 비판한다.

3) 가족 치료

(1) 가족들에게 아동의 진단결과를 받아들이게 한다.
(2) 현실적인 기대를 가지게 한다.
(3) 잘못된 생각을 없애고 정신지체에 관한 올바른 지식을 가지게 한다.
(4) 가족의 역할을 분담하게 한다.

4) 가정환경

(1) 정상아동과 같은 학습환경 제공한다.
(2) 따뜻한 분위기를 제공한다.
(3) 감각자극을 풍부하게 제공한다.
(4) 정신적 환경을 풍부하게 제공한다.

단원 요약

▪ 의사소통장애아동 부모의 심리적 특성은 자녀와의 의사소통장애 악순환이 반복 된다는 심리와 부모의 자녀 도움에 대한 인식이다. 치료사 면담을 통해 자녀가 도움을 필요로 한다는 사실을 인식시켜야 한다.

▪ 의사소통장애아동 부모의 부정적 정서는 슬픔 → 무력감 → 노여움 → 죄의식 → 나약성 → 당황의 감정으로 진행된다.

. 무력감은 장애아라는 사실을 알 때 일반아동의 부모보다 공포가 몇 배로 증가하며, 누가 데려가서 유창한 말을 하는 성인으로 만들어서 데려오기를 꿈꾸는 백일몽 증상을 가지기도 한다. 이 시기에 부모는 구경꾼이 될 수밖에 없다는 것을 느껴 무력감을 가진다.

. 노여움은 기대(건강한 출산 자녀)가 깨어졌을 때, 그리고 치료대책이 없다는 사실에 대해 가진다.

. 죄의식은 자녀가 부모의 도움을 필요로 했다는 사실 늦게 인식한 것에 대해

느낀다.

. 나약성의 감정은 나쁜 사실은 내가 아닌 다른 사람에게만 일어난다고 믿는 감정이 깨어질 때 실망감 또는 나약함의 느낌으로 나타난다.

. 당황은 자녀의 문제 원인에 대해, 그 원인에 대한 부모의 영향, 부모가 잘못한 것에 대해 가진다.

▪ 부모의 방어기전은 다음의 형태로 나타난다.

. 부정은 무력한 감정에 기초한 대처전략이며, 심리적으로 문제를 인정하지 않는다(예, 자동차 엔진소리가 나면 라디오 소리를 더 높인다. 이는 자신의 능력으로 자동차를 수리할 수 있다는 신념의 결핍에 기인하며, 만약 지식이 있다면 수리를 한다). 아울러 저절로 문제가 없어지길 희망하면서 문제의 존재를 부정하거나 진단 쇼핑을 하다가 전문가의 조언을 듣고 부정에서 후퇴한다(예, 보청기 착용).

. 저항은 자신의 자녀는 일반 장애아동과는 다르다고 생각한다. 부정과 다른 점은 문제에 대한 지식과 문제해결 노력을 한다는 것이다.

. 긍정은 다른 부모와 다른 점을 인식한다.

. 통합은 장애에 의해서 야기된 슬픔과 변화는 다른 가치를 가진 새로운 인생형태로 통합된다.

▪ 의사소통장애 어머니의 정서는 다음과 같다.

. 진단에 대한 부정적 생각을 가진다.

자녀의 장애가 선천적인 경우 남의 탓(남편의 질환, 유전적 소인)으로 돌리거나 사고의 경우에는 자녀 또는 가해자를 원망하며 자책감(전생에 지은 죄에 대한 벌)을 가진다.

. 완전한 것을 요구한다.

정상아동과 똑같이 행동하기를 믿고 요구하며, 자녀의 사소한 실수에도 엄격한 제재를 가한다.

. 거부한다.

장애자녀에게 더 많은 시간 보내는 것을 거부하거나 사회활동에 참석하여 자녀와의 접촉빈도를 줄인다.

. 소극적(방관적)으로 행동한다.

관심을 끌려고 반항하는 일도 없으며, 자녀에 대해 아무것도 요구하지 않기 때문에 괴로워하지도 않는다. 또한 애정이나 관심도 없으며, 잠재능력개발 의욕도 없다.

. 지나치게 관대하다.

하루 종일 자녀를 돌보지 못했다는 죄책감으로 지나치게 관대하며, 아동이 가르치는 것을 거부하면 쉽게 포기한다. 그리고 건강한 자녀보다 장애자녀에 더 관대하고 허용적이다.

. 적개심을 가진다.

꾸짖거나 때리는 행동이 많으며, 자녀의 행동에 대해 비난하고 비평을 한다. 또한 결과만 보고 나무란다.

. 불안해한다.

▪ 의사소통장애 아버지의 정서는 다음과 같다.

. 장애자녀의 출산에 대한 자존심 손상을 느낀다.

. 출산에 대해 아내를 의심한다.

. 아내와 자녀를 버리고 다시 아기를 낳고 싶어한다.

. 부부 사이의 불화, 긴장, 두려움을 느낀다.

▪ 의사소통장애아동의 정상아동 형제의 정서는 다음과 같다.

. 정상아동 형제에게 미치는 영향

가족의 시간손실, 재정적 부담, 가족의 부정적 자아개념, 위축된 가정 분위기, 과잉의 책임감

. 정상아동 형제의 태도

어머니의 부담을 줄이려고 가정을 떠나려함, 신앙에 전념, 적대적인 행동, 시설 위탁요구

. 문제해결 방법

유대관계, 자녀 수준에서 이해, 능력 이상의 요구 지양, 다른 형제와 비교하거나 걱정하지 않는다.

생각할 내용

▪ 의사소통장애아동 가족에게 부정적인 정서를 가지게 하는 근본 원인

▪ 의사소통장애아동의 가족들이 가지고 있는 부정적 정서를 긍정적으로 바꿀 수 있는 핵심방안

▪ 의사소통장애아동의 가족들이 가지고 있는 부정적 정서가 의사소통장애자녀에게 미치는 영향

▪ 장애유형별 가족정서의 특성 비교

제5장 의사소통장애아동 가족의 상호작용

가족처럼 아동에게 영향을 많이 미치는 것은 없다. 가족의 상호작용과 그 환경은 의사소통장애아동의 애정, 능력, 흥미, 언어 그리고 기능의 발달에 영향을 미친다(Emde & Sameroff, 1989). 초기 부모-아동의 상호작용은 아동의 성장과 발달에 특히 중요하며, 이는 가족들이 아이들의 성장과 발달을 촉진시키는 1차적 요소이기 때문이다.

Turnbull과 Turnbull(1986)에 의하면 부모들이 전문가들에 의해서 여러 가지 다양한 역할들 즉, 아이가 가지고 있는 문제의 진단자, 각종 서비스 제공자, 전문가 결정에 대한 수용자, 학습자와 교사, 정책 지지자, 교육적인 결정자 그리고 가족 구성원들을 조정하는 역할 등을 맡을 것이라고 여겨지게 된다. 그러나 이러한 역할들과 기대들에 반응하는 것은 부모들에게 어려운 과업이라는 것은 확실하다.

본 장의 목적상 '가족'은 둘 또는 그 이상의 개인들로 규정되어지며 적어도 그들 중의 한 명은 성인이며, 다른 한 명은 법적으로 출생, 입양 및 보호관계에 의해서 서로 연결되어 있는 아동이다. 가족은 복잡한 유대관계, 역동, 친족관계, 상위 및 하위체계를 나타내며, 여기서 개인은 발전을 하는 동시에 가족과 서로 상호작용하며 적응하게 된다. 가족의 상호작용은 가족 중에 아이가 장애 상태를 가지고 있을 때 특히 중요한 요소이다. 가족은 장애 상태가 종국에 가서 아이에게 어떻게 영향을 미치는 지에 대해 핵심적인 역할을 할 수 있다. 이 장은 부모-의사소통장애유아 상호작용, 양육형태와 영향, 아동 학대와 무관심, 가족 평가와 중재에 있어서의 초기 요소들을 논의한다.

1. 부모-의사소통장애유아 상호작용

우리는 여러 가지 연구로부터 자발적인 유아 행동에 의해 부모-자녀의 상호작용은 변화가 이루어짐을 안다(Hetherington, 1983). 부모-자녀 상호작용 행동은 가족의 배경에 기초하여 사회화된 행동으로 된다. 가족은 인식의 발달, 사회 정서적 유대, 언어, 세상에서의 안전감 및 기능의 발달에 유아를 처음으로 등장시킨다. 가족 상호작용은 시간의 흐름에 따라 단계적인 관계를 이끌어내며, 가장 간단한 단계는 상호작용 형태에 있어서의 규칙성이다(Sroufe, 1989b). 부모의 주의성, 반응성, 민감도, 자극 및 온정성으로 특징지어지는 관계들은 유아 및 아동의 지적이고 사회적인 유능성을 촉진한다(Belsky, Lerner, & Spanier, 1985 ; Bornstein, 1986 ; Lamb, 1980 ; Lamb & Boinstein, 1987).

초기의 가족 상호작용 과정은 세 가지 주요 요소를 포함한다. 즉, 부모의 인성 특성, 부모에 대한 상황적인 영향 및 유아의 행동 특성들이다(Lamb & Bornstein, 1987). 예를 들면, 부모-자녀 관계 발달에 기여하는 주요한 부모의 인성 특성은 적응성, 자기중심성, 민감성, 유능한 부모로서의 정체성 등을 포함한다(Ainsworth et al., 1978 ; Lamb & Bornstein, 1987). 상황적인 영향은 부모의 스트레스, 사회적인 지원 체계, 세대 간의 가족 기대와 같은 요소를 포함한다. 부모-자녀 관계에 영향을 미치는 개인적인 유아의 행동특성은 순응성, 자극 수용성, 예측성을 포함한다. 이 세 요소들은 서로 상호작용하고 각 가족의 상호작용 형태발달에 영향을 미친다.

가족 상호작용은 전형적으로 독특한 부모와 자녀간의 강한 관계를 이끌어 낸다(Hetherington, 1983). 비록 관계가 서로 상호작용적이라 할지라도 유아는 생존을 위하여 전적으로 부모에게 의존할 수밖에 없다. 부모들은 자녀에게 애정, 음식, 옷, 안식처와 아울러 따뜻함을 제공해 준다. 또 부모들은 재정적 책임을 지고, 집안을 유지하며, 가족과 가문의 요구를 충족시키는 것 등과 같은 끊임없는 환경적인 요구에 반응한다.

많은 연구자들에 따르면 부모-자녀 관계의 유대는 출생 때 나타는 것이 아니며 시간에 걸쳐 발달한다. 유대는 두 가지 측면이 있다. 한 가지는 유대라고 알려진 부모의 측면에서 본 것과 다른 한 가지는 애착이라고 일컬어지는 아이의 측면이다(Emde, 1989). 필수적으로 정상적인 신생아와 유아들은 부모들에게 반응하기 위해 옹아리, 울음, 바싹 달라붙기, 미소와 같은 메시지를 전한다. 부모들이 아이의 신호에 반응하고 유아가 자신의 요구가 충족되기를 기대할 때 상호작용이 유대로 이어지며, 이 유대는 건강한 아이의 발달에 매우 중요하다.

Kennel과 Klaus(1981 ; Kennel, Voos, & Klaus, 1979) 등은 부모의 유대가 일어나기 위해서 출생 직후에 '민감기'가 있다는 주장을 하였다. 부모와 자식 간의 애정적인 애착은 이 때 형성되어야만 한다. 만약 유대가 방해된다면 비정상적인 양육이 일어날 수도 있는데 이것이 유아의 발달에 영향을 미칠 수 있는 것이다. de Chateau(1980)도 역시 엄마와 신생아 사이에 초기 신체적 접촉을 고양시키는 것을 유지하는 것은 중요하며, 초기 밀접한 신체 접촉의 효율성은 아이가 태어난 후 1년 후에 두 사람의 친밀함에서 관찰할 수 있다고 하였다. 그러나 초기의 밀접한 신체적 접촉의 중요성에 대해서는 논란의 여지가 있다(Lamb & Bornstein, 1987).

초기의 밀접한 신체적 접촉을 통해 부모와 신생아는 끊임없이 서로의 행동에 적응하게 된다. 초기 상호작용 과정에 포함되는 행동은 시각적인 접촉, 웃음, 발성 등을 포함하게 되며, 이것은 모두 부모-자녀 관계에 기여하게 된다. 응시하는 것, 쳐다보는 것, 상호간의 시각적인 관계는 특히 상호작용에 중대하게 영향을 미치는 것으로 본다(Stern, 1974 ; stern, Beebe, Taffe, & Bennett, 1977).

아이가 태어나서 첫 해 동안은 유아와 부모 양쪽 모두 발달에 따른 변화를 겪게 된다. 부모들은 유아의 특성, 흥미, 요구에 그들 자신의 특징과 상황들의 범주 내에서 적응해 나가게 된다. 유아들은 가족의 환경에 반응하고 상호작용해 나가면서 운동성, 신체적인 기능, 대화 능력, 지각 능력의 성장과 발달에 있어서 유능성을 더해 간다. 약 12개월쯤이면 부모에 대한 유아의 애착 성향을 평가할 수 있다. Bowlby(1980)는 "다른 사람에 대한 친밀한 애착은 개개인의 삶이 회전하고 있는 축인데 아이가 유아기나 걸음마 단계일 때뿐만 아니라 청소년기와 성숙기를 거쳐서 노년기에 이르기까지 계속된다(p.442)."고 주장하였다.

1) 부모-의사소통장애유아 상호작용 내용 요소

(1) 자녀의 애착(attachment)

애착은 자녀의 입장에서 출생 후 형성되고 개발되는 유대 관계이다. 유아가 1살이 되면 애착은 신뢰성 있게 측정되어질 수 있다. 부모-자녀 상호작용에 근거할 때 유아들은 불안전을 피하고, 안전한 방법으로 애착을 가지며, 불안전에 저항하거나, 불안전을 파괴, 또는 혼란스러워 하는 것으로 범주화되어진다(Main & Solomon, 1986). 애착에 대한 측정은 대개 개인이 어떻게 자신의 태도와 기대, 감정을 조직화하는가에 대해 이루어진다. 그 조직은 양육체제 내에서 일어난 생육사, 애정의 형태, 행동 규칙 등에 근거하고 있으며, 자녀의 미래 적응에 대한 중요한 의미를 가지고 있다(Sroufe, 1989b). 예를 들면, 안전하게 애착이 되었다고 확인이 된 유아들은 애착을 피하려고 했던 생육사를 가지고 있는 유아들보다는 문제를 해결하는데 있어서 좀 더 열성적이고, 긍정적인 애정과 확신을 가지는 것으로 판명되었다(Arena, 1984 ; Matas, Arenol, & Sroufe, 1978 ; Sroufe & Rosenberg, 1980). 아울러 안전하게 애착이 된 아이들은 3살 반의 나이가 될 때 좀 더 큰 자아의 힘을 가지게 되며, 4살과 5살에는 좀 더 쾌활해진다(Arend, Gove, & Sroufe, 1979 ; Sroufe, 1982). 그렇게 해서 안전한 애착의 생육사를 가지고 있는 어린아이들은 독립적이고, 계략이 풍부하며, 호기심이 많고, 환경에 대한 접근에서 확신을 가지고 있는 것으로 보인다(Sroufe, 1989b, p.87).

애착을 피하려는 관계는 무감각한 양육과 거부의 생육사를 반영한다. 이러한 애착의 형태는 유아의 요구에 대해서 유아의 뜻이 고려되지 않고, 반응이 없는 양육자의 내재된 작업 모델을 반영한다(Sroufe, 1989b). 나중에 이러한 아이들은 적대적이고, 아무런 이유도 없이 화를 내게 되며 일반적으로 친구들과 부정적인 상호작용을 하는 것으로 특성화 되어진다(LaFreniere & Sroufe, 1985). 그들은 교실에서의 평소 생활에 방해를 놓으며 비뚤어지거나 반사회적인 행동을 하게 된다.

(2) 부모 역할의 성차(性差)

부모-유아 상호작용을 조사하는 가족 역동에 대한 대부분의 연구는 어머니와 자녀 사이의 관계에 초점을 두게 된다. 그러나 최근에는 연구자들이 사회화의 과정에서 아버지의 역할에 점점 더 흥미를 가지게 되었다. 흥미는 주요한 두 가지 문제로부터 시작된다. 즉, 유아의 성 역할 발달에 대한 고려와 두 부모들의 이와 같은 발달에 대한 영향력, 그리고 여성들의 변화되는 역할과 자녀의 발달에 대한 변화의 영향이다. 후자의 문제는 여성들이 아이들을 돌보는 것과 가정을 유지시키는 역할에 서로 동등한(또는 단독의) 참여자로 전환함에 따라 특히 충격적이었다. 어머니의 경제적이고 직업적인 관심에 대한 추구는 어머니가 더 이상 필수적으로 단독 또는 주 양육인이 아니라는 사실에서 역동들을 변화시켜 왔다(Zigler, 1990). 가족에서 여성의 역할에 대한 주요한 변화는 유아의 발달에 있어서 부모 각각의 상대적인 영향에 대한 질문을 야기 시켜 왔다.

역할에 있어서 변화들은 출생 과정과 함께 일어났다. 지금까지는 아버지들이 겨우 출생의 과정에만 관여해 왔다. 반면에 지금 아버지들의 역할은 출생 때 그들이 있어야 하고, 출생 과정을 촉진시키는데 능동적인 역할을 요구받고 있다. 아울러 아버지들은 아이를 출산할 때 최초로 아이를 안고 달래는 사람이 되고 있다. 산부인과 병동의 조사에서 아버지들은 신생아에게 흥미를 가지고 있으며, 유아들과 함께 유능한 상호작용의 참여를 보여준다는 것이다.

연구자들은 특정한 역할들의 경우 비록 조금씩 다를지라도 남성이나 여성 모두 유아의 발달에 중요한 역할을 한다고 본다(Hetherington, 1983 ; Kotelchuk, 1976). 초기 단계의 아버지-유아 상호작용에 대한 연구들은 아버지와 신생아 사이의 깊은 애정과 양육적인 참여를 실증하고 있다(Parke & O'Leary, 1976). Pederson(1975)은 아버지가 초기의 부모-자녀 관계에 있어서 직접적이고 간접적인 역할 모두를 한다는 사실을 발견했다. 직접적인 역할은 유아를 안고 돌보는 것을 포함하는 반면, 간접적인 역할은 어머니를 지지함에 의해서 어머니가 좀 더 효율적으로 유아와 반응하도록 한다.

그러나 어머니와 아버지의 역할들은 여전히 상이하다. 아버지는 유아들과 함께 보내는 시간이 어머니보다 적으며 아이를 돌보는 일에도 덜 참여하게 된다. Parke와 O'Leary(1976), Yogman(1982) 등에 의하면 아버지들은 유아들에게 참여하는 것이 활동적이지만 어머니들과는 방식에서 차이가 난다. 아버지가 상대적으로 놀이 활동에 더 많이 관여하는 반면, 어머니들은 양육 활동에 더 많이 참여하게 된다.

(3) 탁아의 역할

가족에서의 변화하는 역할과 어머니들의 직업 참여의 증가로 말미암아 탁아가 중요한 관심사가 되고 있다. Fishbein(1984)은 가족 구성원이 아닌 사람들에 의해 아이를 돌보는 것은 인류의 역사상 독특한 일이 아니라는 점을 강조한다. 왜냐하면 인류가 존재해 온 99% 동안 아이를 양육하는 것은 가족과 비 가족 구성원 모두의 책임이었기 때문이었다. 북미와 서구 공업화 사회에서는 아이의 양육에 있어서 어머니와 유아가 항상 붙어 있도록 하는 입장이었다.

어머니들이 점점 더 일이 많아지고 확대가족 구성원들이 양육에 참여할 수 있는 시간이 줄게됨에 따라 점차 탁아 시설에 더 의존하게 되었다.

Zigler(1990)는 탁아 시설의 이용 가능성과 질의 문제에 많은 중요성을 둔다. 그는 오늘날 아이들과 가족들에 관하여 이것을 가장 중요한 문제로 보고 있으며, 더욱더 많은 여성들이 노동력을 가지게 되고 탁아 시설을 필요로 함에 따라 미래에는 더욱 중요해지게 될 것이라고 보았다. 그는 양질의 탁아를 위한 전문적인 평가에 기초하여 탁아 시설의 공급을 위한 기준의 부족에 대하여 문제를 제기하고 있다. 더 나아가서 그는 사회 정책의 견지에서 즉, 만약 아이들이 주요한 사회적 자원이라면 우리는 그러한 자원을 유지하고 고양시키기 위해 좀 더 많은 자원을 사용해야만 한다는 것을 주장하였다.

(4) 가족 체제

출생후 인생의 첫 2년 동안 부모-자녀 관계가 잘 진행된다면 부모들은 아기들의 개인적인 성향에 대해 점점 더 민감해지고, 지속적이고 긍정적인 관계의 유대가 형성된다. 유아들은 부모들의 행동을 야기 시키는 신호를 주며, 부모들은 여기에 반응하고, 복잡한 형태의 상호작용이 시작된다. 첫 해가 끝날 때쯤이면 명확한 의미의 애착이 구별이 되며, 둘째 해가 끝날 때쯤이면 관계가 더 세련되어지고 유아와 부모들은 매우 정교한 상호작용들을 만들어내게 되는데 이것은 유아의 인지적, 정서적, 사회적인 발달을 위한 기초를 형성한다.

Minuchin(1974)은 가족구조를 가족 구성원들의 보이지 않는 기능적인 요구들의 집합체로 본다. 가족들 내에서 흥미, 세대, 성 또는 기능에 의해서 형성되는 하위체제들이 발달하는데 그것들은 일시적이거나 변화할 수 있는 역할로 한 명, 두 명 또는 그 이상의 구성원들을 포함한다.

전형적인 하위 체제들은 배우자 쌍(남편과 아내 유대), 부모 쌍(양육하는 역할에서의 쌍), 그리고 형제 하위 체제를 포함한다. 하위 체제들은 개인의 성장과 발달을 촉진하기 위하여 다른 하위 체제들로부터 중재 없이 작용할 수 있는 충분한 자유를 가져야만 한다. 예를 들면, 부모들이 계속해서 간섭하고 그들을 위해 문제를 해결하려고 한다면 아이들은 그들 자신의 차이점을 해결하는 법을 배우지 못할 것이다(Liebman & Ziffer, 1985). 하위체제 내와 하위체제들 사이에서의 대화형태들이 있다. Goldstein(1988)은 가족들 사이에서 대화의 편차에 대하여 조사를 하였으며, 다른 연구자들은 부모들과 자식들 사이의 세대적인 경계들을 고려하였다(Kreppner, Paulse, & Schuetze, 1982).

결혼 생활의 조화, 부조화 또는 기능장애적인 관계 모두가 아이에 대해서 중대한 영향들을 끼칠 수 있다. 성인 관계의 부족조차도 가족 내에서의 스트레스 단계에 영향을 미칠 수 있다. 예를 들면, Beckman(1983)은 장애 유아가 있는 가족들에게 스트레스가 아이의 특성에 미치는 영향을 조사하였다. 그녀는 가정에서 스트레스의 양과 특성에 관련되는 변인으로 부모들의 수를 들고 있다. 혼자 사는 어머니들은 완전한 가정의 어머니들보다도 더 많이 스트레스를 받는다고 보고하였다.

가족체제는 부모-형제 상호작용과 함께 형제-형제 상호작용의 의미에서 형제들을 포함할 수 있다. Gibbs, Teti, Bond(1987) 등은 유아들이 나이 차가 적은 형제보다 나이 차가 많은 형제들에게 좀 더 반응적이라는 것을 발견했다. 아울러 나이 차가 많은 형제들은 서로 간에 좀 더 직접적이고 사회적인 행동을 보이며, 나이 차가 적은 형제들보다 좀 더 많은 상호작용 형태와 관련되어있다. 나이가 많은 형제들은 때때로 보조적인 애착 대상, 양육자, 교사로서 역할도 한다(Stewart, 1983 ; Stewart & Marvin, 1984).

가족체제에 관한 논문에서 기능적인 가족들은 가족 구성원들의 발달 단계 요구를 충족하는 것들로 규정되어 있다. 기능장애적인 가족들은 개개인의 발달 요구를 만족시키지 못하는 경우가 많다. Liebman과 Ziffer(1985)는 다섯 가지의 일반적인 기능장애 형태를 제시하였다.

① 과잉보호(over protection) : 부모들이 아이들을 학교에 보내는 것 이외에는 집을 떠나게끔 놔두지 않는 등 아이를 완전히 장악해 버린다.

② 과잉관련(enmeshment) : 두 사람 혹은 그 이상의 사람들이 서로 과잉되게 관련이 되어서 나이에 적절한 자립심, 독립, 프라이버시, 동료들과의 관계에 있어 부족함을 유발한다.

③ 완고(rigidity) : 상황이 유연성과 변화를 요구함에도 불구하고 일반적으로 고착된 형태에 의존하려는 경향을 가진다.

④ 우회(detouring) : 의견의 불일치가 있는 경우 두 사람간의 문제에 제 삼자를 끌어들여서 충돌을 피해 나간다.

⑤ 이탈(disengagement) : 두 사람 혹은 그 이상의 가족 구성원들 사이에서 애정적인 양육의 결핍을 나타낸다.

기능장애적인 가족 형태는 다음의 다섯 가지 정형화된 문제가족 형태 중의 한 가지를 잠정적으로 만들어 낼 수 있다.

① 삼각관계의 가족체제 : 하위체제의 유대 관계를 이동시키거나 배우자 쌍방의 갈라짐으로 특성화된다. 이러한 상황에서 자녀들은 갇혀있다는 생각을 하게 된다. 왜냐하면 한쪽 부모와 의견이 일치하지 않는 것으로 인식되는 경우에는 다른 쪽 부모의 동의도 구할 수 없기 때문이다.

② 보호적인 가족체제의 우회 : 부모들은 자녀들에게 적절한 양육-지원 반응을 최상으로 하게 된다. 그러나 이들 가족들 사이에서는 전형적으로 과잉보호와 과

잉관련이 있다.

③ 우회적인 공격 가족체제 : 부모들이 가족의 문제를 야기 시키는 책임을 아이에게 지우는 것이 특징이다.

④ 편중된 가족체제 : 아이와 한쪽의 부모 사이의 긴밀하고 견고한 관계가 발견된다. 이 한 쌍은 일반적으로 다른 쪽 부모와는 격리되며 다른쪽 부모를 공격하기도 한다.

⑤ 이탈된 자녀 가족체제 : 아이들이 명확하게 가족의 문제점들과 관여되는데 흥미가 없음을 밝힌다.

요약하면 부모-자녀 상호작용들은 시간에 걸쳐서 가족 내에서 관계 유대 형태와 행동 형태가 정립됨에 따라서 일어나게 된다. 일이 잘 진행될 때 가족 역동은 개인, 하위체제 및 가족체제 발달변화들과 요구들을 수용한다. 일이 잘 되지 않을 때 가족 역동은 한명 또는 그 이상의 가족 구성원들의 성장과 발달을 촉진하지 못하게 만드는 행동 양식을 만들어 낸다.

2) 의사소통장애를 가진 유아와의 가족 상호작용

가정에서 의사소통장애유아가 태어남에 따라 적응과정이 요구된다. 부모들은 잠을 덜 자게 되고 음식과 따뜻한 보금자리를 제공하기 위해 주야로 항상 아이를 돌보아야만 한다. 여하튼 장애를 가진 아이가 태어나게 되면 적응과정은 충격적이며 전형적으로 가족 내에서 더 많은 적응 과정들을 포함한다. 예를 들면, 식사 제공과 양육 과제의 책임, 일정의 변경, 의료적인 사항과 유아들의 요구를 충족시키기 위한 활동, 아이의 의료적인 요구 사항이 커서 입원의 요구로 인해 서로 떨어져 있을 때의 적응 과정, 예측하지 못했던 경제적인 의무로 결혼 관계의 재적응 등이 있다. Drotar와 그의 동료(1975)는 장애를 가진 유아에 적응하고 애착을 가지는 데 부모들이 통과해야 할 다섯 가지 단계들을 설명하였다. 최초로 부모들은 충격과 당황을 경험하며 이것은 두 번째 단계인 부정의 기간으로 이어진다. 세 번째 단계로 부모들은 아이에 대해서 화, 고뇌 그리고 슬픔을 표현한다. 넷째로 부모들이 아이를 양육하는데 자신감을 얻음에 따라 점차적인 적응과정이 있다. 마지막으로 부모들은 아이에 대한 책임감을 받아들이고 아이의 양육과 미래에 대하여 계획을 하게 된다. 이러한 특정한 단계들의 집합은 논란의 여지가 있었지만 장애를 가진 아이의 출생은 부모 및 가족의 상당한 적응 기간을 요구한다는 것은 명백하다.

음식을 먹이는 것의 곤란은 장애유아를 가진 부모들에게는 일상적인 것이며, 이로 인해 정상적인 아이들보다는 부모들에게 더 많은 양육의 요구를 하게 된다. 장애를 기진 아이들의 소리와 울음은 정상아동들과 구별이 되며, Frodi와 Lamb(1978)는 미성숙한 유아들의 울음소리는 완전한 아기들의 울음소리보다 부모들에게 좀 더 반감을 가지게한다고 밝혔다.

2. 양육형태와 영향

유아는 장애조건을 가진 것에 상관없이 양육 기능이 수행되어져야만 한다. Radke-Yarrow와 Kuczynskt(1983)는 양육 기능의 범위를 다음과 같이 제시하고 있다.

· 신체적인 관심, 보호 및 심리적인 자원을 제공하기
· 아이들의 행동을 통제, 동기화 및 조절하기
· 지식과 기술을 가르치고 제공하기
· 친밀한 환경음 제공하기
· 자녀를 점검하고 확인하기
· 상호작용을 촉진시키기

부모들의 역할과 그것을 수행하는 방법은 유아가 발달하는 형태에 영향을 미친다. 부모 역동에 관한 논문의 대부분이 아이들의 행동에 관한 부모들의 통제와 조절에 초점을 두어왔다. 부모 역동의 초기 연구들에 있어서 훈육의 기술은 두 가지의 주요한 종류들로 범주화되어지는 경향이 있었다. 하나는 힘을 강조하는 훈육으로 힘이 있는 명령, 훈계, 고함, 위협과 외침 등을 포함하는 것이며, 다른 하나는 사랑 지향적인 훈육으로 설득, 실망감의 표시 및 사랑의 철수를 포함한다 (Heatherington, 1983).

Baumrind와 그녀의 동료들(Buamind, 1978)은 부모 역할하기 형태를 다음과 같이 제시하였다.

1) 권위주의적 양육

권위주의적 양육은 아이들의 태도와 행동을 절대적인 기준의 틀에 의거해서 통제하고 키우려고 하는 것으로 특징지어진다. 이러한 기준들은 복종에 가치를 두는 것, 질서를 유지하는 것, 권위를 존중하는 것 등인데 부모와 자녀간의 구어적 상호작용을 방해한다. 사회적 위축과 불행한 환경에 처해 있는 미취학 아동들이 이러한 양육 형태의 부모들을 가지고 있는 경향이 많다.

2) 허용적 양육

이 양육 방식은 수용적 태도를 가지고 관용이 있으며 체벌을 거의 사용하지 않는 부모들로 특징지어진다. 이러한 부모들은 행동에 관한 요구들을 거의 하지 않고, 아이들 스스로 자신의 행동을 조절하도록 한다. 이러한 양육 형태에서 자란 미취학 아동들은 충동의 통제, 자신 의존, 사회적 책임감 및 독립심이 부족한 경향이 있다.

3) 민주적 양육

이 양육 형태는 성숙한 행동에 대한 기대, 명확한 기준 제시, 완고한 규칙과 기준의 시행, 독립의 고양, 아이들과 부모들 사이의 열린 대화 및 아이들과 부모들의 권리에 대한 인식 등이 포함된다. 이러한 양육의 상태에서 아동들은 협조적이고, 사회적으로 책임을 질 줄 알며 독립심을 가지게 된다.

4) 방관적 양육

이 양육 방식은 발달하는 아이에 무관심한 것으로 특징지어진다. 따라서 아이에 대해 관여하지 않거나 관심을 가지지 않는 부모들을 의미한다. 이러한 형태의 양육을 받은 아이들은 심각한 행동 문제를 가지는 경우가 많다.

양육을 사회 경제적 요소 즉, 부모의 교육 수준, 직업과 수입 정도의 범주에서 규명하기도 한다. 높은 사회경제적 지위에 있는 가족들이 장애의 상태에 대처하는 데 필요한 자원들을 더 많이 가지고 있고, 아울러 장애에 대해서 더 많은 지식을 가지고 있는 경향을 가진다. 그러나 높은 사회경제적 수준이 반드시 더 나은 대처기능과 양육행동을 가져다주는 것은 아니다. 가난한 가정에서, 비지배적인 문화와 언어에서, 사회적인 지원체계가 거의 없는 곳에서 태어난 아동은 지배적인 문화와 많고 다양한 사회 지원체계를 갖춘 중산층의 가정에서 태어난 아이와는 매우 다른 환경을 경험하게 된다.

최적의 부모 역동은 민감하고, 반응적이고 그리고 따뜻한 부모-자녀 상호작용으로 결합된 양육을 포함한다. 그러나 많은 아동들은 최적의 양육 행동을 경험하는 것이 적으며, 어떤 경우에 있어서는 양육 역동이 너무 문제가 되어서 아이에 대한 학대와 무관심을 만들어 낼 수 있다.

3. 아동 학대와 무관심

양육 역동이 너무 비 기능적일 때는 아동의 학대와 무관심으로 이어질 수 있다. 학대와 무관심에 대한 추정치는 다양하지만 Hawison과 Edwards(1983)는 약 20%의 모든 아동들이 정서적, 신체적 또는 성적으로 부모들에 의해 학대를 받거나 무시되어진다고 추정한다. 학대는 모든 문화적인 집단과 사회경제적 수준에 걸쳐서 일어나는데 전형적으로 젊은 부모들과 사회자원적 자원이 거의 없는 부모들에게 주로 나타난다(Embry, 1980).

아동 학대에 대한 일례는 Sroufe와 Fleeson(1986)의 논문에서 설명이 되는데 학대 부모는 자신의 부모로부터 받은 학대의 역할을 내면화하여 현재의 부모-자녀 관계에 그것을 반영한다는 것이다. 학대되거나 무시되는 아동들은 다음과 같은 특성들을 가질 수 있다.

① 신체적, 정서적 표현에서 자신을 다른 아동들과는 다르다고 생각하거나 부모들이 그들을 다르거나 나쁘다고 말한다.

② 부모를 두려워한다.

③ 타박상, 매질을 당한 자국, 피부에 상처가 있다.

④ 적절하지 못한 음식, 음료 또는 약을 제공받는다.

⑤ 적절하지 못한 감독 하에 홀로 남겨져 있다.

⑥ 통상적으로 청결하지 못하다.

⑦ 행동의 극한 형태를 보인다.

이런 아동들은 자주 울고 매우 적게 웃으며 실제적으로 위로를 받을 수 있다는 기대감을 보이지 않는다. 그들은 어른들의 권위에 대하여 매우 두려워하거나 이와는 반대로 두려움이 전혀 없어 보인다. 그들은 비정상적으로 공격적이거나 매우 정열적 또는 퇴행된 상태이다.

⑧ 신체적인 접촉 특히 어른과의 접촉에 대해 경계한다.

그들은 애정에 대해 굶주려 있기는 하지만 다른 아이들이나 어른들과 가까워질 수 없다고 느낀다.

⑨ 행동에서 급격한 변화를 보이고, 퇴보적인 행동 즉, 바지나 침대에 오줌을 싸거나, 손가락을 빨거나, 변덕스럽거나, 비정상적으로 부끄러워한다.

⑩ 진단할 수 없는 학습장애들을 가지고 있다.

그들의 관심은 우왕좌왕하며 쉽게 자기 자신에게 빠져든다.

⑪ 습관적으로 무단결석하거나 학교에 지각한다.

학교에 자주 가지 못하거나 계속해서 결석하는 것은 부모가 학대의 증거가 사라질 때까지 집에서 상처받은 아이들을 가두어 두려고 함으로써 일어날 수도 있다. 또한 학교에 일찍 도착해서 방과 후에도 집에 가는 대신에 계속 남아 있기도 한다.

⑫ 지쳐서 수업 시간에 잠을 잔다.

⑬ 기후에 적절하게 옷을 입지 않는다.

더운 날에 긴 팔 셔츠를 입는 아동들은 타박상이나 탄 자국 혹은 다른 학대의 자국을 가리기 위하여 그렇게 옷을 입기도 한다. 또는 옷을 적절하게 입지 못해서 날씨에 노출되어 동상이나 질병에 걸리기도 한다.

4. 가족 평가와 중재

1) 평가

Bailey와 Simeonsson(1988a, 1988b)은 초기 중재에 있어서 가족 평가를 위한 이론적 근거와 모델을 개발했다. 이들이 제시한 평가 모델은 가족중심 중재에 대한 모델로부터 도입되었다. 이 모델에서 가족의 요구가 평가되고, 집중적인 면담과 사후 평가가 이루어진다. IFSP(Individual Family Service Plan)모임이 이루어지며, 아이의 특성, 부모-자녀 상호작용, 가족의 스트레스, 가족의 삶에 있어서 중요한 사건들, 가족의 역할과 지원 체계들 그리고 가족의 환경들을 평가하도록 제안한다. 평가 자료를 가지고 중재가 계획되고 실행되며 평가되어진다.

평가과정에 담겨진 중요한 요소는 위험에 처한 아동 가족들의 스트레스이다.

Hutliner(1988)는 매우 어린 장애 자녀들이 있는 가족들에 있어서 스트레스의 영향은 많고 다양하며 때때로 예상하지 못할 수도 있다고 하였다. 그녀는 스트레스를 감소시키는 전략을 실행하는 것이 가족의 힘을 쌓아올리는 것이라고 제안하였다. 아울러 의료적인 안정을 추구하여야 하고 가족들에게 사회적, 경제적 안정이 제공되어져야 한다고 하였다.

2) 중재

가족들을 참여시키는 많은 중재 프로그램들이 개발되어왔다. 예를 들면, Rosenberg와 Robinson(1985)은 장애를 가진 유아와 어머니들의 상호작용 기술에 관한 훈련의 영향을 고려하였다. 그 결과, 상호작용 전략에 초점을 둔 훈련은 장애를 가진 아이들과 상호작용할 수 있는 어머니들의 능력들을 고양시킨다고 하였다.

Mahoney와 Powell(1989)은 부모들과 출생 때부터 3세까지의 장애아동 사이의 상호작용 양식을 개선하기 위하여 중재 프로그램을 고안하였다. 이러한 가정중심의 중재 프로그램은 부모의 지배적인 상호작용을 줄인다.

상호작용 문제를 넘어서서 부모들은 장애자녀를 다루는 기술을 배우게 된다(Scatterfield & Yasumurn, 1987). 전문적이고 사회적인 지원이 긍정적인 가족 역동을 촉진시키는데 중요한 자원들로 부각되어진다(Crokenberg, 1985). 전문적인 지원을 넘어서서 Weinraub와 Wolf(1985)는 두 부모가 있는 가족들 내에서 최적의 상호작용은 스트레스를 받는 기회가 줄어든다고 하였다.

미래에는 가족체제 이론을 부모교육 프로그램 시간에 부모들에게 가르쳐 주거나 장애아동의 부모들과 좀 더 효율적으로 작업할 수 있게 하기 위하여 상담자가 훈련 과정에서 사용할 수 있도록 가르쳐 줄 것이다(Getz & Gunn, 1988).

부모들을 중요한 의사 결정자들로 만드는 것은 부모와 전문가 양쪽 모두에게 어려운 것이다. 부모들은 전문적인 충고를 구하고 존중하고 따르도록 사회화되며, 전문가들은 그들에게 처방을 전달하고 충고하며 추종할 것을 기대하게끔 지금까지 훈련되어 왔다. 그러므로 부모와 전문가들이 유아의 성장과 발달을 촉진시키는 노력에 있어서 효율적인 동반자로써 서로 함께 일을 해 나가는 것을 배우는 데는 시간, 훈련 및 연습이 필요할 것이다.

단원 요약

▪ 부모-의사소통장애유아 상호작용 요소는 부모의 인성 특성, 부모의 주변적인 상황, 유아의 행동 특성들이다. 부모의 인성 특성의 요소는 적응성, 자기중심성, 민감성, 유능한 부모로서의 정체성 등이며, 상황적인 요소는 부모의 스트레스, 사회적인 지원체계, 세대 간의 가족 기대 등이다. 유아의 행동특성 요소는 순응성, 자극 수용성, 예측성 등이다.

▪ 부모-의사소통장애유아 상호작용의 주요한 내용 요소는 자녀의 애착, 부모역할의 성차, 탁아의 역할 그리고 가족 체제 등이다.

▪ 애착은 자녀의 입장에서 형성되는 유대관계로 양육체제 내에서 일어난 생육사, 애정의 형태, 행동규칙 등에 의해 영향을 받으며, 자녀의 미래 적응의 중요 요소이다.

▪ 부모 역할의 성차는 아버지와 어머니의 성차에 의하여 양육의 역할에서 차이가 있으며, 주로 아버지는 활동적으로 놀이 활동에 참여하는 반면에 어머니는 양육 활동에 참여한다.

▪ 탁아의 역할은 최근 여성의 사회 진출에 의해 그 중요성이 더 부각되고 있다. 따라서 탁아시설의 역할은 부모-유아 상호작용에 영향을 미친다.

▪ 가족 체제는 가족 구조와 유사하며, 하위체제로는 부모, 형제, 조부모 체제로 나눌 수 있지만 핵가족 사회에서는 부모와 형제들이 주요 하위체제이다. 하위체제는 구성원들의 흥미, 세대, 성 또는 기능에 의해 그 특성이 결정된다.

▪ 의사소통장애유아가 태어나면, 가족들은 새로운 적응과정을 요구받게 된다. 처음에는 충격과 당황을 경험하게 되며, 부정, 화 · 고뇌 · 슬픔, 자신감, 책임 있는 양육의 단계로 적응하는 상호작용을 가진다.

▪ 양육형태는 권위주의적 양육, 허용적 양육, 민주적 양육 그리고 방관적 양육 형태가 있다. 이들 형태를 자율과 질서의 기준으로 비교하여 정리하면 권위주의적 양육은 질서는 있으나 자율은 억제되고, 허용적 양육과 방관적 양육은 자율은 있으나 질서가 없으며, 민주적 양육은 자율과 질서 모두가 있다. 따라서 상호작용의 측면에서 바람직한 양육형태는 민주적 양육형태이다.

▪ 양육에서 상호작용이 비 기능적일 때는 자녀의 입장에서는 학대, 부모의 입장에서는 무관심이 나타날 수 있다.

▪ 가족 평가의 내용은 아이의 특성, 부모-자녀 상호작용, 가족의 스트레스, 중요한 사건들, 가족의 역할과 지원체계들, 가족의 환경 등이다.

▪ 가족 중재의 내용은 프로그램을 통해서 부모-자녀 상호작용과 자녀를 효율적으로 다루는 기술 습득이 핵심이 된다.

생각할 내용

- 부모-가족 상호작용의 방법적 핵심
- 가족의 역할분담 기준
- 부모-자녀의 효율적인 상호작용을 위해 바람직한 가족체제
- 부모-자녀 상호작용을 위해 가족 평가의 구체적인 내용

제6장 의사소통장애유아 조기교육의 기초

발달심리학적 측면에서 보면 발달의 결정적 시기가 주로 아동기의 초기에 분포해 있으므로 의사소통장애유아의 조기교육의 필요성은 아주 중요하다. 조기교육은 발달의 가소성(plasticity)이 현저하게 나타나는 영·유아에게 의도적 또는 조직적으로 교육을 실시함에 의해 개개의 장애로부터 파생되는 언어 능력, 지적 능력, 사회성 발달 등의 지체를 방지하고 적응능력을 향상시킨다. 그러므로 의사소통장애유아에 대한 조기교육은 장애로 말미암아 손상된 기능을 회복시키고자 하는 데 큰 의미를 가진다. 이 장에서는 의사소통장애유아의 조기교육의 의의, 유아에 대한 의사소통장애의 영향, 그리고 의사소통장애유아의 발견과 특성 등을 개관한다.

1. 의사소통장애유아의 조기교육의 의의

아동의 삶에 있어서 초기의 발달기간이 매우 중요함은 누구나 다 인식하고 있다. 대개 5~6세 때 신체적, 지각적, 언어적, 인지적, 정서적 영역 등의 성장이 절정에 이른다. 발달속도가 빠른 유아기는 정상아동보다 장애유아가 더 결정적인 영향을 받는다. 장애를 조기에 판별하여 치료하면 그들의 장애를 최소화할 수 있으며, 잔존 능력을 최대한 개발할 수 있어서 사회복귀를 가능하게 한다.

장애유아에 대한 조기교육은 1975년 미국장애아 교육법(The Education for All Handicapped Children ACT : P.L. 94~142)에서 특히 강조하고 있다. 즉, 특수교육대상아동의 연령을 3~21세로 규정하여 적절한 공교육을 의무화하였다. 특수교육의 측면에서 장애유아의 교육은 주로 발달초기에 장애를 제거하는 시기가 빠를수록 효과가 크고, 피해를 감소시킬 수 있다는 전제에서 시작한다. 따라서 유아의 수준에서 학습문제나 장애유아에 대한 욕구를 충족시킬 수 있는 조치가 요구되며, 이런 관점에서 의사소통장애유아의 조기교육은 필수적이다.

1) 발달심리학적 입장

(1) 가정의 교육적 기능의 제한

맞벌이 부부가 증가함에 따라 어머니의 가정 교육적 기능이 매우 약화되어 가정의 체험교육 기회가 줄어들고 있는 것이 현실이다. 특히 의사소통장애아동을 가진 부모의 경우 장애아동에 대한 이해 및 지식이 부족하여 올바른 자녀 양육 방법을 모르고 있는 실정이다.

(2) 발생된 장애의 회복가능성 및 속도

인간의 발달은 몇 가지 기본 원리에 기초하여 이루어지고 있다.

첫째, 발달은 계열성을 가지고 있다. : 인간의 발달은 일정한 순서가 있다. 즉, 앉을 수 있는 기능이 확립된 후에 설 수 있게 되고, 그 다음에 걸을 수 있게 된다. 따라서 발달의 전 단계는 다음 단계의 발달적 기초가 되며, 전 단계 발달 지연은 다음 단계의 발달 지연을 가중시킨다.

둘째, 발달 단계에 따라 발달의 속도는 일정하지 않다. : 인간의 발달은 발달 단계에 따라 속도가 다르다. 이를 테면, 신체의 발달은 유아기와 사춘기에 급격한 증가를 나타낸다. 인간의 인지적 발달은 약 50%가 수태와 4세 사이에서 이루어지며, 약 30%가 4세와 8세 사이에서 이루어진다(Bloom, 1964). 즉, 인간은 성장, 발달 과정에서 해나가야 할 발달과업(developmental task)이 있는데 그 과업을 성취할 수 있는 적기를 놓쳐서 후에 그것을 성취하려면 큰 효과가 없다는 관점이다.

셋째, 발달의 불가역성이다. : 인간의 발달은 한 단계에서 잘못된 것의 영향이 다음 단계에 영향을 미치지만, 뒤의 단계에서 보충을 한다고 해서 그것이 앞 단계에 영향을 주지는 못하므로, 이를 교정, 치료, 보상하는 데에는 한계가 있다. 인간의 지적, 정서적인 면만 보더라도 적기를 놓치고 난 후에 결함을 교정하려 해도 큰 효과를 보지 못하는 것은 이것 때문이다.

넷째, 발달의 초기 단계의 영향이 가장 크다. : 인간에게 치명적이고 지속적인 영향을 미치는 발달상의 결손 상태는 생후 6개월에서 3세 사이에 영향을 받은 것에 의해서 가장 심하게 나타난다. 특히 유아기는 두뇌 발달이 가장 현저한 시기이다. 이 시기의 지능과 신체 발달 사이에는 밀접한 관련성이 있다. 또 이 시기에 운동발달이 지연되면 후에 학습장애의 원인이 되는 등 근본적으로 시각, 지각 발달 및 신경조직의 발달에 영향을 미치게 된다. 발달초기에 어머니와의 원만하지 못한 대인관계나 사회적 접촉의 결여로 발생된 언어지체는 발달 후에까지 영향을 미친다.

(3) 2차적 장애의 예방

장애의 진전 상태를 보면, 1단계는 장애의 직접적인 영향이 신체에 미치는 단계이다. 예를 들면, 대뇌의 청각 영역 손상은 청각장애를 일으키며 이 경우는 의학적 치료의 단계이다. 다음 2단계는 신체장애가 개체의 도구적인 기능에 영향을 미치는 단계로 청각장애가 의사소통장애를 유발하는 경우이다. 이때는 언어치료사에 의한 치료 단계이다. 끝으로 3단계는 신체장애가 개체의 정서적인 면에까지 영향을 주어 인격문제를 수반하는 단계이다. 따라서 2차적 장애는 주로 심리·사회적, 정서적 장애이다. 따라서 1차적 장애의 감소 및 제거는 2·3차적 장애를 예방할 수 있다.

2) 위험적 조건의 입장

(1) 의학적 위험(established risk)

장애조건이 의학적으로 진단된 경우로 이러한 장애 조건의 예로는 뇌성마비, 다운 증후군이 포함되며, 정신지체와 언어지체 등이 그 예이다.

(2) 생물학적 위험(biological risk)

초기의 생육사 및 병력에서 위험조건이 지적된 경우로 조산, 유전적 질병 등이 그 예이다.

(3) 환경적 위험(environmental risk)

매우 나쁜 환경적 요인이 생의 초기 경험에서 지적된 경우로 가족환경과 영양환경의 문제 등이 포함된다.

결론적으로 의사소통장애유아에 대한 조기 중재는 후에 요구되는 서비스를 의미 있게 감소시키고, 유아가 학교에 입학할 때 제공되고 필요로 하게 될 서비스를 제거하거나 줄일 수 있으며, 그로 인해 괄목할 만한 비용 절감을 가져온다.

2. 의사소통장애 유형별 조기교육 기초

1) 청각장애

청각손상을 입은 유아들은 여러 측면에서 장애를 갖게 된다. 그 중에서도 가장 심한 지체 현상을 보이는 것은 말과 언어(speech and language)이다. 그로 인하여 청각장애아동들이 일반 아동과 고립되는 경험을 갖게 되면 심한 좌절감으로 인하여 문제 활동을 초래한다. 청각장애유아의 경우 언어 이외의 인지는 본질적으로 장애가 없다. 그러나 표준화 지능검사로 측정해 보았을 때 청각장애아동들은 그 성취도가 낮은 편이고 건청아동에 비해 지능의 양에 차이가 있다. 가끔 이것은 잔존 청력으로 돌려진다. 잔존 청력은 보청기나 소리 증폭기 등에 의해서 보충할 수 있다. 대부분의 청각사들은 그러한 조치가 발달 초기에 가장 효과가 크다는 것에 동의하고 있다. 다시말해서 보청기는 언어발달기에 사용하는 것이 가장 적절하며 그 효과가 크다는 것이다.

만약 청각장애유아에게 보청기 착용이 필요할 경우, 그것이 유아에게 적절한가를 점검하는 것이 중요하다. 예컨대, 전지와 코드의 점검이나 유아가 쉽게 스위치나 볼륨을 조작할 수 있는가를 점검하고, 만약 귀가 아프거나 질병을 앓고 있는 유아는 전문 의사에게 자문을 받도록 한다.

청각장애아동들의 의사전달 수단은 주로 독화나 지문자, 수화 등에 많이 의존하고 있다. 토탈 커뮤니케이션(total communication)은 말, 지문자, 수화, 독화가 결합된 시스템이라고 할 수 있다. 이것은 특정의 제한된 언어에서 해방시킴으로써, 청각장애아동이 의미 있게 활용할 수 있는 모든 언어적 양식을 존중하자는 청각장애아동을 위한 언어지도 접근의 한 철학이다.

중증의 청각장애인 경우 가장 이해하기 어려운 것은 말일 것이다. 청각장애아동은 말을 배울 수 있으나 그들의 말은 그 질에 있어서 차이가 있고, 듣는 사람들에게 주의를 끌고, 인내를 요구한다.

여기서 청각장애아동의 행동특성 면에서 몇 가지 논의해 보자. 예컨대 언어발달 연구에 의한 학자들의 공통적인 의견을 보면 청력손실 정도나 그 원인에 따라 차이가 있지만 대부분 언어 습득 이전에 청각손상을 입으면 건청아동과 같은 단계로 언어의 발달을 가져올 수 없다는 것에 동의하고 있다. 또한 비록 언어를 습득한 후에 청각손상을 입었다 하더라도 언어생활에 곤란을 가져오며, 발음의 부정확성, 억양의 이상과 음성의 이상을 볼 수 있다고 한다. 지적발달 측면의 연구에서도 지능이 정상아에 비해 떨어지기 때문에 추상화, 개념화의 능력이 뒤진다고 한다. 또한 언어에 의한 자기 자신의 조절을 하지 못하기 때문에 성격이나 정서적 특성의 기초를 형성하는 전체적 경험의 결핍을 가져오게 된다. 따라서 그들은 개인적, 사회적 발달에 있어서 많은 영향을 받게 된다. 특히, 또래 집단에서 고립되는 경우가 많아서 그 결과로 열등감이나 냉대, 불안, 난폭과 같은 반응이 증가하게 되어 성격 발달에 영향을 받을 수 있음을 주목해야 한다. 이러한 청각장애의 영향을 최소화하기 위해 청각학이 발달되고, 청각학의 발달은 청각장애를 조기에 발견할 수 있게 했으며, 조기발견은 조기교육의 필요성을 강조하게 되었다.

청각장애아동의 교육은 넓은 의미에서 보면 0세부터 시작하는 것이 가장 이상적이고, 바람직한 일이라고 할 수 있다. 언어의 발달은 태어나면서부터 시작되는 것으로 정상적인 언어발달을 도모하기 위해서는 정상아동의 언어발달 과정과 동일한 과정을 거칠 수 있도록 배려해 주어야 하기 때문이다. 가능한 한 조기에 교육을 시작하여 언어발달이 정상적인 과정을 밟을 수 있도록 하여 주는 것이 중요하다. 3세가 지난 뒤에는 언어 학습에 상당한 곤란이 따르며, 6세가 지나서부터는 정상의 수준에 도달하는 것이 곤란하다. 이는 늦어도 3세 이전부터 청각장애아동의 교육이 시작되어야 한다는 것을 강조한 것이다.

여러 나라의 유아교육을 살펴보면, 전문가로 하여금 청각장애아동의 가정을 방문하여 지도하는 것 외에, 부모들에게 지도 방법을 가르쳐 주어 부모가 가정에서 지도하거나, 청각·언어장애 센터에서 지도하거나, 일반 유치원에서 통합교육을 하거나, 특수학교 유치부에서 지도하는 등의 형태를 취하고 있다.

조기교육을 위해 먼저 선행되어야 할 것은 이비인후과 의사의 진단과 청각사의 세밀한 검사를 통하여 보청기를 조기에 사용하도록 하여야 한다. 최근에 와서는 보청기를 잘 들리는 한쪽 귀에만 사용하지 않고 양쪽 귀에 다 사용하게 하고 있다.

또한 독화지도와 발화지도를 통하여 말을 이해하고 말을 할 수 있게 하여야 한다. 이러한 모든 지도는 짧은 시간에 이루어지는 것이 아니므로 인내심을 가지고 지도하여야 한다. 청각장애유아의 경우 자칫 잘못하면 언어 지도에만 치우치기 쉽다. 언어발달뿐만 아니라 지적 발달, 운동 신경의 발달, 개념의 발달, 사회적 발달, 청능의 발달과 같은 모든 발달적 측면을 함께 지도하여 개발시킨다.

유아기의 프로그램은 자유롭게 놀 수 있는 기회와 개인학습의 기회를 많이 주어야 하며, 부모와의 상담에 역점을 두어야 한다. 5세 된 유아의 프로그램은 읽기와 쓰기능력의 전 단계 지도에 특별한 관심을 두어야 하며, 언어의 사용에 유의하도록 하고 문제 해결력을 길러 주어야 한다.

청력손실의 정도에 따라 교육 배치를 달리해야 하는데 가능한 정상아동 유치원에서 통합교육을 실시하여 정상적인 언어의 경험을 쌓도록 하는 것이 바람직하다.

2) 정신지체

정신지체는 환경적 유전적 요인에 의해 발생하며, 그 원인과 상태가 다양하다. 정신지체의 정의에서 보듯이 정신지체는 발달기(발달의 상한선인 16세 이전)에 야기되고, 적응행동(성숙, 학습, 사회적 적응)에 결함을 수반하며, 일반적인 지적 기능이 낮은 수준을 보인다. 따라서 정신지체아동은 대개 발달이나 성장단계에서 정상아동들에 비해 지체되고 일반적 지각 능력이 평균이하의 상태에 머물러 있으며 그로 인해 신체적, 사회적, 정서적, 심리적 문제를 함께 가져올 수 있는 가능성을 내포하고 있다.

예컨대, 정신지체아동이 어떤 특성을 가지고 있느냐에 따라 학습에도 큰 영향을 미치게 된다. 신경마비 증상을 가지고 있는 정신지체아동은 단순히 지적능력만이 뒤지는 것이 아니라 신경마비 증상으로 인해 아무리 언어 이해력이 좋다고 하더라도 언어 표현력이 나쁘거나, 대근육과 소근육을 필요로 하는 학습을 하게 되는 경우 자신의 두뇌에서 사고되어지는 것을 손으로 표현하는 것이 서툴러 어려움을 가중시킨다.

지적 발달의 측면에서 볼 때, 정신연령의 증가는 5세 이전에는 생활연령의 증가율보다 다소 높은 증가율을 보이는데, 이는 출생 초기인 유아기의 지능 발달률이 16세 이후의 지능 발달률보다 높다는 것을 뜻한다. 이것은 교육적인 측면에서 볼 때 조기교육의 효과가 그만큼 클 것이라는 것을 이론적으로만이 아니라 실제적으로 뒷받침해주는 것이라고 할 수 있다. 따라서 정신지체를 지닌 유아를 담당한 치료사는 학습적 측면에서 그들의 특성을 인식하는 것이 우선 과제이다.

정신지체 유아에게는 구조화된 환경을 마련하고, 직접 경험을 통한 학습이 중요하며, 학습을 하는 데 있어서도 단순한 과제를 여러 번 반복하는 것이 필요하다. 따라서 그들에게 경험시킬 과제는 추상적인 것보다는 구체적이어야 한다. 예를 들어, 수 세기 학습을 할 경우 추상적인 기호보다는 구체적인 문제를 사용하면 더 쉽게 이해한다. 특히 지도 내용이 아동의 일상생활 경험과 친밀한 것이면 학습에 더 흥미를 느끼게 된다. 예컨대, 치료사가 '겉과 속'이라는 개념을 가르칠 경우에도 아동이 좋아하는 과일 사물을 사용하면 더 효과적이다.

정신지체아동의 조기교육 내용에 있어서 처음 1~2세 때는 운동발달과 감각훈련을 강조해야 하며, 그 다음 2~3세 때는 언어의 자극과 병행하여 인지발달을 중시해야 할 것이다. 또한 청결, 정돈, 소지품 간수 및 안전훈련도 필요하며, 집단 놀이와 음악, 미술 및 연극도 중요한 지도 내용이다.

정신지체아동 교육에 있어서 특수교육적인 측면에서는 교육적, 사회·심리적 접근과 더불어 생활훈련 등이 동시에 주어져야 하며, 진전 상황에 따라 일반 유치원에 통합시켜서 정상아동과의 적응력을 키워주는 것도 연구되어야 할 문제이다.

끝으로 정신지체아동의 조기교육에 있어서 구체적인 지도 내용을 예시한다. 이러한 내용은 지능이 낮은 유아일수록 적용에 있어서 효과가 클 것으로 보이며 하나의 준거로 삼을 수 있을 것이다.

(1) 사회적 훈련 : 그룹 활동 참여, 기본 예절 습득과 적용, 다른 사람의 권리 존중 및 역할 분담, 치료실에서의 책임 분담, 가족 구성원의 형성, 부모 역할에 대한 존경심, 지역사회 활동에서의 적응

(2) 구어발달 : 일반적 어휘력의 발달, 간단한 언어적 지시 따르기, 그림 그리기, 기본 색깔 이름 말하기, 이야기 듣고 질문하기, 그룹이나 개인적 토론에 참여하기

(3) 건강 : 청결에 대한 바람직한 태도, 기본적인 식사습관의 바른 태도, 식사도구 사용 및 음식 이름 알기, 화장실 사용, 손 씻기, 옷 입기, 안전에 대한 기본적인 습관 익히기

(4) 심리운동 협응의 발달 : 대 근육 발달(달리기, 뛰기, 던지기 등), 소 근육 발달(퍼즐 맞추기, 가위질하기, 색칠하기 등), 리듬활동(음악에 맞춰 걷기, 줄넘기 등)을 통해 대 근육 및 소 근육 발달

(5) 학습 활동 : ① 주의력 발달(시각-숨은 것, 빠진 것 찾기 ; 청각-동화, 시, 음악 등 듣기 활동) ② 영화, 일상 활동, 텔레비전 프로그램에 관련된 집단 활동

참여 ③ 경험한 것을 그림으로 나타내기 ④ 그림책, 잡지 등을 보고 말하기 ⑤ 변별 능력 발달(시각-색, 형태, 크기 등 ; 청각-일반적 소리 변별 ; 촉각-부드러운 것, 딱딱한 것 등)

(6) 수 개념 : 1~12까지 세기, 2~5까지 기본적인 집합 수 인식

(7) 직업 훈련 : 직업에 대한 기본적 훈련으로 지시 따르기, 시작과 끝맺음하기, 안정, 청결 등의 습관 갖기, 유치원 내의 일(먼지 털기, 책상 정리, 접시 닦기)을 분담하기

(8) 창의적 표현 : 음악-박자 맞추기, 손 유희, 노래 부르기, 자유 율동, 리듬놀이, 미술과 공예, 붓으로 색칠하기, 여러 가지 매체를 이용하여 감정이나 생각을 표현하기 등

(9) 놀이 활동 : 소꿉, 모래, 물, 블록, 인형놀이 등

3) 신체장애

신체장애는 그 종류가 다양하다. 그 용어에 있어서도 지체장애, 신경학적 장애, 정형 외과적 장애, 만성적 질환, 신체적 장애 등으로 사용되고 있다. 여기서는 감각장애나 언어장애를 제외한 지체장애 중 뇌성마비(신경학적 장애)를 주로 신체장애로 사용하였다.

신체장애의 종류는 크게 신경계통의 장애와 근·골격계통의 장애, 선천성 기형 등으로 나눌 수 있다. 특히 신경계통의 장애를 입은 유아들은 다른 장애에 비해 더 심각한 문제를 유발한다. 뇌성마비는 신경계통의 손상에 의한 대표적인 예이다. 그래서 최근의 지체부자유아 교육에서는 소아마비의 감소에 따라 그 중심이 되는 교육대상을 뇌성마비아동으로 하고 있다.

뇌성마비는 중추신경 계통의 손상으로 인해 영속적인 운동기능 장애를 일으키는 것으로서 하나의 증상이다. 뇌성마비의 특징은 근육의 약화 또는 무기력, 불수의적 동작, 자세의 불균형, 경련 등으로 나타난다. 예컨대, 경련성(spastivity)은 근육이 긴장되어 있어 근육을 갑자기 펴려고 할 때 근수축이 심하게 일어나고 근육의 불수의 수축과 이완 현상이 일어나는 것이 그 특성이다. 불수의 운동형(athtosis)은 불수의적으로 신체부위가 움직이며, 운동실조형(ataxia)은 몸의 균형과 평형을 유지 못하는 것이 그 특성이다.

이러한 신체적 장애는 유아에게 전반적인 영향을 주게 되는데, 일반적으로 지적 능력이나 성격, 정서적, 사회적 적응, 지각, 경험 등에 있어서 일반 유아나 아

동과 차이를 보인다. 따라서 이러한 유아들에게 조기교육이 강조되는 것은 잠재적으로 지체부자유를 일으키는 조건을 예방하거나 치료하기 위한 것이다.

이 장애의 경우도 생후 2년 이내에 장애를 발견하고 즉시 지도가 뒤따라야 하며, 조기교육은 가정에 바탕을 두어야 한다는 생각에서 부모교육을 강조하고 있다. 특히 신체장애 유아의 경우 유아원, 유치원, 병원이나 학교 등에 통합시켜 다음과 같은 조치가 이루어짐이 바람직하다.

첫째, 신체장애 유아의 운동 능력을 개선 신장시키기 위해서는 특별한 기기나 시설을 구비하여 물리치료사, 작업치료사, 언어치료사, 심리치료사 및 지체부자유학교 교사에 의해 제공된 특수한 방법을 통하여 지도하며, 또한 특별한 처방이 전문의(재활의학과, 소아과, 정형외과 등)에 의해 주어진다. 그러나 교사에 의하여 계획의 조정이 이루어져야 한다.

둘째, 특히 뇌성마비아동의 언어발달지체나 결함의 개선과 발달을 도모하는 말, 언어의 수용과 표현력의 신장, 시각적인 자극의 수용과 이해력이 포함되며, 이 시기는 기본적인 언어발달이 거의 완성되는 시기로 유아에게 언어훈련을 실시하는 것은 부모, 언어치료사 및 교사에게 큰 도움을 준다.

셋째, 신체장애, 시청각적 지각, 식별, 기억, 기타 지능에 관계되는 심리적 모든 요인을 발달시키는 것이다. 이러한 심리적 기능을 언어의 사용, 듣기, 문제해결, 상상력 및 창조적 표현, 리듬의 창조, 눈과 귀에 의한 기억과 식별 및 지각 등이 포함된 교육계획에 의하여 더욱 잘 발달시킬 수 있다. 치료실내에는 완구나 모래상자, 인형코너를 두어 심신양면이 환경에 반응하는 것을 배우게 함으로써 형(形)의 지각훈련이나 눈과 손의 협응을 도모하고 공간 관계의 인식을 돕게 한다.

넷째, 가정이나 유치원에서 정서의 안정, 집단에의 소속감, 독립심을 기르는 기회를 줌으로써 유아의 사회적, 정서적 적응성을 높인다. 이와 같은 결과는 부모의 과보호가 없어지고 스스로 일을 처리할 수 있는 기회를 주는 데서 이루어지는데 가정보다는 유치원의 조건이 유리하다. 그 이유는 또래 집단 속에서 상호작용하여, 분담, 협동하는 것을 배우고 모방활동을 많이 할 수 있으며, 필요할 때 보호와 지도를 받을 수 있기 때문이다.

최근 신체장애아동의 조기교육 요청에 따라 지체부자유아 학교에 통학제유치부를 설치하여 재활훈련과 교육을 실시하고 있다. 이와 같은 제도는 점차 확대 실시되어야 하며, 모자 입원제의 시설도 증설되고 일반 유아원에서의 통합지도도 이루어져야 할 것이다. 아울러 이에 따른 교육과정이나 학습지도 방법의 연구는 물론 재활훈련이나 전문적 교사 양성도 함께 추진되어야 할 것이다.

4) 정서장애

모든 유아들은 그들의 발달과정에서 기본적으로 정서장애나 사회부적응 문제에 부딪치게 된다. 유아들은 그들의 또래 집단을 통해 사회적 기능을 발달시키게 되는데 이상행동 아동들은 참여기회가 적고 급기야는 정서적 문제를 더욱 가중시키게 된다. 따라서 구조적 놀이 활동을 통해 적극 참여시키고 심한 유아들에게는 각종 치료 모델을 도입하여 지도가 이루어져야 한다.

인간행동은 인지적 영역과 정서적 영역으로 나눌 수 있다. 인지적 영역은 주로 지적, 학업, 사고 기능이 포함되고 정서적 영역은 정서적, 사회적, 심리적인 것이 포함된다. 인간발달에 있어서 정서적 영역은 사회적 기능이나 개인의 정서적 상태, 가치와 태도의 발달과 같은 영역이 중심이 된다. 모든 유아들이 그러하지는 않지만 유아들은 심리사회적 문제를 보일 때가 많다. 어떤 유아들은 학업 영역이 원인이 되어 특정의 정서장애를 유발하기도 하고 어떤 유아들은 학업, 심리사회적 영역 모두가 원인이 되어 행동에 문제를 일으키기도 한다.

특수교육 영역에서 볼 때 인지적 영역을 발달시키는 프로그램 개발이나 연구는 다소 많은 편이나, 동기, 탐구, 환경의 학습, 문제해결 등을 발달시킬 수 있는 프로그램은 빈약한 편이다. 대부분의 학습장애를 지닌 유아들은 사람들과의 사회적 관계에 문제를 지니고 있다. 따라서 학업 역기능보다는 심리·사회적 문제가 유아의 생활에 더 큰 영향을 미친다고 해도 지나치지 않으며, 어떤 의미에서 심리·사회적 장애가 더 원초적이라고 할 수 있다. 물론 유아가 학습하는 것에 실패하면 이차적인 정서적 사회적 문제를 초래하는 것도 사실이다. 결국 정서장애 유아는 정서장애로 인해서 지능지수가 다소 낮으며, 학업성취에서도 뒤진다(이 문제는 정서장애가 먼저냐, 학업성취 불량 때문에 정서장애가 오느냐 하는 논란이 있을 수 있다)고 할 수 있다.

정서장애 유아를 발견하는 일은 일반적으로 아동보다는 쉽지 않다. 그러나 유아기에 일어나는 중증 정서장애나 특정의 증상은 쉽게 판별될 수 있다. 이때 부모나 가족의 정보가 도움이 되며 지도계획을 수립하는 데 있어서 보다 용이하고 문제 해결이 빠르다.

유아기에 일어나는 정서장애는 다양하지만 주요 증상으로는 위축증, 불안과 걱정이 심한 증세, 공격성, 과잉행동 등과 같은 것을 꼽을 수 있다. 이러한 정서장애 유아의 지도를 위한 이론적 모델이 개발되어 있으므로 간단히 살펴보면 다음과 같다.

(1) 심리 역동적 모델(psycho dynamic model)로서, 이것은 프로이드(Freud)학설을 기초로 한 것으로서 심리치료를 적용하여 치료하는 방법이다.

(2) 행동 과학적 모델(behavioral model)로서, 이것은 행동주의 심리학에 의한 행동수정 기법을 통해 바람직하지 못한 행동을 수정해 가는 것이다. 긍정적 강화나 모방학습, 소멸 등의 기법이 많이 쓰인다.

(3) 심리 교육적 모델(psycho educational model)로서, 이것은 정서적인 면과 교육적인 면의 양 측면에서 보다 바람직한 지도를 하는 데 중점을 두고 있다. 예컨대 음악, 미술 무용 등의 창작적인 표현 활동을 제공해 주고, 교사와 아동 사이의 면접방법이 동원되고 있다.

(4) 신체 생리적 모델(biophysical model)로서, 이것은 우리 인간의 두뇌 작용이 행동을 좌우한다는 이론을 기초로 하고 있다. 따라서 의학적 접근이 중심이 되며, 약물 복용이나 음식섭취 조절 등을 통해 지도하려는 입장이다. 예컨대 과잉행동아의 경우 리타린(ritalin) 같은 중추신경 자극제를 사용하여 행동을 감소시키기도 한다.

(5) 생태학적 모델(ecological model)로서, 이것은 생태 심리학을 기초로 한 접근이다. 즉, 정서장애의 문제는 기본적으로 그 아동의 환경(학교, 가정, 사회 등)에 여러 요인과의 상호작용에서 일어난다고 믿고 있다. 따라서 아동 행동의 결과와 아동의 직접적인 환경을 변화시켜 환경에 적응하도록 하는 것이 교육계획의 목적이다. 끝으로 정서장애 유아를 지도하는 데 있어서 공통적으로 유의해야 할 몇 가지 사항을 제시해 둔다.

먼저 지도에 있어서 전제가 되어야 할 것으로서, 자아개념을 높여주는 일이 매우 중요하다. 자아개념은 그들 자신을 어떻게 느끼느냐 하는 것으로 주위 사람들에게 항상 능력이 있고 가치 있게 느끼는 유아들은 긍정적인 자아개념이 발달하기 마련이다. 따라서 그들은 삶을 긍정적으로 즐겁고 흥미있는 것으로 본다. 새로운 것을 탐색하려 노력하고 자신들이 하는 일에 성공을 거둔다. 반면에 실패를 거듭해서 자신을 무능하고 가치 없게 느끼면 부정적인 자아개념이 발달하게 된다. 이때 그들은 세계를 유쾌하지 못하고 투쟁의 장소로 보기 시작하고 쉽게 용기를 잃어버리며, 자주 성공할 수 없다고 느낀다. 즉, 생산하고 노력하고 새로운 일에 도전하는 데 주저하게 된다. 자신감이 적은 것은 실패의 원인이 되고 성공보다는 오히려 실패가 예상된다. 치료사들은 유아가 성공적인 경험을 갖도록 도와주어 긍정적인 자아개념을 가지도록 노력해야 한다.

다음은 치료사의 지도계획과 실천에 있어서 유의할 점들이다.

첫째, 단순한 과제를 먼저 학습하도록 계획한다. 유아에게 활동내용을 설명할 때 간단하게 하고 일정한 몇 개의 단어만 사용하여 천천히 명확하게 말한다. 어떤 유아는 설명할 동안 자리에 앉아 있을 수가 없다. 유아에게 활동내용, 방법을 시범으로 보여준다. 이때 따라하면서 몸을 느끼고, 자기가 해야 할 일과 할 수 있는 일을 알게 된다.

둘째, 하나하나 지도내용을 짧게 지도함이 좋다. 몇몇 정서장애 유아는 매우 활동적이지만 쉽게 싫증을 내고 가만히 앉아서 듣는 것이 매우 어렵다. 유아가 집중을 하지 않을 때 활동내용을 어렵게 설명 또는 지도해서는 곤란하다. 교사의 대부분은 유아에 대하여 자신이 이해한대로 가르치되 유아를 생각하지 않을 때가 많다. 활동시간이 길 때, 교사는 그 유아에게 적절한 시간인지 어떤지 파악해야 한다.

셋째, 과제를 구조화해야 한다. 유아 자신의 의식 세계나 행동이 조직화되게 도와주어야 한다. 매일의 활동 과제도 정확히 구분되어야 한다. 예컨대 순환과제 활동시간, 야외활동시간, 특정과제시간, 자유시간, 식사시간, 음악과 미술시간, 이야기시간, 휴식시간 등의 순서로 팀의 구분과 소요되는 시간을 일정하게 한다. 한 활동이 끝나면 다음 단계 과제를 무엇인지 설명하고 그림으로 보여주어 순서를 알려준다.

넷째, 의미 있는 지도계획을 수립한다. 한 활동에서 성공적인 기회를 가지도록 유도하고 자신감, 동기화, 완전학습이 중요하다. 한 활동을 마쳤을 때 보상과 발달될 기능을 예견해서 계획을 짜고 무의미한 지도계획을 삼가한다.

다섯째, 신체접촉을 많이 한다. 몸과 몸의 접촉(치료사가 유아를 껴안는 일, 머리를 쓰다듬는 일, 손을 잡는 것 등)은 정상유아와 똑같이 필요하다. 치료사와 유아의 접촉은 유아 자신이나 주위에 대해서 안전을 확신시켜 준다. 또 유아를 도와주고 안내하여 용기를 준다. 신체적 접촉은 유아에 대한 치료사의 관심 집중 표현의 한 방법이다. 정서장애아동은 이런 종류의 신체적 접촉이 매우 필요하다. 유아를 꼭 껴안고 토닥거려 주는 것은 다른 유아들에게 자신을 나타내며, 자기 자신을 믿게 하는 한 방법이다. 그러나 몇몇 유아는 신체적 접촉을 꺼리는 것을 발견할 것이다. 인내심을 가지고 지도해야 한다. 인내심은 치료교사로 하여금 사랑을 받아들일 수 있는 능력을 개발하고 신뢰감을 갖게 하는 시간이 된다. 예컨대, 미국의 헤드 스타트 프로그램(Head start project)에서 보듯이 정서장애 유아의 메인스트림 교육프로그램이 개발되어 시행되고 있다. 이것은 정서장애 유아를 정상 아동들의 취학 전 경험에 포함시키는 것으로 '생활경험'의 접촉 기회를 제공하고자 하는 것이다. 그러나 정상 아동과 중증 정서장애 유아의 통합은 그리 쉬운 문제가 아니다. 따라서 교실 내에서의 활동은 아동 개인에게 적절한 과제가 준비되고 계획되어야 한다. 헤드스타트 프로그램은 여기에 중점을 두고 있다. 또 미국 장애아 교육법 시행 이후 각 주에서는 서비스를 제공하기 위한 정서장애 유아를 조사하고, 판별하고, 자료개발 하는 것에 주력해 왔다. 우리나라에서도 각종 클리닉에서 정서장애 유아지도에 노력하고 있으며, 특히 자폐증 아동에 대한 관심이 고조되고 있다.

3. 의사소통장애유아의 발견과 특성

여기에서는 의사소통장애유아의 발견과 특성을 청각장애, 언어장애, 정신지체, 정서 및 행동장애 그리고 뇌성마비를 중심으로 논한다. 의사소통장애유아의 발견은 조기교육을 위한 선결 문제이며, 의사소통장애유아의 특성은 조기발견과 아울러 조기 교육의 중요한 지침이 된다.

1) 청각장애 유아

(1) 발견

영유아가 발달초기에 청각적 자극의 수용이 원만히 이루어지지 않으면, 그들의 지각의 체계화, 인지의 구조화 및 언어기호의 체계화에 나쁜 영향을 미치게 된다. 따라서 가능한 한 조기에 장애를 발견하고 그 장애의 원인, 정도, 본질을 밝혀두는 것이 청각기능의 발달적 장애를 감소시키고 언어기능의 보상을 가능하게 하는 조건이 된다. 따라서 가정에서 빨리 발견하는 것이 중요하다. 다음과 같은 경우에는 청각장애가 있다는 것을 의심해야 한다.

① 가정 내의 여러 가지 소리를 못 듣는다(전화벨, TV 소리).
② 이름을 불러도 돌아보지 않는다.
③ 말을 걸어도 반응이 없다.
④ 말을 듣지는 못해도 큰 소리에 반응한다(제트기의 폭음).
⑤ 소리가 이상하고 발음이 불명료하다.

⑥ 소리를 내어 웃는 것이 적다.

⑦ 외치거나 끊어지는 소리로 자기의 감정을 표현한다.

⑧ 정상적인 시어기가 지났는데도 말을 하지 못한다.

⑨ 주위 사람들의 표정, 손짓, 동작 등을 잘 안다.

⑩ 주위 사람이 하고 있는 일을 잘 흉내 낸다.

⑪ 소리나 말로써 노는 놀이에 참여하지 않는다.

⑫ 인간에게보다 물질에 더 흥미를 나타낸다.

⑬ 물건을 얻거나 몸을 접촉해서 칭찬 받는 것을 좋아한다.

⑭ 경계심이 극도로 강하다.

⑮ 걸을 때 발을 끈다.

⑯ 자신이 하고 싶은 일에 주의를 끌기 위하여, 자신을 이해해 주지 않기 때문에, 자신이 어떻게 해야 할지 모르기 때문에 화를 낸다.

그러므로 이와 같은 증상이 발견되면 즉시 전문 크리닉에서 검사를 받고 여기서 청각장애가 확실하면 조기에 장애에 적합한 청각보조기를 착용하고 동시에 교육기관을 방문해서 교육의 방침을 세워야 한다. 지역 또는 가정환경상 바람직한 교육기관을 발견하지 못하면 관련정보를 탐색하여 하루라도 빨리 교육을 시작해야 한다.

(2) 특성

청력손실은 인간행동의 어떤 측면에 대해서 아주 중대한 영향을 준다. 반면에 또 다른 행동에 대해서는 거의 또는 전혀 영향을 주지 않는다. 우리는 흔히 다음 질문을 하기도 받기도 한다.

“만약 시각장애나 청각장애 중에 어느 하나를 택한다면 어느 것을 택하겠느냐?”

순간적인 마음으로 우리들 대부분은 청각장애를 택한다. 왜냐하면 움직임이 주로 시각에 의존하고 자연미의 많은 것이 시각적이기 때문이다. 그러나 언어 지향적 사회의 기능적 측면에서 보면 청각장애자는 훨씬 더 큰 불리한 점을 가진다.

① 언어발달

청각장애아동의 발달영역에 가장 심하게 영향을 받는 것은 국어의 이해와 표현이다. 즉, 청각장애아동은 그들이 살고 있는 사회의 대부분의 사람들(건청인)이 사용하고 있는 언어에서 대개 결함을 가진다. 물론 그들 자신의 언어 형태인 수화언어에 있어서는 그들이 전문가이다. 오래 전에 주로 사용했던 '농아'란 단어는 자동적으로 말을 하는데 무능력하다는 것을 의미한다. 반면에 요즘의 관점은 어느 정도의 말을 배울 수 없는 농아는 거의 없다고 보고 있다. 이에 대한 이유는 청력을 전혀 가지지 않고 태어나는 아동은 거의 없다는 확증 때문이다. 그러나 정상 아동들이 주의를 집중하지 않고도 자연스런 생활과정 속에서 많은 어휘를 습득하는 데 반하여 농아는 어떤 어휘든 부단한 노력과 학습이 없이는 새로운 어휘가 발달되지 않는다. 특히 청력손실이 조기에 발생하면 할수록 그들의 언어적 결함은 커진다. 이에 대한 주된 원인은 세 가지로 지적된다.

a. 청각장애아동들은 그들이 음을 발성할 때 자기 청취가 부족하다.

b. 성인으로부터 구어적 강화(보상)를 거의 받지 못한다.

c. 성인의 언어모델을 적합하게 들을 수 없다.

그리하여 정상 아동들은 4세가 되면 대부분 언어의 구문론적인 속성을 마스터하지만 농아는 구문론에 상당한 문제를 가진다. 예를 들면, 문형을 통해 주어+동사+목적어 패턴을 지도할 때 항상 그와 같은 형태의 문장과 접하는 것은 아니다. 때로는 능동과 피동으로 또 관계문으로 바뀌기도 한다.

② 지적 능력

청각장애아동 특히 농으로 분류된 경우, 그들의 지적능력은 지난 수년간에 걸쳐서 많은 논쟁의 대상이 되었다. 여기에는 지금까지 두 가지 다른 관점이 있다. 하나는 청각장애아동의 개념화의 능력에서 사고는 언어에 의존하기 때문에 결함이 있다는 입장이다(Vygotsky, 1962). 다른 하나는 사고는 언어 없이도 가능하고 다만 언어가 관련된 개념만 어려움이 있다는 것이다(Furth, 1964, 1971). 그러나 보다 최근의 관점은 청각장애아동도 언어인 수화를 가지고 있다는 것이다. 그렇기 때문에 청각장애아동들이 개념적인 학습에서 곤란을 가지는 것은 빈약한 언어적 능력 그 자체에 기인하는 것이 아니고 그들과 정상인 사이에 부적합한 의사소통에 기인한다고 주장한다.

a. 언어 의존성 사고

구어발달에 청력손실의 영향이 크기 때문에 많은 사람들은 인지 또는 지적 발달은 역시 청력 손실의 영향을 받는다고 생각해왔다. 이와 같이 일부 심리학자나 교육자들이 언어능력과 인지능력은 밀접한 상관이 있다는 생각 즉, 어린 아동의 초기 말은 내어(inner speech)로써 내면화되고 이 내어는 인지적 사고와 같다

(Vygotsky, 1962)는 주장이 지속되어 왔다. 그리하여 이 견해에 따르면 인간의 지적성장은 언어발달과 병행한다는 결과가 된다. 따라서 중도의 청각장애아동은 인지능력에 장애가 있다고 본다.

b. 비언어 의존성 사고

이 입장은 사고가 언어 없이도 가능하다고 본다. Furth(1971)는 청각장애아동의 개념발달을 정상아동의 것과 비교 연구해 본 결과 비슷하다는 결론을 얻었다. 그는 대칭, 동일성, 반대 개념 이해 능력에서 두 집단을 비교 하였는데 반대 개념에서만 청각장애아동이 정상아동보다 조금 열약하다는 것을 지적하였다. 이 이유는 반대 개념은 언어적 경험에 의존하기 때문이라고 말하였다. 결론적으로 청각장애아동의 인지능력은 특정한 언어의존성 개념만을 제외하고는 본질적으로 장애가 없다는 것이다. 한편 어떤 학자들은 지적과업에서 청각장애아동이 정상아동보다 뒤떨어진다면 그것은 적절한 부모자극 또는 교육을 받지 못했기 때문이라고 주장하고 있다.

c. 지능검사

많은 학자들이 지능검사는 대개 언어적 기능에 의존하기 때문에 청각장애아동의 실제 능력을 평가하지 못한다는 견해이다. 그렇기 때문에 청각장애아동에게는 K-WISC 동작성 검사와 같은 비언어성 검사를 실시해야 한다는 것이다. 또한 청각장애아동에게 있어서 지능검사 오류는 대개 지능이 높은 쪽보다 낮은 쪽에 더 많은 경향이며, 비언어성 검사에서는 청각장애아동이 지적으로 열약하지 않다는 결론이 많다.

③ 학업성취

청각장애아동은 다양한 수준으로 학업성취에서 장애를 가지고 있다. 주로 언어기능에 의존하고 학업성취에 중요한 역할을 하는 읽기 능력은 가장 많은 영향을 받는다. 지난 몇 년간에 연구 결과들의 대부분이 청각장애아동 특히 농아의 학업성취의 진전에 대해 상당히 지체되어 있다고 보고하고 있다. Furth(1973)는 농자의 불과 몇 퍼센트만이 대학 수준의 교과서를 읽고 이해할 수 있다고 하였다. Wrighstone(1963) 등도 10세 반과 17세 반의 청각장애학생들의 평균읽기 성취는 3학년 수준으로 지적하였다. 한편, Trybus(1977) 등은 20세까지 학생들의 약 50%만이 4학년 1학기 수준으로 읽을 수 있으며, 수학교과는 약 반 정도가 8학년 수준을 할 수 있었다고 말하고 있다. 그러나 약 10%는 이론 교과 및 읽기 수준이 정상아동의 평균수준에 도달할 수 있다고 하였다.

④ 사회적 적응

정상인에게 있어서 사회성이나 인격 발달은 주로 의사소통에 의존하고 있다. 즉, 정상아동 집단에서 언어는 사람들과의 사이에 감정 전달의 가장 일반적인 방법이다. 그렇기 때문에 청각장애아동들이 사상이나 인격에 있어서 정상아동들과 다르다는 것은 놀라운 사실이 아니다. Meadow(1981)는 중증의 정서장애는 청각장애아동이 오히려 더 적으며 범죄율, 부부간의 문제, 직업적 문제와 같은 생활문제가 심하다고 한다. 청각장애아동은 정상아동들과의 커뮤니케이션이 자주 차단되므로 비교적 소외감 속에서 자라게 된다. 그리하여 이들은 동족끼리 사회생활을 하거나 여러 가지 이익 단체, 클럽 등을 많이 조직하는 경향이 있다. 미국 같은 경우는 청각장애인들의 보험회사도 설립 운영되고 있다.

⑤ 발달과업

청각장애아동은 성장과정 동안 정상아동과는 여러 가지 상이한 외적 환경의 통제를 받고 성장하게 되며 다양한 심리적 문제와 결부된 의사소통 문제를 가지게 된다. 청각장애아동은 다른 사람의 감정에 대한 이해와 존중이 부족하여 다른 사람에 대한 그들 자신과의 행동을 연결지어 생각하는 데 한계성이 있고, 만족된 욕구 해결을 위해 강제적 요구를 하며, 자기중심성이 강한 경향이 있다. 내면적으로 자진해서 조정하고 억제하기보다는 행동을 통한 일종의 원시적인 제지에 의해서 좌절, 흥분, 노여움을 극복하고 있다. 이런 모든 문제가 청각장애아동의 의사소통 문제와 크게 관련되고 있으므로 Erikson(1950)의 8단계 중 유아교육의 대상인 3단계만 분석해 보면 다음과 같다.

1단계 : 기초적인 믿음 대 불신 단계(출생～18개월)

유아의 기초 과업은 세상에 대한 믿음의식을 이룩하는 것이고 이 믿음의식은 자신과 세상에 대해 희망의 감정이 된다. 이 시기의 성공적 여부는 어머니와 자식 간의 상호작용에 달려 있다. 이 시기의 최적 학습 환경으로는 가정이며 특히 어머니의 애정과 정서적 양육 배경이 중요하다. 모든 어머니는 특정한 성과 기질을 가진 특정한 아이를 낳으려는 의지를 누구나 가진다. 이런 부모가 일단 청각장애아동을 출산한 순간부터 좌절, 분노, 실망감에 빠지게 된다. 이들 부모의 대다수는 확실한 진단, 치료적 상담을 위해 전문가를 찾지만 별 다른 도움을 받지 못하는 경우가 많다. 상담자의 대다수가 농에 대한 이해부족과 치료할 수 없는 결함을 취급하기 싫어해서 편재된 나쁜 이야기를 부모에게 말해주거나, 청각장애아동을 둘러싼 상충한 관념론의 방대한 열거 등으로 부모의 판단을 오히려 어지럽히고 방해하는 사례도 없지 않다.

따라서 이 시기에 청각장애아동의 부모에게 성공적인 양육 가이드를 해 줄 수 있는 전문가를 찾는 것이 매우 어려운 것도 하나의 큰 문제점이라 생각된다. 여기서 주목할 점은 청각장애아동의 청각장애부모는 진단을 믿고 일찍부터 진단결과를 수용하나 정상부모는 진단결과를 믿지 않거나 확실한 진단을 위해서 찾다 보면 언어치료시기를 상실하고 마는 경향이 많다는 것이다.

청각장애유아는 정상유아보다 수동적이며 그들은 인지적 환경을 추구하지도 않고, 부모들까지도 다양한 자극을 제공해 주기보다는 조용히 있는 것을 원하고 있다.

2단계 : 자율성 대 수치와 의심 단계(18개월~3세)

이 시기의 성공적인 해결은 아이가 '나는 내 의지대로 한다.'는 감정을 개발하게 되도록 부모-자식의 상호조절에 의존한다. 어머니가 용변 훈련에서 성공을 촉진할 수 있을 때 낱말지도에서도 성공을 촉진할 수 있다. 이 시기에 수화의 부정론, 성인의 비난에 대한 공포, 성인의 양육과 과보호의 자극 등 이 모든 것이 자율성의 시기에 부정적 요소로 될 수 있다. 이 시기에 청각장애아동의 정상부모는 청각장애아동 자신의 힘으로 서게 하는 것을 두려워하고 있지만 청각장애아동의 청각장애부모는 소식하게 하는 것, 용변훈련 문제등을 해결함으로써 일찍부터 독립심을 갖게 하거나 자율성을 가지도록 한다. 그리고 어머니의 온화하고 따스한 행동에 의해서 아이가 따르게 할 수 있다. 한편 벌을 주거나 냉정함은 일시적 안정을 가져올지 모르지만 궁극적으로 반항과 원망을 가져오기 때문에 대부분 청각장애아동의 부모, 교사, 치료사에 의한 구화 의사소통에 대한 강요는 많은 청각장애아동이 처음 언어를 사용하는데 즐거움을 가지게 하는 것을 감소시킨다.

3단계 : 솔선 대 죄의식 단계(3세~6세)

이 시기 아이의 주된 과업은 인생의 목적 감정과 솔선 의식을 개발하는 것이다. 이 단계의 정상아동은 현저한 말의 표현과 운동의 풍부함이 특징인데 반해 청각장애아동은 이 풍부함을 이중으로 제한받는다. 운동의 풍부함은 청각장애아동에게 잠재적으로 증가하나 실제 부모들이 그들 자식을 제한된 안전한 곳에 두고 그들이 밖에 나다니는 것을 감소시키고 있을 뿐만 아니라, 학교 시설도 부동적이다. 그리고 교사들도 관찰이 용이한 곳에 계속 앉아 있기를 기대하고 지시한다. 더욱 중요한 것은 부모나 교육자는 제스처나 수화에 대한 언어발달, 학습이론이 언어발달을 방해한다고 생각하여 무시하고 있다. 그리하여 청각장애아동의 말의 수용과 표현은 그 자신의 결함과 부모나 교사의 제한된 환경제공에 의해서 더욱 제한받고 있다.

이상의 분석에서 지적해 볼 수 있는 것은 부모, 교사, 치료사들의 지나친 정상화에 대한 욕구로 청각장애아동들의 세계를 무시한 구화일변도의 압력은 청각장애유아들에게 지나친 심리적 위축감, 의사소통에 대한 불안감, 일반인 사회에 대한 반발심을 불러일으킴으로써 더욱 더 도피감, 열등감, 고립감을 심어주게 된다. 성장과정에서 그들의 유일한 의사소통의 수단인 시각-수화 시스템을 무시하기 보다는 유아기부터 체계적으로 지도하여 그들의 의사소통에 대한 의욕을 말살시키지 않는 범위에서 구화교육을 시도하는 것이 바람직한 방법이라고 생각된다.

2) 언어장애 유아

(1) 발견

많은 정보를 필요로 하는 현대사회에서는 커뮤니케이션의 수단인 언어의 중요성이 증가하기만 한다. 또 세계적인 유아의 조기교육에 편승해서 영유아기의 언어장애에 대한 사회 및 가정의 관심은 계속 증대되고 있다. 종래에는 5~6세까지 방치된 유아들이 오늘날은 1~4세에 전문기관을 찾고 있는 경향이 있다.

인간의 언어활동을 발달적으로 보면, 음성언어에 의한 것이 제 1단계이고 학령기부터 문자가 도입됨으로써 더욱 복잡 다양해간다. 따라서 영유아기의 언어습득은 '구어'에 관한 것이고 이 시기에 작은 실패나 결함은 장애에 큰 영향을 미치게 된다. 그리고 영유아기에 접하는 부모 또는 유치원 교사 등의 성인들은 어느 정도 언어장애에 관한 지식을 가지는 것이 중요하다.

여기서는 아동을 직접 접하는 부모 또는 관계자가 어떤 점에 주의하여 조기발견할 것인가를 제시한다.

a. 발성·발어기관의 형태 또는 기능에 이상이 없는가?

b. 주위 사람이 이야기를 하면 적절한 반응이 수반되는가?

c. 언어 표현 시 말하는 것이 명료하고 확실하며 몸짓을 병행하는 등 표현의 부적절함은 없는가?

d. 신체운동기능, 지적능력, 정서면 등 전체적으로 보아 또래와 현저한 차이가

있는가?

e. 행동 상 특이한 버릇은 없는가?

f. 언어적 환경에 이상이 없는가?

이 같은 점이 지적되면 신속히 언어진단 및 치료를 받는 것이 중요하다.

(2) 특성

언어장애아동의 일반적 주요 특성은 다음과 같다.

a. 신체적 특성

언어장애아동의 약 16%인 심한 언어장애아동들은 신체적 결함을 간혹 가지고 있으나 대부분의 언어장애아동은 외관상 신체적으로 정상이다. 그러나 이들은 신체기관의 결함이 없음에도 불구하고 운동, 힘, 운동협응 검사에서 열등함을 나타낸다. 이러한 특성은 대부분 가난한 가정환경 출신 아동의 특성으로 영양결핍이나 부적절한 의학적 관리와 관련되는 것으로 간주된다. 그러나 언어장애아동들이 사회·경제수준이 낮은 가정의 출신만은 아니다. 또한 시각장애나 청각장애처럼 감각 기능에 문제가 있는 경우도 있다.

b. 지적특성 및 학업성취

일반적으로 언어발달과 지능과는 정적인 상관관계를 보이고 있다. 따라서 많은 경우에 언어장애아동의 지능에 결함을 보일 수 있다. 특히 언어발달지체나 심한 조음 음운장애인 경우 더욱 그러하다. 그러나 정신지체, 심한 정서장애, 뇌성마비 등으로 인한 언어장애의 경우를 제외한 일반적인 다른 유형의 언어장애와 지능과는 그 상관관계가 약하다. 그러므로 언어장애아동이라고 해서 꼭 지적능력에 문제가 있다고 볼 수는 없다. 그러나 언어장애가 아동이 학습을 하는데 심한 결함을 초래하기 때문에 학업성취도 면에서는 정상아동에 비해 떨어진다.

c. 행동과 일반적 특성

정상아동과 비교하여 이들은 신경증적 증상을 더 나타낸다. 뿐만 아니라 대인관계에서 더 수줍어하며 대화에 공포증이나 불안을 나타내며 회피하려한다. 또 손가락을 정상아동보다 더 빠는 경향이 있고 복종을 잘 하지 않는다. 이외의 일반적 특성을 보면 이유는 알 수 없지만 비정상적 출산이나 우유를 먹고 자란 아동, 조기 이유를 한 아동, 조기 대소변 훈련을 한 아동에게 더 많다고 한다.

3) 정신지체 유아

(1) 발견

객관적인 검사도구로는 지능검사, 사회성숙도 검사, 발달검사 그리고 적응행동 척도 등이 있다. 그러나 검사도구만으로 정신지체 유아를 진단하는 것은 바람직하지 않다. 따라서 아동의 생활을 지속적으로 면밀히 관찰해감에 의해서 발견하는 것도 병행되어져야 한다. 또한 지능검사에서 낮은 지능이 나와도 그 전체가 정신지체는 아니다. 이 가운데는 가성 정신지체가 포함되어 있다. 가성 정신지체가 생기는 원인은 지능 검사의 미숙, 부적당한 환경, 지체장애, 간질, 갑상선 기능장애, 소아 자폐 등으로 본래의 자기 지능보다 낮게 나올 수 있다.

사회성숙도 검사는 아동의 사회생활 능력을 관찰 또는 부모와의 면담을 통해서 아동의 사회성숙 수준을 알 수 있는 간편한 검사이다. 그리고 발달검사는 신변처리, 운동성, 사회성, 학습능력, 언어능력 등의 정상발달을 기준으로 해서 비교 검사하는 방법이다. 또 최근에는 이들 검사와 함께 아동이 자신의 연령이나 문화적 집단에 의해 기대되는 사회적 책임이나 기준에 얼마나 부합된 행동을 하느냐에 의한 적응행동 척도로 사용된다.

(2) 특성

① 신체 성장

신체 및 성장 면에서는 정상아와 유사하나 신장, 체중, 흉위 등이 약간 뒤지는 경향이 있다.

② 운동능력

운동능력은 신체 성장보다 지체가 심하며, 정신지체가 심할수록 운동기능은 더 떨어진다.

③ 인격

자신의 욕구 조절, 도덕 및 사회적 가치의식이 약하다.

④ 학습능력

주의력이 부족하고, 복잡한 수 개념은 이해가 어려우며, 추상화 및 일반화 능력이 열약하다.

4) 정서 및 행동장애 유아

(1) 발견

먼저 아동의 행동을 관찰하는 것이 중요하다. 관찰을 위해서 문제행동을 규정하고 그 다음 그러한 행동이 얼마나 있는지를 빈도 관찰법, 지속시간 관찰법, 시간 표집법 등의 관찰방법을 사용하여 알아본다.

(2) 특성

주요 특성은 적대감, 사회적 발달 지체, 교과학습 실패 등의 특성을 보이며, 이들은 부모, 교사, 동료의 기대와 통제에 따를 수 없거나 따르지 않는다. 이들의 행동은 비통제적이며 분열된 행동, 기묘한 행동, 위축된 행동이 주요 특성이고,. 사회적 행동은 극단적이며 공격적이다.

5) 뇌성마비 유아

(1) 발견

부모나 주위 사람들에게 조기 발견의 실마리가 되는 몇 가지 예를 들면 다음과 같다.

a. 형태의 이상 - 발모양이 이상하다, 척추가 굽어 있다, 목이 기울어져 있다, 상지의 기형을 볼 수 있다, 사지나 체간의 형태가 이상하다 등

b. 운동발달의 지연 - 목놀림, 자다가 몸을 뒤척임, 앉기, 기기, 서기, 혼자 걷기 등의 동작이 정상아의 발달 연령을 지나도 하지 못하거나, 할 수 있어도 서툰 경우, 또 5~8세가 되어도 잘 넘어지거나 과거에 잘 할 수 있었던 동작을 할 수 없게 된 경우는 진행성 근 위축증이 의심된다.

c. 손놀림의 지연 - 식사 동작(숟가락, 젓가락, 포크 사용 등), 옷 입고 벗기 동작, 용변 동작, 그리기 동작 등 손놀림 운동이 다른 아이에 비해서 늦어지는 경우

d. 기타 - 얼굴이 마비되고, 침을 흘리는 경우, 손이나 발의 관절이 굳고 당겨 잘 구부러지지 않는 경우, 약한 외부의 힘에도 뼈가 부서지기 쉬운 경우도 주의해야 한다. 뇌성마비의 경우는 언어장애, 지능장애, 감각장애, 지각장애 등을 수반하는 수가 많으므로 발견의 보조적인 역할을 할 수 있다.

이상과 같은 증상이 발견되면 곧 전문의(정형외과 의사, 소아 신경과 의사, 재활담당 의사)에게 진단을 받아야 한다. 지체부자유 유아라고 해도 그 증상과 장애 정도가 매우 다양하다. 그러므로 의사와의 계속적인 연락을 취하여 조기 발견, 조기 치료에 힘써야 한다.

(2) 특성

첫째로, 나이에 비해 운동발달이 뒤떨어진다. 이때 지연된다고 함은 정상아동의 50% 수준보다 3개월 이상 지연되는 것을 말한다.

둘째로, 비정상적인 운동 형태를 보인다. 예로써 한쪽으로만 기거나 뒤집고, 정상에서는 오른손잡이와 왼손잡이의 구별이 9개월이 지나야 가능한데 9개월 이전인데도 한쪽 손만을 사용하는 경우는 편마비를 의심할 수 있다. 그리고 양지마비의 경우는 '토끼뜀'처럼 다리를 사용하지 않고 양팔만 사용해서 기는 형태를 보이며, 경련성이 심한 경우에는 일어설 때에 발끝으로만 선다든지 꼭 뒤꿈치를 들고 걸으며, 무정위 운동성인 경우는 얼굴을 계속 찡그리거나 혀, 손가락, 발가락 등에서 마치 벌레가 꿈틀거리는 것과 같은 움직임이 나타난다.

셋째로, 신경운동형에 따라 여러 가지 특징적인 자세 이상을 보인다. 예를 들면, 경련성 뇌성마비인 영아들은 눕히거나 세우면 상지는 늘 굴곡되며 다리는 뻗치는 특징적인 자세를 취하게 된다.

넷째로, 근 긴장도의 이상을 나타낸다. 즉, 근 긴장도가 정상보다 아주 떨어지거나 너무 항진되어 있다. 과 긴장증인 경우 몸이 활처럼 휜 상태에서 고개를 뒤로 자주 젖히거나 보호자가 다루기 어려울 정도로 몸이 뻣뻣하며, 무 긴장증의 경우 뼈가 없는 것 같이 느껴질 정도이다. 또한 대부분의 뇌성마비는 초기에는 근 저 긴장증을 나타내게 된다.

다섯째로, 정상아동에서는 사라진 원시반사가 지속되거나 비정상적인 자세반사가 조기에 증가하여 아동이 할 수 있는 운동을 하지 못하게 된다.

또한 정상운동 발달에 꼭 필요한 여러 가지 자세반사들이 나타나지 않거나 불충분하게 발달되나, 이외에도 씹고 삼키는 데 문제가 있는 섭식장애, 심한 침 흘림, 호흡근육 조절 미발달로 인한 잦은 호흡기 질환 등도 전문의에게 의뢰할 수 있는 사항이다.

단원 요약

- 의사소통장애유아의 조기교육의 의의는 발달심리학적입장과 위험적 조건의 입장에서 논할 수 있다. 발달심리학적 입장에서는 핵가족과 어머니의 사회진출로 인한 가정의 교육적 기능의 제한, 인간의 발달은 일정한 순서가 있다는 전제에서의 발생된 장애의 회복 가능성 및 속도, 신체적 장애가 개인의 도구적인 기능에 영향을 미치는 2차적 장애의 예방 차원에서 그 의의를 찾을 수 있다. 위험적 조건의 입장에서는 뇌성마비와 같은 장애조건이 의학적으로 진단된 의학적 위험, 유전적 질병에 의한 생물학적 위험, 가족환경과 같은 환경적 위험의 예방과 치료적 차원에서도 조기교육의 의의가 있다.
- 의사소통장애 유형별 조기교육 기초는 청각장애, 정신지체, 신체장애, 정서장애로 나누어 생각해볼 수 있다. 청각장애는 말과 언어에 심한 영향을 주며, 따라서 학습의 도구가 상실되어 모든 학습의 양과 질에서 차이를 보인다. 아울러 또래집단에서 소외되어 열등감, 불안, 난폭과 같은 이상 성격이 형성될 수 있다. 정신지체는 성숙, 학습, 사회적 적응에 결함을 수반한다. 따라서 사회적 활동, 구어발달, 협응 발달, 창의적 활동 등에 집중적으로 조기교육을 할 필요가 있다. 신체장애인 뇌성마비는 신체적인 기능의 결손과 아울러 언어발달 지체현상도 수반하여 전반적인 학습활동과 사회생활에 어려움을 나타낸다. 정서장애는 사회적 기능, 정서적 상태, 가치와 태도의 발달에 영향을 미친다.
- 의사소통장애유아의 발견은 조기교육을 위한 선결문제이며, 의사소통장애유아의 특성을 정확히 이해하면 조기진단과 아울러 조기중재에 중요한 정보가 된다.

생각할 내용

- 의사소통장애 유형별 조기 진단의 과제
- 의사소통장애유아의 조기교육을 위해 필요한 언어치료사의 자질
- 의사소통장애유아 조기교육의 필요성

제7장 의사소통장애유아의 가정 지도

의사소통장애유아의 지도는 크게 가정 지도와 유치원 지도로 나눌 수 있으며, 가정 지도는 주로 부모에 의해서 이루어진다. 따라서 이 장에서는 의사소통장애유아를 청각장애유아, 언어장애유아, 정신지체유아, 뇌성마비유아, 정서 및 행동장애유아로 나누어 가정 지도에 대한 주요 내용을 중심으로 논하고자 한다.

1. 의사소통장애 유형별 가정지도

1) 청각장애 유아

유아의 장애가 발견되어 그것이 현대 의학으로는 완전히 회복될 수 없다는 것을 알았을 때 부모의 충격은 헤아릴 수 없고 분노, 슬픔, 초조, 체념의 단계로 감정이 변한다. 이 시기에는 바람직한 부모의 태도가 중요하며, 무엇보다도 잘못된 부모의 감정 상태를 제거해야 한다. 아울러 다음 사항을 이해하여 적극적인 자세 확립이 필요하다.

① 유아의 장애는 귀에만 존재하고, 다른 발달은 거의 정상적으로 진행될 가능성이 있다.

② 유아는 과잉보호, 과소보호도 안되고 가족의 일원으로서 양육되어야 한다.

③ 청력손실을 보상하는 교육적 수단 및 기술이 잘 연구되어 있어서 언어발달을 시킬 수 있다.

④ 유아는 장래 사회적 및 직업적인 면에서도 자립할 수 있는 가능성을 가지고 있다.

⑤ 가능한 한 빨리 교육을 시작하고 부모도 양육방법에 대해서 배울 필요가 있다.

(1) 듣기 지도(청능훈련)

청능훈련은 청력자체를 개선하는 것이 아니라 잔존청력을 기능적으로 활용시키기 위하여 행하는 여러 가지 활동이다. 보청기와 인공와우이식의 개발과 발달로 인해 최근에 와서 더욱더 이 훈련의 중요성이 강조되고 있다. 그리고 그 효과는 초기 중재의 시기에 비례한다는 연구결과도 많이 보고되어 청각장애아동의 조기교육에 있어서 청능훈련의 필요성이 대두되고 있다.

청력손실이 그렇게 심하지 않은 유아는 물론 잔존청력이 거의 없는 유아들까지 청력을 활용시키려는 시도가 행해지고 있는데 그 목표의 하나는 청각장애가 있어도 음의 세계에서 차단시키지 않고 청각을 통한 생활을 보장하도록 하는 데 있다. 예를 들면, 음에 의한 위험의 인지, 다른 사람의 존재인식, 쾌적한 음의 향수 등을 느끼게 한다. 이것은 정서적 안정을 도울 수 있는 요인으로 작용한다. 또 하나의 목표는 음의 변별, 음(말)의 이해, 음(말)의 표현까지 포함한다. 이것은 생활 중의 여러 가지 음을 인식하는 과업에서부터 소리의 변별과 나아가서 단어 또는 문장 등을 이해하여 언어수용을 가능케 하고, 동시에 말에 의한 의사소통에 이르기까지 많은 내용을 포함하고 있다.

그리고 청각만으로 말의 이해가 불가능한 경우 입술의 움직임을 읽어서 말을 이해하는 독화(speech reading)가 도입될 수 있다. 또한 청능훈련 시에는 보청기 사용 또는 인공와우이식이 필수적이다. 청력에 적합한 보청기를 선택해서 가능한 한 조기에 착용시켜야 한다. 보청기를 착용했을 때는 가정에서 매일 아침 보청기가 작동되고 있는지 점검을 해야 한다.

(2) 말하기 지도

정상적인 경우는 생후 3, 4개월경에 준 공명음 또는 양 입술을 사용한 음을 반복하는 시기가 있다. 이 활동은 환경음의 모방이라기보다 자발적으로 나오므로 청각장애유아도 어느 정도 할 수 있다. 7, 8개월이 되면 밖에서 주어지는 음을 비슷하게 내어보려는 노력이 보이게 되는 음성 모방기에 들어간다. 이때는 초기의 옹알이는 소멸해 간다. 생후 1년쯤 되면 의미 있는 언어를 사용하기 시작한다. 이것을 초어라고 부르며 그 시기가 생후 1년 전후 3개월 안에 들어가는 것은 정상이라고 본다. 1세경에서부터 단어와 단어를 연결시켜 사용하게 되어 2~3세에 주위 사람의 언어 모방을 통해서 어휘나 구문의 측면이 급속히 발달한다. 이때에는 양육자, 특히 어머니가 하는 역할이 크고 어머니가 유아의 부정확한 발음 또는 충분하지 못한 표현을 바른 표현으로 고쳐주는 것이 유아의 언어발달에 좋은 영향을 준다. 4세가 되면 지금까지 수용한 언어를 소화하는 시기로 말이 사고활동을 표시하기 위하여 사용되는 경우가 많다. 이렇게 해서 5세에 남아있는 유아음도 소멸해서 생활언어의 기초가 완성된다.

청각장애유아의 경우 어떻게 의미 있는 언어의 습득이 이루어지는가? 이미 음성에 있어서는 정상적인 발달을 하지 않았지만 주위에 있는 사물의 관찰 또는 자기 자신의 행동을 통한 의미 활동은 크게 뒤떨어지지 않는다. 한편 몸짓, 손짓 등의 제스처를 통하여 어느 정도 자신의 의사를 전달하게 된다. 다만 이들의 의미적인 활동을 그대로 방치하면 언어음성과는 전혀 혹은 거의 연결되지 않는다. 이렇게 해서 그들의 의미 세계는 신변, 자기가 보이는 범위, 자기가 움직일 수 있는 한계에 머물기 쉽다. 그래서 부모는 정상아동과 같이 될 수 있는 한 조기에 유아의 의미 활동에 관계되는 언어를 수용시키는 배려를 하지 않으면 안 된다. 물론 청력손실의 정도에 따라서 언어의 수용에 청각만을 사용하느냐, 독화도 도입하느냐는 개인차가 있지만 어떤 방법을 사용하든 먼저 언어를 제시해서 이해시키는 기간을 충분히 가져야하고 결코 서둘러서도 안 된다. 제시되는 언어는 유아의 행동, 유아의 주위와 밀착된 구체적인 것이 바람직하다. 가정의 생활 중에서 예를 들면, 기상, 옷 입고 벗기, 식사, 배설 등의 기본적인 생활습관에 관한 언어를 수반한 행동이 많다. 또 놀이, 가족 또는 이웃사람에게 관계되는 일, 심부름 등에 대해서도 어머니와 자녀 사이에는 많은 언어에 의한 전달이 있어야 하고, TV를 볼 때도 계속 침묵을 지키지는 않는다. 무엇보다도 가정에서의 언어지도는 생활경험을 바탕으로 언어를 이해하는 즐거움을 습득하는 데 있다고 생각해도 좋다.

(3) 놀이 지도

유아의 놀이 또는 경험은 유아의 정신발달에 중요한 활동이다. 1세경까지 유아의 경험이나 놀이는 자기의 지각 또는 행동의 범위에 한정되어 있지만 곧 사물 또는 사건에 대해서 이미지가 생기게 된다.

청각장애유아의 경우 청각에 의존하는 경험 또는 놀이에 부족한 점이 생기지만 시각을 중심으로 하는 그 밖의 감각 또는 행동양식은 일반적으로 정상이다. 1세까지는 새로운 경험이든 놀이든지 실제로 행동하여 대상물에 접촉하는 것이 중심이 되지만 점차적으로 활동공간의 범위를 넓히고 실물 대신 대체물을 사용해도 흥미를 보인다.

2~3세에 시간이라는 것이 있다는 것을 조금씩 파악하기 시작한다. 언어 이외에 사용할 자료로써 경험내용의 그림화를 들 수 있다. 공간적인 관점에서는 멀리 떨어져 있는 가족, 친구의 사진 또는 그림을 가지게 하는 것도 유아의 이미지를 환기시키고, 정착시키기 위한 효과적인 수단이 된다. 또 물건과 물건의 간단한 관계에 대하여 언어로서의 설명이 이해하기 어려울 때에도 그림이 크게 도움이 된다. 이처럼 청각장애유아의 경험이나 놀이를 정상아동과 같이 해주기 위해서는 언어수용 부족의 결과에서 오는 시간적·공간적 확대의 부족, 사물의 관계 판단의 부족 등을 주로 시각적 자료들을 사용함에 의해 보상해 주어야 한다. 또한 놀이에서 제외되거나 놀이가 이루어지지 않을 수도 있으므로 정상유아들에게 청각장애의 이해를 도와주어야 함과 동시에 의사소통장애유아에게도 정상유아의 태도를 익히게 하는 것이 바람직하다.

(4) 생활습관 지도

청각장애유아들의 생활습관이 연령에 맞지 않은 예를 종종 보게 된다. 이것은 장애에 의한 직접적인 결과라기보다는 대부분 부모의 양육태도에 의한 것이 많다. 물론 의사소통의 부족에 의한 것도 있지만 기본적인 생활습관의 대부분은 같은 일을 반복해 가는 사이에 그 행동의 유형이 정해지는 것이므로 필요하면 그림을 제시하거나 스스로 모범을 보임으로써 정확히 가르쳐가는 태도가 필요하다. 습관의 확립에는 유아의 마음이 크게 작용하는 것도 잊지 말고 분위기를 만들어 주는 일이 중요하다. 그리고 개개 습관의 표준적인 형성기와 문제점을 보면 다음과 같다.

유아기의 식사에 관한 기본적 습관으로는 이유(離乳), 식사행동의 자립, 간식과 식사의 규칙성 등이 있다. 이유는 5, 6개월경부터 시작하여 늦어도 10개월~1세까지에는 완성되어야 하고 이유의 지연은 어머니에게 대한 의존성을 길러주는 문제점이 있다. 이유기로부터 1~2세 사이에 음식물을 줄 때 편식을 하기 쉬우므로 주의해야 한다. 손가락 운동능력의 발달에 따라서 대개 1세 반경부터 컵을 잡고 마시며, 서툴기는 하지만 숟가락을 사용하게 된다. 3세에서부터 대체로 흘리지 않게 되며, 3세 반경부터는 식사행동의 자립이 가능하게 된다. 이 연령부터 식사행동의 예의범절을 가르치는 것이 바람직하다. 청각장애유아는 식사를 먼저 하고 기다리기가 특히 어렵다. 언어로 설명하기 어려울 때는 그림을 그리거나 해서 “기다리다”를 납득시키는 방안이 필요하다. 간식은 규칙적으로 주고 식사시간도 규칙적으로 유지되도록 주의한다.

다음은 배변습관으로 대변의 바른 습관은 8, 9개월경부터, 소변은 10개월경부터 시작한다. 대변은 매일 정해진 시간(보통 아침식사 후)에 정해진 사람과 장소에서 변기에 걸터앉아 ‘응’하고 맞춤소리를 해주는 등 일정의 조건을 갖춰 주는 것으로 습관을 기르기가 쉽다. 맞춤소리는 청각장애유아가 어머니의 신체에 접하고 있으면 울림 등에서도 알 수가 있어 빠트려서는 안 된다. 소변에 대해서도 시간과 횟수가 다를 뿐 조건형성의 방법은 똑같다.

다음으로 착·탈의 습관인데 이것도 유아의 손가락 운동능력 발달들을 중심으로 이루어지며 1세 반부터 2세 반경에 신발을 신게 되고 큰 단추를 풀 수 있게 된다. 3세 반부터 옷을 입기 시작한다. 4세에서는 단추를 끼우고 5세가 지나면 옷 입는 행동을 대충 익힌다. 그리고 청결습관에 관해서는 유아의 운동능력의 발달을 보면서 필요할 때에 원하는 행동을 할 수 있도록 습관을 기른다. 주요 내용은 다음과 같다.

· 손을 씻는다. - 2세 반경부터 식사 전후에 한다.
· 이를 닦는다. - 4세경부터 아침에 일어났을 때와 잠자기 전에 한다.
· 얼굴을 씻는다. - 4세경부터 한다.

(5) 수면습관 지도

수면습관은 영유아 경부터 혼자서 잠자는 습관을 기르도록 한다. 수면시간은 1세 때는 12시간 이상, 2세 때는 11시간 반 이상으로 잡는 것이 표준이다.

2) 언어장애 유아

앞에서 기술한 것처럼 언어발달을 지체시키는 요인은 여러 가지 있으므로 치료에 있어서는 현재 증상을 바르게 이해하고 원인을 규명하는 것이 중요하다.

(1) 치료 전 고려사항

치료에 앞서 다음 요인들을 고려해야 한다.

① 전문의사의 진단

② 어린이와의 바른 인간관계 갖기
③ 말을 듣고 이해할 수 있는 능력 길러주기
④ 일상생활에서 말을 가르치기
⑤ 그림책 보면서 이야기 해주기
⑥ 말을 들으려는 태도 갖기
⑦ 어린이의 말에 즉시 반응 보이기
⑧ 말을 모방하도록 하기
⑨ 말할 수 있는 기회 주기
⑩ 말할 수 있는 상황 만들어 주기
⑪ 묻는 말에 짜증 안 내기
⑫ 언제나 즐거운 표정으로 대하기
⑬ 의사표시를 제스처로 하지 말고 말로 하게 하기
⑭ 칭찬해주기
⑮ 실물·완구·그림 등을 교재로 쓰기
⑯ 이야기해주고 내용 물어보기

(2) 가정에서의 지도

치료는 언어치료사가 해야 되겠지만 치료의 효율성 증대를 위한 기초적인 치료 및 지도는 가정에서도 이루어져야 한다.

① 의학적 치료
이비인후과, 소아과, 치과 등의 의학적 치료가 요구되면 먼저 필요한 치료를 받게 한다.

② 심리적 치료
성격, 행동, 모자관계 등에서 정서적인 문제가 있으면 놀이치료, 심리극 등을 통해서 정서적인 문제를 해소시킨다.

③ 언어 환경 조성
우리들은 보통 의식하지 않고 말하고 있다. 그러나 그 때에 지나치게 주목하거나 어떤 원인으로 긴장하게 되면 언어가 혼란해지는 것은 누구나 경험하는 일이

다. 말할 때에 이 같은 일이 일어나지 않도록 잘 들어주는 것이 중요하다. 말을 함으로써 좋은 일이 있다고 어린이에게 실제 경험을 시키는 것이 필요하며, 언어치료의 환경으로 가장 좋은 것은 놀이상황이다.

④ 발성기관의 기능훈련

호흡, 발성, 조음기관 등에 기능장애가 있고 훈련에 의해서 기능의 향상이 기대되는 경우 전문가의 상담지도에 따라 적극적으로 실시한다.

⑤ 다양한 측면의 발달을 촉진시키기

언어장애가 있으면 유아를 대할 때 언어에만 주의가 집중되어 버리고 언어 이외의 여러 가지 능력의 발달에 대해서는 간과하기가 쉽다. 건강의 증진, 신체 운동기능의 발달, 정서 및 사회성의 발달 등에 대해서 유아의 여러 가지 능력을 촉진하도록 항상 배려하는 것이 바람직하다. 언어는 다른 영역의 발달이 기초가 되어 향상되므로 단지 언어만으로 받아들이지 않도록 주의해야 한다.

3) 정신지체 유아

"유아가 기면 세우고 세우면 걷게 하고 싶은 것이 부모의 마음"이라고 하지만 생각대로 안 되는 일도 많다. 더구나 건강한 자녀를 기대하고 있는 부모에게 원인불명의 발육불량은 실망의 원인이 된다. 그렇다고 모든 것을 포기하고 단념해서는 안 된다. 어떤 어린이라도 적당한 교육으로 성장할 가능성을 갖기 때문이다.

부모들의 망설임과 주저 때문에 교육의 시기를 놓치게 되지만 부모들의 깨달음으로 곧 전문가에게 상담하게 된다. 부모들은 정신지체유아의 조기 발견이 교육대책을 빨리 세울 수 있다는 것을 인식해야 한다. 유아가 가진 능력을 충분히 발휘하고 또한 성장해 가기 위하여 때로는 힘이 빠지고 지칠 때 그들의 휴식 장소가 되는 곳이 가정이고 부모이다. 결코 과보호를 장려하는 것이 아니지만 적어도 부모의 기본적인 따뜻한 사랑과 관심이 절실히 필요하다. 초조하게 생각하지 않고 단념하지 않으며, 끈기 있게 유아와 함께 걸어가는 것이 필요하다. 가정교육의 중요함은 조기교육 시기와 판단 유무에 관계된다.

집단에서의 활동은 무슨 일이나 귀중한 경험이라고 생각하는 것이 좋다. 자기 자녀 중심으로만 일을 생각해서 해결하면 안 된다. 치료사와의 연락을 긴밀히 해서 자녀를 충분히 이해하고 치료사와 가정에서 분담해서 교육한다고 생각하여야 한다.

부모는 육아서와 비교 하지 말고, 아동의 성장 발달단계에 맞게 가르치도록 노력해야 한다. 유아들이 무엇을 할 수 있는가, 무엇을 할 수 없는가, 도와주면 어떤 일을 할 수 있는가, 아동의 능력을 인식해서 무리하지 않은 수준에서 가르쳐야 한다. 그리고 온화하고 밝은 마음을 길러 주도록 힘쓰며 선입관을 고정시켜 버리지 않도록 노력하고, 언제까지나 아이 취급을 하지 않는 냉정함을 갖기 위하여 '부모회'라든지 지역의 모임에 참가해서 객관적인 입장에서 아동을 그때그때 새롭게 해야 한다. 아동에게 1년 전과는 다른 면을 어딘가에서 보여주고 있어야 한다.

끝으로 의사소통장애유아를 가진 것을 부끄러워해서는 안 된다. 수치심은 어린이를 양육하는 데 최대의 장애를 가져오기 때문이다. 부모가 부끄러워해야 할 이유는 전혀 없다.

(1) 감각훈련

갓 태어난 아이도 엄마 품에 들어가게 되면 젖을 세차게 빨기 시작한다. 그것은 입속에 촉감을 느꼈기 때문이다. 또한 밝은 곳을 향하면 눈이 부시는 것처럼 깜박거린다. 눈에 물체가 보이기 시작하면 물체 쪽으로 눈동자를 돌리고, 들리기 시작하면 소리가 나는 쪽으로 얼굴을 돌려서 무엇을 찾으려고 한다. 또한 엄마의 음성이 가까이 들리면 양다리를 동동 구르며 기뻐한다. 걷기 시작한 아이는 노래에 맞춰서 신체를 좌우로 흔들어 댄다. 이처럼 유아기에 일상생활에서 받는 자극은 수동적이지만 그것들은 쾌·불쾌감정의 어느 것이든 감지하는 것이다.

이들에게 감수성을 기르고 반응의 방법을 습득하게 하는 것이 감각훈련이다. 가정 내에서의 감각훈련과 관련된 경우를 살펴보고자 한다.

① 대근육운동

'서라', '앉아'라는 소리에 맞춰서 서거나 앉기, 날아오는 공을 피하는 것(반사감각), 허수아비 놀이, 한쪽 발로 서기, 의자의 위에 서기, 높은 곳에서 내려다보는 것(평형감각) 등은 혼자서도 경함할 수 있으며 놀이를 통해서 경험을 깊이 할 수도 있다.

② 소근육운동

식탁에 흘린 밥을 줍는다든지(손가락 끝의 자극), 스펀지에 묻은 물기를 짜거나, 손가락의 움직임, 숟가락을 입 아래까지 옮기거나(팔의 거리 감각), 젖은 팬티를 벗는 것(피부감각)들은 일상생활 가운데서 충분히 활용할 수 있는 경험이다.

③ 기타 근육운동

뜨겁다(물), 차다(얼음, 물), 아프다(바늘 끝으로 손바닥에 댄다), 짜다(소금물로 양치질을 한다) 등의 불쾌 감각을 이용해서 위험 등에 대처하는 반응을 민감하게 할 수 있다.

이상은 신체적인 면에서의 감각인데 그 밖의 중요한 것은 악기 등을 자유롭게 만지는 것으로 손가락 끝 또는 팔에 좋은 훈련이 된다. 확실히 설 수 있는 유아에게는 손과 발의 협응이 필요하므로 발 밟기가 있는 오르간이 매우 좋다. 또한 색채의 조화가 잘 된 그림책을 보면서 페이지를 넘기게 하는 것도 손가락 끝을 자극하는 하나의 방법이다. 재주넘기, 리듬놀이, 점토, 그림그리기, 토막 쌓기 등 다양한 놀이를 통한 훈련이 필요하다.

(2) 언어 지도

언어생활은 말하는 것과 듣는 것의 두 가지로 크게 나눠지만 정신지체유아에게는 '느낀다'는 개념을 첨가한다. 유아들은 아무것도 말할 수 없어도 상대방의 말을 이해할 수는 있다. 말의 의미는 이해할 수 없어도 그 말이 가진 분위기, 다시 말하면 이야기 하는 사람의 어조에서 쾌·불쾌감을 느낀다. 이 본능적인 탐지능력은 장애가 심한 유아라도 갖고 있다. 말로 표현할 수 없다고 하더라도 정성어린 태도로 보살핌은 매우 중요하다.

그리고 정신지체 유아에게는 올바른 말을 들을 수 있는 기회를 늘릴 필요가 있다. 아이가 대화하지 않아도 가족의 회화를 듣는 것만으로 효과는 크다. 광고방송이나, TV의 활용 등을 통한 다양한 프로그램에서 등장인물의 대화와 감정표현을 약간 드라마틱하게 하여 인상에 남게 하는 것도 좋다. 흥미가 있으면 똑같은 것을 몇 번이고 반복하도록 요구하거나 스스로 흉내 내게 한다.

또한 생활 중에서 유아가 말을 사용할 수 있는 장면을 많이 만들어 줄 필요가 있다. 몸짓으로 모든 욕구를 충족시키고 일상생활을 하려는 유아는 언어발달이 늦어진다. 발음은 불명확해도 자기의 입으로 발음을 하는 것이 중요하다. 언어

표현을 할 수 있는 경우의 예를 들면, '초콜릿 주세요.'라는 말을 들려주고 바르게 모방 하도록 하는 것이 좋다.

이러한 언어훈련은 일상의 생활 가운데서 하는 것이 좋다. 완전한 발음을 요구하거나 '올바른 말을 하지 않으면 무엇도 줄 수 없다'는 식의 태도는 언어훈련에 역효과를 가져올 수 있다. 언어 발달을 촉진하는 최상의 방법은 자유로운 발화이고 허용적이고 수용적인 분위기이다. 비록 우연이더라도 어린이는 자기가 한 말이 상대방에게 전달된 것에 기쁨을 맛보고 의욕을 촉진할 수 있는 분위기를 마련하는 것에 관심을 가져야 한다.

① 언어발달지체유아

언어발달이 늦은 아동이란 보통 아동에 비하여 a. 말을 시작하는 시기가 늦으며, b. 다른 사람이 말하는 것을 이해하지 못하며, c. 언어경험영역이 좁고, d. 말로 자기 의사를 표현하는 능력이 부족하며, e. 사용할 수 있는 말의 수가 적으며, e. 구문능력이 없어서 두 개 이상의 낱말이 연결되는 말을 잘못하며, f. 유치한 말을 하고, 말은 하되 말의 줄거리가 명확하지 않으며, g. 말로 의사를 표현하지 못하여 손짓이나 몸짓 또는 표정으로 자기 의사를 표현하며, h. '아- 아-', '어- 어-' 등의 소리로 밖에 의사표시를 하지 못하는 아동을 말한다.

언어발달이 늦은 원인으로는 정신지체 이외에도 청각장애, 뇌성마비, 뇌염 후유증, 뇌막염 후유증, 외상 또는 질병에 의한 뇌손상, 발음기관의 이상, 정서장애, 언어 환경의 부적절, 자폐증, 실어증, 영유아기의 질병 등에 의하여 언어발달이 늦는 일이 있으므로 어떠한 원인에 의하여 언어발달이 늦는지는 전문가를 찾아가 상담한 후에 언어지도를 하는 것이 바람직하다고 할 수 있다.

② 조음 음운장애유아

1단계로 말을 들어 분간할 수 있는 능력을 길러 주어야 한다. 가령 '할아버지'를 '하버지' 또는 '하아버지'라고 발음을 하는 유아가 있다고 한다면 그 유아는 자기가 말하는 발음을 듣지만은 '할아버지'를 '하버지' 또는 '하아버지'라고 자기가 틀리게 발음한다고는 생각하지 못하고 있다. 만일 틀리게 발음을 하고 있다는 것을 스스로 안다면, 곧 고칠 수 있지만 이상하게도 틀리다고 느끼지 못하고 있는 경우도 있다. 이러한 유아는 발음을 분간할 수 있는 능력이 부족하기 때문이다. 그러므로 이러한 유아에게는 먼저 올바른 발음과 틀린 발음을 들려주어 어느 것이 바르고, 어느 것이 틀린 발음인가를 변별할 수 있는 능력을 길러주어야 한다. 말을 들어 변별할 수 있는 능력을 길러 주기 위해서는 다음과 같은 놀이나 훈련이 필요하다.

a. 여러 가지 동물의 그림을 준비하여 아동 앞에 놓고 동물의 소리를 들려주면서 소리가 나는 동물을 찾게 한다. 예를 들면, '멍멍'하면 개의 그림을, '맴맴'하면 매미의 그림을, '야옹'하면 고양이의 그림을 찾게 하는 놀이를 한다.

b. 아버지, 어머니, 언니가 같은 단어의 발음을 녹음하여 어린이에게 들려주면서 단어에 따라 맞는 그림을 찾게 하고 말을 따라 하게 한다.

c. 아버지와 어머니가 번갈아 가면서 바른 발음을 하기도 하고 틀린 발음을 하기도 하면서 누구의 발음이 바른 발음인가를 판별하여 맞추게 한다. 물론 이때에도 그림을 이용하는 것이 좋을 것이다. 예를 들면, 코끼리의 그림을 앞에 놓고 아버지나 어머니 중 한 사람은 '코끼리'하고 바른 발음을 하고, 한 사람은 '코기리'하고 틀리게 발음한다. 이때 아동에게 바른 발음을 하였을 때에는 그림을 집게하고, 틀리게 발음을 하였을 때에는 그림을 그냥 놓아두게 한다.

d. 뜻은 다르고 발음은 비슷한 단어의 그림이나 단어 카드를 만들어 발음하는 대로 그림이나 낱말 카드를 찾게 한다. 예를 들면, '개'와 '게', '개구리'와 '너구리', '새'와 '쇠', '불'과 '물' 등과 같이 뜻은 다르나 발음이 비슷한 단어를 동시에 들려주어 구별할 수 있게 한다.

2단계로 틀리게 발음하는 음을 찾아 바르게 반응하는 방법을 가르쳐 준다.

예를 들어, '아버지'를 발음할 때 '아어지'라고 한다면 '아'를 낸 다음에는 입술을 다물었다가 '버'라고 내야 하는 것을 입술을 다물지 않고 내기 때문에 '버'를 '어'로 내게 된다거나 '개나리'를 발음할 때 '개다리'라고 발음하는 것은 '개나리'의 '나'를 코를 울리면서 '나'라고 해야 하는 것을 코를 울리지 않고 내기 때문에 '다'로 난다던가 하는 것을 먼저 부모들이 알아야 한다.

각 음마다 발음하는 방법이 다르기 때문에 부모는 음에 따라 발음하는 방법을 미리 익혀 두어야 한다. 발음할 때의 발음기관의 작용에 대하여 발음을 하나하나 해보면서 혀의 위치, 입술의 움직임, 숨을 내쉬는 방법 등을 알아야 한다. 틀리는 음을 바르게 내는 훈련을 할 때에는 여러 가지 도구를 사용하지만 일반적으로 가장 많이 이용하는 것은 거울이다. 거울을 놓고 지도하는 사람과 아동이 같이 앉아 지도하는 사람의 입모양, 혀의 움직임 등을 아동이 거울에 비치는 대로 발음하게 한다. 부모들은 발음하는 방법에 대해서 전문가를 찾아가 배우고 도구의 사용에 대해서도 조언을 듣는 것이 좋다.

3단계로 이미 바르게 발음하는 방법을 학습한 음이 들어가는 단어의 발음을 많이 연습시킨다. 가령 '가지'를 '가이'라고 발음하는 어린이에게 '가지'의 '지'를 '이'로 발음하게 되는 것은 혀를 앞의 입천장에 대고 호기를 터트리면서 내지 않았기 때문에 틀리게 발음하는 것을 알게 하고, 연습시켰을 때 '가지'라고 발음하게 되었다면 그것으로 그치는 것이 아니라, 단어의 첫 음절에 혹은 단어의 가운데 음절에 또는 단어의 맨 끝 음절에 /ㅈ/음을 넣어서 많은 단어의 발음을 연습시켜야 한다. 즉, 바지, 바가지, 과자, 모자, 저고리, 자두, 지붕, 자전거, 잠자리, 전주 등의 단어를 가지고 연습을 시켜야 확실한 발음을 낼 수 있다.

이러한 연습을 시킬 때에 바지, 바가지, 주전자 등의 그림을 준비하여 놀이를 통하여 발음하게 하는 것이 효과적이다. 그림을 등 뒤에다 혹은 상자 속에 감추었다가 '무슨 그림이 나올까, 잘 보세요.', '무슨 그림일까'하면서 호기심을 갖게 한 뒤에 주전자의 그림을 보여주면서 '주전자'라고 말하게 하는 방법을 쓰면 효과적이다.

4단계로 바르게 발음하게 된 단어를 문장이나 회화를 통하여 올바르게 사용할 수 있는 연습을 시킨다. 문장이나 회화를 통하여 연습을 시키는 것은 지도하는 사람이나, 지도를 받는 어린이에게 있어서 매우 어려운 과업으로 많은 노력이 요구하다. 또한 이 단계는 완전히 익숙하게 연습시키는 단계로 가장 오랜 시간이 필요하다.

발음을 바르게 할 수 있도록 지도하는 데 유의해야 할 것은 아동에게 긴장감을 주지 않고 마음 놓고 발음할 수 있도록 하는 것이 중요하다. 가령 '개구리'를 '애구리'라고 발음했을 경우, '애구리가 뭐야! 개구리라고 해야지!'라고 흉을 보든가 야단을 치는 것은 삼가해야 한다. 그러면 아동은 전혀 말을 하지 않으려고 할 것이다. 그러므로 자연스럽게 부드러운 태도로 하나하나 고쳐 나가는 것이 필요하다. 그리고 발음을 틀리게 하는 아동들 중에는 호흡조절을 잘못하는 경우나, 혹은 혀나 입술, 턱의 작용이 잘 안되기 때문에 발음을 틀리게 할 수도 있으므로 호흡훈련, 혀의 운동훈련, 입술의 운동훈련, 턱의 운동훈련 등 발음기관을 훈련하는 것이 좋다.

(3) 건강관리 지도

정신지체 유아라고 해도 신체는 아주 건강한 자부터 병약자에 이르기까지 그

폭은 넓다. 전자는 비교적 가벼운 장애아동에게 많고 후자는 중도의 장애아동에게 많다. 어떻든 아동의 건강을 유지하고 또한 증진시키기 위하여 어른은 세심한 배려와 노력을 해야 한다.

① 적당한 운동

규칙적으로 운동을 하는 것은 중요한 건강법이다. 산책하는 것은 발을 움직이게 하는 운동이므로 바람직하다. 어머니들은 자녀의 체력을 충분히 인식하여 운동량을 조절해야 한다. 운동량은 몇 분씩이라도 매일 반복함이 효과적이다. 피로하면 멈추어 서서 쉬고 서서히 운동 시간을 연장해 간다. 가능한 한 자동차는 사용하지 않고 도보로 훈련을 하면 일 년 후에는 아주 건강한 몸이 된다. 또한 운동부족에서 오는 변비도 예방할 수 있다.

② 풍부한 마음과 정서

건전한 마음을 기르는 데에는 주위 사람의 태도가 영향을 준다. 과보호는 의존적이고 자기중심적으로 되기 쉬우므로 유의하도록 한다. 그러나 이러한 과보호는 방임보다는 좋다. 또 부모는 언제나 정서표현을 풍부하게 하며, 함께 즐기고 함께 괴로워하며, 사물을 중요시하고 생물을 귀여워한다. 이러한 것은 매일 주변 행위를 보고 깨달을 수 있다. 아동에게 불안 또는 긴장을 주지 않도록 부모와 주위 사람의 노력이 항시 필요하다.

(4) 놀이 지도

놀이는 유아 생활의 대부분이다. 놀이는 여러 가지 경험을 하는 장이고 또 경험을 재현하는 장이기도 하다. 자유로이 놀고 활동할 수 있다는 것은 그들 나름대로 생활의 충족감을 만끽할 수 있다는 것이기도 하다. 누구한테서도 간섭받지 않고 폐도 끼치지 않는 자유로운 장을 준비한다.

유아의 놀이는 여기저기 옮겨 다닌다. 일정한 장소에서 집중하여 놀 수 있는 아동은 아주 경도의 장애아동이라고 볼 수 있다. 그들은 가능한 정상유아 집단과 어울려 놀도록 해야 한다. 중도 장애아동은 보행, 체력이 미숙하거나 자타의 구별이 미분화되어서 실내놀이에 치우치기 쉽다. 혼자 놀아도 마음껏 놀 수 있는 장소를 권하며, 근처 또는 친척의 유아를 불러서 한 집단을 만들어 주는 것도 좋다. 서로 상호교류가 없어도 혼자서 노는 것 보다는 좋다.

① 실내놀이

실내의 귀중품과 중요물건은 치워놓는다. 전기의 콘센트, 가스레인지 등은 보이지 않는 것이 좋고, 가구류는 튼튼하고 안전한 것이어야 하며, 마루의 공간은 비교적 넓으면 좋다. 산만한 유아라면 집안 자체가 놀이의 장으로 변한다. 복도처럼 좁고도 긴 곳은 의외로 좋은 놀이의 장이 된다. 장난감 가운데 유리가 있는 것, 양철제품 등은 부서졌을 때 상처가 나기 쉬우므로 주지 않는 것이 좋다. 가능하면 조작이 간단한 것, 언어치료의 활용도가 있는 것이 바람직하다. 한편 집에 있는 잡동사니가 좋은 장난감이 되는 경우도 많다. 그리고 침을 흘리는 유아와 중도 장애유아에게 주는 장난감은 항상 청결하게 해 놓으며, 때때로 모든 면에서 점검하여 둘 필요가 있다.

② 실외놀이

집밖의 놀이장소는 공원 등 자동차의 위험이 없는 곳이 좋다. 유아가 모여 있는 곳에 데리고 나가서 집단에서 놀게 하고 평탄한 곳만이 아니라 자연의 경사지, 계단, 낮은 울타리가 있는 장소 등은 좋은 놀이의 장이다. 이러한 놀이 장소는 안전에 특히 유의해야 하며, 자갈길을 걷는 기술과 기능을 요한다. 걸을 수 없는 유아는 업어서 데리고 가는 것이 좋으며 바깥 공기를 접하는 것만으로도 좋다. 장난감으로는 전신을 움직여서 노는 놀이 기구 즉, 공원의 놀이기구와 어린이 자동차, 삼륜차, 끈이 있는 차 등 여러 종류를 준비하면 발이 약한 유아라든가 중도 장애유아도 거기에서 뒹굴면서 놀이를 즐길 수 있다. 중도 장애유아의 경우 공원 등에 유아 혼자서 놀러 가면 미아로 착각할 수도 있으므로 유아의 놀이에는 누군가가 함께 있는 것이 바람직하고, 경도 장애유아라고해도 이름표 등을 붙이는 것이 좋다.

(5) 생활습관 지도

유아기에 있어서 가장 중요한 기본적인 생활 습관이란 규칙적인 바른 생활과 식사, 배설, 착·탈의 등 신변생활의 자립 등이 있다. 이들의 습관 기르기는 가족 전체의 협력이 필요하며 과보호는 좋지 않다. 또한 간섭을 지나치게 하여 의욕을 없애서는 더욱 안 된다. 본인이 의욕을 갖고 하면 숙달은 빠르다. 어떻게 해서라도 의욕을 일으키게 하는 것이 중요한 요소가 된다. 또 반복, 일정한 방법으로 행하는 것, 지시의 일관성을 유지하는 일도 생활습관에 꼭 필요하다. 노력하는 태도를 존중하고 행동결과의 평가에 대해서는 개인의 능력 차를 고려해서 긍정적인 자극과 칭찬을 해준다.

① 식사지도

식욕에는 개인차가 있어 분량의 조절이 필요하다. 편식은 가장 어려운 문제지만 이것은 부모의 관심과 행동수정으로 교정될 수 있다. 이는 가족전원의 협력이 필요하며, 기능면에서 결함이 없는 아이에게는 일반 유아와 같은 방식으로 식사를 준다. 다시 말하면 영양의 균형이 맞는 식사를 하는 것이다. 지능에 문제가 있어서 특별 취급을 하거나 나쁜 버릇이 들지 않도록 항상 유의해야 한다. 요즘처럼 풍부한 식품이 많은 시대에서는 간식만으로도 배부르게 된다. 규칙적인 식사시간을 지키고 식사시간 직전에는 당분이 많은 것, 만복이 되기 쉬운 것 등은 먹이지 않는 것이 좋다. 유아가 정말로 소량의 식사만으로 충분한가, 항상 '어린이의 음식이 까다롭다'고 느끼고 있는 부모는 충분히 반성해 볼 필요가 있다고 생각한다. 특별한 결함, 장애가 있는 유아에게는 대처 방법도 바꾸지 않으면 안 된다. 예를 들면, 씹는 것이 서투른 아이에게는 부드럽게 다진 생선 등을 앞니로 씹는 것을 시키며 사과 등을 둥글게 베어 먹는 것도 좋다. 중도 장애유아는 많은 것을 삼키는 방법이 서투르다. 또 식후 반드시 뜨거운 물을 마시는 습관을 길러서 입속의 잔여물을 없애는 것이 충치 예방에도 도움을 준다. 또 끈기가 없거나 피로해서 입술을 움직이지 않는 아이도 있다. 턱에 손바닥을 대서 입의 개폐를 도와주는 훈련도 필요하다. 혼자서 먹는 습관을 기르고, 숟가락을 잡게 되면 끈기 있게 다 먹는 것을 기다려 주어야 한다. 2~3세 유아에게는 충분한 분량의 음식을 자기 혼자서 먹지 않는 경우가 많다. 먼저 혼자서 먹도록 하고 피로한 모습이 보이면 도와주는 일도 필요하다. 식사를 잘하는 아이라면 4세쯤에서 젓가락을 사용할 수 있지만 억지로 지도하지는 말아야 한다. 먼저 음식을 흘리지 않고 먹을 수 있는 것이 중요하다. 젓가락으로 먹을 수 없는 중도 장애아에게는 스푼 또는 유아용 포크를 사용하여 음식물을 입으로 가져가는 일을 혼자하게끔 시키면 좋다. 이때는 위험이 따르니 주의가 꼭 필요하다. 혼자서 식사를 하는 습관을 기르는 데에는 주위 사람이 도와서 먹게 하지 말고 본인이 먹을 수 있는 한 끝까지 먹는 것을 기다려 주는 것이 중요하다.

② 배변 훈련

2세가 지나면 기저귀를 떼도록 한다. 여름철이 좋은 시기이다. 시간 간격은 항상 경험으로 가늠할 수 있다. 나이가 들어도 기저귀를 채우면 자립이 늦어진다. 팬티로 바꾸어도 젖은 대로 태연히 노는 버릇이 생겨버리기 때문이다. 신경질적으로 재촉해도 좋지 않다. 배뇨의 가르침은 지능지체의 정도와는 무관하다. 생리적 조건에 따라서 다르지만 지나치게 엄한 가르침을 하면 역효과를 나타낸다. 오줌을 싸도 '젖었어요!'라고 호소해 오는 편을 칭찬하는 것이 좋다. 어른의 입장에서 '또 더럽혔네!'라고 꾸짖어서는 안 된다. 마르고 청결한 팬티로 입는 습관을 기른다. 또 변비가 걸리지 않게 하려면 일정한 시간에 화장실에 가는 것을 보조해야 한다.

③ 착 · 탈의 지도

착 · 탈의는 혼자서 할 수 있게 한다. 이때는 입기 쉬운 것을 준비한다. 넉넉한 셔츠, 스웨터, 옷은 앞이 터지고 큰 구멍의 단추나 지퍼가 붙은 것, 똑딱단추는 사용하기 어려우므로 사용하지 않는 것이 좋다. 지퍼라면 직경 1cm정도의 고리를 붙여 놓으면 손가락으로 잡아당기기 쉽다. 단추는 중심부가 오목하게 들어간 것이 좋다. 또한 전후 안팎의 구별은 유아에게는 어려우니까 표시가 된 손잡이나 표를 붙여서 연습한다. 현재 할 수 있는 수준의 것에서 시작하여 의욕을 갖게 한다. 의류는 단순한 디자인으로 유아가 충분히 입고 벗을 수 있는 것을 선택한다. 착 · 탈의 훈련은 유아에게 반복해서 가르친다. 매일의 기상, 취침, 목욕할 때 등을 이용하여 생활 가운데서 갈아입히는 것이 가장 좋다. 팔은 끼우기만 해도, 발은 바지에 넣기만 해도 좋다. 처음에는 그 노력을 칭찬해 준다. 매일 반복하는 사이에 잘 해 간다. 이따금 아이가 알아차리지 못하도록 같이 거들어 주고 잘 했다는 것을 칭찬해 주면 효과적이다. 의욕이 나면 자발성도 점차 생긴다. 다음에는 자기 혼자서 자신 있게 하기 시작한다. 가능한 한 혼자서 할 수 있게 가르쳐야 하지만 부모의 욕심 때문에 도저히 할 수 없는 일을 시키는 일이 없도록 부모는 항상 아이의 능력에 대해서 인식을 깊게 하지 않으면 안 된다. 또 중요한 일은 선입견을 고정시켜 버려서도 안된다는 것이다.

4) 뇌성마비 유아

인간의 행동은 개인과 환경으로 결정된다[B=f(p·e)]. 뇌성마비 유아의 심리나 행동을 이해하기 위해서는 그를 둘러싸고 있는 가정, 사회, 문화 등이 그들의 문제에 대하여 어떤 태도를 취하고 있느냐를 이해해야 한다. 뇌성마비 유아의 성격이나 행동, 인생관을 지도하는 데는 직접 지도하거나 부모의 사고방식이나 사회의 태도를 조정하는 것이 하나의 방법이라고 할 수 있다.

뇌성마비 유아를 가진 부모의 태도는 다음의 세 가지 형으로 나누어 볼 수 있다.

첫째, 합리적인 태도로, 객관적으로 사태를 바로 보며 아이의 장애를 현실로서 받아들인다. 그래서 충분한 주의와 애정을 갖고 정서적 안정을 아이에게 줄 수 있는 형이다.

둘째, 지나치게 귀여워하는 태도로, 아이를 불쌍하게 여기거나, 아이의 욕구는 모두 부모가 만족시켜 주거나, 꾸짖을 것을 꾸짖지 않고 응석받이로 기르거나, 무엇이든 아이를 대신해주는 등 과잉보호를 하는 형이다. 이 같은 유형의 부모 심리는 모든 것이 부모의 책임이라는 과도한 책임이나 죄의식이 생기는 경우이다. 이런 태도는 아이의 적극성이나 창조성의 결여, 의뢰심, 내향성, 소극성 등의 성격이나 사회적 부적응을 만들기 쉽다.

셋째, 거부적 태도로, 장애 아이를 갖는 것이 수치스럽고, 부담으로 느껴 아이를 무시하거나 미워하는 태도이다.

이처럼 뇌성마비 유아에 대한 부모의 태도는 아버지와 어머니의 태도 사이에서도 다른 경우를 생각할 수 있다. 예를 들면, 아버지는 거부적 태도이고, 어머니는 지나친 애정의 태도와 같은 경우이다. 이는 부모 모두 거부적 태도보다는 훨씬 낫지만 일반적으로 이러한 부모의 태도 불일치가 아이에게 바람직하지 못한 영향을 미친다. 부모의 태도부터 바람직한 방향으로 하여 정신 위생을 좋게 하기 위해서는 여러 가지의 방법을 생각할 수 있다. 예컨대, 뇌성마비 유아의 병리나 심리, 그 취급 방법 등에 대한 과학적인 인식을 높이는 것이 하나의 중요한 방법이다. 그러기 위해서는 강연회, 세미나, 견학, 문헌, 잡지 구독 등을 통하여 지적 이해력을 높여야 한다. 이렇게 되면 자연히 부모의 여러 가지 오해나 편견, 불필요한 책임감, 죄책감 등이 없어지거나 줄어들게 된다. 또 뇌성마비 유아 부모회를 통하여 서로의 경험을 교환하거나 대화를 통하여 정보를 수집하는 것이 바람직하다.

(1) 기능훈련

기능훈련의 이론적 근거는 매우 복잡하다. 왜냐하면 기인하는 질환의 종류에 따라 그 의미가 다르고 뇌성마비도 각종 이론에 기초를 둔 다양한 훈련 방법이 있기 때문이다. 그러므로 여기서 하나의 통합된 이론적 근거를 설명하기는 매우 어렵다.

기능훈련을 하는 목적은 기인하는 질환을 완전 치유하는 것이 아니다. 예컨대, 뇌성마비 유아에게 아무리 좋은 기능훈련을 실시했다고 하더라도 뇌와 척수에 있어서 원래의 병적 변화를 정상적으로 회복시키는 것은 불가능하다. 다만 그들이 지니고 있는 잠재능력을 최대한으로 발휘할 수 있게 하는 것이 기능훈련을 실시하는 목적이다. 잠재능력은 개인의 장애 상태에 따라 매우 다양하다. 사례에 따르면 일상 생활동작을 충분히 습득할 경우가 있는가 하면 목발을 짚고 겨우 보행이 가능한 사람도 있으며 장애 상태가 중증이라서 보행이 안 되는 경우도 있다. 하여튼 본인이 지니고 있는 잠재능력을 최대한으로 신장시켜 주는 것이 필요하다. 그러나 뇌성마비 유아의 부모는 기적을 바라고 비현실적인데 목표를 두기 쉽다. 이는 매우 위험하며 본인이나 부모는 더욱 좌절하게 된다. 그러므로 기능훈련의 목표를 현실적으로 알맞은 것을 선택 지도하는 것이 대단히 중요하다.

뇌성마비에 대한 기능훈련의 특수성은 단순히 부자유한 사지의 근육을 강화시키는 것이 아니고 동작방법을 익히는 데 있다. 즉, 근력의 협조성 및 관절운동을 통하여 근육, 말초신경, 중추신경이란 일련의 기능을 향상시키고 특히 운동 패턴을 뇌에 주입시킬 것을 기대하고 있다. 왜냐하면 뇌성마비는 태어나면서부터 각종 신경증상의 병변으로 올바른 운동방법을 습득할 수 없기 때문이다.

따라서 뇌성마비에 대한 기능훈련은 주로 신체적 운동발달을 촉진시키는 방법이며 또 경련성이나 불수의 운동과 같은 신경증상을 억제시키는 치료법이다. 기능훈련은 일반적으로 보행을 목적으로 한 하지훈련과 일상 생활동작 또는 기능훈련을 목적으로 한 상지훈련과 언어훈련으로 구분된다.

체간 및 하지의 기능훈련에서는 일어나기, 앉기, 서기, 보행 등이 포함된다. 따라서 현재의 단계를 잘 확인해서 프로그램을 구안하는 것이 필요하지만, 병의 유형, 장애 부위, 수반 장애 유무에 따라서 개인차가 현저하므로 전문가의 진단과 지시에 따라야 한다. 물론 병원이나 물리치료실에서 치료를 받는 일이 많지만 훈련의 특성상 매일 계속해서 하는 것이 바람직하므로 가정에서도 부모의 지도가 병행되어야 한다. 이런 경우 부모는 의사나 치료사로부터 훈련 방법을 터득하고 실시하여야 한다.

상지훈련은 기본적으로 사물에 손을 대고, 사물을 잡는 동시에 놓는 동작이고, 그 위에 협응, 던지기, 두드리기 등의 동작으로 나아가 이들을 응용한 일상생활의 여러 동작훈련을 내용으로 한다. 이러한 훈련은 놀이를 통해서 동작의 기회를 만들고 동시에 정신기능의 발달을 촉진해서 자신의 의지로 목표 동작을 학습하고 실시하는 것이다. 따라서 도구나 완구의 선택, 또 그것을 어떻게 활용할 것인가에 대한 부모의 이해, 협력 등이 중요하며 계속적으로 작용해가는 태도가 필요하다. 뇌성마비의 경우 이러한 기본 동작이 일상생활의 동작에 직접 이행된다고는 할 수 없으므로 병행해서 생활 가운데서 응용 동작 훈련을 해 가는 것이 좋다.

(2) 언어 지도

뇌성마비아유아의 약 70~80% 정도가 언어장애를 가지고 있는 것으로 보고되고 있으며 이들 대부분이 언어치료를 필요로 하고 있다. 뇌성마비 유아의 언어문제는 다양한 신체적 조건이 수반되는 감각 운동, 지각행동과 관련된 언어장애를 가져온다.

이러한 언어장애의 치료나 교정은 의사, 언어치료사, 교사, 간호원, 부모들의 협력에 의한 노력이 필요하다. 또 치료를 위해서 일반적으로 알아두어야 할 점은 언어장애 유아에게 같은 소리를 여러 번 반복해서 들려준 후 그 소리와 같이 내어보게 하는 훈련과 생활 속의 경험을 통해 자기 주위의 세계를 이야기하고 이해하는데 필요한 도움과 격려를 받을 기회를 제공하는 것이다.

내용적으로 발달의 지연, 음질이나 리듬의 장애, 조음 음운장애 등을 부모들이 많이 호소하지만 일상생활에서 지장을 초래하는 것은 20% 정도로 비교적 낮다.

가정에서 할 수 있는 언어지도의 몇 가지 방법을 구분하여 제시하면 다음과 같다.

① 언어발달 지도

가정에서 언어훈련은 가족, 특히 어머니의 역할이 훈련의 성패를 좌우한다. 그러므로 아이가 갖는 문제와 그 대책에 있어서 어머니와 가정의 역할에 대해서 올바른 이해를 가지는 것이 필요하다. 그리고 말붙이기를 될 수 있는 한 많이 하도록 계획한다. 특히 일상생활의 실제 장면에서 아이가 관심을 가질 수 있는 것, 흉내 낼 수 있는 것이나 간단한 것을 통하여 그 장면에 적합한 언어적 자극을 제시하는 것이 좋다.

발화를 장려하는 방법으로는 즐거운 분위기와 말하기 쉬운 조건을 준비한다. 각종 장면이나 놀이기구, 기타 조건을 구비하여 말하고 싶은 기분이 되도록 유도

함과 동시에 실패에 대해 겁을 낸다든가 부끄럽게 생각하지 않도록 한다. 기분이 좋을 때와 마음이 안정되어 있을 때 명랑한 소리로 훈련을 하는 것은 무엇보다 중요하다.

대답은 너무 강조하지 않는 것이 좋다. "큰소리로 말하라.", "똑똑히 말하라." 등의 요구는 오히려 불안과 긴장을 조장하게 된다. 그러므로 턱이나 안면근육을 이완시키고 편하게 소리를 낼 수 있는 습관을 기르는 것이 필요하다. 만약 순간적으로 큰소리를 내게 하면 전신에 힘을 넣는 버릇이 생기고 그것이 습관화되어 버린다.

호흡·발성기관을 적절히 움직이기 위해서는 그 근본이 되는 체간이나 큰 관절 부분이 안정되어 있어야 한다. 이러한 것은 전문의와 언어치료사의 협조로 아이의 안정과 운동기능의 향상을 꾀함은 언어기능의 기초를 만드는 한 부분이다. 또한 많은 친구를 갖게 하여 생활 경험을 풍부히 하고 견문을 넓히는 것도 매우 유익하다.

② 음성 기관의 훈련

음성 기관은 음식물을 섭취하는 기관과 같다. 따라서 이 기관의 기능 저하는 음식물의 섭취동작의 이상으로 나타나기 때문에 단단한 음식을 입에 넣어 씹게 한다든지 껌을 씹게 한다든지 액체 음식물을 빨대로 빨아 마시게 하는 것도 지도의 한 방법이다. 혀는 언어를 구사하는 데 중요한 역할을 하므로 혀의 전후, 좌우 연습을 해야 하는데 이 때 설탕이나 꿀 등을 입술에 발라서 하면 흥미롭다. 그 외 혀끝을 상하 이 사이로 나오게 해서 당겨 넣는 훈련, 혀끝으로 윗입술을 핥는 훈련, 사탕 먹기 등도 혀 운동에 좋다.

③ 발성 지도

발성 곤란의 정도를 조금이라도 줄이기 위해서는 매일 발성 시간을 갖게 하는 것이 좋다. 발성 시간을 늘리기 위해서는 무리가 없는 소리를 사용함이 중요하고 그러기 위해서는 발성의 기회와 분위기가 필요하다. 두 사람 이상이 함께 노래하는 것도 좋으며 음악에 따라 부르는 것도 좋은 방법이다. 뇌성마비 유아에게 우선 좋은 환경을 만들어주고 발성지도를 하는 것이 바람직하다. 또한 입모양을 보면서 명랑한 음성의 표상을 갖게 하는 것이 중요하다. 그러므로 좋은 소리를 내었을 때는 그 소리에 대하여 칭찬하여 발성을 강화하여 정착시키도록 한다.

④ 조음 음운 지도

뇌성마비 유아의 언어지도에 있어서 명료도를 높이는 것은 중요하다. 그 명료도를 좌우하는 것은 조음의 정확도이다. 그러나 호흡 발성 조절능력이 불충분할 경우에는 그 자체에 이상이 있는가? 그렇지 않으면 발성 조절에 곤란이 있는가를 확인할 필요가 있다. 다음으로 청력과 언어 변별력 및 조음기관의 구조와 운동능력의 현상을 고려하여 적당한 방법을 선택한다.

⑤ 호흡 훈련

뇌성마비 유아의 언어장애에는 호흡조절의 곤란으로 인한 발성, 발어의 장애가 많다. 이들 호흡 상태는 말을 할 때 필요한 부분에서 말이 끊어진다든지, 숨 가쁘게 말을 하는 상태가 나타난다. 이와 같은 상태는 호흡훈련을 함으로써 점차 교정할 수 있다.

훈련방법으로 첫째, 고무풍선 불기는 아동의 폐활량의 증대에 도움을 준다. 뇌성마비 유아는 폐활량이 적고, 호기의 지속이 짧아 처음에는 풍선을 작게 불고 점차 크게 불도록 연습시키는 것이 좋다. 입으로 불 수 없는 경우에는 풍선 입구에 빨대와 같은 것을 연결하여 불도록 한다.

둘째, 하모니카 불기로 호기를 조정한다. 이 훈련은 호기의 지속, 장단, 강약 등 폐활량 증대에 도움이 된다.

셋째, 복식호흡 훈련으로 바로 누운 상태에서 아랫배 위에 책이나 물체를 올려놓고 공기를 들이마셔 배를 크게 하고 서서히 숨을 내보내 배를 들어가게 하면서 시각적 피드백을 제시한다. 배에 올려놓는 책이나 물체는 점차 무게를 증가시킨다.

넷째, 흉식호흡 훈련으로 이는 가슴확장을 위한 훈련인데 하복부 근처의 연골과 배 윗부분의 외부 쪽 움직임을 억제하고 손가락과 손바닥으로 목 앞부분을 눌러주어 훈련한다.

다섯째, 여러 가지 완구(예, 피리, 멜로디언 등)를 부는 훈련으로 강약, 장단 훈련에 도움을 준다.

(3) 놀이 지도

유아의 생활은 그 자체가 유희적인 행동으로 구성되어 있으므로, 특수한 생활은 성격과 사회성의 형성에 큰 영향을 미치고 있다. 일반적으로 뇌성마비 유아는

3세 경까지는 혼자 가정이나 가까운 이웃에서의 놀이가 주가 되어 점차 활동적인 놀이로 진행된다. 뇌성마비 유아의 경우에는 상당한 연령이 되어도 가정 내에서만 지내는 경우가 많고 놀이 상대도 형제가 대부분이다. 놀이 장소로는 거의 대부분이 실내를 차지하고 있다. 이러한 자기중심의 생활이 점차 집단에의 참가가 어렵게 되는 원인 중의 하나가 된다. 그러므로 발달단계에 따라서 너무 장애에 구애받지 않게 이웃에 살고 있는 정상아와 접촉할 수 있는 기회를 만들어 놀이가 이루어질 수 있도록 하는 것이 중요하다.

놀이는 어떤 아이에게 있어서나 자연스런 활동이며, 놀이 자체를 좋아한다. 놀이를 행하면서 배우는 방법은 자주적, 능동적인 행동학습의 방법이다. 중도장애아의 경우에도 처음엔 도움이 필요하지만 곧 스스로 놀 수 있게 된다. 비록 장애로 모든 면이 폐쇄되어 있는 것 같지만 그들 나름대로 느끼기도 하고 반응하기도 하여 새로운 행동을 일으킬 수 있다.

우리는 놀이라는 개념을 일정하게 계획된 시간 속에 전문적으로 만들어진 기구를 가지고 활동하는 것이라고 생각하기 쉽다. 또한 놀이라는 말 자체를 잘못 사용하고 있다. 예컨대, “나는 바쁘니까 밖에 나가서 놀아.”, “음식을 갖고 놀지 마라.” 등 놀이를 잘못된 것과 연관을 시키고 있다.

놀이의 재료는 가정 내에서 구하기 쉬운 것을 이용하고 내용이나 방법은 어른이 결정하는 것이 아니고 아이의 요구를 기호에 따라 지루하지 않도록 진행시켜야 한다. 놀이는 아동이 이미 알고 있는 사항에 관한 반복에 의한 학습과 새로운 행동과 기능의 모방을 발전시켜준다. 완구를 우연히 떨어뜨려 떨어지는 것을 배우고 또 부모의 생활방식을 흉내 내어 새로운 기능을 몸에 익힌다. 아이는 놀이에 의해서 자기표현을 할 수 있도록 자유로움과 함께 흥미와 격려에 의해 발달이 촉진되도록 해야 하며, 기쁨이나 만족, 괴로움을 체험하기도 하며 심신의 인내력도 강화될 수 있도록 해야 한다. 또한 자기를 실험할 수 있는 기회로써 성공이나 실패, 실망이나 만족을 체험할 수 있도록 해야 한다.

그러므로 바람직한 놀이는 첫째, 놀이를 흥미롭고 재미있게 꾸며주고, 둘째, 아이가 더욱 발전할 수 있도록 놀이감을 마련해 주고, 셋째, 각 아이에게 알맞은 놀이를 선정하여 지도하며, 넷째, 평소 아이가 많이 탐색하고 생각할 수 있도록 기회를 마련해 주며, 다섯째, 아이에게 항상 구체적인 경험을 시켜줄 수 있어야 한다.

① 놀이의 지도방법

뇌성마비 유아에게 놀이를 지도할 때 우선 환경의 정비부터 해야 한다. 침대에서 설치는 아이가 떨어지지 않도록 하고 위험한 물건이 없는지, 깨어지는 것이 없는지, 온도, 음향, 냄새는 어떤지 보고, 듣고 만지는 것은 어떤지, 아이 자신이 만져서 발견해 갈 수 있는지에 대해 충분히 주의할 필요가 있다.

재료에 관해서는 체험할 수 있는 대상을 선정해야 한다. 만지고, 던지기도 하고, 두드리기도 하고, 치기도 하고 비틀기도 할 수 있는 재료를 통해서 행동 학습을 발전시켜야 한다. 비록 아이가 침대에 누워 있지만 감정, 청각, 시각, 촉각, 후각을 느끼고 있기 때문에 반복에 의한 감각사용을 하다보면 점차 몸에 익숙해지고 선택행동과 자발성의 폭도 넓어진다.

일상생활 속에서 기본적인 능력을 자극하고 촉진시키는 놀이를 시킬 때 필요한 몇 가지 지침을 제시하면 첫째, 아이의 학습 경험에는 상품화한 완구나 재료만이 필요한 것이 아니고 어떤 재료라도 좋다. 둘째, 재료로 하는 것은 아이가 학습하기 위한 무게, 크기, 두께, 소리, 감촉 등의 특성을 갖고 있어야 한다. 셋째, 뇌성마비아동도 정상아동과 같이 모든 감각이 학습으로서의 시작이고 크게 활용되어야 한다. 넷째, 행동의 요소를 발달 순서로 지도한다. 예를 들면, 바라본다, 냄새맡는다, 듣는다, 움직인다, 잡는다, 찬다, 떤다, 물을 튀긴다, 손바닥으로 친다, 쓰다듬는다, 찌른다, 긁는다, 손을 가볍게 두드린다, 민다, 친다, 누른다, 뻗는다, 내린다, 짠다, 무너뜨린다, 푼다, 들어올린다, 부순다, 편다, 붓는다, 닫힌 것을 연다, 싼다, 채운다, 뿌린다, 떠낸다, 줍는다, 반죽한다, 섞는다, 집는다, 후빈다, 써넣는다, 판다, 던진다, 비튼다, 실을 꿴다, 짝을 짓는다, 풀을 바른다, 자른다, 헤아린다, 잰다와 같은 것들이 있다.

② 놀이지도 내용과 목적

뇌성마비 유아에게 지도할 수 있는 놀이 종류와 목적을 제시하면 다음과 같다.

a. 물놀이 : 물의 감촉, 소리, 맛, 형태 등 여러 가지를 이용해서 느끼게 한다. 이런 놀이는 언제 어디에서나 할 수 있으며, 목욕 등을 통해서도 할 수 있다.

b. 거울놀이 : 거울은 아이의 자기지각과 자기개념의 발달에 도움이 된다. 거울을 보며 소리를 낼 때 발음훈련에도 도움을 준다. 중도의 장애로 누워 있거나 앉아만 있는 아이에게도 재미있게 할 수 있다.

c. 공놀이 : 대부분의 아이들은 공을 좋아한다. 여러 가지 방법과 장면에서 공놀이를 한다. 실내, 실외, 개인 또는 집단을 형성하여 놀이를 할 수 있다. 공놀이

는 소근육이나 대근육을 사용하여 만지기, 잡기, 던지기, 튀기기, 굴리기, 누르기 등을 한다.

d. 모래놀이 : 집 안팎에서 할 수 있는 것으로 꺼칠꺼칠한 알맹이의 감촉 체험을 할 수 있다. 채로 떨어뜨리기도 하고, 구멍을 파기도 하고 성 쌓기도 할 수 있다.

e. 천 이용 놀이 : 크기, 촉감, 색, 형, 무늬에 따라 다양한 종류의 천을 이용하여 찢기도 하고, 비비기도 하고, 비틀기도 하고, 잡아당기는 등의 크고 작은 근육을 사용한다.

f. 반죽놀이 : 반죽은 부드럽기 때문에 쉽게 형태를 만들 수 있고 여러 가지 모양으로 바꿀 수 있다. 손가락 끝의 작은 움직임으로 여러 가지 형을 자유롭게 만들 수 있기 때문에 창조성이 개발된다.

g. 종이놀이 : 크기, 색, 무게, 질 등의 다양한 종이를 가지고 자르거나 찢거나 해서 새로운 모양을 만들 수 있다.

h. 끈 놀이 : 긴 것, 짧은 것, 굵은 것, 가는 것 등의 여러 가지 끈을 감거나 잡아당기는 놀이를 한다. 고무끈의 경우 늘리기도 하고 단단하게 죄이기도 한다.

i. 종이판 놀이 : 다양한 크기로 세우기도 하고 굴리기도 할 수 있다. 망원경처럼 밖을 내다보기도 하고 피리처럼 입으로 물고 불기도 해서 눈과 손의 협응 동작을 향상시킬 수 있다.

j. 물체 주머니 놀이 : 물체 주머니 속에 여러 가지 촉감, 크기, 형의 물체를 넣어두고 주머니 안에서 꺼내는 놀이이다.

k. 빈병 놀이 : 여러 가지 종류의 병을 이용하여 불기도 하고 빈 병 속에 작은 물체를 넣어 흔들면서 노는 놀이이다.

l. 실패 놀이 : 실패 놀이는 실을 감기도 하고 쌓기도 할 수 있으며 수를 계산할 수 있는 놀이이다. 소근육 운동 능력과 눈과 손의 협응을 향상시키기 위해 실패의 구멍에 실을 꿰게 하는 놀이도 할 수 있다.

m. 플라스틱 그릇 놀이 : 뚜껑이 있는 플라스틱 용기를 세우기도 하고 옆으로 넘어지게도 한다. 뚜껑을 빼기도 하고 끼우기도 할 수 있다. 색이나 형태, 크기가 다양한 용기 속에 물건을 넣기도 하고 꺼내기도 한다.

n. 깡통 놀이 : 크고 빈 깡통은 아이에게 똑바로 세우게 하고, 회전시키게도 하며, 물건을 넣고 꺼내게 할 수도 있다. 속에 넣는 물건이나 양에 따라 깡통의 무게가 변하게 됨을 알고 모양이나 소리가 다양하여 여러 가지 목적으로 사용할 수 있는 놀이이다.

이상에서 제시한 것은 혼자서 할 수 있는 놀이들이다. 가족 전체가 즐길 수 있는 놀이를 통하여 가족의 친밀감을 갖도록 한다.

③ 지도상의 유의점

유아기에 있어서는 책상이나 침대에서 떨어지지 않도록 고정을 해 두어야 하고 완구는 삼킬 수 없고 부서지지 않으며, 끝이 뾰족하지 않고 위험성이 없는 것을 선택한다. 이동기가 되면 높은 곳에 오르기도 하고 화장품이나 서랍을 열어 물건을 꺼내는 등의 놀이가 활발해진다. 그러므로 의약품이나 화장품, 기름 같은 것은 아이의 손이 닿지 않는 곳에 둔다. 아이 혼자 있을 때는 난로를 켜놓지 말고 전열기는 손이 닿지 않는 곳에 둔다. 밖으로 이동하는 시기가 되면 활동이 더욱 심해지고 위험한 놀이를 하기 좋아하기 때문에 위험한 것은 제거하고 보호자가 항상 옆에 있는 것이 좋다.

(4) 생활습관 지도

뇌성마비 유아의 생활습관의 문제는 모두 기능상의 문제가 밀접하게 관련되어 있기 때문에 이들의 훈련과 병행하는 것이 필요하다. 또 자립상황에 대해서는 대상에 따라 구체적인 지도목표를 세워 지도해야 한다.

① 식사 지도

출생에서 식사를 할 때까지의 과정을 살펴보면 여러 단계를 거치게 된다. 뇌성마비 유아는 정상아동이 거치는 단계에서와 같이 정상적으로 이루어지지 못하고 어려움을 겪게 된다. 혼자서 식사를 할 수 없는 경우를 보면 입과 머리, 몸통을 조절하지 못하며, 앉은 자세가 좋지 못하고, 고관절을 충분히 구부릴 수 없다. 물건을 잡으려고 손을 앞으로 내밀 때 힘이 들고 물건을 오랫동안 쥐고 있을 수 없고 입 가까이 가져가는 것이 어려우며, 눈과 손의 협응 동작이 잘 되지 않는다. 이러한 식사 능력을 크게 빠는 능력, 씹는 능력으로 구분할 수 있다. 문제는 식사를 하는데 있어서 부족한 영역에 대해서 구체적으로 어떤 문제가 있기 때문에 이러한 능력이 떨어지는가를 알고 지도되어야 한다는 것이다.

② 착·탈의 지도

유아들은 예쁜 옷 입기를 좋아한다. 뇌성마비 유아라고 예외일 수 없으며 옷을 바르게 입었을 때 칭찬해 주어야 한다. 그러나 뇌성마비 유아는 사지 기능의 장애로 옷을 마음대로 입고 벗을 수 없고 또 원하는 옷이 있어도 입지 못하여 항상 어머니가 입혀 줄 때까지 기다려야 한다.

정상아동은 만 1세에 부모가 옷을 입혀 줄 때 스스로 협조하기 시작한다. 또한 2세가 되면 부모가 옷을 벗기려 할 때 협조한다. 3~5세 사이에는 단추를 끼우는 것을 제외하고는 옷을 입고 벗는 것이 가능하다. 이 시기에 아이가 어머니의 동작을 모방하고 자신의 옷이나 다른 사람의 옷으로 연습하여 많은 것을 배우게 된다. 뇌성마비 유아의 경우 옷을 입고 벗을 때 어떤 동작에서 특별한 저항을 느낄 수도 있다. 그러나 저항을 갖지 않도록 하기 위하여 여러 가지 자료를 이용하여 동작에 익숙할 수 있도록 훈련하여야 한다. 또한 옷을 입고 벗을 때 얼마나 자신의 몸을 조정하며, 최소한의 도움이 필요한 부분이 어디인가를 정확히 관찰해서 조금이라도 협조할 수 있고 다루기 쉬운 자세를 만들어 주는 것이 중요하다. 옷은 항상 장애가 심한 팔이나 다리부터 입어야 한다. 팔을 펴고 나서 소매에 끼어야 한다. 저항이 있어서 팔꿈치를 펴기 힘들 때 소매 속으로 손을 넣어 팔 또는 손가락을 잡거나 당기지 말아야 한다. 이때 팔꿈치를 받치면서 잡아주면 팔을 앞으로 뻗기가 쉬워진다. 옷을 입고 벗을 때 아이는 몸을 자연스럽게 앞으로 구부릴 수 있어야 하고 앉아서 몸의 균형을 충분히 잡을 수 있어야 하며 또 주먹도 쥘 수 있어야한다. 심한 장애가 있어 앉을 수 없고 머리를 조절할 수 없는 아이라도 가능한 한 혼자 입고 벗는 방법을 고안하는 것이 바람직하다.

③ 배변 훈련

정상아도 유아 시에는 기능적으로 배뇨를 하지 못하며 약 1세가 지나야 대변이나 소변을 보고 싶다는 생각을 갖기 시작한다. 처음에는 몸짓으로 의사를 표시한다. 걷기 시작하면 자기가 하는 일에 열중한 나머지 용변을 보아야 할 것을 잊어버리는 수가 있게 된다. 그러나 그러한 것은 점차 개선되어 약 2세가 되면 용변 훈련을 조금만 시켜도 놀던 일이나 하던 일이 끝날 때까지 참을 수 있게 된다. 화장실에서 혼자 용변을 보게 되려면 4세가 되어야 한다. 이와 같이 정상아도 용변훈련을 시키는 데 많은 시간이 소요되고 결코 쉬운 일이 아니다. 그러므로 뇌성마비 유아는 정상아동보다 훨씬 어렵다는 것을 이해해야 한다.

뇌성마비 유아의 문제점은 앉을 수 없고 근육의 긴장을 풀지 못하며, 또 아랫배에 힘을 주는 자세를 취할 수 없다는 것이다. 그러므로 용변 훈련을 할 때는 정신 집중을 방해하는 것을 피하고 문제점에 따라 변기의 모양, 장소, 공포심, 변기에 앉는 자세 등에 주의해야 한다.

5) 정서 및 행동장애 유아

(1) 바람직하지 못한 양육태도의 유형

유아를 가진 부모는 아이의 심신작용이 아직 충분히 분화되어 있지 않은 것을 확실히 인식하지 않으면 안 된다. 아이는 몸이 작고 체력도 약하고 심리 구조도 성인처럼 세분화되어 있지 않다. 자기와 타인, 자기의 것과 타인의 것의 구별이 확실히 확립되어 있지 않으며, 현실적이고, 동요가 많으며, 감정이나 생활 장면에 지배되어 변하기 쉽고, 지속성이 부족하다. 동작은 항상 활동적이고 주의 집중은 낮다. 유아의 이와 같은 특징을 이해하고 있지 않으면 부모는 일방적으로 아이를 거짓말쟁이, 비뚤어짐, 제 멋대로 행동함, 반항, 안정되지 못함 등으로 넘기기 쉽다. 그래서 부모는 여러 가지 도덕적인 태도를 취하게 되는데 이것이 적절하지 않은 경우가 많다. 그래서 정서장애를 유발시킨다고 생각되는 양육태도 몇 가지를 설명한다.

① 거부적인 양육태도

자녀를 받아들이지 않고, 멀리하고, 비난하고, 배척하는 태도인데, 구체적으로는 자녀의 행위를 심하게 꾸짖는다. 욕을 하고 학대하는 것 같은 태도가 되어서 나타난다. 이 결과 자녀는 부모를 무서워하고 애정 부족의 상태에 빠져 이중성격이 만들어지거나 비행으로 나타나는 수도 있다.

② 방임적인 양육태도

자녀의 예의범절에 부모로서의 흥미나 관심을 보이지 않고 되는대로 맡기는 태도인데, 이것이 가르침에 자신을 잃거나 매우 바빠서 무관심한 부모의 태도에서 볼 수 있다. 유아기의 생활습관(수면, 옷 입고 벗기, 식사, 배설, 청결)의 가르침 또는 지적 흥미의 육성에 있어서 부모의 영향이 매우 큰데 이 방임의 결과는 자기 통제의 훈련이 부족하여 제 멋대로 굴고, 도덕관념이 희박한 아이로 비행의 싹을 기르기 쉽다.

③ 과보호적인 양육태도

지나치게 애정을 가지고 있다는 태도로, 자녀의 의지를 무시하고 부모의 생각을 강요하는 경우, 어리광을 부리게 하는 것에서 부모 자신이 만족하는 경우, 외부의 자극에 아이를 드러내는 것을 두려워하고 아이를 보호하도록 하는 경우, 아이의 심신장애 등에 의해서 부모가 죄의식을 갖고 있는 경우에 발생한다. 이 결과 아이는 의존적이고 소극적인 성격, 제 멋대로 행동하고 자기중심적인 성격이 되기 쉽고 또 편식, 느린 식사, 소식, 변비, 손톱깨물기, 틱 장애 등의 문제를 서서히 일으킨다.

④ 완벽을 요구하는 양육태도

자녀에 대해서는 항상 완전하고 만점인 것을 요구하는 태도로, 자녀의 예의범절 또는 교육에 아주 관심이 높은 부모에게서 많이 볼 수 있다. 부모가 자신이 다하지 못했던 소원을 자식에게 전위시켜 성취압력을 가한다든지, 부모와 같이 높은 교육을 받게 해 주고 싶다고 생각하는 것이 원인이다. 구체적으로는 자녀의 현상에 대해서도 불만이고, 약점을 발견해서 비난하고, 자녀의 의견에는 곧 반대하고, 부모의 강제적인 태도가 나타나고, 자녀는 욕구불만이 증가하고, 자신이 없고, 패배감을 맛보고, 신경질적이 되고, 노이로제를 낳는 경향이 높다.

⑤ 편애를 하는 양육태도

아이에게 있어서 부모로부터 자신외의 형제자매와 똑같은 사랑을 받고 있는가? 어떤가는 최대의 관심사이다. 예를 들면, 부모의 기대를 가지고 태어난 아이, 그렇지 않은 아이, 능력이 뛰어난 아이와 그렇지 않은 아이 사이에 눈에 보이지 않는 차별의식이 생기는 일이 많다. 그 태도는 어느 한 자녀만을 귀여워하거나 두둔하거나 다른 자녀와 비교해서 비난하거나, 모범행동을 배우게 강조하는 것 등이다. 이것에 의해서 소외되게 된 쪽은 다른 아이에 대해서 경쟁심, 질투심을 일으키고 부모에 대해서는 적의 또는 공격심을 안고 자기 자신에 대해서는 절망감, 불안감으로 고민한다. 아이의 경우 특히 신경성 증상이 나타나 야뇨, 틱, 손가락 빨기, 말더듬 현상 등을 볼 수 있게 된다.

(2) 바람직한 양육태도

부모의 바람직한 양육태도의 특성은 다음과 같다.
a. 자유롭게 한다.

신경질적으로 번거롭게 꾸짖거나, 여러 가지로 배려해 주지 말고 자녀를 어느 정도 신뢰해 주는 것이 중요하다.

b. 자신감을 갖게 한다.

아이의 장점을 발견하고 발전시켜 곤란에 직면해도 꺾이지 않도록 격려해 준다.

c. 예의 바르게 한다.

선과 악의 구별을 확실히 인식시켜 예의범절을 명확히 습득시킨다.

d. 아이를 가까이에 둔다.

부모에게 무엇이라도 이야기하게 하여 아이가 부모를 멀리하거나 거부하는 일이 없도록 시킨다.

e. 평등하게 취급한다.

편애는 아이의 마음을 극도로 상하게 한다는 것을 알아야 한다.

2. 가정에서의 의사소통장애아동 지도 내용

의사소통장애아동에 대한 가정지도의 전반적인 내용을 개괄적으로 소개하면 다음과 같다(Schrader, 1998). 심층적인 내용이 필요한 경우는 소개하는 내용을 근간으로 하여 체계적으로 재구성할 필요가 있다.

1) 진단 및 평가에 대한 부모의 요구

(1) 부모가 가지는 의문

① 자녀의 언어가 늦는가?
② 늦다면 얼마만큼 늦는가?
③ 진단과 평가는 어디에서 받아야 하는가?

(2) 진단과 평가의 내용

① 표준화 검사도구의 내용

② 표준화 검사도구 이외의 내용
· 관찰
· 부수적인 검사(구강 구조, 음성, 유창성 등)

2) 초기의 언어 지도 내용

(1) 모방을 통한 언어 지도

① 상호적인 모방
아이가 "바바"라고 했을 때 부모가 흉내 내어 "바바"라고 하면 아이는 재미 있어서 "바바"라고하며 다시 부모의 발음을 모방한다.
② 유사한 소리 모방
부모가 "바바"와 비슷한 "파파"라고 발음하면 아이는 "파파"라고 모방을 한다.
③ 의미 단어 모방
이 단계에서는 유의미한 단어를 부모가 제시하고 아이가 따라하게 한다.

(2) 놀이를 통한 언어 지도

① 탐험놀이
공을 가지고 놀면서 "공을 튀길 때 나는 소리를 들어보자.", "탕탕하는 소리가 나지?", "탕탕하는 소리를 내어 보자."
② 기능적 놀이
"빗으로 머리를 빗어보자, '빗'이라고 말해보자."
③ 상징놀이
"상자로 집을 만들어 보자.", "상자로 만든 집이 어떠한지 말해보자."
④ 상상놀이
"이가 아프면 어디가지?", "치과에 가지.", "치과에 가면 먼저 무엇을 하지?"

(3) 활동을 통한 언어 지도

① 위치 및 공간 : "상자 안은 어디지?", "상자 밖은 어디지?"
② 방향 : "왼쪽 팔을 올려보자."

③ 동사 : "걸어보자."
④ 반대 : "이것보다 작은 공을 집어보자."
⑤ 수량 : "손뼉을 두 번 쳐보자."
⑥ 색 : "빨간 공을 집어보자."
⑦ 모양 : "네모 모양을 만들어보자."
⑧ 동물 : " '음-메'하고 우는 동물을 찾아보자."
⑨ 지시 따르기 : "손을 올려보자."

(4) 감각을 이용한 언어지도

① 찰흙놀이 : "찰흙을 만지니까 어떻니?"
② 모래상자 놀이 : "언니 이름을 써보자."

3) 가정환경을 통한 언어 지도

(1) 가정에서 일반적인 언어 지도 지침

① 재미있게 이야기 한다.
② 칭찬을 많이 하여 아이의 의사소통 욕구를 촉진시킨다.
③ 표정과 몸짓을 풍부하게 사용을 한다.
④ 짧고 간단하게 말한다.
⑤ 천천히 분명하게 말하고, 필요한 경우 반복해준다.
⑥ 핵심단어를 강조한다.
⑦ 예를 들어주며 말한다.
⑧ 아이가 대답할 수 있는 충분한 시간을 준다.
⑨ 아이가 말을 하도록 강요하지 않는다.

(2) 식사시간을 이용한 언어 지도

① 명사 : 음식의 이름, 그릇 이름
② 동사 : 먹다, 마시다, 맛보다, 자르다, 굽다
③ 형용사 : 단단한, 짠, 매운, 싱거운

④ 반대말 : 뜨겁다/차갑다, 많이/조금, 맛있다/맛없다
⑤ 위치 : 식탁 위에, 그릇 안에, 접시 옆에

(3) 목욕시간을 이용한 언어 지도

① 이름 대기 : "목을 좀 봐."
② 의사 표현 : "비누 주세요.."
③ 묘사 : "아이 추워."
④ 설명 : "물이 너무 뜨거워 들어갈 수가 없어."
⑤ 비교 : "이 수건은 작아 큰 수건이 필요해."
⑥ 요구 : "수건 줘!"
⑦ 지시 : "머리를 먼저 감아."
⑧ 예상 : "물을 받는데 시간이 오래 걸릴 것 같다."
⑨ 가상놀이 : "오리처럼 움직여보자!"

(4) 착 탈의 시간을 이용한 언어 지도

① 이름 대기 : "이것은 바지야."
② 의사 표현 : "운동화를 신고 갈래요."
③ 묘사 : "옷이 참 예쁘다."
④ 설명 : "바지의 길이가 짧다."
⑤ 비교 : "빨간색보다 노란 색이 좋다."
⑥ 요구 : "바지 주세요."
⑦ 지시 : "팔 올려라."
⑧ 예상 : "오늘은 추울 것 같다."
⑨ 가상놀이 : "산타클로스 할아버지 놀이 하자."

(5) 텔레비전을 이용한 언어 지도

① 상황 설명 : "등장하는 사람은 모두 세 사람이다."
② 사건 설명 : "어렵게 됐다."
③ 사건 예견 : "집으로 돌아갈 수 있겠다."

단원 요약

▪ 청각장애유아의 가정지도 내용은 청능훈련, 말하기 지도, 놀이 지도, 생활습관 지도, 수면습관 지도로 대별할 수 있다. 청능훈련은 청력자체를 개선시키는 것이 아니라 잔존청력을 기능적으로 활용하도록 하는 활동이다. 청능훈련의 내용은 음의 인식, 음과 말의 변별, 음과 말의 이해를 포함한다. 말하기 지도는 가정생활을 통해서 자연적으로 총체적으로 지도한다. 놀이 지도는 청각적인 언어수용의 부족을 시각적 자료들을 사용하여 보상한다. 생활습관 지도로는 식사습관, 배변 습관, 착·탈의 습관으로 나눌 수 있다. 유아기의 식사에 관한 기본적 습관으로는 이유, 식사행동의 자립, 간식과 식사의 규칙성 등이 있고, 배변습관은 조건형성의 방법으로 지도하며, 착·탈의습관은 유아의 손가락 운동능력에 기초하여 연령별로 이루어진다. 수면 습관은 취침환경의 조정으로 연령별로 수면시간을 조정하여 지도한다.

▪ 언어장애유아의 가정지도는 발음기관을 중심으로 의학적 치료가 필요하면 먼저 하고, 심리적 문제가 있으면 정서적인 문제를 해소시킨다. 다음으로 언어지도 환경을 조성하여 발음훈련을 시킨다.

▪ 정신지체유아의 가정지도는 감각훈련, 언어 지도, 건강관리 지도, 놀이 지도, 생활습관 지도로 대별된다. 감각훈련은 근육운동 중심으로, 건강관리 지도는 적당한 운동과 풍부한 정서를 통해 이루어진다. 언어 지도, 놀이 지도, 생활습관 지도는 청각장애유아와 비슷하다.

▪ 뇌성마비유아의 가정지도는 기능훈련, 언어 지도, 놀이 지도, 생활습관 지도로 나누어진다. 뇌성마비유아의 기능 지도는 단순히 부자유한 사지의 근육을 강화시키는 것이 아니라 동작법을 익히는 데 있다.

▪ 가정지도의 내용은 식사시간, 목욕시간, 착 탈의 시간, 텔레비전을 보는 시간을 이용하여 언어지도를 할 수 있으며, 품사별 또는 의사소통 내용별로 지도할 수 있다.

▪ 정서장애유아의 가정지도에서 바람직하지 못한 양육태도의 유형으로는 거부적, 방임적, 과보호적, 완벽 추구적, 편애적 양육태도가 있다. 바람직한 양육태도는 자율성, 자신감, 예절, 근접성, 그리고 평등성을 보장하는 양육태도이다.

생각할 내용

▪ 의사소통장애 유형별 가정지도에서 다른점과 달라야 하는 이유

- 의사소통장애 유형별 가정지도의 제한점
- 의사소통장애유아의 가정지도에서 전제되어야 할 기본 이념

제8장 조기 의사소통기능 지도

조기 의사소통기능의 발달은 사회에서 기능하는 방법에 영향을 줄 뿐만 아니라 사고하는 방법에도 영향을 준다. 의사소통기능의 지도에는 정상적인 언어 발달의 일반적 지식과 개별 아동의 독특한 요구에 대한 특정 지식이 필요하다. 아울러 교사, 치료사, 부모의 팀 접근에 의한 지도가 반드시 필요하다.

1. 조기 의사소통기능 지도의 기초

1) 의사소통기능의 발달 요소

(1) 언어와 말

의사소통기능에는 언어적인 것과 비언어적인 것이 있으나 여기서는 언어적인 것만 언급한다. 언어적인 의사소통기능에는 듣기, 말(speech), 언어(language) 등이 있다. 말과 언어를 혼동하여 사용하는 경우가 있음으로 그 개념을 구분해둘 필요가 있다. 언어는 의미가 이해되는 신호, 소리, 상징의 구조화된 체계인 반면에, 말은 이러한 체계에 기초하여 의미를 구두로 전달하는 수단이다. 좀 더 구체적으로 비교하면, 언어는 각자의 머리에 저장된 지식으로 단어와 그 단어를 결합하는 규칙으로 대표된다. 말은 행동으로 실현되는 실제적 발성으로 표현된 것이며, 이 말의 기저가 되는 바탕은 언어와 사고이다.

(2) 의사소통기능의 발달 요소

의사소통기능은 내어(inner language), 수용언어, 표현언어로 구성된다. 내어는 전화와 벨소리를 결합시키는 것과 같이 사고를 반영하는 것으로, 보다 높은 수준의 의사소통기능을 발달시키기 위한 기초를 형성한다고 볼 수 있다. 수용언어는 듣는 능력 즉, 타인이 말한 내용을 듣고 해석하고 이해하는 능력이다. 수용언어는 자발적으로 발달하거나 내어와 연계되어 인식-변별-이해의 과정을 거쳐 발달한다. 표현언어는 의미 있는 음을 산출하는 과정이며, 발달 단계상 듣기의 과정이 이루어진 후에 발달한다.

(3) 조기의 의사소통기능

의사소통기능의 초기 요소는 0~4개월 사이의 내적 자극에 대한 반응의 울음, 4~6개월 사이의 자신의 목적을 위한 음의 반복인 옹알이, 6~8개월 사이의 억양과 강세를 가진 의미 없는 옹알거림(jargon), 8~12개월 사이의 의미 없이 단어를 말하는 근접(approximation) 등이 있으며, 이런 요소들이 긍정적인 발달을 거쳤느냐의 여부는 언어발달에 많은 영향을 미친다(Lerner etc., 1987).

(4) 언어와 말의 기능 구성요소

① 언어의 기능 구성요소

언어기능은 음운론, 의미론, 구문론, 화용론으로 구성된다. 음운론은 억양, 강세, 휴지, 음향, 음, 말의 체계를 이해하고 적용하는 기능이며, 의미론은 단어의 의미와 단어의 관계를 이해하고 적용하는 기능이다. 구문론은 단어들이 구나 문장의 형성, 문법구성의 규칙, 언어의 체제에서 연결되는 순서를 이해하고 적용하는 기능이며, 화용론은 언어가 환경에서 사용되는 방법에 대한 이해와 적용기능이다.

② 말의 기능 구성요소

말의 기능은 청지각, 조음, 음성으로 구성된다. 청지각은 듣기 행위와 더불어 청각적 감각의 통합기능이다. 조음은 조음기관의 협응 능력이며, 음성은 음의 고저, 음색, 음의 크기, 리듬의 기능이다.

2) 의사소통기능 발달 저해 요인

(1) 감각 결함

청각결함은 듣기장애를 가져와서 언어발달과정상 듣기가 이루어진 후에 말의 발달이 이루어진다는 이론의 입장에서는 의사소통기능 발달에 심한 장애를 가진다. 이런 경우 언어수용뿐만 아니라 언어표현까지도 기능에 장애를 가져온다.

(2) 경험의 박탈

언어학습을 위해서 경험은 매우 중요한 요소이다. 경험의 박탈을 가져오는 요인에는 주로 가정의 영향으로 부모와 접촉할 수 있는 기회의 제한, 부모의 과잉보호에 의한 언어표현 기회의 박탈, 부모의 잘못된 언어 환경에 의한 의사소통욕구의 제한 등이 있다.

(3) 정서적 문제

심한 정서분열 아동은 함묵증, 반향어를 사용하는 비기능적 표현언어, 단순한 지시에도 따르지 못하는 중증의 수용언어 기능장애, 의사소통 시에 시각적 접촉의 부족, 대명사의 반전, 동사사용 부족 등의 문제를 가진다(Prizant & Duchan, 1981).

(4) 신경학적 기능 장애

감각의 문제, 경험의 박탈, 정서적인 문제 이외의 원인으로 언어기능에 문제가 수반되는 경우를 제외한 대부분이 신경학적인 문제와 관련이 있다. 최근에는 중추성 청각정보처리장애에 대한 관심이 높아지면서 신경학적인 기능장애의 범주가 점차 확대되고 있는 실정이다.

3) 언어 학습 이론

(1) 자연적 학습이론(natural learning theory)

유아는 생물학적으로 언어를 배우고 학습하는 경향을 가지고 있다고 본다. 즉, 유아는 언어를 이해하고 표현하기 위한 선천적인 능력을 가지고 태어난다는 것이다. 유아는 단순히 모방학습을 통해 단어를 학습하는 것이 아니라 일련의 변형 규칙을 학습함으로써 청자(listener)로서 다양한 문장을 이해하고, 화자(speaker)로서 다양한 문장을 산출하는 능력을 가지게 된다.

(2) 행동이론(behavioral theory)

언어(speech and language)는 모방을 통해 체계적으로 학습되며, 강화를 통해 촉진된다(Hendrick, 1975 ; Safford, 1978)고 본다. 따라서 유아는 환경에서 구체적인 언어 특성을 처음 모방함으로써 의사소통기능을 학습한다. 이 때 유아의 발성은 성인의 주의집중과 반응에 의해 강화되며, 그 행동은 강화로 인해 유지된다.

(3) 인지이론(cognitive theory)

언어발달은 상징적 기능이나 개념의 의미를 조작하는 능력과 관련되어 있다고 본다. 그래서 언어는 유아가 사물을 묘사하고, 실재하지 않은 것을 나타내는 인지 단계에 도달할 때까지는 발달하지 않는다. 따라서 언어와 인지는 밀접한 관련이 있으며, 언어훈련은 상징놀이, 역할놀이, 그림과 같은 비언어적 표상체계와 서로 연결되어야 한다.

언어에 있어서 조기중재 프로그램은 초기 유아기에 문제가 발견되는 즉시 시작되어야 한다(Bricker & Bricker, 1975). 또한 청각장애유아의 경우처럼 구어획득에 매우 심한 어려움을 가진 유아에게는 비언어적 체계가 필수적이다. 의사소통으로써 수화는 구어 촉진자로써 또는 이차 언어지원 체계로써 가르쳐야 한다.

2. 언어 지도 전략

언어중재 프로그램은 ① 개별 아동의 언어 수용, 표현, 비언어적 의사소통기능을 확인하는 것이 필요하며, 아울러 ② 각 아동의 특별한 경향을 고려해야 하고, ③ 아동이 상호작용을 통제하도록 허용해야 한다.

1) 수용 언어 기능의 지도

일반적으로 청력 측정 및 평가 후에 청력 손실의 정도와 특성에 기초해서 청능훈련 프로그램이 시작된다. 언어 수용의 과정을 도식화해 보면 그림 8.1과 같다(여광응 외, 1994).

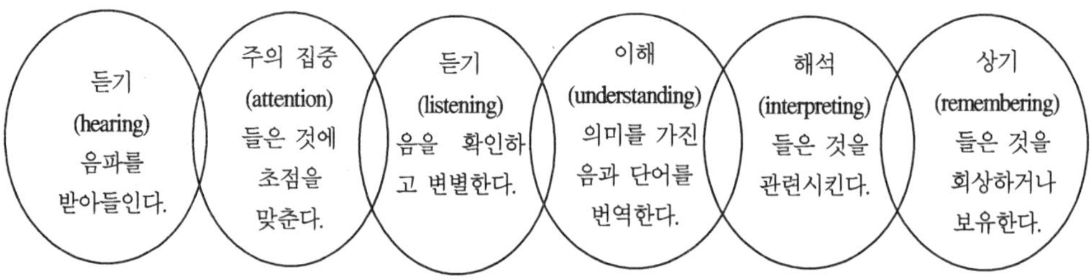

[그림 8-1] 언어 수용의 과정

이 과정에서 아동의 주의집중은 시각 단서를 통해 음에 초점을 둔다. 음과 음원은 아동이 두 가지 사이를 연결시킴으로써 일관되게 연합하게 된다. 음에 대한 반응은 언어적 또는 비언어적으로 긍정적 강화를 제공한다. 치료사, 교사, 부모는 특수 말하기(special speech)를 사용하는 것에 특히 유의해야 한다. 이를 테면, 반복, 과잉 표현, 지적하기, 제스처와 같은 언어학적 단서와 비언어적 단서를 의식적으로 사용해야 한다. 그리고 용어는 보다 짧고, 단순하고, 음도가 높고, 성인에게 말하는 것보다 느리게 말한다. 연구결과는 분당 150~175단어의 속도로 말하는 것이 바람직하다(Horton, 1974)고 지적하고 있다.

좋은 듣기 습관을 촉진시키기 위해 교사, 치료사, 부모들은 다음 사항을 유념하여야 한다.

· 큰 소리 보다는 아주 가까이서 들을 수 있도록 조용하고 정상적인 목소리를 사용한다.

· 짧고, 간결하고, 분명하게 진술된 설명을 한다. 아동은 길고 산만하고 분명치 않은 말은 무시하는 경향이 있다.

· 빠른 속도보다는 따라하기에 쉬운 중간 정도의 속도로 말을 한다.

· 아동이 말을 할 때는 주의 깊게 듣는다. 이것은 아동에게 좋은 모델이 된다.

· 지시를 하기 전에 아동의 주의집중을 이끌어 내고, 눈 맞추기를 통해 주의집중을 확인한다. 만약 필요하면, 말을 할 때 아동의 시야로부터 시각적 주의산만의 원인을 차단한다.

· 고요하고 조용한 주의 환경을 만든다.

· '음 단서'나 '준비'라는 말과 매개어를 사용한다. 이러한 단서는 일관되게 사용하되 점차 줄여 나간다.

· 억양과 강세를 적절하게 사용한다.

동요는 유아에게 보다 효과적인 듣기 활동이 될 수 있다(Glemen & Cuniing-ham, 1984). 동요는 반복적인 운율과 단어, 분명한 시작과 끝맺음으로 특징 지어진다. 동요는 아동이 사건을 예견할 수 있는 구조화를 제공한다.

2) 표현 언어 기능의 지도

듣기 기능은 의사소통기능의 '준비'단계이다. 듣기 기능은 어휘를 매개로 하여 표현언어 기능을 유도한다. 일반적으로 아동이 대근육 활동 모방을 학습한 후에 음성모방 훈련을 시작한다.

옹알이 단계의 유아에게 권장할 수 있는 활동에는 다음과 같은 것이 있다.

· 음을 말하고 아동이 반복하면 기쁨을 보여 강화를 하고 다시 반복하는 게임을 한다.

· 기침하는 음을 낸다.

· 입술에 손바닥을 대면서 뽀뽀하는 음을 낸다.

어휘 훈련은 명사에서 동사로 진전되고, 형용사 다음에 부사를 가르친다.

어휘를 지도하기 위한 지침에는 다음과 같은 것이 포함된다(Hetten & Hatten, 1975).

① 단어와 물체는 음과 물체가 분명하게 연합되도록 동시에 제시되어야 한다.

② 새로운 단어는 그 의미가 한쪽에 고착되기 전에 다양한 방법으로 경험해야 한다.

③ 반복과 연습할 기회를 제공한다.

④ 보고 듣는 모든 단어가 중요한 것은 아니다.

⑤ 자기의 생각을 포함하도록 충분한 시간을 준다.

⑥ 아동이 그것의 필요성을 알도록 한다.

⑦ 말한 것에 관해 흥미 있는 일을 발견한다.
⑧ 칭찬이나 강화를 자주 한다.

표현언어 기능의 영역별 지도 전략은 다음과 같다.

(1) 어조의 지도

어조는 악센트, 장음, 단음, 강약을 포괄한 것이나 우리 국어에서 악센트는 분명하지 못하며 고저로 나타나고, 장음과 단음은 장단음으로 나타난다.

어조에는 음절어조(syllable intonation)와 단어어조(word intonation), 그리고 문어조(sentence intonation)가 있다. 문어조의 경우, 질문·감정·조건·강조 등에서는 상승조로, 서술·명령·감탄·기원·청유·추측에서는 하강조로 나타난다.

(2) 말의 속도

말이란 누가 누구에게 무엇을 이야기하려 할 때 성립되는 것이기 때문에 반드시 말하는 주체와 장면과 소재가 그 기본요소가 된다. 따라서 말의 속도는 그 주체의 특성과 상황에 관련되며, 소재에 따라서 다양하다. 지도 방법은 다음과 같다.

① 아이의 이야기를 항상 수용하고, 아이로 하여금 심리적 불안감을 느끼지 않도록 하는 청자의 자세가 필요하다.

② 지도는 쉬운 생활 용어로 쉽게 말하는 것부터 출발되어야 한다. 즉, 소재의 선택은 쉬운 것부터 해야 한다.

③ 대화 상대를 적은 수에서 점차 많은 수로 늘려가야 한다. 이는 듣는 사람이 많고 적음에 따라 심적 차이가 크기 때문이다.

④ 말을 천천히 하는 데서부터 점점 속도를 높여가는 방법으로 해야 한다.

(3) 성량

성량은 화자가 처한 장소와 밀접한 관계가 있다. 개인의 신체적 조건이 수반되어지면 말하는 장소에 적합한 성량을 조절할 수 있도록 지도해야 한다.

불안을 느낄 때는 성대 근육이 긴장되어서 제대로 성량을 내지 못한다. 그러므로 우선 아이가 안정된 상태에서 자유롭게 이야기할 수 있는 상황 마련이 중요하다.

(4) 어휘

어휘지도의 기본적인 방향은 다음과 같다.

① 어휘의 의미는 문맥적 의미의 파악이다.

② 단어의 구조 지도는 문장에서의 기능을 알기 위한 기초이다.

③ 품사나 기능어의 이해는 표현을 위한 활용이 목적이다.

④ 품사나 기능어의 지도는 언어 사용 속에서 지도방법이 강구되어야 한다.

⑤ 단어에는 기본적 의미와 파생적 의미가 있는데, 이는 사용의 정확성에 기여하도록 지도해야 한다.

⑥ 어휘 지도에서 이해어휘와 표현어휘와의 조화가 이루어지도록 지도해야 한다.

3. 언어지도 내용

언어발달의 결정적 시기는 영아기에서 6세까지(유아기)이다.

1) 듣기

(1) 0~6개월

① 운동자극을 주면서 말을 붙인다.

· 데굴데굴 : 모포 위에서 가볍게 굴리면서

· 흔들흔들 : 안아 올려 흔들면서

<주의> 몸을 움직이면서 표정을 잘 보고 아이가 긴장을 풀고 움직임을 즐거워하는지 주의한다.

② 사람의 소리에 주의를 기울이게 한다.

· ○○야! : 아이를 안고 얼굴을 서로 마주 보게 하여 아이의 이름을 부른다.

<주의> 처음에는 몸을 접촉하거나 흔들거나 하면서 긴장을 이완시킴과 동시에 사람의 목소리에 주의를 기울이도록 한다.

③ 여러 방향에서 소리를 들려준다.

· 방울이나 딸랑이 등을 흔들며 그 소리에 맞추어 몸을 가볍게 쓰다듬기도 하고 흔들기도 한다.

· 방향과 거리 조절

· 아이의 눈이 닿지 않는 위쪽이나 어두운 곳에서 소리를 낸다.

④ 여러 종류의 소리를 들려준다.

· 회전 장난감

· 노래 소리 듣기

⑤ 흔들림에 맞추어 말을 붙인다.

. ○○야, 안녕하세요? : 흔들 그네나 모포 위에 눕혀 천천히 좌우로 흔들면서 그 흔들림에 맞추어 말을 한다.

<주의> 얼굴을 마주하며 어루만져 주기도 한다.

⑥ 흥미 있는 물건에 주목시킨다.

. 소리 나는 장난감이나 반짝 반짝 빛나는 장난감을 얼굴 정면 또는 비스듬히 위치시켜 소리를 내거나 흔들어서 주목시킨다.

⑦ 천천히 이동시켜 눈으로 추적하게 한다.

⑧ 보이지 않는 좌우의 방향에서 소리를 낸다.

· 조금씩 장난감이 이동하는 거리를 길게 하고 얼굴에서 떨어진 곳에서 소리를 내어 본다.

· 아이에게 보이지 않는 좌우의 후방에 장난감을 놓고 그 방향으로 얼굴을 향하게 한다.

· 좀처럼 반응하지 않는 경우에도 오랫동안 소리를 계속 내면서 가볍게 뺨에 손을 대어 장난감의 방향으로 얼굴이 향하도록 도와준다.

⑨ 여러 방향으로 자극을 준다.

. 자극의 방향, 크기, 종류의 다양화

⑩ 움직이는 장난감 눈으로 쫓기

. 얼굴을 움직여서 눈으로 쫓는다(좌 · 우, 상 · 하 각도). 소리 나는 장난감을 사용한다.

⑪ 자극을 주면서 말을 건다.

. ○○야, 이쪽을 보렴 : 마주 보고 어루만져 주면서 말을 한다.

⑫ 아이가 길게 보도록 한다.

· 큰 공과 장난감을 보여 주었을 때 둘 사이의 움직임에 주의집중(시야에 들도록 위치)하도록 한다.

⑬ 물건을 유심히 보도록 한다.

· 보렴, 보렴 : 테이블 위를 장난감으로 콩콩 두드린다(장난감을 다양하게 바꾼다).

(2) 7~12개월

① 소리 내어 부르며 얼굴을 향하도록 한다.

· ○○야, 하고 소리 내어 부른다(친밀감 있는 부드러운 음성으로).

<주의> 엄마나 지도자 쪽으로 얼굴을 향하기도 하고 미소를 짓기도 하여 안아 주거나 머리를 쓰다듬어 준다.

② 촉각적인 수단을 더해서 소리 내어 부르기를 한다.

· 어깨를 가볍게 두드리며 '○○야'라고 소리 내어 부른다.

<주의> 동작 등의 반응으로 나타나면 두드리기 등의 촉각적인 수단은 제외하고 음성만으로 반응할 수 있도록 한다.

③ 보이지 않는 곳에서 소리를 내어 뒤돌아보도록 한다.

④ 틀린 이름을 불러 반응을 본다.

⑤ "주세요(손을 포개어서)."라고 말하고 장난감을 받을 것처럼 한다.

· 장난감을 보고 "○○야, △△을 주세요."

<주의> 아이가 △△을 주면 머리를 쓰다듬고 칭찬한다.

⑥ 2~3개의 사물 중 1개를 "주세요."라고 말한다.

⑦ 좋아하는 장난감을 "주세요."라고 한다.

⑧ 주는 방법과 받는 방법의 역할을 교대한다.

⑨ "아빠 어디?", "붕-붕 어디?"라고 물으면 그 쪽을 본다.

. 질문의 내용을 구체적으로 가리키게 한다.

<주의> 언어로써의 질문에 대해서 의미가 충분히 통하지 않을 때는 견본을 가리키며 "이것과 같은 붕붕 어디?"라고 물어 본다.

⑩ 아이의 시야 가운데 있는 물건에 대하여 질문한다.

· 초기에는 단계적으로 아이의 시야에 보이는 것에 대하여 질문하는 것이 중요하다.

· 숨겨둔 것에 대해서는 다음 단계에서 질문한다.

⑪ 아이가 이해할 수 있는 언어를 사용하여 질문한다.

· 흥미와 관심이 있는 것에 대해 질문한다.

⑫ 주의집중이 되어 있을 때 질문한다.

2) 호흡, 발성, 발어, 옹알이

① 놀면서 말하는 것을 권장한다.

· 아바바, 아부부 : 품에 안아서 흔들흔들 하기도 하고, 몸을 어루만지기도 하고, 몸을 가볍게 두드리기도 하면서 얼굴을 아이에게 접근시키고 미소를 짓는다.

<주의> 간단한 소리를 포함한 언어를 반복해서 말한다.

② 긴장을 이완 시키며 말 걸어주기.

· 옷을 갈아 입을 때

· 목욕탕에 들어갈 때

· 젖을 물릴 때

<주의> 긴장을 이완 시키면서 반복하여 말 한다.

③ 입을 보고 움직이게 한다.

· 처음에는 지도자의 입 움직임을 주시하게 한다.

· 계속 자극을 제시하고 차차 입을 움직이며 조금씩 소리를 내게 한다.

<주의> 소리를 내면 어루만지기도 하고 칭찬도 한다. 또한 지도자가 그 소리를 흉내내어 말하는 것처럼 한다.

④ 마주 보고 놀면서 말을 건낸다.

4. 놀이를 통한 언어지도

1) 놀이의 학습적 의미

(1) 정서발달

의사소통장애아동은 자신의 요구를 표현하고, 상대방의 메시지를 이해하는 데 어려움을 가지고 있어서 정서적인 문제를 유발한다. 그리하여 놀이는 아동의 좌절을 읽을 수 있고, 아울러 정서적인 문제를 치료할 수 있는 좋은 매개가 된다.

아동이 노는 것을 지켜봄에 의해 즉, 인형놀이를 할 때 인형을 다루는 방법이나 태도, 그리고 대화를 나누는 내용으로 아동의 감정에 관한 힌트를 얻을 수 있다. 예를 들면, 대인관계를 불안해하는 아동이라면 병원놀이를 통해 의사와 환자가 대화를 하는 내용을 재연함으로써 다른 사람과의 대화에 대한 자신감을 가지게 할 수 있다.

부모는 아동과의 놀이를 통해서 부모-자녀의 긍정적인 유대관계를 발전시키고, 그렇게 함으로써 자녀의 긍정적인 감정의 발달을 촉진시킬 수 있다. 또한 놀이를 통해서 실제 생활에서는 경험할 수 없는 상황과 접해볼 수 있는 기회를 제공하여 자기의 감정을 조절할 수 있는 능력을 배우게 할 수도 있다.

(2) 신체발달

신체적 표현 활동을 통해 언어장애로 인한 열등감을 제거하고 자신감을 가지게 할 수 있다. 경찰서 놀이를 예로 들면, "경찰 아저씨와 악수해 보자."라고 말한 후에 "참 잘 했어！ 경찰 아저씨와 악수했구나."라고 말해주며 격려를 한다. 또 "이제는 공을 잡을 수 있네."와 같이 장난감을 잘 가지고 노는 것에 칭찬할 수도 있는데 이런 경우는 아동이 성취를 했다는 성취감을 가지게 함으로써 긍정적인 생각과 함께 신체발달을 촉진시킬 수 있다. 신체적인 장애가 있는 경우에는 보조 장치를 통해 할 수 있다는 성취감을 느끼게 해주는 것이 중요하다.

(3) 사회성발달

놀이는 일반적으로 몇 가지 단계를 거쳐 사회성 발달을 촉진한다. 먼저 '단독놀이' 단계로 이 단계의 아동은 성인과는 상호작용을 하지만 또래와는 상호작용을 하지 않는다. 다음은 '병행놀이' 단계로 같은 공간에서 놀이를 하지만 각자의 놀이를 한다. 끝으로 '사회적 놀이' 단계로 같은 공간의 놀이 상황에서 각자의 역할을 분담하여, 함께 놀이를 한다. 의사소통장애아동들은 이 단계에서 어려움을 나타냄으로 부모의 관심과 지도에 의해 다른 아동들과 어울려 놀이에 참여할 수 있도록 세심한 관심과 배려가 필요하다.

이 단계를 통해 아동은 민주시민으로서의 자질을 학습하게 된다. 차례를 지켜야 함을 알고, 기다릴 줄도 알며, 다른 사람의 입장도 이해해야 함을 배운다.

(4) 인지발달

인지발달은 일반적으로 4단계를 거친다. 1단계는 '감각운동기'로 0~2세에 해당된다. 이 단계에서 아동은 자신의 근육과 감각기관을 통해 보고, 듣고, 만지고, 느낌으로써 주변 환경을 학습하게 된다. 이 시기에 부모는 주변에서 보이는 모든 사물에 대한 이름을 또박 또박 말해준다. 2단계는 '전 조작기'로 2~7세에 해당되며, 실물보다는 상징물(그림, 모형, 단어)을 사용하여 생각을 표현한다. 이 과정을 통해 수용 및 표현언어가 급속히 증가한다. 3단계는 '구체적 조작기'로 7~11세에 해당되며, 보이지 않는 상황을 생각 한다. 4단계는 '형식적 조작기'로 문제해결능력이 확립되는 시기이다.

이와 같은 단계를 거치면서, 아동은 놀이를 단순한 놀이가 아닌 문제해결, 탐구, 유추와 같은 정신적 활동을 요하는 보다 정교한 놀이로 발전시켜 나간다.

(5) 언어발달

놀이를 통해 세상에 대한 이해뿐만 아니라 세상을 살아가는 방식을 가르칠 수 있다. 부모는 자녀에게 중요한 성인으로서 놀이의 대상이 된다. 예를 들면, 아기가 젖을 빨면서 엄마의 몸을 만져보는데 이것이 아이의 최초 놀이가 된다. 이때 자녀는 엄마와의 놀이를 통한 상호작용 과정 속에서 말을 학습한다. 예를 들면, "엄마 코야", "나는 철수를 사랑해" 등의 말과 함께 신체부위를 지적해준다든지 꼭 안으면서 말을 해줌으로써 상호작용을 통한 말을 학습한다. 놀이는 아이들이 재미있는 활동을 구체적으로 경험함으로써 언어를 수용하고 표현하는 능력을 학습할 수 있게 한다.

2) 놀이를 통한 대화기술 발달

아이가 하나의 단어를 산출하기 위해 그 단어를 수 천 번씩 반복하여 듣는 과정을 거친다. 놀이를 통하여 이 과정을 자연스럽게 아기에게 제공할 수 있다. 이때의 말은 놀이 형식을 빌린 자연스러운 말하기가 되며 다음과 같은 요령으로 말을 듣고 표현하게 해준다.

· 문장을 짧게 함으로써 이해를 용이하게 한다.
· 아이에게 말을 할 수 있는 기회를 준다.
· 놀이를 바꾸어 주면서 같은 말을 반복하여 듣고 표현하도록 한다.
· 칭찬을 통해 아이에게 말을 하려는 동기유발을 가지게 한다.
· 열정을 가지고 말하며, 움직이면서 다양한 동작을 사용한다.
· 한 번에 한 가지 장난감을 가지고 놀이를 하면서 대화를 한다.
· 상위단어(예, 자동차)에서 점차 하위단어(예, 버스, 택시 등)로 확대한다.
· 매일 놀이를 통해 대화할 시간을 가진다.
· 정확한 명칭들을 사용한다.
· 문장에서 적당한 간격(예, '구'사이)으로 시간을 두고 쉰다.
· 눈높이를 맞춘다.
· 놀이 시간은 짧게 한다.
· 컨디션이 가장 좋을 때 한다.
· 아이가 즐거워하면서 참여하게 한다.

3) 언어발달을 촉진시키는 놀이와 언어자극 내용

놀이를 통해 언어를 지도할 때, 적절한 놀이의 내용과 언어자극의 예를 연령별로 제시하면 다음과 같다(Schwartz & Heller Miller, 1996).

(1) 출생 ~ 12개월

① 출생 ~ 3개월
· 흑백모빌 : "빙빙 돌아가네."
· 봉제인형 : "기린아, 안녕?"
· 딸랑이 : "딸랑딸랑 소리 나네."
· 자동차용 장난감 : "친구가 활짝 웃네."

② 3 ~ 6개월
· 모빌 : "반짝반짝 작은 별, 아름답게 비추네."
· 거울 : "까꿍! 우리 아기 여기 있네."
· 아기체육관 : "손으로 돌리고, 발로 차고."

· 촉감 인형 : “애벌레도 네 얼굴처럼 부드럽네.”
· 아기 인형 : “인형한테 파랑색 옷 입혀보자.”

③ 6 ~ 9개월
· 부드러운 블록 : “블록을 높이 쌓아요.”
· 놀이 풀 : “거북이가 껍질 속으로 숨었네.”
· 카세트 녹음기 : “빨간색 버튼 눌러볼까? 노래가 나오네.”
· 원통 장난감 : “장난감이 데굴데굴 굴러가네.”
· 재미있는 수족관 : “물고기들이 놀고 있네.”

④ 9 ~ 12개월
· 고리 끼우기 : “노란색 고리 끼워 보자.”
· 공 : “큰 공 멀리 던져볼까?”
· 상자 속에 숨기기 : “어, 토끼가 없어졌네. 여기 있다.”
· 롤러코스터 : “기차가 하늘로 날아가네. 칙칙폭폭.”
· 책 : “귀여운 아기 곰이 소풍가요.”

(2) 1세 ~ 2세

① 12 ~ 15개월
· 밀고 당길 수 있는 장난감 : “유모차에 아기 태우고 놀러가요.”
· 깜짝 상자 : “펑! 키다리 아저씨가 나왔네.”
· 목욕놀이 장난감 : “배가 물에 둥둥 떠 있네.”
· 상자에 들어있는 공 : “공을 상자 안에 담는 구나.”
· 누르면 가는 기차 : “칙칙폭폭, 기차 잡아라!”

② 15 ~ 18개월
· 동물농장 : “고양이는 뭐라고 할까? ‘야옹’하네.”
· 빙글빙글 공놀이 : “어떤 색깔의 공이 나올까?”
· 말하는 까꿍 놀이 : “손잡이 당기니까 코끼리가 인사하네.”
· 비누방울 : “더 크게 불어보자. ‘퐁’ 터졌네.”
· 종이블록 : “몇 개인지 세어보자. 하나, 둘, 셋, 넷.”

③ 18 ~ 24개월

· 실내용 미끄럼틀 : “슝- 내려간다.”
· 퍼즐 : “우와, 꽃이 되었네.”
· 컵 쌓기 : “작은 컵 올리고, 더 작은 컵 올리고.”
· 모양 맞추기 : “네모 모양 어디 있을까?”
· 인형놀이 : “옷장은 어디에 둘까?”
· 나무상자 안에 들어있는 고양이 : “안에 뭐가 들어있을까 궁금하네. 열어보자.”

(3) 2세 ~ 3세

· 블록놀이 : “이것도 파란색, 이것도 파란색. 똑같네.”
· 얼굴 꾸미기 : “눈도 붙이고, 입도 붙이고.”
· 소리 나는 동물 퍼즐 : “양의 소리 들어볼까?”
· 학습블록 : “나비하고 잠자리는 모두 곤충이구나.”
· 놀이동산 : “어서 오세요. 신나는 롤러코스터 타세요.”
· 자동차, 트럭, 도로 표지판 : “파란색 불이 켜지면 자동차는 씽씽 달려요.”
· 집 꾸미기 : “예쁜 집을 만들었구나.”

(4) 3세 ~ 4세

· 말판게임 : “말을 세 칸 움직여야지. 이제 몇 칸 남아있나 볼까?”
· 사탕나라 : “나는 빨간 색 카드를 뽑았어.”
· 과일나무 : “얼마나 많은 사과를 딸 수 있는지 보자.”
· 리모콘으로 조종하는 차 : “삐용 Q용, 소방차가 오른쪽으로 가네.”
· 모양 맞추기 및 따라 그리기 : “얼룩말을 여기에 놓으면 될까?”
· 수 지도용 놀이 : “우리가 얼마나 높게 쌓을 수 있는지 해보자.”
· 옷 입히기 퍼즐 : “성민이랑 수진이의 옷이 비슷하구나.”
· 전화놀이 : “119. ‘도와주세요!’하고 전화기를 내려놓는 거야.”
· 공항놀이 : “비행기 타기 전에 짐을 싸요.”
· 정비소 놀이 : “타이어에 구멍이 뚫린 것 같아요.”
· 손인형 놀이 : “나는 강아지고 너는 나의 주인이야.”
· 고리 연결하기 : “고리를 세 개 끼워서 더 길게 만들어야지.”

(5) 4세 ~ 5세

· 사람인형 : "오늘은 진찰 받으러 병원에 가야해."
· 야구놀이 : "여기를 밟고 두 손으로 방망이를 꽉 잡아."
· 그리기 놀이 : "무엇을 그릴 거니?"
· 글자 만들기 : "니은 옆에 아를 두면, '나'야."
· 카드 맞추기 : "넌 오리나 물고기가 있는 카드가 필요하겠구나."
· 기차놀이 : "누가 기관사 할까? 승객은 누가 하지?"

(6) 5세 ~ 6세

· 구기 종목 : "축구할 때는 축구공, 무릎보호대, 축구화가 필요해."
· 모빌 인형(학교와 학교버스) : "버스정류장까지 같이 가자."
· 숫자 찾기 : "여기 책상 위에 있는 숫자 1을 찾아봐."
· 밀가루 반죽놀이 : "밀가루와 우유가 잘 섞일 때까지 잘 저어주어야 해."
· 시계 놀이 : "긴 바늘이 12를 가리키고, 짧은 바늘이 9를 가리키면 9시가 되는 거야."
· 곤충채집 놀이 : "이 통 안에서 반딧불이들은 공기구멍을 통해 숨을 쉬어."

4) 생활 속에서 언어지도

의사소통장애유아의 언어지도도 정상유아의 언어습득 과정과 동일한 방법으로 지도하는 것이 효율적이라는 것을 최근에 많이 강조하고 있다. 여기서는 유아들이 많이 접하는 일상생활, 컴퓨터, 텔레비전 등을 중심으로 개괄적으로 활용할 수 있는 주제를 제시하는 수준에서 논한다(Schwartz & Heller Miller, 1996).

(1) 일상생활

① 쇼핑할 때

자녀와 함께 쇼핑을 가기 전에 무엇을 사러 갈 것인지 그림카드를 만들어 본다. 그 다음으로 쇼핑할 내용을 가지고 시장, 슈퍼, 백화점 등 어디로 갈 것인지 아이와 의논하여 결정한다. 만들어진 그림카드를 가지고 쇼핑을 간다. 쇼핑을 할 때는 대화를 하여 가능한 언어자극을 많이 준다. 예를 들면, "우리가 사야 할 것이 무엇이지?", "아이스크림", "아이스크림은 잘 녹으니까 냉장식품 코너에 있어. 그쪽으로 가자.", "여러 종류의 아이스크림이 있네. 어떤 것을 살까?", "딸기 아이스크림" 등 현장을 중심으로 적절한 대화를 유도한다.

② 집에 있을 때

· 설거지하기 : "우리 설거지 하자", "작은 그릇부터 씻어보자"
· 요리하기 : "밥 짓기를 해보자", "쌀, 밥솥, 물이 필요해"
· 청소하기 : "서재 청소를 하자", "책을 정리하자"
· 화분에 물주기 : "이 꽃은 채송화다", "이 꽃은 물을 많이 좋아해"

③ 외출할 때

· 언어치료실에 갈 때 : "버스 타고 가자", "몇 번 버스를 타지?"
· 학교에 갈 때 : "오늘은 엄마와 함께 학교에 가자", "가방, 책, 필통을 챙겨라"
· 병원에 갈 때 : "이가 많이 아프니?", "양치질을 깨끗이 해라"

(2) 컴퓨터 놀이

① 전자완구

부모와 함께 놀이를 하면서 적절한 언어자극을 주는 것이 중요하며, 전자완구는 아이의 수준에 적당하고, 안전한 것을 선택한다.

② 소프트웨어

소프트웨어를 선택하는 기준은 다음과 같다.

· 주관식의 질문과 탐구적인 것
· 아동이 혼자 할 수 있는 것
· 잘 만들어진 것
· 아동의 수준에 적절한 것
· 재미 있는 것

(3) 텔레비전 보기

아동 중심의 프로그램을 선정하고, 텔레비전 보는 시간을 아동과 의논하여 미리 정해 둔다. 시청 할 때는 반드시 부모와 함께 지속적인 대화를 유도한다. 청각장애아동인 경우 자막이 있는 프로그램을 선정하는 것도 유념해야 한다.

단원 요약

- 의사소통기능은 내어, 수용언어, 그리고 표현언어로 구성되며, 반드시 발달과정을 거친다.
- 의사소통기능을 저해하는 요소는 감각결함, 경험의 박탈, 정서적 문제, 신경학적 기능장애 등이나 부모교육의 입장에서는 경험의 박탈이 가장 중요한 쟁점이다.
- 수용언어 기능은 감각적 듣기-주의집중-지각적 듣기-이해-해석-상기의 과정을 거치면서 발달한다. 이 듣기 기능은 표현언어의 선행단계로 반드시 발달이 이루어져야 표현언어의 발달이 보장될 수 있다.
- 영유아기는 언어발달의 결정적 시기이므로 조기 지도는 필수적이며, 연령별로 가정환경을 활용하여 지도한다.
- 놀이는 아이들이 가장 좋아하는 활동이므로 정서발달, 신체발달, 사회성발달, 인지발달과 함께 언어발달이 이루어지도록 통합적 차원에서 지도되어야 한다.

생각할 내용

- 조기 의사소통지도를 위해 부모가 이해해야 할 내용
- 가정에서 부모가 할 수 있는 총체적 언어지도 방법
- 놀이를 통해 할 수 있는 언어지도 내용의 범주화 및 목록화

제9장 의사소통장애아동 부모 및 가족 상담

이 장에서는 의사소통장애아동 부모 및 가족 상담의 방법적 유형과 내용을 소개하고 가족 중심 치료 접근을 위한 기초로서 가족 구성원과의 상담요령을 제시한다. 그리고 집단상담의 이념과 절차를 논의한다.

1. 상담 이론

인도 우화에 시각장애인과 코끼리에 대한 이야기가 있다. 시각장애인 두 사람에게 각자 코끼리의 한 부분을 만져 보고 그 동물이 무엇인지 말해보라고 했을 때 매우 다른 의견을 이야기 하였다. 코끼리의 꼬리를 잡아 본 시각장애인은 코끼리를 작은 뱀 종류로 해석했고, 다리를 잡아 본 시각장애인은 커다란 기둥으로 묘사했다. 이 우화의 초점은 사람이 처해있는 환경에 따라 실제적 관점이 다르다는 것이다.

아동의 행동변화를 도우려는 임상가는 우화에 나오는 시각장애인들과 흡사하다. 임상가는 그들이 느끼는 "코끼리"의 특정한 관점에 따라 이론적 틀에 의해 치료를 하며, 이 특정한 관점은 아동의 배경에 꼭 맞는 치료 목적을 촉진하는 데 가장 유용하다고 평가한다. 그러나 대부분의 임상가는 치료 이론에 의해 상담을 하고 있다.

이 장에서는 언어치료와 관련이 많은 행동주의 상담과 인간중심주의 상담을 중심으로 논의한다.

1) 행동주의 상담

행동주의 상담 모델의 근원은 Pavlov의 작동 조건화 반응에 기원한다. 따라서 행동주의 이론 자체의 역사는 매우 오래되지만 이 이론이 상담에 응용된 것은 그다지 오래된 것이 아니다. 초기에는 Dollard & Miller(970)와 Pepinsky & Pepinsky(1954) 등이 기존의 상담이론을 행동적 개념에 맞추려고 했다. 대표적인 이론가들로는 앞에서 든 사람들 외에 Bandura, Lazarus, Wolpe, Skinner, Thoresen, Krumboltz 등이 있다.

(1) 상담의 목적과 과정

행동주의 상담은 일반적으로 다음과 같은 특징을 가지고 있다.

첫째, 외현적이고 구체적인 행동에 초점을 맞춘다.

둘째, 상담의 목적을 명확히 설정하고 서술한다.

셋째, 내담자의 문제에 적합한 구체적인 상담 과정을 구성한다.

넷째, 상담의 결과를 객관적으로 평가한다.

① 상담의 목적

행동주의 상담자들은 과정 자체 보다는 목적에 더 큰 비중을 둔다. 일단 목적이 설정되면 학습을 위한 새로운 조건이 형성된다고 본다. 왜냐하면 모든 행동은 학습된 것이며 학습된 모든 행동은 교정될 수 있다는 가정을 행동주의자들은 굳게 믿고 있기 때문이다. 행동주의 상담의 일반적인 목적은 내담자의 부적응 행동을 변화시켜 해결하여 일상생활로 전이시키고, 앞으로 일어날 문제를 예방하는 데 있다(George & Critiani, 1981).

② 상담의 과정

행동주의 상담은 다음과 같은 여섯 가지 단계를 거치게 된다(미국 대학 카운슬러 협의회, 1986).

a. 변화시킬 행동을 밝혀내고 이를 행동용어로 서술한다.
b. 원하는 목적행동의 기초선을 정한다.
c. 목표행동이 일어날 수 있도록 상황을 배열한다.
d. 내담자에게 강화가 될 수 있는 자극과 사건들을 밝혀낸다.
e. 원하는 목표행동이나 그 행동에 접근하는 행동을 강화한다.
f. 목표 행동으로의 변화를 기록함으로써 치료 효과를 평가한다.

이 과정에서 상담자가 내담자를 수용하고, 내담자가 이야기하고자 하는 것을 이해하며, 내담자의 이야기 내용에 대해 어떤 판단을 내리지 않고 들어주는 것이 중요하다.

(2) 상담의 기법

행동수정의 상담기법은 매우 다양하다.

① 고전적 조건형성에 기초한 상담기법

이 기법의 대표적인 사람은 Wolpe다. 그는 상담의 목적을 달성하기 위해서는 상담자가 내담자를 여러 번 만나서 라포르를 형성한 후에 내담자로 하여금 아동기의 경험, 가족관계, 학교생활, 직업관계 등 현재의 자신과 관련되는 모든 정보를 솔직히 표현할 수 있게 하는 것이 중요하다고 하였다. 그의 구체적인 기법은 다음과 같다.

a. 주장 훈련

주장 훈련은 내담자로 하여금 상담자와 상호작용하는 동안 불안 감정을 표출하도록 하는 것이다.

b. 이완 훈련

이 기법은 근육을 이완시켜 몸의 근육구조의 긴장을 제거함으로써 불안감을 해소시키는 방법이다.

c. 체계적 둔감법

이 기법은 내담자가 불안을 느끼는 상황을 조사하여, 그 정도에 따라 불안 유발 상황을 위계화 하고, 이 위계적인 불안형성 상황을 하나씩 해결해 나가게 하는 방법이다.

② 신행동주의 기법

Skinner와 Bandura를 중심으로 한 행동주의의 새로운 이론가들은 학습의 근본원리를 좀 더 광범위하게 적용하여 인간행동을 수정하려 하였다.

a. 행동 계약법

이 기법은 상담자와 내담자 사이에 어떤 타협을 한 후, 그것에 근거하여 계약을 체결하는 방법이다. 이 기법은 특정 행동을 하면 정적강화를 받고, 그 행동을 하지 못하면 벌 또는 대가를 치러야 한다는 사실을 내담자에게 미리 알려줌으로써 행동을 변화시키는 하나의 방법이다.

b. 혐오 요법

구토제, 전기 충격, 또는 불쾌한 벌 등을 사용하여 바람직하지 않은 행동을 감소시키는 방법이다.

c. 모방 학습

내담자가 본받아야 할 어떤 행동을 하나 또는 여러 개의 모형을 제시하여 내담자로 하여금 그 모형과 쉽게 동일시 할 수 있게 하는 방법이다.

(3) 의사소통장애에 적용

행동주의는 언어 및 청각 클리닉에서 일탈된 행동을 다루는 데 매우 인기가 있는 방법이다. 행동주의는 치료사가 변화시킬 특정행동을 상세화하고 구조화된 절차를 제공하여 행동문제를 치료할 수 있다.

언어치료는 행동수정기법과 같아서 행동수정과 동일한 치료적 배려가 대부분의 언어치료의 기저를 형성한다. 즉, 언어치료는 의사소통장애아동이 실패 하지 않고 수행할 수 있는 단계에서 시작해야 하고, 적절한 강화형태와 강화계획을 선택하여 최종목적을 향해 한 단계 한 단계씩 나아간다. 각 단계의 성공이 보장되기 전에는 다음 단계로 이행하지 않는다. 실패했을 때 언어치료사는 다시 성공할 수 있는 전 단계로 전략적 후퇴를 할 수 있다(Perkins,1977).

행동수정 접근에 의한 의사소통장애 치료접근에 대한 문헌은 매우 풍부하다. Shames와 Florance(1982)는 어린이 말더듬이에게 유창성 행동형성에 의해 행동주의 접근을 권장하였다. Moore(1982)는 성대 과용을 제거하거나 감소하기 위해 행동수정 기법을 추천하였으며, Frab와 Throne(1980) 등은 발달지체아동에게 어휘를 가르치기 위해 작동조건화 기법을 사용하였다. 작동조건화 기법은 음에 대한 반응을 통해 검사하기 어려운 대상에게 광범위하게 사용되었다(Lloyd, Soradlin & Reid, 1968 ; Yarnell, 1983).

(4) 행동주의의 제한점

행동주의 접근은 외현적인 행동수정은 분명히 가능하지만 인격적인 성장, 자긍심, 그리고 불안과 같은 심리적으로 애매한 것은 다루지 않는다. 왜냐하면, 이와 같은 행동은 상세화하고 구조화하기 어렵기 때문이다. 그러나 어떤 행동은 의사소통 행동에 상당한 영향을 미치고, 치료의 변화를 확립하는데 매우 유용하다.

2) 인간중심주의 상담

인간중심주의 상담은 처음에는 비지시적 상담으로, 후에는 내담자 중심 상담으로 불리다가 최근에는 주로 인간중심주의 상담이라는 용어로 사용되고 있다. Rogers(1951)에 의해서 개발된 이 이론은 인간은 합리적이고, 사회화되고, 건설적이며, 전진적이고, 모든 인간은 성장하고 자아실현을 하는 데 힘쓴다는 전제를 가지고 시작하는 것이다.

Rogers 이전의 일반적인 인간관은 인간이란 비합리적이고, 사회화하기 어렵고, 자기 자신이나 타인에게 파괴적이라고 생각하였다. 그러나 인간중심주의 인간관에서는 인간이란 기본적으로 협조적이고 건설적이며, 또한 믿음성이 있는 존재로서 방어할 필요가 없을 경우에는 인간은 긍정적이요, 전진적이고 건설적으로 반응한다는 것이다. 따라서 인간의 행동은 반사회성을 억제하기 위하여 통제할 필요가 없다고 본다.

(1) 상담과정

인간중심주의 상담과정은 다음과 같다.

① 감정을 느슨하게 푼다.
② 자기 경험의 과정을 변화시킨다(경험하는 방법을 바꾼다).
③ 부조화의 느낌을 조화로 이끈다.
④ 자기 자신의 사고를 수용하는 태도로 바꾼다.
⑤ 자기의 당면 문제에 대한 태도를 바꾼다.
⑥ 자기가 타인이나 사물과 관계를 형성하는 방식을 바꾼다.

(2) 상담기술

상담자가 내담자와의 관계를 정립하는 수단으로 상담기술을 사용한다. 또 상담자가 내담자를 수용하고 존경하며 이해하고, 내담자 자신의 사고와 느낌으로 내적 준거를 설정시켜 주는 방안으로 사용된다.

① 수용의 자세

수용이란 내담자를 있는 그대로 한 인간으로 받아들이는 일로서 매우 중요하다. 그가 가지고 있는 강점, 약점, 모두를 그대로 인정해야 한다.

② 합치(congruence)의 과정

상담자는 자기가 하는 일과 행동에 있어서 내담자와 합치가 되어야 한다. 따라서 상담자는 자기 자신의 느낌을 있는 그대로 표현하고 필요하면 그것을 말이나 행동으로 표시할 수 있어야 한다.

③ 이해의 태도

이해는 상담자가 내담자의 내적 사정을 내담자의 위치에서 정확하게 들여다보고 공감한다는 것을 뜻한다. 내담자 각자의 세계를 상담자 자신의 것처럼 느끼는 것이 치료에서 가장 기본이라고 할 수 있다.

④ 내담자에게 전달

상담자가 수용, 합치, 이해한 것은 내담자에게 전달되어야 한다.

⑤ 관계의 정립

내담자에게 상담자가 수용, 합치, 이해한 것이 전달될 때 상담자와 내담자의 관계가 정립 되며, 내담자는 상담과정이 안전하고 보장되고 위협을 느끼지 않으며, 자기가 받아들여지고 있음을 느끼게 된다.

(3) 치료과정의 조건

상담치료가 이루어지기 위해서는 다음과 같은 조건이 먼저 구비되어야 한다.

① 두 사람이 접촉을 해야 한다.
② 내담자는 불안한 상태에 있다.
③ 상담자는 내담자에게 긍정적 지각을 하여야 한다.
④ 상담자는 내담자의 내적 준거에 대하여 공감적 이해를 해야 한다.
⑤ 내담자는 최소한의 긍정적 지각과 공감적 이해 상태를 갖추어야 한다.

(4) 치료과정

위의 조건이 갖추어지면 다음과 같은 과정을 거치게 된다.

① 내담자는 언어나 몸동작으로 자신의 느낌을 자유롭게 표현한다.
② 내담자는 점차적으로 타인의 이야기로부터 자기 자신의 이야기로 들어간다.
③ 자신의 느낌과 지각의 대상을 점차 정확하게 파악한다.
④ 점차 자기 경험과 자아 개념간의 불일치를 인정하기 시작한다.
⑤ 불일치에 의한 위협을 알고 그것을 제거하려 한다.
⑥ 과거에 현실을 부정하던 태도나 의식을 왜곡해 온 것을 느끼고 경험한다.
⑦ 자아 개념은 과거에 부정하고 왜곡했던 경험을 재구성하게 된다.
⑧ 자기 재구성 작업이 진행되면서 자아 개념은 점차 자기 경험과 일치되고 방어기제가 줄어든다.
⑨ 위협을 느끼지 아니하고도 많은 일을 경험하게 된다.
⑩ 점차 무조건적인 긍정적 자아 지각을 형성하게 된다.
⑪ 모든 경험을 자기중심의 가치판단 기준으로부터 전체적 가치과정의 기준에서 보기 시작한다.

(5) 의사소통장애에 대한 적용

언어치료는 지금까지의 주로 도구에 기초한 치료방향에서 점차 멀어져 치료적 관계에 기초한 방향으로 향하고 있다. 이 예로 Cooper(1966)는 말더듬 환자의 치료에서 진전의 정도는 환자와 치료사간의 상호교류와 관련이 있다고 하였다. 아울러 그는 말더듬이 치료와 심리치료 사이에 중요한 유사성이 존재한다고 지적하였다. Albert와 Murpht(1982)는 임상과 연구에 인간중심주의를 철저하게 적용하여 행복은 대체적으로 다른 사람들과의 인간관계를 통해서 얻어진다고 강조함으로써 의사소통장애치료에서 인간적인 관계접근을 중시하였다.

(6) 인간중심주의 모델의 제한

인간중심주의 모델의 문제점은 의사소통장애 분야에 어떻게 그것을 적용하느냐이다. 인간중심주의 접근은 때로는 계획된 단원을 접어 두고 치료사와 아동이 즉시적인 단원을 설정할 수도 있다. 인간중심주의는 아동에게 많은 책임과 비구조화된 형식을 요구함으로 어린 아동과 뇌손상 아동의 경우 적용하기가 다소 어렵다.

2. 가족과의 상담

의사소통장애 분야는 점차 가족수준에서 치료 효율성을 깨닫기 시작한다. 가족수준에서 치료를 성공하기 위해서는 가족시스템의 기능방법과 가족구성원의 다양한 역할을 이해할 필요가 있다.

1) 가족의 구성

(1) 배우자

모든 결혼은 계약을 가지며, 이 계약은 배우자와 공유할 수도 있고 공유하지 않을 수도 있는 일련의 기대와 약속을 포함한다. 세 가지 수준의 계약이 있다. 즉, (1)의식적이고 구두로 표현된 계약, (2)의식적이나 구두로 표현되지 않은 계약, (3)무의식적 계약이 있다.

부부갈등의 주된 근원은 계약이 지정되어 있지 않을 때 일어난다. "병들 때나 건강할 때나"와 같은 혼인서약을 해 놓고도 배우자의 경우 오랫동안 중증의 장애를 가지고 있으면 실제 계약 이행을 기대할 수 없다. 각 배우자는 결혼생활에서 배우자가 장애자가 되는 경우는 포함하지 않는다. 예를 들면, 배우자가 뇌출혈 또는 중증의 청력손실에 의해서 장애자가 되면 계약을 어기게 된다. 이 경우 배우자들은 대개 매우 화를 내고 속임을 당했다고 느끼며, 그들은 꿈의 상실로 슬픔에 빠져 들게 된다. 그들은 대개 장애를 일으켰다는 원인 때문에 죄의식을 느낀다. 그들은 나약성을 인식하고 미래에 대해 놀라고 걱정을 한다. 무엇보다도 그들의 생활을 공유하기 위해 계획했던 배우자의 상실로 외로운 감정을 느낀다.

많은 배우자들은 장애된 배우자를 위해 양육 임무를 공유할 사람이 없다는 것을 안다. 질환의 진단 또는 초기 징후를 나타내면 위기는 대개 가족 모두를 끌어들인다. 단기간의 질환일 경우 가족구성원들은 각 개인의 문제를 접어두고 서로 돕는다. 그러나 그 질환이 영구적으로 지속된다는 것을 깨닫게 되고, 그 문제는 장기적인 것으로 변한다. 그리고 노여움과 원한이 나타나고 실망이 대부분의 가족을 분열시키는 요인이 된다. 많은 결혼이 배우자의 장애 또는 자녀의 질환 때문에 실패되기도 하지만 어떤 사람들은 위기에 의해 더 강해지기도 한다.

배우자가 만성질환을 가진 경우 장애의 역경을 잘 견뎌내는 배우자는 대개 나이가 든 배우자로, 이들은 오랜 결혼생활을 통해 동반자 관계가 굳어져 있다. 또 성공한 다른 배우자 집단은 장애에 대한 지식을 가지고 장애인 배우자를 선택한 경우이다.

위기에 처해있는 대부분의 배우자는 결혼한지 아직 몇 년이 안 된 부부이거나 아직도 부부간의 의사소통에서 개방을 확립하지 못한 사람들이다. 이와 같은 결혼은 장애로 인한 가중된 부담으로 더욱 황폐해 간다.

만성장애가 있는 배우자를 가졌다고 반드시 이혼하거나 불화를 가지는 것은 아니다. 장애는 결혼 계약의 변경과 기대의 침해에 의해서 결혼 스트레스를 일으킨다. 어떤 결혼의 경우에는 장애에 의해서 야기된 스트레스가 결혼 유대를 더욱 견고히 해서 더 강한 기초를 확립하기도 한다.

언어치료 전문가들이 장애를 가지지 않은 배우자에게 우선적인 관심을 돌릴 필요가 있다. 부모와 마찬가지로 배우자가 잘 돕는다면 장애인은 보다 잘 장애를 극복하게 될 것이다. 장애인의 치료에 배우자는 진단뿐만 아니라 치료과정에 참여할 필요가 있다. 어떤 배우자는 그들의 심리상태가 부정과 노여움으로 가득 차 있어서 능동적 참여가 불가능한 경우도 있다. 언어치료 전문가들은 배우자가 자긍심을 풍부히 가지도록 그들의 이야기를 귀 기울여 듣고 그들을 도울 필요가 있다. 다른 무엇보다도 먼저, 배우자들이 가지고 있는 심각한 외로움이 줄어들 수 있도록 도와야 한다. 배우자 상담의 경우, 초기에는 방대한 구원의 감정과 오래동안 억제되었던 감정이 터져 나온다. 그러나 시간이 흐르면 죄의식과 원망의 감정 없이 건강한 배우자가 해야 할 내용을 수용하게 된다.

(2) 부모

Minuchin(1974)는 부모역할은 본질적으로 이루기 힘든 과업임을 주장하고 "부모역할은 완전한 만족을 느낄 수 있을 정도로 성취하기 극히 어려운 과업이며, 아무도 마음의 상처를 입지 않고 전 과정을 통하지는 못한다."라고 하였다. 부모역할에는 언제나 갈등이 있다. 부모는 그들의 자녀와 갈등을 가질 뿐만 아니라 그들 자신에게도 그들의 양육기능에 최선을 다할 것인가 또는 조정-안내 기능에 최선을 다할 것인가에 대해 갈등을 가진다.

부모의 만성적 딜레마는 주어진 상황에서 자녀들에 대해 유지하려는 것을 얼마나 조정하고, 주려는 것을 얼마나 자유롭게 할 것인가를 결정하는 것이다. 부모가 해야 할 일은 자녀에 대해 점차적으로 조정을 양도하는 것이지만 조정을 완화할 시기를 결정하는 것은 매우 어려운 사항이다. 만약 부모가 너무 빨리 조정을 양도하면 자녀가 무력하다고 느낄 수 있는 부정적 경험을 할 것이다. 만약 부모가 너무 오랫동안 조정하면, 자녀는 그 자신이 세상을 살아가는 데에 무능력하다는 메시지를 수용하게 될 것이다. 따라서 조정을 너무 빨리 양도하거나 너무 늦게 양도하는 것 모두가 동일한 결과 즉, 두려움과 무력감을 가지게 한다.

Satir(1967)에 의하면, "부모는 모든 가족의 대인관계가 형성되는 축이며, 배우자는 가족의 설계자이다."라고 하였다. 부부 대인관계는 부모역할하기에 영향을 준다. 부모가 가깝게 지낼 때 부모의 책임을 보다 잘 수행할 수 있다.

Pedersen(1976)은 장애자녀가 있는 가정을 조사한 결과, 정서적으로 소원한 아버지가 있는 경우에는 역시 소원한 어머니가 있다는 것을 발견하였다. Gallagher, Cross, 그리고 Scharfma(1981)은 선천성 장애아동에게 성공적으로 잘 적응한 부모의 특성을 확인한 결과, 그 특성은 부모의 인격적인 부분과 남편-아내 대인관계의 질적인 측면이었다.

프로그램에 아버지의 참여를 조장해서 아버지-자녀 유대를 강화하는 것이 필요하다. 예를 들면, 청각장애자 교사 협의회는 가정 중재에 전적으로 아버지를 포함시키는데 전념하는 경향이 있다(Ski Hi, 1985). 이 중재의 내용 가운데는 초기에 아버지와 친밀한 관계 형성하기, 아버지에게 편지쓰기, 작업에 아버지 초대하기, 아버지에게 역할 할당하기, 아버지가 하는 일을 강화하기 등이 있다. 아버지-자녀 대인관계가 변경될 때, 어머니-자녀, 남편-아내 대인관계도 변경된다는 것을 예측해야 한다.

소원한 아버지를 가진 가족에서, 어머니는 자녀와 더욱 밀접한 유대관계를 가지고 있거나 현재 아버지를 전혀 원하지 않는다는 것을 나타내기도 한다. 이와 같은 어머니들은 자녀와 함께 작업하면서 줄곧 즐거움을 느끼고, 그 작업을 잘 할 수 있다는 확신을 느낀다. 그리고 그들은 아버지가 작업을 어수선하게 하는 것을 원치 않는다. 너무나 자주 아버지의 참여가 불안하고 무능하므로, 어머니는 차라리 자기가 하려고 한다. 어머니는 의식적 또는 무의식적으로 아버지를 제외시키는 경향이 있다.

장애아동으로부터 아버지의 육체적·정서적 소원은 어머니에게 가끔 무기가 된다. 어머니는 가끔 다른 가족으로부터 정서적 지원을 받으며, 때로는 아버지를 "나쁘다"고 몰아 부침에 의해 전문가로부터 지원을 받기도 한다. 언어치료사와 청각사가 아버지를 제외하고 어머니와 제휴하는 것은 빈약한 가족 관리에 지나지 않는다. 만약 아버지의 가족관계를 좀 더 접근해서 조사한다면, 틀림없이 상당한 갈등을 발견하게 된다.

가족구성원 각자의 일은 여러 가지 측면에서 다르기 때문에, 전문가는 가능한 가족 개개인의 대처 전략을 존중할 필요가 있다. 만약 가족이 장애를 가진 자녀가 성공적으로 살아갈 수 있도록 원한다면, 어머니의 과중한 참여를 요구하는 대처전략도 필요할 수 있다. 만약 어머니가 가족의 지원을 받고 있고 책임을 공유하고 있다고 느낀다면 해답은 쉽게 나올 수 있다. 가정에서 어머니의 가사를 아버지가 떠맡는 반면에, 어머니는 자녀의 학교에서 일을 하는 것이 어머니에겐 정서적으로 도움이 되고 크리닉에 나타나지 않는 아버지에게도 매우 효과적일 수 있다. 이 경우 아버지는 크리닉에 들어갈 필요가 없거나 자녀의 치료에 직접 참여할 필요도 없다. 이런 가족은 매우 성공적이고 기능적일 수 있다.

Gath(1977)는 5세의 다운증후군 아동을 가진 30팀의 가족과 정상아동을 가진 30팀의 가족을 연구하였다. 5년간의 연구가 끝날 무렵, 다운 증후군 자녀를 가진 9팀의 가족이 심한 가정불화를 경험한 반면, 정상자녀 가족집단에서 심한 곤란을 겪은 경우는 없는 것으로 보고하였다.

노여움은 결혼 생활에 있어서 가장 파괴적이다. 부모들은 대개 노여움에 대한 만족한 배출구를 찾지 못한다. 많은 부모들은 노여움을 인식하지 못하고, 또 어떤 부모들은 노여움을 억제하여 이것이 우울증으로 나타나기도 한다. 노여움의 표현이 인정되지 않는 가정의 경우, 노여움은 가끔 다른 상황으로 대치된다. 이를 테면, 요리의 질에 대해 논쟁하거나 세탁물의 세탁정도를 가지고 다툰다. 때로는 많은 노여움이 전문가에게로 대치되기도 한다.

죄의식도 그것이 인식되어 효과적으로 다루어지지 않는다면 결혼생활을 파괴할 수 있다. 죄의식은 대개 부모 양쪽 모두가 느낀다. 죄의식은 불안정한 감정이기 때문에, 부모들은 서로에게 떨쳐버리려고 한다. 그리하여 상대방의 가계 조사를 통해 결함을 찾으려고 하며, 서로가 상대편 가계에 잘못이 있기를 기대한다. 격노와 결합되어 죄의식은 무서운 불화가 될 수 있다. 부모가 빠져들 수 있는 노여움과 비난은 많은 결혼을 분열시킨다.

죄의식으로 "지나치게 헌신적인" 부모는 다른 가족에게 소홀히 하는 경향이 많다. 이를 테면 남편-아내 대인관계와 정상자녀에게 거의 관심을 가지지 아니한다.

대부분의 장애가정에서 부모들은 그들의 감정을 일치시키지 않거나 그들의 감정을 공유하지 않으려고 한다. 예를 들면, 부모집단에서 한 어머니는 그녀의 두려움과 불안을 남편에게 말하는 것을 원하지 않는다고 하였다. 왜냐하면 그런 것들이 "남편을 돋보이게 하기"때문이라고 하면서 "우리는 서로를 끌어내리기 때문에 서로의 사이가 좋지 않다."고 말을 했다. 한 쪽 부모가 심한 부정을 가지고 있는 반면에, 다른 한 쪽 부모는 심한 우울증에 빠져있는 경우는 다루기가 매우 힘들다. 이와 같은 현상은 부모가 배우자로부터 도움을 받는 것이 부족하다고 느끼고, 일어나고 있는 사실을 서로 이해하지 못한다고 생각하기 때문이다.

배우자는 상대방의 고통에 귀를 기울여 듣고 반응하기가 어렵다는 것을 자주 발견한다. 이것은 특히 남편에게서 더욱 그러한 경향이 많다. 전문가는 부모가 자신의 감정을 표현하고 이야기 할 수 있는 사람을 요구한다.

장애아동이 태어나면 가족구조에 많은 변화가 일어난다. 남편-아내 대인관계는 급진적으로 변하고, 아내는 다른 자녀에 대한 양육자로서 역할을 연기해야 하고, 경제적 곤란이 일어날 수 있다. 가족들은 종종 이들 변화와 스트레스에 관해서 이야기할 장소를 필요로 한다. 많은 프로그램의 부모교육은 사실 어머니 교육이 주로 이루어진다. 어머니는 교육프로그램에 참석함으로써 아버지보다는 더 많은 지식을 가지게 되며, 자녀의 복지결정에 관해서 아버지보다는 유리한 위치에 서게 된다. 성역할 방향이 명확하게 규정되어 있는 가정에서는 어머니의 역할 변경이 결혼생활의 안정에 위협이 될 수 있다. 아직도 많은 아버지들은 그들의 감정을 들어주고 말할 수 있기를 요구한다. 따라서 프로그램은 아버지가 참석할 수 있도록 기회를 제공할 필요가 있다. 아버지들이 참석하지 않을 때는 초청할 수도 있다.

가정은 빨리 변화한다. 요즘은 어머니가 가정에 머물면서 자녀를 양육하고 아버지는 한 가정의 수입을 담당하는 역할을 하도록 되어있는 전통적 가족은 바람직하지 않은 것으로 인식되어가고 있다. 핵가족 사회에서 아내의 수입은 가족의 생존을 위해 절대적으로 필요할 수 있다. 이제 아버지가 직접적인 자녀양육 행동에 포함되고 때로는 아버지가 자녀 양육 프로그램에 참여하여 적극적인 가족의 일원으로써 역할이 강조되고 있다.

(3) 형제자매

형제자매는 사회적 기능을 개발하는 데에 매우 중요하다. 형제자매를 통해서 의사소통장애아동은 갈등을 해결하는 방법을 배우고 서로가 도우며 살아가는 방법을 학습한다. 그들은 친구와 동료를 사귀는 방법을 배우고, 손해보면서 체면을 세우는 방법을 배우며, 그들의 기능에 대한 성취의 정도를 인지하는 것을 배운다. 형제자매는 의사소통장애아동에게 협상하는 것, 협조하는 것, 그리고 경쟁하는 것을 가르친다.

의사소통장애아동들이 가정의 바깥세상과 접촉할 때 즉, 또래와의 관계도 형제자매를 통해 배운다(Minuchin, 1974). 형제자매관계는 일생을 통해 가장 긴 대인관계이다. 어떤 가정에서는 이 대인관계가 강한 반면에, 다른 가정에서는 이 대인관계가 매우 약할 수 있다. 형제자매 역시 우리의 성장 경험이 정당한가를 인정해 주는 데에 기여한다. 형제자매는 성장경험이 같기 때문에 어떤 성장경험에 대한 이야기를 나눌 수 있다. 그리고 어머니의 기억이 자녀의 기억에 반대될 때 형제자매는 단결하여 어머니에게 대항할 수 있다. 이것은 매우 중요한 대인관계이다.

형제자매에 대한 장애아동의 영향에 관한 Grossman(1972)의 연구에 의하면 정신지체가 된 형제자매를 가진 83명의 대학생을 대상으로 면담 조사했다. 그 결과, 90%의 형제자매가 장애형제자매에 의해서 영향을 받았다고 응답했다. 영향을 받지 않은 10%의 대상은 나이가 많은 여학생들이었다. 가장 영향을 많이 받은 형제자매는 형제자매 양육 활동에 참여할 책임과 많은 부모역할까지도 담당할 맏이였다. 대부분의 가정에서 맏이 아들과 맏이 딸에 대한 역할 기대는 다르다. 형제자매에 대한 영향은 긍정적인 것도 있고 부정적인 것도 있다. 연구대상의 45%는 긍정적인 경험을, 또 다른 45%는 부정적인 경험을 한 것으로 조사되었다. 이 연구에서 제시한 부정적인 경험은 다음과 같다.

① 정신지체아동에 대한 수치심과 이 수치심으로 인한 죄의식
② 형제자매는 정상이 아닌데 자기는 정상인 것에 대한 죄의식
③ 그들 자신이 지체되거나 또는 지체아이를 낳지 않을까 하는 근심
④ 지체 형제자매를 향한 부정적 감정을 가진 것에 대한 죄의식
⑤ 부모로부터 등한시되고 있다는 느낌
⑥ 너무 일찍 책임을 떠맡아서 그들의 어린 시절을 잃었다고 느끼는 감정
⑦ 정신지체아동은 부모 대인관계에 스트레스를 준다고 느끼는 것과 이것이 나머지 가족에게 부정적인 영향을 미친다고 생각하는 것

다음은 형제자매에 대한 긍정적인 경험이다.

① 일반적으로 사람에 대한 이해, 특히 장애아동에 대한 보다 큰 이해
② 보다 많은 동정심
③ 그들 자신의 건강과 지능에 대한 진가의 인정
④ 가족이 함께 접근하는 경험
⑤ 직업적 목적과 진로의 선택(많은 자매들은 특수한 욕구를 가진 자매의 교사

가 된다)

Schwirian(1976)은 나이 많은 형제자매를 둔 29팀 가정의 취학 전 청각장애아동 어머니와 정상 자녀만을 둔 28팀 가정의 어머니를 면담하였다. 그 결과, 청각장애아동의 나이 많은 정상형제자매들은 통제된 그룹의 나이 많은 형제자매보다 보다 큰 양육책임을 가지고 있으나, 사회적 활동은 더 적었다. 또 여형제는 남형제 보다 큰 양육책임을 가지고 있었다. Israelite(1986)는 청각장애아동의 형제자매 14명(평균 16세 3개월)과 건청아동의 형제자매를 가지고 있는 형제자매 14명을 비교 연구하였다. 그 결과, 자아개념과 사회적 자아에서 유의한 차이가 있었다.

2) 적절한 가정

개별치료에서 가족치료로 시야를 넓히면 전문가도 사실상 가족의 한 사람이 된다. 우리는 가족의 한 사람으로서 효과적인 행동 모델을 보여줌으로써 가르친다. 우리가 이 역할을 하기 위하여 가족이 보다 최적하게 되도록 도울 수 있는 내용을 파악해야 한다. 최적한 가족의 특징은 다음 5가지로 요약할 수 있다(Besvers & Voeller, 1983 ; Epstein, Bishop, & Bsldwin, 1982 ; Olsen, Russell, & Sprenkle, 1983).

첫째, 모든 가족 구성원 사이의 의사소통은 명확하고 직접적이어야 한다. 가족에 대한 연구를 한 대부분의 치료사는 가정에서의 의사소통 패턴을 조사하였다. 그 결과, 항상 비기능 가정은 비기능 의사소통 패턴을 가진다. 따라서 모델 제시를 사용해서 치료사는 분명한 의사소통을 격려해야 한다. 최적한 가정은 주변적인 이야기를 하지 않으며, 내재적 기대가 언제나 표현된다. 언급은 언제나 언급하려는 사람에게 직접해야 하며, 대화는 효율적이고 솔직하게 이루어진다. 메시지는 적합하며, 내용과 감정 모두를 포함한다. 감정이입과 유머가 가족 사이에 이루어지는 대화의 주요 특징이 된다.

둘째, 역할과 책임을 분명히 기술하되, 중첩되고 융통성이 있을 수 있음을 유념해야 한다. 최적한 가정은 세대사이의 경계를 분명하게 해야 하고, 아울러 형제 자매사이의 역할과 책임관계도 명확히 구분되어야 한다. 부모는 가족의 역할에 대해 명확한 근거를 가져야 한다. 나이나 성에 근거하는 것보다 능력에 근거해서 역할을 할당하는 것이 더 바람직하다. 역할은 중첩되어 있어서 한 사람이 수행하지 못했을 때는 다른 사람이 수행할 수 있도록 되어야 한다. 아동의 책임은 아동이 성장함에 따라 수정되어져야 하고, 책임은 주기적으로 협약할 필요가 있다. 최적한 가정은 역할의 변경을 허용하여 잘 기능할 수 있도록 한다.

셋째, 가족구성원은 본래부터 갈등의 관계이다. 비 기능적인 가정에서는 갈등이 억제된다. 이런 가족은 조화를 이루는 것 같이 보이지만 갈등이 나타날 때는 파괴적이다. 최적한 가정에서 논쟁은 서로의 만족이 보장되는 방법으로 해결된다. 그리고 언제나 어떤 "상실자"를 위한 체면을 세워주는 규칙이 있다. 최적한 가정에서의 갈등은 대개 모든 사람이 승리하도록 되어있어 가족 중에 누구도 패배자가 없다. 예를 들면, 어머니는 케익을 자를 때 더 큰 빵조각을 차지하려는 자녀와 말다툼을 한다. 이때 어머니는 한 자녀로 하여금 케익을 자르고 첫 번째 자녀가 선택하도록 한다. 그렇게 함으로써 자녀가 해결은 공평해야 하고 각 개인의 요구가 항상 반영되어야 한다는 것을 알게 된다. 부모들은 항상 자녀를 위해 갈등해결의 모델이 되어야 하고 이 모델은 전문가가 부모에게 제시해 주어야 한다.

넷째, 친밀함이 강조된다. 가정의 기본적 기능 가운데 하나는 구성원들이 사랑을 느낄 수 있는 환경을 제공하는 것이다. 가족들은 사랑을 표현하는 방법이 다양하다. 어떤 사람은 키스와 같은 신체적인 것을 통해 사랑을 표현하기도 하고 또 다른 사람은 보다 점잖은 관심을 통해 사랑을 표현한다. 관심은 다른 가족 구성원들이 그것을 수용하는 방법으로 의사소통 되어져야 한다. 최적한 가족은 빠뜨리는 사람 없이 응집력이 있다.

다섯째, 변화와 안정의 유지 사이에 건전한 균형이 존재한다. 안정의 유지는 동질정체(homeostasis)로 알려져 있다. 가족은 생활 주기에 적응하기 위해 변화해야 한다. 예를 들면, 자녀가 성장하면 부모에게 새로운 요구를 한다. 한편, 부모가 나이가 들어감에 따라 자녀들의 삶의 관리능력이 약해진다. 그래서 다른 가족이 그 부족을 채워야 한다. 가족이 "커브볼"을 던질 때 거기에는 인생의 변화가 있다. 이것은 부모가 병들어 있을 때, 퇴직으로 경제적 어려움이 있을 때, 어린이가 장애를 가지고 태어날 때 생긴다. 최적한 가정은 안정을 유지하는 동안 필요한 변화를 할 수 있다. 비 기능적인 가정은 변화에 적응할 수 없고 많은 양의 외부지원을 필요로 한다. 변화는 가족 구성원 사이에 개방된 의사소통이 보장되고, 역할은 융통성으로 가족의 증가된 요구에 적응할 수 있을 때 가장 잘 이루어질 수 있다.

최적한 가정은 최적하게 기능할 수 있는 장애아동과 장애성인을 길러낸다. 전문가의 역할은 가정이 최적하게 되도록 돕는 것이다. 아니면 가능한 한 최적에 접근하도록 돕는 것이다. 전문가는 주로 모델 제시에 의해서 갈등에 대한 대처방법, 감동의 표현방법, 자녀에 대한 양육방법을 가르칠 수 있다.

3) 가족 의사소통의 규칙

가족을 잘 이해하기 위해서는 가족의 규칙, 특히 상호작용에 관한 규칙을 알 필요가 있다. 규칙이란 시간이 지나면서 가족의 행동을 규정짓고 제한하는 관계에 대한 합의이다. 가족은 규칙에 따라 움직이는 체계이다. "나는 남의 집을 방문할 때 빈손으로 가지 않는다."와 같은 개인적인 규칙이나, "빨간 불이 켜지면 모든 사람은 멈춘다."라는 일반적인 규칙이 있다. 가족의 규칙은 가족원들 간의 의식적이고 직접적인 타협에 의한 것에서부터, 보이지 않고 언급되지도 않으면서 반복되는 사이에 생기는 것에 이르기까지 다양하다.

규칙은 가족 내의 응집과 적응에 한계를 설정한다. 어떤 가족에서는 모든 일이 가정 밖으로 새어 나가지 않게 하고 친밀한 신체적, 언어적 행동을 하며, 친구들과는 적당한 거리를 유지한다는 것을 배운다. 그런가 하면 가족의 프라이버시를 지키는 데에 관심을 가지지 않고 그 문제를 다른 곳에서 해결하기를 바라며, 언쟁을 할 때에 자신의 입장을 바꾸지 않으려는 사람도 있다. 한 개인은 기본적인 가족관계에서 초기 의사소통을 배울 수 있으며, 마침내 새로운 가족체계로 옮겨와 의식적 혹은 무의식적으로 배우자의 규칙과 상호관계를 형성한다. 대부분의 아동들은 언어적, 비언어적 단서를 통해서 이러한 규칙에 사회화된다. 무엇을 말할 수 있고, 어떻게 말할 수 있으며, 누구에게 말할 수 있느냐 하는 세 가지 규칙을 구체적으로 살펴보고자 한다.

첫째, 개인이 무엇을 말하는가 하는 규칙이다. 비록 주제에는 제한이 없다하더라도 많은 가족들이 체계 내에서 나눌 수 있는 감정, 특히 전적으로 거부될 수 있는 부정적인 감정은 제한된다. 노여움, 슬픔, 또는 분노와 같은 감정은 어떻게 해서든지 피해서 다른 가족 구성원이 알지 못하는 경우도 있다. 의사 결정 과정은 가족의 규칙을 정할 수 있는 좋은 기회이다. 자녀가 부모의 결정에 대해 문제를 제기하는 것을 허용하는가, 아니면 부모의 결정은 도전할 수 없는 '법'인가?, 어떤 가족에서는 결정에 대해 이의를 제기할 수 없다는 규칙이 매우 분명하지만, 어떤 가족에서는 그것이 불분명할 수도 있다. 어떤 가족에서는 "이사하기로 하였으니 그리 알아라."고 자녀에게 말하기도 하고, 어떤 가족에서는 논쟁, 설득 또는 공정한 투표를 통해서 통합된 의시결정을 한다는 규칙을 가지고 있기도 하다.

둘째, 일단 "무엇을 말할 수 있는가"의 문제가 해결되면 다음 문제는 어떻게 말하느냐 하는 것이다. 가족 내에서 어떤 특별한 문제에 대해 직접적으로 표현을 하느냐, 아니면 다른 말 속에 살짝 뜻을 나타내는 방법이 있다. 대부분의 가족은 나쁜 소속을 피하거나 돈을 요구하거나 화를 내는 방법에 관한 규칙을 가진다. 그 방법이 언어적·비언어적 의사소통 행동을 변화시키는 것일 수도 있다. '어떻게'는 의사소통의 장소도 포함되어 있다. 부부들은 잠자리에서는 싸우지 않는다는 규칙을 갖는데, 그것은 잠자리와 싸움이 연결되는 것을 바라지 않기 때문이다. 어떤 가족들은 식탁을 어떤 문제에 대해 진지하게 이야기하는 장소로 한다. 또 젊은이에게는 자동차 안이 좋은 대화 장소가 될 수 있다.

셋째, '누구에게' 말할 것인가의 문제이다. 예를 들면, "할머니에게 말하지마. 할머니가 들으시면 충격을 받으실 거야."이다. 어떤 가족들은 누구에게 말할 것인가에 대한 규칙을 가족원의 연령과 관련시킨다. 예를 들어, 자녀가 어릴 때는 가족의 수입에 관해 이야기해 주지 않지만, 점차 성장함에 따라 지출에 대한 논의에 참여할 수 있게 된다.

가족의 의사소통 규칙인 '무엇을', '어떻게', '누구에게'에 대해 완전히 알기 위해서는 어떠한 규칙 어떠한 상황에 시행되고 있는지를 분석할 필요가 있다.

다음은 한 젊은 여성가족의 의사소통 규칙이다.

· 아버지가 매우 기분이 좋으실 때가 아니면 아버지에게 말대꾸를 하지 않는다.
· 어머니의 기분이 언짢으실 때 학교 문제를 꺼내지 않는다.
· 뜻밖의 기쁨으로 놀라게 해 줄 때 외에는 항상 사실을 말한다.
· 어머니 이외의 사람에게는 자기의 외모에 대해서 불평하지 않는다.
· 부모님 이외에 누구와도 가족 재정에 관한 문제를 이야기하지 않는다.
· 정치나 종교 문제로 논쟁하지 않는다.
· 성에 대해 논쟁하지 않는다.
· 남의 이성 친구에 대해서는 언급하지 않되, 단 이야기할 때는 지나가는 이야기처럼 한다.
· 가족원의 죽음에 대해서는 미래의 하늘나라에 대한 이야기로만 한다.

보통의 규칙 이외에 규칙에 관한 규칙 또는 상위 규칙이 있다. Laing(1972)은 "어떤 규칙을 볼 수 없게 하는 규칙이 있다. 따라서 그 규칙을 따르거나 어김으로써 발생하는 문제 또한 볼 수 없게 된다."로 표현하였다. 한 부부가 죽음에 관해 이야기하기가 어렵기 때문에 유언장을 작성하지 않는다면 거기에는 죽음을 무시하자는 규칙에 관하여 이야기하지 않는다는 또 하나의 규칙이 있는 것이다. 각자는 너무 바쁘거나 혹은 너무 가난하다는 핑계로 그것에 신경을 쓰지 않으려 한다.

4) 성공적인 가족

가족을 연구하는 전문가들은 장애아동을 대처함에 있어서 성공의 정도를 가지고 가족을 평가하였다. 평정 척도에 의해 연구자들은 가족을 성공적임, 적절함, 부적절함 등으로 분류하였다. 이와 같은 연구로 Gallagher와 그의 동료들(1981)은 발달지체아의 가족을 조사하였으며, Lavell와 Keogh(1980)는 편차된 아동의 가족을 연구하였다. 이들의 연구 결과에 기초해서 성공적인 가족의 특징으로 네 가지를 들 수 있다. 첫째, 성공적인 가족은 능력이 있다고 느끼는 가족이다. 부모들은 가끔 전문가로부터 너무 많은 도움을 받음으로써 약해지게 된다. Sandow와 Clarke(1977)는 다운증후군과 중증 뇌성마비를 가진 중증의 취학 전 장애아동의 성취에 대한 가정 조정 프로그램의 효과를 연구하였다. 연구대상이 된 32명의 아동을 두 비교집단으로 나누었으며, 한 집단은 2시간을 한 세션으로 하여 2주에 한 번씩 치료사가 방문하였고, 반면에 다른 집단은 2개월에 단지 한 번만 방문하여 3년 동안 연구하였다. 매년 말에 대상자의 인지적 기능과 말과 언어 발달을 검사한 결과, 발견된 내용은 매우 흥미로웠다. 처음에는 더 자주 방문한 아동이 그렇지 않은 아동보다 많은 지적 기능 및 말과 언어 발달을 보였다. 연구의 2년째에 그 결과는 반전되었다. 자주 방문하지 않은 아동이 자주 방문한 아동보다 더 많은 개선을 보여주었다. 3년째에 두 집단 사이의 간격이 더욱 커졌다. 연구자들은 가끔씩 찾는 집단에서의 부모가 자주 찾는 부모보다 치료사에 덜 의존했음을 지적했다. 단적으로 말하면, 후자의 집단이 최소의 전문가 도움만을 받기 때문에 그들 스스로가 그들 자신의 기능과 힘에 의존함으로써 그들로 하여금 능력이 있다고 느낀 부모 집단이다. 따라서 가정 중재 프로그램은 완전히 부모 중심이 되어야 하고 더욱이 치료사가 아동에게 개입하는 것은 최소화되어야 한다.

둘째, 성공적인 가족은 자긍심, 특히 어머니의 자긍심이 높다. 어린 장애아동을 도울 수 있는 보다 효과적인 임상적 조정은 어머니의 자긍심을 지원하는 것이다. 부모가 자신감과 능력이 있다고 느낄 때 그들은 대처 전략으로 더 이상 부정을 요구하지 않는다. 그러면 그들은 동등한 위치에서 전문가와 일할 수 있다. 이렇게 될 때 아동은 방대한 이익을 얻을 수 있다. 동일한 이치로 성인 장애인을 치료할 때 전문가는 비장애인 배우자의 자기 신념과 능력이 있다고 느끼도록 하는 데에 관심을 두어야 한다.

치료사는 부모가 자녀의 지도에서 성공 경험을 할 수 있는 상황을 설정하는 것이 필요하다. 특히 부모-전문가 상호작용의 초기 단계에서 이와 같은 역할은 강조된다. Featherstone(1980)은 "어머니와 아버지가 그들이 상상해 온 아이와는 다른 자녀의 실제적 양육 문제를 배움으로써 환상에 대한 불신을 하게 되고 그로 인해서 공포의 마음이 점차 완화된다."고 하였다.

셋째, 성공적인 가족에서는 '부담은 서로 공유되어야 한다.'고 느낀다. 대부분의 가족에서 대개 어머니 또는 비장애인 배우자 한 사람이 장애인을 돌보는 사람과 치료사의 역할을 동시에 한다. 만약 이들을 제외한 나머지 가족이 지원하지 않고 보살핌을 회피한다면, 보살피도록 정해진 사람(어머니 또는 비장애인 배우자)의 감정은 분개하고 희생된다고 생각할 것이다. 이와 같은 일이 발생하면 성공적인 결과를 가져올 수 있는 가능성은 희박하다. 다른 가족 구성원은 명백하게 그들이 돕는 것을 요구하지 않지만 돌보는 사람에게 정서적 지원을 할 것을 요구하고 다른 가족 책임을 떠맡으려고 한다.

초기 단계에는 부모가 자녀에 대한 전체적인 책임을 느끼기 시작한다. 전문가들은 부모에게 가끔 "이 과업은 3인의 합작으로 이루어집니다. 1/3은 당신(부모)의 책임이고, 1/3은 전문가의 책임이고, 1/3은 아이의 책임합니다. 따라서 당신이 1/3을 하고 내가 1/3을 하고, 아이가 그의 몫 1/3을 하도록 해야 합니다."라고 말한다.

넷째, 성공적인 가족은 상황의 철학적 감각을 가진다. 우리 모두는 왜 어떻게 일이 발생하는지 특히 왜 나쁜 일이 생기는지를 설명하는 방법이 될 수 있는 우주 철학을 가지고 있다. 우리 모두가 의미 없이 이 세상을 살아가는 무작정의 개념을 받아들이는 것은 매우 어렵다. 그래서 사람들은 "나는 왜?"라는 질문에 대한 대답을 찾는다. 적절한 답을 가지지 못하면 비통함과 노여움을 느낀다. 이러한 비통함과 노여움이 성공적인 결과를 가져오는 경우는 드물다.

따라서 '우리 가족에게 왜 장애인이 포함되었을까?'에 대한 우주 철학적인 답을 가지는 것이 중요하다. 이를 테면, '하느님이 우리에게 진짜 사랑을 가지도록 한 뜻이다'라는 등의 답을 찾는 것이다.

3. 언어치료사와 청각사에 의한 부모상담

상담은 정밀한 생육사 자료와 함께 진단의 중요한 방법이다. 그리고 상담과정을 통해서 부모와 전문가 간의 친밀관계가 형성된다. 또 상담을 통해 자녀교육에 필요한 정보를 제공하기도 한다.

1) 연구사례

① Flahive와 White(1982) : 질문지를 통해 226명의 청각사들에 대해 조사한 결과, 그들의 시간 중 많은 부분이 정보를 얻기 위한 상담에 사용되었다.

② McCarthy, Culpepper, 그리고 Lucks(1986) : ASHA에서 인정한 훈련 프로그램을 조사한 결과, 단지 40%의 프로그램만이 상담 과정을 두었다.

③ Williams와 Darbyshire(1982) : 25명의 최중도 청각장애 자녀를 가진 부모들에게 질문지를 통해 조사하였다. 그 결과, 84%의 부모들이 언어치료사와 청각사가 그들에게 준 모든 정보를 이해할 수 없었으며, 72%의 부모들은 청력손실이 가지고 있는 의미를 몰랐다. 그리고 64%의 부모들은 청력손실이 그들 자신의 생활에 어떤 영향을 미치는지에 대해 숙지하지 못하였다.

④ Martin, George, O' Neal, 그리고 Daly(1987) : 청각장애아동 부모와 청각사를 대상으로 실시한 미국 내의 조사에서 청각사와 부모의 지각에는 매우 많은 차이점이 있다는 것을 알았다. 그 차이점 가운데서 중요한 것은 청각장애의 수용과 상담을 누가 제공할 것인가에 있었다.

⑤ Lerner(1988) : 2개월 된 청각장애유아를 검사하고 그 부모를 상담한 청각사들을 대상으로 심층면담을 하였다. 부모 가운데 아버지는 외과 의사였으며, 어머니는 컴퓨터 프로그래머였다. 그리고 청각사들은 박사학위를 가진 10~12년의 경험을 가진 사람이었다. 청각사들은 좋은 직업을 가지고 있다고 느끼고 있었다. 반면에, 부모들은 매우 불만족하고 있었다. 예를 들면, 그들 자녀의 청력손실을 언급하고 있는 "최중도"란 용어가 그들에게는 필요 없다고 느꼈다. 부모들이 가장 잘 기억한 것은 그들에게 부정적이고 비판적인 언급내용의 목소리였다.

⑥ Hass와 Crowley(1982) : 조사한 결과에 의하면, 청각장애아동의 부모들에게 의미 있는 정보를 제공해준 전문가는 청각사보다도 교육자로 느끼고 있었다.

이상의 연구사례들에서 살펴본 문제는 청각사나 언어치료사들이 부모상담의 기회를 갖는 시간이 적으며, 부모들에게 충분한 정보를 주지 못하고 있음을 알 수 있다.

2) 치료사-부모의 만남

임상 현장에서 언어치료사와 청각사는 자주 의사소통장애아동 부모와 만나야 한다. 왜냐하면, 이러한 부모와의 만남은 임상역할 수행의 매우 중요한 한 부분이기 때문이다.

(1) 부모에 대한 치료사의 역할

Rittenour(1964)는 부모에 대한 치료사의 역할을 다음과 같이 제시하고 있다.

① 정보주기 : 현재 상태에 대한 정보, 치료의 예후에 대한 정보, 성공적으로 치료한 부모에 대한 사례정보, 치료방법에 대한 정보 등이다.

② 권고하기 : 권고하기는 부모로 하여금 자녀의 문제를 분명히 이해하고 그 장애에 대처하도록 도울 수 있다. 예를 들면, 긍정적 수용, 조기교육 등이다.

③ 상담하기 : 무력감, 걱정, 자책감과 같은 부모의 부정적 심리를 극복해서 감소시키도록 안내해 주는 것이다. 부모로 하여금 살아갈 수 있는 의미와 희망을 가지도록 안내한다.

(2) 부모와의 접촉시간

부모와의 접촉시간의 길이는 다양하다.

① 1회 상담 : 대부분의 진단 면담에서 행한다.

② 장기간 상담 : 장기간에 걸쳐서 주기적으로 상담을 가진다.

3) 의사소통장애아동 부모의 문제

의사소통장애아동 부모의 심리특성은 다음과 같다.

① 자녀와의 의사소통장애 악순환이 되풀이 된다고 가정한다. 이 가정은 다음의 전제에 기초한다.

· 언어 또는 청각에 문제가 있으면 거기에는 반드시 의사소통장애가 있다.

· 이러한 장애는 상호 대인 관계를 어렵게 하고 그로 인해서 더욱 더 의사소통장애를 가져온다.

② 부모의 자녀 도움에 대한 인식

부모들은 그들 자녀와 의사소통장애 때문에 치료사를 방문하고 그때서야 그들 자녀가 도움을 필요로 하고 있다는 사실을 안다.

③ 부모의 죄의식

많은 부모들은 죄의식을 경험하고 당황한다. 왜냐 하면, 자녀가 도움을 필요로 한다는 사실을 모른 것에 대해 죄의식을 느끼기 때문이다. 당황하는 내용은 자녀의 문제 원인에 대한 내용을 몰라서, 그 원인에 부모가 어떻게 영향을 미쳤는지에 대해서, 그들의 잘못된 내용에 대해서 등이다.

④ 부모의 방어 기전

만약 부모가 죄의식, 공포, 당황과 같은 감정으로 괴로워한다면 부모는 틀림없이 이들 감정에 대해 방어기전을 가진다. 따라서 부모들은 임상가에게 방어행동을 나타낸다. 부모들이 대부분 공포에 의해 무력하게 될 때, 걱정을 나타내거나 과도한 공격성을 나타내기 보다는 오히려 적의의 방어기전을 나타낸다.

⑤ 부모의 대처

임상가의 도움을 받아 최선의 양육을 한다.

⑥ 의사소통장애아동 부모가 가지는 기본 동기유발

· 자녀를 위해 올바른 것을 하려는 욕구
· 자녀를 포함한 다른 사람의 이해와 수용 욕구
· 자녀와 보다 효율적으로 의사소통하려는 욕구
· 그들 자녀와 아울러 그들 자신에 대한 성취 욕구

4) 부모에게 도움을 줄 수 있는 상담방법

(1) 상담의 효과

① 상담으로 자녀와의 빈약한 의사소통 악순환을 바꿀 수 있다.
② 보다 좋은 의사소통을 확립할 수 있다.

(2) 상담 내용

① 부모의 인간관계에 관한 문제, 부모의 동기(부모의 욕구, 목적, 공포) 등을 솔직하게 말하게 한다. 이를 위해서는 부모에게는 자신을 노출할 수 있는 기회제공이 필요하며, 그 내용은 다음과 같다.

· 부모 자신의 생각과 감정을 노출하기
· 부모의 욕구, 걱정, 공포, 즐거움, 성공 경험 말하기

② 부모에게 중요한 정보를 제공한다.

부모들은 자녀의 문제에 관해 사실대로 정직하게 말해 주기를 원한다. 이러한 정보는 부모의 노여움과 죄의식을 감소시킬 수 있다.

③ 보다 좋은 의사소통 촉진도구에 대한 경험을 할 수 있는 기회를 제공한다. 치료사는 실제 상황에서 그 도구를 소개하고 부모들이 그 도구를 사용하도록 격려한다.

5) 의사소통 촉진도구

보청기, 인공와우, 인두수술, 조음방법과 같은 어린이가 필요로 하는 도움은 부모에게도 도움을 준다. 따라서 이와 같은 내용을 부모에게도 학습시키는 것이 좋다. 구체적인 의사소통 촉진방법은 다음과 같다.

① 의사소통장애자녀의 감정을 이해하고 이해한 것을 말로 표현하기

정서의 구두표현이 의사소통의 중요한 부분이라는 것을 부모들이 인정하지만 많은 부모가 자녀의 감정표현을 장려하지는 않는다. 또한 자녀가 정서를 표현할 때 부모가 해야 할 것을 이해하지 않는다. 만약 부모가 자녀와 보다 충분히 의사소통한다면 자녀의 비합리적인 정서도 수용해야 한다. 따라서 비합리적인 정서도 구두로 표현하도록 격려해야 한다. 부모가 자녀의 감정을 이해한 것을 자녀에게 말로 나타내려 할 때에 부모와 자녀 사이에 보다 좋은 의사소통이 촉진된다. 이렇게 하면 곧 자녀도 자기의 감정을 말로 표현한다. 그리고 부모가 자녀에게 말할 때 간단하고 자녀의 수준에 맞게 말해야 한다.

② 행동이 수용될 수 없는 경우에도 자녀의 감정을 수용하도록 하기

자녀의 행동과 정서 사이를 구별하는 것이 어렵다. 따라서 행동만 보지 말고 그 행동을 하게 된 배경을 읽고 이해해야 한다. 예를 들면, 아이가 상처받고 소외당하고 두려움을 느낄 때 싸운다.

③ 부모가 자녀와 의사소통에 집중할 때 자녀에게 대화할 시간 주기

가끔 어머니들은 깨어 있는 모든 순간은 자녀에게 전념해야 하는 것으로 알고 있다. 그러나 이것은 그렇게 마음대로 되지 않는다. 비록 양적으로는 자녀에게 투입되는 시간이 많더라도 시간의 질적인 측면에서는 매우 소홀히 한다. 자녀가 좋아하는 짧은 시간 동안 자녀와 같이 하는 것이 좋다. 즉, 부모가 자녀의 세계

에 실제로 참여할 수 없을 때의 긴 시간보다는 참여할 수 있는 짧은 시간이 보다 생산적이다. 부모-자녀 사이에 의사소통이 자녀의 성장과 발달에 유의한 차이를 주는 것은 시간의 양보다는 질이다.

④ 자녀가 성공감과 만족의 기회를 가질 때 의사소통할 기회 주기

자녀가 마음대로 의사소통 할 수 있도록 비교적 허용적인 상황을 만들 수 있도록 상담해 주거나 칭찬해 줄 수 있는 기회를 찾아서 최대한 칭찬한다.

6) 상담자의 태도와 역할

상담 시의 상담자의 중요한 태도와 역할은 다음과 같다.

(1) 피상담자에 대한 존중과 존경이다.

(2) 상담자는 부모들이 생산적이고 의미 있게 살도록 관리할 능력이 있음을 믿는다는 것을 전해야 한다(부모능력에 대한 신뢰).

(3) 부모들에게 도움이 되는 것을 인식하고 그것을 자유롭게 노출할 수 있는 상황을 제공해야 한다(도움의 노출).

(4) 부모들의 감정과 생각을 표현하도록 허용한다.

(5) 부모가 제시하는 다음의 것에 대한 정서적 의미를 이해하기 위하여 부모들이 말하는 내용을 귀담아 들어야 한다.

① 부모가 제시하는 주제

② 부모들이 설명하는 문제

③ 자녀에 대한 부모의 관찰 내용

④ 가족들 간의 관계

(6) 상담자의 태도와 구두적 표현이 부모들이 가지고 있는 생각과 감정을 발견해서 명확히 하도록 부모를 격려해야 한다.

(7) 부모에게 도움이 될 수 있는 도구를 소개한다.

① 이러한 도구의 사용을 부모가 시험할 수 있는 실험적 상황을 제공해야 한다.

② 상담자 역할을 하는 언어치료사를 위해 필수적인 것은 전공 영역에 대한 광범위한 지식을 가져야 한다.

③ 상담자는 부모의 질문에 정확하게 답하기 위해서 임상 영역에 숙련되어야 한다.

(8) 숙련된 상담자는 자신이 가지고 있는 지식을 부모와 공유하려고 한다. 그리

고 부모에게 중요하다고 생각되는 정보에 대한 이야기할 기회를 준다.

(9) 만약 상담자가 부모 중심의 상담을 유지하려면 부모가 성공한 것과 실패한 것, 기쁨과 슬픔 문제에 관해 주의해서 듣는다. 그리고 부모들과 함께 웃을 수 있어야 한다.

4. 집단상담과 치료

집단상담은 상담에서 매우 효율적인 수단이다. 개인상담에서는 치료사가 모든 자료를 제공하지만 집단상담에서는 치료사 외에 참여하는 부모들이 가지고 있는 자료가 많기 때문에 상담을 하기가 용이하다. 개인상담을 하는 경우는 대개 진단 목적의 상담을 하는 경우가 많다. 따라서 상담내용도 자녀가 가지고 있는 장애, 언어 및 청력검사의 결과, 치료의 권고 등이다. 집단상담은 자녀가 가진 문제를 분명히 하는 데 부모들 간에 서로 도울 수 있으며, 부모들끼리 서로 상담자로서 기능할 수 있다. 물론 부모 간의 갈등이 야기될 수도 있다. 따라서 치료사는 이 갈등을 해소해야 한다.

언어병리학과 청각학에서는 대개 두 집단이 있다. 즉, 치료집단과 상담집단이다. 이 집단은 특정 말 또는 언어문제를 해결하기 위해 소집된다. Backus와 Beasley(1951)는 언어장애아동의 집단치료의 결과가 개인치료의 결과보다 우수했다는 것을 보고하였다. 반면에 Albertini, Smith, Metz(1983)는 청각장애청년의 언어치료 효과는 집단치료와 개인치료에서의 효과가 같았다는 것을 보고하였다.

1) 집단치료의 요인

(1) 희망의 주입

다른 사람들의 개선을 봄으로써 장애아동은 자기 스스로 희망을 느낄 수 있다. 집단에서는 언제나 다른 사람의 정신을 고양시킬 수 있는 역경을 극복한 사람이 있다. 사실 신념과 희망은 사람들이 원하는 유일한 치료적 요인이다. 집단에서 치료의 신념은 다른 장애아동에게도 영향을 미칠 수 있다.

(2) 보편성

집단은 각 개인으로 하여금 그들과 같은 감정과 지각을 하는 삶이 자기 혼자만이 아니라는 것을 깨닫게 하는 데 도움이 된다. 장애아동 부모는 가끔 그들이 가지는 특별한 감정(예를 들면, 아이가 죽었으면 하는 마음) 때문에 자신을 정신이상 또는 병든 사람이라고 느낀다. 그러나 다른 장애아동 부모도 자기와 똑같은 생각을 가지고 있다는 것을 알고는 안도의 한숨을 쉬고, 고통이 줄어드는 것을 느끼고, 외롭지 않다고 느끼며, 그들이 정신병자가 아니라는 것을 알게 된다.

(3) 정보 나누기

정보는 임상가에 의해서 제공될 뿐만 아니라 집단의 다른 구성원에 의해서도 나누어진다. 때로는 집단에서 가장 분명하지 못한 사람이 신기하고 독특한 해답을 주기도 한다. 가끔씩 주는 정보가 집단 구성원에게 직접적으로 도움이 된다는 것을 알고 놀란다. 정보는 서로의 관심과 양육의 간접적인 전달이다. 그러나 최종적인 가치는 경험의 공유로부터 얻어지는 지식이다. 모든 집단의 참여자는 그 집단을 출발할 때보다 그 집단을 떠날 때 쯤 더 많은 정보를 얻게 된다.

(4) 애타심

정보를 나눔에 의해 집단 참여자는 서로를 도울 기회를 가지게 된다. 장애인은 다른 사람을 도울 수 있는 기회를 자주 가지지 못하기 때문에 자긍심이 감소된다. 집단 상황은 자긍심의 상실 없이 상호 교환적인 도움을 받을 수 있다. 집단 내에서 구성원들은 서로에게 지원, 안심, 통찰력을 제공한다. 예를 들면, 장애아동 부모들이 임상가의 이야기보다 다른 부모의 이야기에 더 귀를 기울인다. 다른 부모들은 전문가가 복제할 수 없는 다른 신망을 가지고 있다. 성공적인 집단상담 결과는 유사한 장애아동을 돕기 위한 욕구이다. 아울러 그 욕구를 행동으로 전환하는 것이다. 이것은 건전한 결과이며, 이것으로 인해 참여자는 병적인 자기도취를 없애고 자신을 성장시킨다.

(5) 대인관계 학습

인간의 생존은 집단에서 살아갈 수 있는 능력에 달려 있다. 아직도 장애아동 부모, 언어치료사, 청각사들이 빈약한 대인관계 기술을 가지고 있다. 이와 같은 이유는 가정의 빈약한 조기학습 때문으로 보여진다. 그들은 다른 사람과 의사소통하는 것과 다른 사람을 믿고 신용하는 데에 있어서 보다 충분히 사랑하기 위한 학습을 하는 데에 어려움을 가지고 있다. 보다 잘 개선된 대인관계 기술은 대인관계를 통해 즐거움과 만족을 얻을 수 있다. 그들은 개방하는 방법과 다른 사람을 수용하는 방법을 학습할 수 있으며, 집단관계에서 얻은 이 지식을 다른 사람들과의 대인관계에 적용할 수 있게 된다.

(6) 집단 응집성

집단의 기본적 성질인 응집성은 규정하고 파악하기가 매우 어렵다. 응집성은 성공적인 상담에서 하나의 통합적인 요인이다. 응집성은 집단구성원이 그 집단에서 느끼는 매력과 관련이 있다. 응집성은 집단의 신뢰와도 밀접하게 얽혀져 있다. 신뢰가 있으면 집단은 뭉쳐지고 성장하게 된다. 집단에서 집단의 다른 구성원들에 의해 수용되는 깊은 비밀을 드러내 놓을 수 있을 때 집단 응집성의 측면에서 매우 긍정적이다. 비록 각 개인은 집단이 응집되지 않더라도 학습할 수 있지만 응집된 집단에서의 학습이 훨씬 효과가 크고 오래 지속된다.

(7) 정서의 정화

보편성과 밀접한 관련성이 있는 정서의 정화는 의사소통장애아동을 둘러싸고 있는 정서이다. 거의 모든 참가자들은 억제된 정서를 가지고 집단에 참여하게 된다. 이 억제된 정서를 지금까지 표현할 수 있는 적절한 장소를 그들은 가지지 못했다. 집단은 이들 정서를 완화시켜 주고 공유할 수 있는 방법을 제공한다. 예를 들면, 뇌졸중 가족들은 그들이 서로 이해될 수 있기 때문에 집단에서 이야기할 수 있다고 느낀다. 전문가 집단은 개인의 부적당한 감정을 우선순위에 두고 그 감정을 표현할 수 있도록 하고, 다른 집단 구성원의 이야기를 듣고 이해함으로써 큰 안심을 가지게 한다.

본질적으로 정서의 정화는 치료적 요인은 아니다. 그러나 그것은 비건전한 행동으로부터 그 감정을 이겨낼 수 있는 시초이다.

2) 의사소통장애에서 집단목표

Yalom(1989)은 의사소통장애 영역에서 집단에 관련된 것은 내용의 전달, 감정의 표출, 인격의 성장을 들고 있다.

(1) 내용의 전달

모든 집단은 어느 정도 그들 집단의 목표를 가지고 있다. 즉, 집단의 회합은 구성원들의 정보와 경험의 공유가 가능하다. 비록 가끔은 학습된 것이 지도자가 기대하지도 의도하지도 않은 것일 수도 있지만 지도자가 내용의 유일한 근원이라고 지각되고 있지 않을 때 집단은 가장 잘 발전한다. 이와 같은 경우가 집단구성원의 기대를 방해할지 모르지만 장기적 안목에서 보면 구성원들이 서로 간에 가르치겠다는 집단성 책임이 있을 때 집단으로부터 학습되는 것은 더욱 많다.

(2) 감정의 표출

의사소통장애아동의 부모는 많은 감정을 건전하지 않은 방법으로 표현하는 경우가 종종 있다. 특히 노여움을 자주 억제하여 우울증이 되거나 다른 것으로 대치되어 상호 대인관계를 손상시킨다. 집단은 그와 같은 감정을 이해하는 사람들 사이의 안전한 환경에서 감정을 표출 할 수 있는 수단이 된다. 또 집단은 구성원들에게 그들의 감정을 느낄 수 있도록 허용하고 시인한다.

(3) 인격의 성장

의사소통장애아동 부모가 그들 자녀의 교육 계획 입안을 위해 전문가와 참여할 때 보다 적극적이고 만족해하는 부모가 되도록 그들을 도울 필요가 있다. 의사소통장애아동은 그들의 삶에 대한 부정적 영향을 최소화하기 위하여 장애에 대한 책임감을 가지도록 학습되어야 한다. 그들은 그들의 장애를 다른 사람을 돕는 데 이용하는 방법을 배운다. 집단은 각 개인으로 하여금 다른 사람을 돕는 것을 허용함으로써 강력한 인격성장의 방책을 제공할 수 있다.

3) 집단기능의 원리

(1) 지도력

집단의 지도력은 집단의 성공을 결정하는 중요한 요인이다. 집단은 그 자체가 실체이다. 즉, 각 집단은 독특한 개성을 가지고 있으며, 두 집단이 똑같은 경우는 없다. 성공적인 개별상담의 기저를 이루는 원리는 집단 내의 상담도 동일하게 평가할 수 있다. 상담자는 인간중심주의적 견지로부터 수용, 성실, 감정이입 및 관심을 가지고 집단을 다루어야 한다. 상담자는 돌보는 사람으로 보여져야 한다.

Yalom(1975)은 그가 다루었던 집단의 철저한 연구 결과에서 직접적인 관련이 있는 바람직한 지도자 기능과 이 기능 달성을 위한 구체적 내용을 제시했다.

① 정서적 자극주기는 마주대하기, 모델 제시하기, 위험을 무릅쓰고 자아표출하기에 의해서 달성된다.

② 돌보기는 지원, 애정, 온정, 관심, 성실성에 의해서 달성된다.

③ 의미(목적)의 설정은 탐구, 분명히 밝히기, 해석, 변화에 대한 인지적 구조 제공에 의해서 달성된다.

④ 행정기능은 한계와 규칙의 설정, 관리시간, 방법 및 절차의 제시 등에 의해서 달성된다.

(2) 집단 준거의 확립

지도자의 가장 중요한 기능은 그 집단의 준거를 설정하는 것이다. 이 준거는 내재적이고 때로는 집단이 기능해야 할 명시된 규칙이다. 집단의 준거는 초기에 확립되고 일단 확립된 것은 변경하기가 어렵다. 지도자는 모델 제시에 의해, 특히 방법(절차)적 준거인 경우에는 그 준거를 명백히 진술하여 준거를 확립한다. 지도자는 집단구성원의 준거를 지키기 위해서 강한 사회적 강화물을 사용한다. 이와 같이 승인받기 위해 선택된 행동 또는 소견들은 집단에서 가치로 인정 되지만, 승인되지 않은 행동들은 가치가 없다. 대부분의 지도자들은 그들이 가지고 있는 무의식적, 그리고 깊숙이 내재되어 있는 선입견에 기초해서 생각지도 못하는 사이에 준거를 강화한다.

① 상호작용 준거

만약 집단구성원들이 서로 관련되어 학습한다면, 그때 그들은 서로 간에 상호작용을 해야 한다. 대부분의 집단은 지도자에게 직접 질문을 한다. 즉, 그 질문에 대한 대답을 통해 내용 제공의 기회가 될 수 있음을 의미한다. 상호작용 준거는 구성원들 간에 일어나는 정보의 공유와 도움을 허용한다.

② 주도성 준거

주도성 준거는 성장을 위해 절대로 필요하다. 집단구성원들은 만약 그들이 무엇이 일어나기를 원한다면, 그들은 무엇이 일어나도록 만들어야 한다는 것을 학습해야 하다.

③ 자기표출 준거

자기표출 역시 성장에 중요한 요소이다. 자기표출은 언제나 안전해야 하며 특히 참가자가 최종적으로 그의 죄의식 비밀을 털어놓을 때는 안전이 보장되어야 한다. 자기표출은 강제적이어서는 안 된다. 만약 참가자들이 원하지 않는다면, 자기표출을 하지 않도록 해야 한다. 지도자가 자기 표출을 조장할 수 있는 하나의 방법은 지도자 자신을 표출하는 것이다. 집단생활의 초기에 중요한 이슈는 지도자의 신뢰성이다. 만약 지도자의 죄의식 비밀을 너무 일찍 노출시키면, 신뢰성이 희생된다. 지도자의 자기표출은 권위적인 부분을 줄일 수 있기 때문에 집단에 매우 도움이 될 수 있다. 따라서 장애인은 전문가를 인간적으로 볼 수 있다.

④ 마주대하기 준거

집단 구성원들이 어떤 것에 관심이 있을 때 서로를 '확인'하는 것을 학습하는 것은 매우 중요하다. 상호 대인관계에서 많은 문제는 실제에 대한 어떤 확인 없이 단정하는 것부터 일어난다. 예를 들면, 어떤 학생이 그와 만날 때 내가 웃지 않았기 때문에 나를 화난 사람으로 단정하는 것은 우리의 대인관계를 손상시킬 수 있다. 그러나 만약 우리가 마주대하기 준거를 설정했다면, 그 학생은 그와 같은 단정은 하지 않을 것이다.

참가자들은 대개 마주대하기를 할 때 두려워한다. 마주대하기는 자기표출에 밀접히 관련되어 있다. 왜냐하면, 모든 마주대하기는 다른 사람의 견지에서 자기의 표출을 포함하기 때문이다.

마주대하기는 부정적 감정에 대해서는 필요하지 않다. 온정과 좋아함의 감정으로 다른 사람과 마주대할 수 있다. 그러나 첫 대면이 감정의 화를 내거나 분노하는 경우가 종종 있다. 불행히도 대부분의 사람들은 그들이 사랑의 감정을 나타내는 것보다 노여움의 감정표현에 더 익숙하다.

⑤ 적시성의 준거

집단 구성원이 아무도 접근하지 않고, 집단 내에서 관심이 급격히 감소된 긴 이야기를 듣는 것은 죽는 것과 같다. 적시성의 준거는 집단 구성원이 현재 직면하는 관심부분에서 확립된다.

⑥ 개인 욕구의 존중 준거

잘 주시하지 않으면 집단준거는 매우 제한적이 될 수 있다. 모든 사람이 특별히 확립된 준거에 완고하게 집착하는 것은 건전한 것이 아니다. 개인은 그들이 자신의 행동에 대해 조정하고 있다고 느낄 필요가 있다. 더욱이 학습은 그들이 준비되어 있을 때 진행된다. 집단토의가 요구될 때 의견을 달리하는 사람이 준거에 따르도록 동의를 받아내는 것이 필요하다. 예를 들면, 나는 실내에서 담배를 많이 피우는 사람과 같이 있을 수 없다. 그래서 나는 집단 내에서 금연을 원한다. 나는 이것을 집단의 첫 모임에서 이야기한다. 나는 그들의 흡연욕구의 감정을 존중함으로 그들에게 흡연하지 않고 장시간 토론할 수 있는지를 묻는다. 만약 그럴 수 없다면, 진행도중 몇 분간의 흡연을 위한 휴식시간을 두기로 제안한다.

⑦ 절차의 준거

절차의 준거는 집단이 기능하는 방법을 결정한다. 대개 회기의 수, 각 회기의 시간과 같은 것을 조정하지 않는 집단이 많다. 시간이 얼마나 소요될지를 명확히 해두는 것이 좋다. 만약 시간이 집단과 협약해야 할 문제라면, 모든 사람이 회합의 소요시간을 알도록 첫 회기에 협약한다.

4) 집단 부모상담 절차

많은 부모상담은 임상가 한 명이 한 명의 부모와 상호작용을 한다. 예를 들면, 이와 같은 형태의 상담은 언어치료사 또는 청각사 및 의사소통장애아동 부모가 자녀의 장애, 언어 또는 청력검사 결과, 그리고 치료사의 권고 등을 논하는 집단적 면담을 하는 경우이다.

아래와 같은 개인적 접촉과 더불어 많은 임상가들은 의사소통장애아동 부모 집단을 상담하기 위해 소집한다. 가끔 이 집단상담은 계속적 또는 장기적 토대 하에서 이루어진다. 즉, 언어 또는 청각 치료를 위해 등록된 아동의 부모들은 일정한 간격으로 정규적으로 상담 받는다.

(1) 집단토의

① 집단토의에서 임상가의 유의점

a. 부모를 존중하고 후원하는 태도를 가진다.

b. 의사소통과 관련된 문제를 부모로 하여금 표현하고 명백히 하도록 조장하고 후원한다.

c. 필요한 정보를 제공한다.

d. 상담에서 치료의 한계점을 인식한다.

② 집단토의의 방법

비공식적 토의는 집단부모상담의 주요수단이다. 이와 같은 비공식적 토의는 집단에서 각자가 다른 사람을 모두 볼 수 있도록 의자가 배치된 방에서 부모회합을 개최함으로 촉진될 수 있다. 집단치료에서 임상가의 역할 요소는 다음과 같다.

a. 이 집단은 부모에게 도움을 주기위해 존재한다는 것을 인식시킨다. 이를 위해 부모에게 논의할 주제를 가져오도록 요구하고, 부모들의 관심과 질문을 말하도록 격려한다.

b. 토의 진행자로서 부모 각자에게 말할 기회를 보장하고 다른 사람은 귀 기울여 듣고 반응하도록 조장한다. 내성적인 사람에게는 가능한 자신의 의견을 말할 수 있는 기회를 제공하고, 외향적인 사람은 듣는 기회를 제공한다. 특히, 토의가 몇 사람의 부모에 의해서 진행되지 않도록 배려해야 한다.

c. 모든 부모에게 동일한 정교성으로 말하는 기술을 요구해서는 안 된다. 학력이 낮거나 말하는 것이 다소 서툴더라도 그들이 말하려는 의욕을 좌절시켜서는 안 된다.

d. 다양한 부모들이 느끼는 관심거리에서 관심, 걱정, 실망, 희망 등의 유사성을 지적함으로써 긍정적인 집단정신을 가지도록 조장한다.

e. 임상가는 토의에서 방관자적 자세가 아니라 가장 중요하다고 생각하는 내용

을 회원에게 알리고, 토의가 주제를 중심으로 잘 진행되도록 하는 공동책임을 느끼게 한다.

f. 부모에게 도움이 된다고 생각되는 도구를 소개해 줄 책임이 있다. 예를 들면, 부모-자녀의 의사소통 촉진 방안은 다음과 같다.

· 자녀가 생각하고 느끼는 내용을 이해하기 위하여 귀 기울여 듣는다.

· 자녀의 행동이 수용되지 않더라도 자녀의 사고와 감정을 수용하도록 노력한다.

· 자녀가 가진 감정을 이해한 내용을 구어로 표현한다.

· 어른 수준보다 어린이의 수준에서 말한다.

g. 많은 사람을 한꺼번에 대함으로 각자의 질문에 답할 시간이 부족하다. 그러나 각자가 질문하고 말하는 내용을 이해할 필요가 있다.

h. 부모들 간에 갈등이 야기될 수 있다. 예를 들면, 서로 자기 자녀의 문제 중심으로 상담을 원한다. 임상가는 이 갈등을 조정해야 한다.

이 갈등의 조정 방법은 다음과 같다.

· 부모 간에서 발생하는 부정적 정서를 임상가가 못 느끼는 것처럼 무시하고 계속한다.

· 상담시간에 이 부정적 정서를 하나의 주제로 삼아 충분히 탐색한다.

· 갈등을 인식하면 임상가가 이해한 것을 언급만하고 전 상담시간을 활용해서 이야기하지 않는다.

(2) 역할연기

집단상담에서 두 번째 절차는 역할연기이다. 즉, 상황을 실연하거나 논증하는 것이다. 역할연기의 단계는 다음과 같다.

1단계 : 준비 단계로 지도자는 행해질 상황의 윤곽을 집단구성원이 파악하도록 도와주고, 역할을 할당하고, 각자가 그 역할 창조를 시작하도록 돕는다.

2단계 : 상황의 실연단계

3단계 : 상황의 토의단계

토의는 역할연기의 통합된 부분으로 초기의 준비 단계와 최종 단계를 모두 사용한다.

역할연기의 가치는 다음과 같다.

첫째, 토의수준과 더불어 논증수준에서 참여가 가능하다.

둘째, 역할연기는 적시성이 있고, 자연스럽고, 동시성이 있다.

역할연기의 문제점은 다음과 같다.

첫째, 많은 사람들이 실연하는 것 자체를 두려워한다.

둘째, 부모의 부정적 측면을 노출시키는 것이 걱정스럽다.

셋째, 역할연기가 다른 사람들과 다를 때 감정을 달리하는 집단의 대부분의 사람들과 분리감을 느낀다.

단원 요약

- 상담 이론은 행동주의 상담과 인간중심주의 상담이 대표적인 이론이다. 행동주의 상담은 과정보다는 목적에 초점을 두며, 체계적인 과정을 중요시 한다. 상담의 기법으로는 주장 훈련, 이완 훈련, 체계적 둔감법을 핵심기법으로 사용하는 고전적 조건형성에 기초한 상담기법이 있다. 그리고 행동주의의 새로운 이론가들이 개발한 행동 계약법, 혐오 요법, 모방 학습 등의 기법을 사용하는 신행동주의 기법이 있다. 인간중심주의 상담은 인간은 긍정적, 전진적, 건설적으로 반응하기 때문에 지나친 통제는 배제한다는 기본가정에서 출발한다. 상담기술은 상담자와 내담자가 우리라는 생각을 가지는 합치, 이해(공감), 전달이 핵심이다.
- 가족과의 상담에서 가족구성원의 다양한 역할을 이해하는 것이 중요하다. 가족구성원은 부모, 배우자, 형제자매의 범주로 역할을 이해하는 것이 바람직하다.
- 적절한 가정은 가족구성원 간의 의사소통의 원활, 역할과 책임의 명확, 친밀함이 주요한 요소이다. 아울러 가족 의사소통의 규칙이 명확해야한다.
- 의사소통장애아동 부모의 상담에서는 특히 의사소통 촉진도구에 대한 정확한 정보를 주어야 한다.
- 집단상담의 장점은 부모들 간에 서로 도울 수 있고, 상담자로서 기능할 수 있다는 것이다.

생각할 내용

- 인간중심주의 상담의 기본 이념
- 가족 상담을 위해 언어치료사가 갖추어야 할 자질
- 언어치료에서 가족 상담의 합리성

제10장 의사소통장애아동 가족 중심 치료기법의 절차

가족 구성원들은 언어장애아동을 변화시킬 수 있는 중요한 요소가 될 수 있다. 이러한 사실을 인식한 언어치료사들과 청각사들은 부모를 포함한 가족을 치료에 포함시키기 위해 여러 해 동안 다양한 시도를 해왔다. 그러나 이러한 노력들은 거의 선형(개인)치료 모델의 가정과 골격에 기초를 두고 진행되어 왔다. 예를 들면, 어머니들은 구조화된 치료계획을 수행하도록 치료활동에 참여되었는데, 주로 치료사의 철저한 감독 하에 치료를 돕는 보조치료사로서 역할을 수행하였다. 언어치료사는 의사가 환자에게 처방하는 것과 같은 방식으로 가족 구성원들에게 단어, 문장 등을 실행하도록 요구함으로써 그들의 영향력을 넓히려 한다. 아울러 가족 구성원들은 언어와 청각문제들에 대한 특징을 전문가들로부터 교육을 받고, 실어증, 구개파열, 언어발달지체, 말더듬 및 기타 의사소통장애에 대한 정보를 인쇄매체로부터 얻기도 한다.

이러한 노력들은 선형모델 범위 내에서 제공되어지는 서비스로 논리적인 일련의 연장선적 과정이다. 이러한 접근의 경우, 의사소통 행동에 있어서 가장 중요한 변화들은 언어치료사들의 치료 회기 동안에 주로 일어나며, 이러한 변화들은 가족의 협조와 이해로 고양되어질 수 있다.

그러나 최근에는 이러한 언어치료사의 직접적인 중재의 차원을 넘어서 치료를 좀 더 확대시키려고 하는 노력이 일어나고 있다. 예를 들면, Fressinelli etc.(1983), Garbel(1972), Manolson(1985), Niebedcker(1987), Superior와 Lelchook(1986), Williams(1986) 등은 의사소통 행동변화에 대한 책임이 장애아동의 일생을 통해 중요한 사람들과 공유할 수 있으며, 의사소통 행동 변화는 장애아동과 관련되는 사람이 치료에 참여할 때 효율적으로 이루어질 수 있다고 제안해 왔다.

1. 체계적 조망

1) 패러다임 변화

치료과정에 가족들을 성공적으로 포함시키기 위해서는 임상가들이 치료방법을 좀 더 연구하고, 체계적인 방법으로 발전시키는 사고가 필요하다. 이러한 사고의 변화는 패러다임 변화로 일컬어 질 수 있다.

임상가들이 '치료의 과정에 가족이 영향을 미친다.'는 사고의 변화는 하나의 사실에서 다중 사실로, 단일 지향에서 다중 지향으로, 명명 행동에서 상호작용 형태의 확인작업으로, 문제 중심에서 해결 중심으로, 선형적인 원인-결과 변화에서 체계 변형으로의 전이과정으로 볼 수 있다.

(1) 단일 사실에서 다중 사실로

'복시각적 견해(polyocular view)'라는 말은 같은 현상들에 대해서 서로 다른 많은 견해가 사실로 받아들여지는 상황을 설명하기 위해 de Shazer(1985)가 사용한 용어이다. '복시각적 견해'는 변화를 하나의 견해보다는 더 많은 견해로 보는 것이다.

의사소통장애인들과 상호작용하는 개개인들은 그들의 관찰 및 상호작용이 개인에 따라 특별한 견해로 인해서 서로 다른 문제의 시각을 가질 수 있다. 예를 들면, 언어지체 아동을 어머니는 말더듬 아동으로, 아버지는 기계 방면에 재능을 가진 아이로, 상담교사는 자폐아로, 교사는 정신지체아로, 언어치료사는 언어장애를 가진 아동으로 볼 수 있다. 이러한 관점들은 비록 서로 다르지만 '사실'을 표현하는 개인의 관점에서는 정확했다. 물론 많은 요소들은 전문가, 개인, 가족구성원들이 아동에 대한 서로의 역할에 따라 견해에 영향을 미친다. 임상가들은 의견을 표현하는 개개인의 관점에서 고려해 볼 때 이러한 다양한 견해들을 정확하다고 솔직하게 인식해야만 한다. 이러한 이해는 임상가가 취급해야 할 문제들에 대한 체계적인 평가 도구들을 개발하는 데 도움을 줄 것이다.

(2) 단일 지향에서 다중 지향으로

복시각적인 견해는 임상가들로 하여금 다중 지향으로 들어서도록 요구한다. 다중 지향은 비록 두 개 또는 그 이상의 믿음, 평가 또는 관찰이 다르기는 하지만 정확할 수 있다는 생각이다. 예를 들면, 어머니는 아동들을 양육하는 데 있어서 매우 체계적이고 조직적이며, 확고한 신념을 가지고 자녀에게 질서있는 행동을 요구하는 반면, 아버지는 체계적이고 구조화된 양육보다는 여유를 가지고 놀아가면서 자발적으로 하고 싶은 것을 할 수 있도록 양육하는 것을 원하는 경우, 그 자녀는 2가지 매우 유용한 사고의 형태들이 모델화되고 장려되어지므로 더 좋은 자녀로 키울 수 있다. 이와 같은 부모들의 다른 두 가지 양육형태의 다중 지향적 견해는 자녀들의 발전을 좀 더 고양시킬 자원을 만들어 내게 된다. 만약 단일 지향이 부모들(그리고 아동들)에 의해 채택된다면, 각각의 견해들의 정확성에 관하여 상호간에 경쟁관계가 성립될 수 있다. 이러한 경쟁은 부모들의 '사실' 중에서 하나를 희생시키므로 대립관계를 조장하게 된다. 이 단일 지향의 대립관계는 다중 지향 견해의 채택으로 제공될 수 있는 선택의 영역을 없애버린다.

임상가가 복시각적 즉, 다중 지향 견해를 채택할 때 그는 치료에 관한 전문적인 관점에서 각 가족구성원들의 견해가 중요하다는 것을 깨닫게 될 것이다. 다중 지향 견해는 상호 협조를 필요로 한다. 전문가는 이러한 방법으로 표출된 다양한 견해들을 체계화해서 치료환경이 개선될 수 있도록 책임을 져야 한다. 이것은 표현된 차이점에 대한 우호적인 토론과 변화가 일어나기 위해서 어떠한 견해가 가장 효율적으로 접근될 수 있는지를 결정함으로써 가능해진다.

(3) 명명행동에서 상호작용 형태의 확인 작업으로

장애아동과 가족들을 처음 대할 때 임상가는 진단을 해서 치료목표를 확립하고자 한다. 일반적으로 언어행동은 행동용어로 설명되어질 수 있으며 문제에 적절한 명칭을 부여하게 된다. 때때로 이러한 진단은 대부분의 성인 말더듬의 경우에 있어서 쉽게 이루어진다. 다른 경우에는 진단이 좀 더 불확실하게 되는데, 특히 임상가가 언어지체, 실행증과 유사한 조음 음운장애, 또는 기능-기질이 중복된 의사소통장애에 직면하게 될 때가 그러한 경우이다.

진단이 명확하고 참석한 모든 사람이 그 진단에 동의한다면, 임상가는 즉시 언어장애가 내재되어 있는 상호작용 형태에 대해 탐구하기 시작할 것이다. 진단이 불확실하거나 여러 가지 다른 진단이 이루어지면, 임상가는 문제의 명칭을 찾기 위한 노력을 포기하고 문제에 대한 더 많은 자료를 수집하기 위해 상호작용 형태를 분석하기 시작한다. 최종적으로, 임상가가 탐구를 실행할 때 명칭에 대한 중요성은 감소된다. 진단 결과를 지면에 진술해야 할 때 임상가는 실제적으로 명칭이 없는 문제점들에 대해 명칭은 단지 은유적인 표현 방법으로만 사용된다는 것을 깨닫게 된다.

열다섯 살짜리 딸아이가 있는 가족을 다음과 같이 가정해 볼 수 있다. 어느 특정한 날에 아이의 행동에 대해 어머니는 '뾰로통하다'고 명명하고, 할머니는 '무뚝뚝하다'고 명명하였다. 그녀의 남자 친구는 그녀가 '화가 나 있다'고 보았으며, 여자 친구는 그녀가 '의기소침해 있다'고 걱정한다. 각각의 명명들은 흥미로우며 관심을 표현하는 사람에게는 사실로 간주되지만, 십대들에게서 나타나는 불만족의 해결책을 제시하는 데는 그 유용성이 제한되어 있다. 만약 어머니의 친구가 "딸이 당신에게 그녀의 뾰로통함을 어떻게 나타내는지?", "당신은 어떻게 반응을 나타내는지?"와 같은 질문을 한다면, 어머니와 친구의 상호작용 내용에서 뾰로통함을 야기시키는 사건을 발견할 수 있을 것이다. 또 이러한 뾰로통한 행동에 대한 상호 이해는 '뾰로통함'이라고 하는 명명보다는 좀 더 효율적으로 변화에 대한 가능성을 이끌어낼 수 있을 것이다.

임상가가 같은 방법으로 체계적인 관점을 도입할 때 일차적인 관점에서부터 문제의 상호작용적인 성격의 해결을 명명하는 것으로 초점을 이동시킨다. "어떻게 철수가 당신에게 그가 원하는 것을 알게 해 주었어요?", "이럴 때 당신은 어떻게 반응하였나요?", "또 누가 관심을 가지고 있는 것 같은가요?", "그 사람은 어떻게 반응하였나요?", "철수가 가장 잘 대화하는 시간에는 무엇이 일어나는가요?" 등과 같은 질문은 상호작용 탐구에 대한 토론을 하게 한다. 그때 임상가, 환자, 가족 구성원들은 변화에 대한 새로운 가능성들을 발견하기 시작할 것이다.

(4) 문제중심에서 해결중심으로

임상가, 환자, 가족이 의사소통장애에 상호작용하는 사건들을 규명할 때, 치료의 초점은 해결의 방향으로 나가게 되며, 때때로 해결책들이 만들어진다. 어떤 경우 이 해결책은 이미 장애아동과 가족들의 생활 패턴중 한 부분이며, 임상가들은 단지 이것을 발견해서 활성화시키기만 하면 된다.

가족 치료 사례 중 한 예를 들면, 이 가족은 14세 아이의 게으름을 매우 걱정하였다. 문제에 대한 탐구는 아이가 숙제를 할 시간에 게으름이 가장 극명하게 보인다는 사실을 밝혀냈다. 좀 더 분석한 결과, 가끔씩은 아이가 게으름을 보이지 않았으며, 그의 부모가 책임감 있고 열정적이라고 명명한 행동을 보이는 경우가 많이 있었다. 이러한 행동들은 농구경기, 간식 먹기, 기타를 칠 때와 연관되어 있었다. 이 소년은 게으른 소년이 아니지만, 책임감 있고 열정적인 행동을 인생의 다른 부분에서 보여주기 위해서 부모가 기대하지 않은 다른 학습을 해야만 하였다. 가족은 그가 이러한 기술들을 숙제를 하는 데 사용하도록 도와주는 것으로 이동하였다.

(5) 원인-결과 변화에서 체제 변형으로

대부분의 임상가들은 변화를 원인-결과적인 방법으로 생각한다. 예를 들면, 임상가는 다음과 같은 문제점을 먼저 발견한다. "말의 조음은 양순음, 치조음, 경구개음, 연구개음, 성문음으로 국한되어졌다. 구강 뒷부분에서 나는 소리가 성문 폐쇄음과 함께 과용되어져 왔으며 많은 무성 자음들로 대치되어 왔다." 이러한 평가결과에 기초해서 목표가 정해지고 치료가 진행된다. 일반적으로, 장애아동의 언어 변화와 임상가의 특정한 치료 전략의 실행 사이에는 직접적인 원인-결과 관계가 성립하는 것처럼 보인다. 그러나 많은 의사소통장애아동들의 경우 선형적인 원인-결과적 방법의 치료과정과는 연결시킬 수 없는 예기치 않은 다른 변화들이 보고된다. 이를 테면, "그가 좀 더 말을 많이 한다.", "그는 좀 더 요구한다.", "그가 자립한다." 등과 같은 변화들은 장애아동 및 가족들에 의해서 보고되는 전형적인 사례지만 많은 무성 자음들로 대치된 성문 폐쇄음을 사용하지 않기 위한 치료 노력과는 특별한 관계가 없다. 그러나 임상가, 장애아동, 가족은 이러한 행동 변화가 언어 치료 과정과 관계가 있음을 지적한다. 이러한 변화들은 체제 변형으로부터 야기된다고 말할 수 있다(Tomm, 1984).

가족들과 함께 언어치료를 할 때 임상가는 체제 변형과 원인-결과 변화 두 가지를 체험하게 된다. 언어-청각 장애가 평가되고 가족들이 각각 그 과정에 포함될 때 가족은 임상가에 의해 항상 예측되어질 수 없는 방법으로 변형될 수도 있다. 때때로 이러한 변화들은 기대되지 않은 것으로 언어 개선과 직접적인 관계가 있다.

임상가, 장애아동 K(4세), 그의 어머니, 아버지, 세 자매와 함께 K의 언어문제를 다룰 때 임상가와 그 가족들은 K가 좀 더 총명해질 수 있도록 가족들이 도와

주자고 결정하였다. 9개월간에 걸친 14회의 치료회기 후에 K의 기능은 100%가깝게 개선되었고 작업은 종료되었다. 그 과정동안 가족은 많은 영역에서 놀라운 변화를 보였다. 처음에 그들은 전문가 집단에 의해 비협조적이라고 명명되었는데 이것은 그들이 약속을 잘 지키지 않고 치료에서 권고한 사항을 잘 이행하지 않았기 때문이었다. 가족 중심 치료가 거의 끝날 무렵에 K의 유치원 교사는 아동의 평가결과 그가 달라 보이고, 더 깔끔하며, 어머니가 그의 일에 더 관심을 가지게 되었으며, 학급 목표에 아주 열성적으로 협조한다고 보고하였다. 전에 이해할 수 없었던 그의 언어도 모든 문맥에서 이해할 수 있을 정도로 명료화 되었다고 보고하였다. 이것은 2학년 담임교사에 의해 2년 후에 확인되었으며, 그때 그녀는 K가 과거에 언어장애가 있었다는 사실을 알고 놀라워 하였다.

어떠한 변화도 특정한 원인에 선형적으로 연결될 수 없었다. 심지어 언어 변화에서 조차도 가족들과 특정한 한 가지 원인에만 연관이 있는 것은 아니며, 어떠한 변화도 유능하고 적극적인 어머니, 조용하고 절제하는 아버지, 졸라대며 보채는 형제들, 또는 양육하는 누이에만 특정한 관계가 있는 것은 아니었다. 그 가족은 그들 자신의 특이한 형태와 일관된 방법으로 변형해 왔으며 이러한 변화들이 K의 삶에 있어서 많은 영역들을 변화시켰다.

2) 가족 중심 치료

가족 중심 치료는 평가와 치료의 모든 면에서 전체 가족 구성원을 참여 시킨다. 개인적이기보다는 하나의 가족 전체가 치료의 한 개체로 간주되어진다. 변화를 촉진하는 가족 상호작용 형태가 토론되어지고, 보상되고, 확장되어지며, 가족 구성원들은 재활 팀의 일원으로서 전문가들과 함께 동등한 협조자가 된다. 그리고 상담은 평가와 치료 과정의 통합된 부분이다.

(1) 치료의 단위

개인이 치료의 한 개체가 될 때, 평가와 재활 서비스에 대한 모든 내용은 장애인-임상가 양자 관계가 된다. 그러나 가족이 치료의 팀일 때, 평가, 치료서비스, 변화의 범위는 가족-임상가 시스템이 된다. 의사소통은 가족과의 상호작용에서 분명하게 형성되고 반응할 때 평가되어지고 이해된다. 치료는 가족의 자연적이고 기능적인 환경 하에서 일어나며, 전이는 가족들이 실제 상호작용하는 상황 안에서 변화를 만들어내기 때문에 쉽게 이루어진다.

(2) 전문가의 역할

개별적 모델에 있어서 치료 결정은 전문가와 장애인에 의해서 이루어지며 가족 구성원은 교육 계획에 동조하도록 요구된다. 따라서 단계적 과제가 끝나지 않을 때, 장애인이 치료시간에 늦을 때, 장애인이 흥미가 없는 것처럼 보일 때 장애인 가족은 비협조적이라 평가한다.

가족 중심 치료 모델에서 가족은 해결책의 일부분이 되며, 교육 계획의 구성원이 된다. 가족 구성원은 평가에 참여하며, 치료 목표에 대해서 개입하며, 언어치료사의 도움으로 가족 구성원의 의사소통 양식을 변화시키는 데 그들의 자원을 사용한다.

(3) 상담의 사용

고전적으로 정보는 치료과정을 보충하며, 상담은 정보적인 성격이다. 임상가는 장애인이나 가족 구성원들이 치료 과정에서 무엇을 하는지, 이것이 왜 중요한지를 인식하도록 도와준다. 임상가는 전형적으로 전문적인 용어를 사용할 수도 있으나, 임상가가 이해하는 것과 같은 방법으로 가족이 문제를 이해할 수 있도록 상담을 한다.

가족 중심 치료 모델에서 상담은 평가와 치료과정에 통합된다. 상담 기교는 가족이 참여할 수 있도록 조장하며, 장애와 동반하는 태도와 기분에 반응하도록 하기 위하여 임상가들에 의해 사용되어진다. 임상가는 가족이 의사소통장애에 대해서, 이러한 의사소통장애의 문제점들이 어떻게 변화될 수 있는지에 대해서 가족의 이해를 증진시킨다. 무시하기 보다 의도적으로 가족의 이해를 더 증진시키는 것은 완전한 가족 참여를 위한 필수적인 과정이다.

3) 체제적 원칙

가족 중심 치료 모델에는 4가지 체제적인 원칙들이 있다. 첫째로, 가족의 일부분은 그 시스템의 다른 부분과 독립해서 이해할 수 없다(Epstein & Bishop, 1981). 각각의 가족 구성원의 행동양식은 독립해서 분석할 때 보다는 하나의 전체로서 가족의 형태, 믿음, 습관 등과 연관해서 해석되어질 때 보다 철저하게 이해되어

질 수 있다. 대부분의 사람들은 그 사람의 가족 혈통을 알고 나서 바로 그 사람의 행동양식에 대해서 직관적인 이해를 한 경험이 있을 것이다. 진지한 관계를 갈망하는 젊은 한 쌍이 양가의 가족들을 만나고자 하는 것도 우리 사회의 전통이다. 우리는 많은 통찰력들이 그러한 만남들로부터 얻어지는 것임을 알 수 있다. 겉으로는 가족이 서로 만나서 자녀의 친구를 평가한다고 하지만 가족 혈통에 대한 상호작용적인 환경 내에서 '의도적'으로 본다는 것이 좀 더 옳은 평가일 것이다.

유사한 방법으로 의사소통장애의 세부 사항은 임상가가 개개인을 평가하고 치료할 때 보다는 그의 가족관계에 대한 영향 측면에서 장애인을 판단할 때 다르게 이해될 수 있다. 가족 범주 내에서는 의사소통장애인의 의사소통 양식이 전체적인 시스템의 상호작용과 관련해서 관찰되어질 수 있다. 예를 들면, 한 가족 구성원들은 발음을 매우 분명하게 하였고, 가족들이 말이 많아서 언어지체를 가진 아이에게 말을 할 기회를 거의 주지 않았다. 반면에 다른 가족의 경우에는 가족 구성원들이 매우 조용하고 독립적이어서 언어지체를 가진 아이는 다른 식구들의 상호작용적 관심을 거의 얻지 못하였다.

둘째, 가족체제의 부분들은 서로 관련이 되어 있다. 한 부분에서의 변화는 체제의 다른 부분에 영향을 미친다. 이를 테면, 유행성 독감을 앓아서 하루나 이틀 정도 몸을 잘 움직일 수 없는 사람이 있는 경우, 이러한 짧은 기간 동안의 병은 아픈 사람에게만 국한되는 것이 아니고 가족들 모두가 영향을 받게 된다. 가족 구성원들의 삶은 특정한 가족의 생활방식, 가족 구성원들의 책임, 가족의 발달단계에 따라서 달라진다. 취학 전 아동이나 학령기 아동들이 있는 가족에 있어서 아버지, 어머니, 또는 어린 아이에게 병이 다양한 영향을 미칠 것이라는 것은 당연하다. 가족 중의 한 구성원이 마을로부터 떠나있거나, 문제에 처했을 때, 행복할 때, 우울할 때, 화났을 때, 기타 등등이 가족의 모든 구성원의 행동양식에 영향을 주며, 모든 가족은 같은 방법으로 반응한다.

유사한 내용으로 가족 중의 한 구성원이 의사소통장애가 있을 때 모든 가족 구성원은 행동양식에 영향을 받으며 반응한다. 우리가 관찰했던 반응들 중에는 실어증 장애아동에게 많은 질문을 하는 경우, 그림과 물체를 명명하게 하는 경우, 가족 구성원의 언어장애에 대하여 노여움과 당황함을 나타내는 경우, 구개파열이 있는 어린 아동에게 정확한 발음을 강조하는 경우 등이 있었다. 가족 구성원은 평가와 치료의 통합된 부분이며 적절한 의사소통 행동양식을 강화시키는 기술이 있다면 이러한 서비스는 임상가에게만 국한되는 것은 아니다(Andrews &

Andrews, 1986b).

가족 구성원들은 장애아동의 언어 향상에 반응을 나타낸다. 불명료한 언어를 가진 아이의 형제와 자매들은 그의 지능이 향상되고 말을 더 많이 한 이후에 더 비열하고 으시댄다고 그를 묘사했으며, 부모들은 자립하는 것으로 묘사했으며, 주장을 신체적으로 보다는 말로써 나타낸다고 이야기했다. 교사는 그 아이가 학교에서 옷을 더 잘 입고 다녔으며, 친구가 더 많아졌으며, 부모들은 그 아이의 성적이 향상되었다고 보고하였다. 많은 변화들 가운데 특히 아이는 언어 구사 능력의 발달을 나타내었다.

셋째, 가족의 교류 양식은 가족 구성원의 행동을 형성한다. 모든 개개인은 직접 또는 간접적으로 발생하는 가족의 사건에 의해 영향을 받는데 이 사건들은 인생의 경험을 만든다. 가족 체제의 상호작용은 임상가와 장애인이 언어개선을 위한 노력을 동시에 해 나갈 때 느껴지는 것이다. 이러한 여러 가지 영향에 대한 언어치료사의 인식은 의사소통장애아동을 가진 가족구성원의 삶을 변화시키는데 쓰일 수 있다. 이러한 교류 양식은 가족 간의 회합에 참석 할 때 관찰할 수 있고, 다른 양식들은 행동순서에 주의 깊게 관찰하고 추적함으로써 알아낼 수 있다. 어떤 것들은 가족 구성원과 임상가가 좀 더 친숙해지면서 시간이 지나면 알 수 있는 반면, 어떤 것들은 가족과 임상가 모두에게 알려지지 않은 채로 남아있게 된다.

언어문제와 관련된 복잡한 상호작용은 가족 구성원들 간에 있어서 구어 또는 비구어의 생활양식과 관련이 있는 것처럼 보인다. 예를 들면, 마비성 조음장애 아동의 경우 그의 시끄럽고 지저분한 식사습관은 어머니로 하여금 훈계와 충고를 하도록 하였으며, 어린 남동생은 조용히 함으로써 대화에 반응하였고, 아버지는 아내와 아이에게 모두 화를 내는 반응을 하였다. 결과적으로 그 아동은 더 빨리 더 시끄럽고 지저분하게 먹게 되었다. 가족들의 이러한 생활양식은 거의 매일 저녁 시간에 반복되었다. 이 생활양식은 식사 방식을 바꾸고 가족이 이 문제를 다른 시각에서 볼 수 있도록 도와줌으로써 바뀌어졌다. 언어·청각 문제들이 가족 상호 생활양식을 깊이 반영하고 있는 것은 흔한 사실이다. 또 다른 예를 들면, 언어발달 지체 아동이 발음을 할 때 어머니는 그 발음을 흉내내었으며, 그 아이는 그 발음을 반복하였고, 그럴 때마다 아버지와 어머니는 웃었으며, 아이의 등을 두드리면서 즐거움을 보였다. 다른 가족의 경우를 들면, 전형적인 형태로 어머니가 단어를 말하고 아이에게 그것을 따라서 해보라는 것이었다. 아이는 어머니가 계속해서 졸라대는 것을 무시해 버렸으며 아버지는 아이를 성가시게 생각하였으며, 어머니는 그럴수록 더 열심히 아이에게 말하라고 졸라댔지만 헛수고였다. 결국 아이는 지쳐버렸으며, 말을 하지 않았다. 어머니는 그럴 때마다 아이에 대한 긍정적인 면을 이야기함으로써 아버지로부터 아이를 보호하였으며, 아버지는 역겹다든지 불쾌하다는 표정으로 반응하였다. 이 부모는 임상가의 도움으로 어머니가 아이에게 좀 더 효율적인 방법으로 말함으로써 행동양식을 바꾸었다.

넷째, 한 가족의 구성, 조직, 발달 단계는 가족 구성원들의 행동을 결정하는 중요한 요소이다. 모든 가족들은 시간이 흘러감에 따라 발달 과정을 거치게 되며, 가족 구성원들에 의해 성취되어지는 어떠한 역할을 채택하게 된다. 이러한 역할들에 대한 규칙은 때때로 잘 드러나지 않지만 일반적으로 각 가족 구성원에 의해 받아들여지고 이해되어진다. 예를 들어, 부모, 아이 두 명, 할머니가 한 가족 구조일 때 전통적으로 아버지의 역할은 가족의 생계를 유지하는 것이며, 어머니는 살림꾼, 할머니는 존경받는 주변 가족 구성원(역할)이다. 이 가족은 부모가 아이들의 삶을 좌우하는(수직적인) 책임감을 떠맡김으로써 이러한 역할들을 중심으로 조직이 구성된다. 어떤 가족들은 책 보기를 좋아하는 반면, 다른 가족들은 마루에서 놀기를 좋아하거나, 어머니는 아이들과 함께 책을 보는 것을 좋아하지만 아버지는 동적인 놀이를 좋아하는 경우도 있다. 어떤 가정에서는 아버지의 역할이 어떤 활동 방식에 능동적 존재라기보다는 어머니의 역할을 보조하는 경우도 있다. 다른 어떤 가정에서는 할머니가 아이를 돌보는 데 중요한 역할을 할지도 모른다. 임상가가 서로 다른 가족 발달단계에 대한 이해, 가족구조에 대한 존중, 가족의 임무를 할당하고 역할을 구성하는 방식에 대한 흥미를 보일 때, 가족 구성원 각자의 능력과 습관에 적합한 역할을 만들어 줄 수 있을 것이다.

2. 협조 유도와 유지

가족에 대한 전문가의 태도는 가족의 협조와 참여를 이끌어 내는 데에 결정적인 역할을 한다. 가족이 의사소통장애아동의 변화를 위한 귀중한 자원을 가졌다고 생각하거나 가족의 이러한 자원들을 사용할 수 있도록 격려하는 언어치료사 또는 청각사만이 치료에 있어서 가족 구성원들의 참여를 이끌어 내는 데 성공할 수 있다. 가족 중심 치료에서 임상가는 장애를 가진 가족 구성원들과 마찬가지로 가능한 최대로 가족의 자원들을 얻어낼 수 있는 많은 방법들을 구하려고 한다.

개인이 치료의 단위가 될 때 임상가와 장애아동과의 라포르를 형성하는 것이 중요하며, 아울러 장애아동이 임상가에 대하여 긍정적인 생각을 가지는 것도 중요하다. 이것은 그들의 협조를 얻어내고 아울러 변화를 만들어 내기 위해 중요하다. 가족이 치료에 있어서 하나의 팀이 될 때 가족들과의 유대 관계를 구축하는 것도 이만큼 중요하다. 누구도 장애인에게 무례함을 보이거나, 변화할 수 있는 조건을 갖추고 있지 않다고 단정해서는 안 된다. 이러한 상황들은 가족들이 언어치료 서비스에 효율적으로 참여하는 데 그들의 자원을 평가 절하 하거나 그들의 능력에 대한 신뢰감을 잃게 된다.

다음의 지침들은 부모, 언어치료사 및 청각사에게 도움이 될 수 있다.

1) 가족 구성원들의 특기에 대해서 반응하라.

가족들은 전문가에게 인정을 받을 때와 그들의 견해가 추구되어지고 받아들여질 때 가장 잘 협조 한다. 가족은 누구보다도 장애를 가진 가족 구성원에 대하여 더 잘 안다. 가족과 임상가의 특기사항을 결합함으로써 변화에 대한 강력한 원동력을 야기시킬 수 있다. 요약하면 언어치료사는 명백히 가족들의 특기사항을 파악하여서 그들이 제공하는 정보가 가치 있는 것임을 확신시킨다.

2) 가족 구성원들의 감정을 인정하라.

가족들은 가족 구성원들에 대한 자신의 감정을 편안한 분위기에서 표현할 수 있을 때 가장 잘 협조하는 행동을 한다. 장애인이나 가족 구성원들이 용기가 없거나 울거나 화가 나 있을 경우, 대부분의 전문가들은 이들을 편안하게 여기지 않는다. 이때 가장 도움이 되는 임상가의 반응은 표현이 되는 감정을 다시 말하거나 반영하는 것이다. 가장 도움이 되지 않는 반응은 충고해 주고, 그를 격려해 주거나 용기를 북돋우려고 하며, 문제를 최소화하고, 주제를 변화시키며, 더 많은 사실을 알려고 하는 것 등이다. 가족들이 치료과정에 참여할 때 감정을 드러내는 것은 자연적이다. 많은 경우 수용하고 이해하려는 분위기에서 감정들을 표현한 후, 가족은 새롭게 재충전하게 되며 가족-임상가 관계에 대한 이해를 증진시킨다.

3) 가족 구성원들의 관심들을 존중하라.

가족들은 장애를 가진 가족 구성원들에 대한 그들의 강한 관심이 반영될 때 가장 잘 협조를 한다. 일반적으로 많은 가족들은 불필요하거나 심지어 쓸모가 없는 서비스를 추구하려고 하는 경향이 많다. 예를 들면, 3세 정신지체아동은 척추교정이 유용할 것이라는 희망에서 척추교정 지압 요법 전문가에게 치료를 받았다. 자폐아적인 행동을 보이는 6세 아동은 부모가 그녀의 행동을 향상시킬 수 있을 것이라는 희망 속에서 팔, 다리 동작과 눈 운동을 시키는 프로그램을 시작하였다. 15세 뇌성마비 아동은 설소대 수술을 받았으며, 아울러 대대적인 치열 교정에 들어갔다. 이 가족들은 자녀를 돕고 싶어는 했지만 이론적인 근거에 대해서 토론은 하지 않았으며, 전문가들의 상충하는 견해를 들으려고 하지 않았다.

4) 가족의 비완전성을 허용하라.

가족들은 임상가가 변화에 대한 그들의 능력을 인정하고 격려하며, 가족들이 모든 것을 다 완전하게 하지는 못한다는 사실을 받아들일 때 가장 잘 협조한다. 치료의 조건이 적절해서 치료효과가 극대화되는 것이 이상적이지만 임상가는 변화가 즉시 일어나지 않더라도 실망하지 않아야 한다. 가족들은 처음부터 모든 일을 완벽하게 해낼 수는 없다. 임상가의 특기를 가족들의 것과 결합시킨다면 임상가의 서비스는 장애인 하고만 일할 때보다는 더욱 더 효율적이라는 것을 믿는다. 임상가가 치료를 완벽하게 할 수 있다고 하더라도(대부분의 경우는 그렇지 않지만) 가족을 포함시킨다는 것은 치료 목표에 대한 보충작업이 될 수 있다.

5) 가족 구성원들에게 힘을 부여하라.

가족 구성원들은 임상가가 진실로 그들 자신의 행동을 계속해서 변화시킬 수 있도록 힘을 부여하고, 그들이 진전에 대한 만족감을 경험할 수 있도록 해줄 때 협조를 가장 잘 한다. 가족들이 치료에 참여할 때 장애인에 대한 변화의 공로는 구성원들 모두에게 공유되어진다.

6) 상호작용의 독특성을 인정하라.

임상가가 가족 안에서 생긴 문제를 가족 내부간의 상호작용의 범주 내에서 이해하고자 노력할 때 가족들은 가장 잘 협조를 하게 된다. 의사소통장애는 여러 가지 다른 상황에서 서로 다른 방법으로 나타나게 된다. 예를 들어, 언어발달지체를 가지고 있는 한 아이는 방안에 있는 모든 사람들의 관심이 자기에게 쏠려 있을 때나, 유치원에서 혹은 임상가가 있을 때 보다는 집에서 그의 가족과 함께 있을 때 더 많은 단어를 사용하는 경향이 있다. 만약 가족들이 가정상황에서 중재를 하고자 한다면, 임상가는 가족 구성원들이 문제를 경험하는 형태를 이해하는 것이 중요하다. 임상가가 문제를 가족 내부의 범주에서 이해할 때 유효하고 유용한 제안을 할 수 있을 것이다.

7) 가족의 입장에서 과제를 창출하라.

가족들은 임상가가 가족의 견지에서 언어문제를 이해하고 적합한 과제들을 부여할 때 가장 잘 협조한다. 가족 구성원들에게 과제의 목적과 원하는 결과를 이해시키는 것이 중요하며, 가족을 참여시킬 때는 가족이 임상가의 입장에서 문제점을 이해하는 것보다는 임상가가 가족의 견지에서 이해하는 데 더 우선순위를 두어야 한다.

3. 가족 소집

드문 경우이기는 하지만 가족 구성원들이 치료에 참여할 것을 희망하는 경우가 있다. 이러한 경우는 임상가가 편리한 시간을 조정하여 만나면 된다. 그러나 대부분의 가족 구성원들은 언어-청각 치료 프로그램의 참여에 익숙하지 않아서 직접 참여하기를 원하지 않는다. 따라서 임상가는 가족들의 참여가 요망될 경우에는 가족소집을 제의해야 한다.

1) 소집 내용의 평가

먼저 임상가는 제공하려는 서비스의 전문적인 내용의 '요구와 기대'란 측면에서 가족 참여의 가능성을 평가해야만 한다.

2) 소집의 범위 결정

임상가가 전문적인 치료 환경에 가족의 참여를 요구할 때, 누구를 첫 번째 미팅에 참여시켜야 할지를 결정해야 한다. 이 경우 대개 의사소통장애아동과 관련이 있는 모든 가족 구성원들을 참여시킨다. 의사소통장애인이 아동이거나 청소년이라면 장애아동의 형제자매와 함께 부모를 참여시킨다. 만약 이혼한 부모의 경우는 양육권을 가진 부모가 동의한다면, 그 부모도 참여시킬 수도 있다. 때로는 조부모, 고모, 삼촌, 사촌, 그리고 가까운 가족 친구들도 장애아동과 매일 긴밀한 접촉을 가진다면, 이러한 사람들도 첫 번째 모임에 초대할 수 있다. 또 가끔씩 먼 친척도 첫 모임에 참여하지는 않지만 그 다음의 모임에는 참여하기도 한다. 이것은 가족 구성원이 먼 친척의 참여가 의사소통장애에 대한 이해와 치료를 증진시킬 수 있다고 결정한 때이다.

장애인이 성인이라면 장애인의 동의를 얻어 그의 배우자나 자녀를 참여시켜서 치료과정에 도움이 되게 할 수도 있다. 만약 성인 장애인이 부모와 같이 살 경우에는 부모와 함께 참여 가능한 형제자매가 초청되어질 수도 있다. 때때로 가족에 대한 개념은 양육하는 부모, 어린이 보호원, 거주시설 상담원, 담당 재활전문가 혹은 장애인과 매일 접촉하는 전문가들을 포함하게끔 범위를 넓혀야 한다. 현대사회에서 가족들은 여러 가지 방법으로 구성되어진다. 그러므로 임상가는 접촉 가능한 모든 사람들의 신상을 파악하여 준비해야 한다.

(1) 전화

최초의 가족 접촉은 일반적으로 전화로 이루어진다. 때때로 편지가 전화보다는 선행되는데 일반적으로 의사소통장애인은 전화를 받을 수 없기 때문에 편지로써 접촉하기도 한다.

임상가 : 여보세요, 저는 ○○ 언어치료실의 김 ○○입니다. 어머니께서 지난주

에 자녀에 대한 치료 일정에 대해 문의하셨죠. 그래서 지금 계획을 만들어 보려고 합니다. 괜찮으신지요?

어머니 : 좋습니다. 빨리 시작했으면 좋겠어요.

임상가 : 빨리 시작하고 싶으시다구요? 제가 첫 번째 회합에 참여하는 방법을 말씀드리겠습니다.

어머니 : 네.

임상가 : 제가 아이와 함께 치료해 나가면서 가족 구성원들도 같이 참여하기를 원합니다만 어떻게 생각하십니까?

어머니 : 예, 제가 생각하기로는 남편이 참석할 수 있을지 모르겠습니다. 보통 늦게까지 일하며 이런 일에 잘 참여하지 않으려고 하거든요.

임상가 : 이러한 일에 별로 참여하고 싶어 하지 않는 것 같습니다. 그러나 처음 시작할 때 아이의 문제에 대한 양쪽 부모님의 시각을 제가 아는 것이 큰 도움이 됩니다. 부모 양쪽 다 편리한 시간을 알려줄 수 있겠어요?

어머니 : 저녁 시간이라야만 되겠어요. 아이의 형과 누이도 함께 참석하는 것이 좋을까요?

임상가 : 그럼요. 모두 다 오시면 좋습니다. 매우 어린 아이는 올 필요가 없지만 모두가 첫 번째 회합에는 참석했으면 좋겠어요. 저녁시간 좋습니다. 월요일 또는 수요일 저녁 6시는 어떻습니까?

어머니 : 수요일 6시가 좋습니다. 저녁 먹을 시간도 되고 아이들도 너무 늦지 않으니까요.

임상가 : 좋습니다. 아이들은 몇 살입니까?

어머니 : 철수의 누나인 순희는 8살이고, 동생인 영수는 13개월입니다.

임상가 : 가족 전부가 참석하는 데 무척 힘이 많이 드는 줄 알지만 아버지의 생각과 함께 어머니의 생각도 아는 것이 큰 도움이 될 것 같습니다. 또한 철수가 누나와 남동생과 어떻게 대화하는지를 보는 것도 도움이 됩니다.

어머니 : 예, 사실 모든 가족들이 참석해야 한다는 사실이 좋은데요. 왜냐하면 특히 순희가 다른 누구보다도 철수를 잘 이해하기 때문이예요.

임상가 : 그러한 일은 자주 있습니다. 형제나 자매들은 도움이 될 수 있습니다.

어머니 : 남편과 이야기 해보고 수요일 6시가 좋은지 알아볼께요(남편과 이야기하기 위해 전화기를 놓는다-돌아온다). 그는 좋다고는 하지만 많은 도움이 될 수 있을지 모르겠다는군요.

임상가 : 좋습니다. 시간을 내주어서 정말 고맙다고 전해 주십시오.

이 모임의 대화에서 여러 주제가 나올 수 있다. 첫 번째는 철수 아버지의 역할이다. 대부분의 아버지는 치료과정에 참여하지 않는 것으로 생각한다. 아버지는 보통 첫 번째 회합을 편하게 생각하지 않으며, 점차적으로 아버지의 의견이 수용되고 존중될 때 어머니와 함께 참여하게 되는 것이 일반적이다.

두 번째 쟁점은 모임에 참여하는 임상가가 사용하는 언어와 관련이 있다. 빈번하게 사용되는 말 "당신의 도움이 필요합니다."를 주목해 보자. 임상가는 이것이 모임에서 사용되는 가장 유용한 구절의 하나임을 알아야 한다. 임상가는 가족 구성원들이 언어치료를 성공적으로 이끌 정보를 가지고 있다는 것을 믿게 한다.

매번 회합에서의 대화 시 다음의 내용을 염두에 두어야만 한다.

① 장애인의 대화내용과 직접적인 관련이 있는 모든 가족 구성원들을 집중시키는 것부터 시작하라.

② 협조와 참여의 단어를 사용하라. 처음부터 그들의 귀중한 참여가 치료과정에 어떻게 기여하는지를 가족 구성원들에게 전달하라.

③ 실험적 태도를 채택하라. 가족 구성원들에게 이것은 새로운 생각이며 다른 방법이지만 이것에 대한 흥미로운 결과는 모두가 함께 노력할 때 일어날 수 있다고 이야기하라.

④ 인내심을 가져라. 가족 구성원들의 참여가 필요하다는 주장이 처음에는 잘 설득되지 않을 것이다. 계속해서 가족의 참여가 중요하다는 사실을 인식시킨다면 충분히 이해되고 인정될 것이다.

(2) 일정

가족 구성원들의 참여 시 복잡한 일정 문제를 가진다. 어떤 가족들은 일정한 낮 시간 동안에 쉽게 만날 수 있는 반면, 다른 사람들은 일이 끝난 후인 늦은 오후 시간과 이른 아침 시간에 일정을 정해야만 한다. 일정의 융통성은 일하는 시간이 서로 다른 가족 구성원의 협조를 포함시키는 데 매우 중요하다. 임상가는 그들의 바쁜 일정을 조정할 수 있다고 확신시켜야 한다. 왜냐하면, 귀중한 개인 시간을 빼앗는 것에 대한 반감의 문제가 제기되는 것을 막기 위해서다. 임상가는 열정적이어야 하며, 가족 치료와 연관된 흥미로운 문제에 도전 의식을 가져야 할 것이다. 만약 그렇지 않으면 결과는 성공적일 수 없을 것이다.

참여의 범위를 채택한 후 가족을 치료 과정에 참여시키려고 할 때 다음 목표는 가족을 어떻게 잘 참석하게 만드느냐는 것이다. 임상가는 "가족과 함께 일하는 것이 흥미롭고 즐겁다."라는 인식을 가족들에게 심어주어야 한다.

4. 문제에 대한 이해의 공유

1) 가족의 견해에 대한 이해

일단 가족이 모이면 몇 가지 참여 소견으로 회합을 시작하는 것이 효과적이다. 가족 구성원들이 참여한 것에 대해 다시 한 번 감사하다고 말하며, 전체 가족들이 참여하는 것이 그렇지 않은 경우와 어떻게 다른지를 설명한다. 가족들에게 그들이 전문가이고, 누구보다도 문제점을 잘 알며, 문제점을 해결하는 데 그들의 도움이 필요하다고 인식을 시키는 것이 중요하다.

만일 아이가 참여하는 경우에는 먼저 부모가 기본적인 준수사항을 아는 것이 도움이 된다. 이를 테면, 장난감들이 진열되어 있을 때 아이가 원하면 그것들을 가지고 노는 것이 좋다고 임상가는 알려줄 수 있다. 아이들이 만져서는 안 되는 물건이 있다면 이것 또한 부모들에게 지적되어져야만 한다. 이것은 처음부터 부모들의 적절한 역할을 확인시키며 그들에게 자신의 아이들에 대한 책임이 있다는 것을 인식시키는 것이다. 임상가는 가족에게 아이들이 가지고 노는 장난감이나 책들을 가져오라고 할 수 있다. 이것은 상황에 대한 그들의 통제력을 증가시키고 전형적인 상호작용 형태를 만들어 내기 때문에 가족에 대해 더 잘 알 수 있는 기회를 제공한다.

처음부터 임상가는 중재를 위한 중요한 자원으로 보이는 행동과 상호작용들을 탐지할 수 있어야 하며, 이러한 것들은 치료에 사용하기 위하여 기억해야만 한다. 그렇지만 가족이 하는 것 중에 특별히 좋은 것이 있다면 언급하는 것이 적절하다.

가족 구성원과 이야기한 후에는 좀 더 구체적인 방법으로 문제에 대해 이해해야 한다. 임상가는 이러한 국면을 다음과 같은 일반적인 말 즉, "당신이 누구의 언어 문제를 어떻게 느끼는지 말해 보세요."와 함께 시작할 수 있다. 처음에는 대개 가족의 대변인이 대답을 한다. 그러나 각자가 반응을 하도록 요청하여 가족 구성원 각자의 견해를 얻는 것이 중요하다. 가족 대변인이 의사소통장애를 그의 견지에서 설명하고 난 후 다른 가족 구성원들로 전환할 때 편리한 방법은 다음과 같이 "당신은 어머니와 아버지에 대해서 어떻게 생각하세요?"와 "당신은 이 이야기에 대해 동의합니까?"라고 이야기하는 것이다. 아이들도 대화에 참여하고 있다면 자기의 견해를 이야기할 수 있도록 해야 할 것이다. 아이들에 대한 질문은 의사소통장애를 가진 형제나 자매가 그들에게 이야기를 하는지 그리고 그 이야기를 이해하는지에 대한 형태로 되어야 할 것이다. 형제나 자매가 이해할 수 없을 때 어떻게 함께 노는지에 대해서 설명을 요구할 수도 있다.

장애인이 청소년이나 성인이라도 같은 과정이 적용되지만 어린 아이들 보다는 그 사람의 문제점에 대한 견해에 더 많은 관심이 주어진다. 청소년 혹은 성인이 그의 견해들을 이야기할 때 임상가는 장애인 가족의 위계적 위치를 존중하고 인정하는 방향에서 대화에 참여해야 한다.

(1) 상호작용 형태에 대한 확인

가족 구성원들이 문제점을 설명할 때 임상가는 의사소통 장애와 관련된 상호작용 형태를 주시해야만 한다. 누가 무엇을 말하고 언제 일어날지에 대한 내용은 연극의 대본과 거의 유사하다. 임상가는 성공적인 상호작용(예, 부모가 어디에서 아이를 도왔는지, 아이가 단어를 이야기했는지, 아이가 이해한 정도 등)에 대해서 특히 경청하며, 좌절에 대한 상호작용의 경우도 마찬가지이다. 가족들이 집에서 대화를 시도한 것을 이야기하고 가족 구성원을 돕기 위해 한 행동들에 대하여 생각하게 함으로써 새로운 인식들을 얻게 된다. 그리고 충고하는 것보다는 경청하여 명확하게 이해하는 기술이 중요하다.

상호작용 순서들은 첫 번째 이후의 회합에서 가족 구성원에 의해 만들어지는 경향이 많다. 임상가가 부모 또는 가족 구성원에 대하여 변화를 이끌어 내는 데 도움이 되는 행동들에 대하여 칭찬을 하는 것은 매우 중요하다. 부적절한 상호작용을 찾아내는 것보다는 가족 구성원들이 이야기하고 행하는 데 도움이 되는 것들을 강화하는 것이 더 효과적이다.

임상가는 의사소통장애가 매일 드러나는 상황을 관찰하고 경청함으로써 문제점을 보다 철저히 이해하고 그에 대한 통찰력을 갖게 된다. 임상가는 가족들이 계속해서 긴장, 좌절, 절망감, 행복 및 다른 감정들을 임상가에게 전달해 줄 수 있도록 노력해야 한다.

(2) 가동점의 확인

성공적이고 자연적인 상호작용 기술들을 가동점(identifying mobilization point)이라고 본다(Scott, 1984). 가동점은 가족 자원의 한 부분이며 치료를 시작할 수 있는 훌륭한 부분들이다. 장애아동이 관여하는 전형적인 가족 상호작용에 대해서 인식하는 것과 장애아동이 좋아하는 활동과 매일하는 활동들을 아는 것은 중요하다. 이러한 것을 바탕으로 적절한 상황에서의 가족 개인의 기능적인 중재에 대한 정보를 얻을 수 있다.

2) 임상가의 견해 발전

임상가는 가족의 관점에서 문제점을 이해하고, 문제에 내재되어 있는 상호작용 형태의 관찰, 장애아동이 대화하는 형태 등을 관찰한 후에 더욱 자세하게 평가하는 것이 필요하다. 이때 임상가는 문제를 좀 더 자세히 알아야 하며 변화를 위한 추가적인 정보를 입수해야만 한다. 많은 변화가 가족 구성원들 간의 상호작용과 연관해서 일어나기 때문에 가족을 평가의 능동적인 참여자로 포함시키는 것이 중요하다. 이것은 의사소통 상황에서 더 많은 정보를 이끌어 낼 뿐만 아니라 임상가가 이용 가능한 가족 자원의 성격을 규정할 수 있다.

(1) 가족 참여

평가 과정에 가족이 참여하는 형태는 의사소통장애의 형태에 따라 다르다. 임상가는 장애아동의 가족들과 가장 관련이 있는 문제점을 중심으로 평가를 시작할 수 있다. 예를 들면, 주요 관심사가 발음이라면 발음 검사를 시행함으로써 좀 더 적극적으로 가족들의 참여를 유도해낼 수 있다. 임상가는 검사의 성격에 대해서 간략하게 설명하고 가족 구성원이 시행하도록 요청하고, 좌석은 가족 구성원들과 임상가가 아동 주변에 가까이 앉도록 배치한다. 임상가는 아동이 단어를 발음할 때마다 특정한 발음이 어떻게 발음되어지는 지에 대한 간략한 설명을 덧붙임으로써 아동 발음의 정확성을 설명한다. 잘못 발음하면 임상가는 아동에게 모델을 제공해서 모방하도록 한다. 임상가는 적절한 피드백을 아동에게 제공한다. 가족 구성원들은 이러한 상호작용을 관찰하여 아동이 이것을 두세 번 반복한 후에 시험 치료를 한다. 그때부터 임상가는 부모와 아동에 대해서 주목하며 각각의 성과에 대하여 언급한다. 가족 구성원이 사용한 유용한 기술들에 대해 언급하는 것도 특히 중요하다. 예를 들면, "나는 어머니가 철수를 치료하는 방법 중 음성을 크게하는 방법이 좋습니다. 그것이 철수의 관심을 끌었습니다."라고 이야기한 부분이다.

(2) 표준화된 검사

표준화된 검사를 시행할 때는 먼저 테스트의 목적과 성격을 설명하여야 한다. 임상가는 테스트가 특정한 방식으로 시행된다는 점을 명확히 하고, 테스트가 끝난 후 결과에 대해서 토론할 것이라는 이야기를 한다. 아울러 임상가는 테스트를 시행할 때 조용하게 지켜보는 것이 때때로 어렵다는 것을 이야기 할 수도 있다. 만약 가족구성원 중에서 장애아동을 혼란스럽게 하는 어린 아동들이 있다면 테스트가 시행되고 있는 동안에 아동들을 다른 방으로 데리고 가는 것이 좋다. 테스트가 끝난 후 가족들은 일반적으로 그들의 관찰에 대해서 이야기하고 싶어 하며 또한 매일의 경험과 비교한다. 때때로 가족들은 지켜본 결과로 새로운 현실적인 문제의 중요성을 깨닫게 된다. 이러한 경우에 임상가는 문제를 좀 더 자세히 토론한다. 가족들이 그들의 근심을 표현할 때는 문제에 대한 안내, 제안, 용기를 북돋워 주도록 한다.

5. 변화에 대한 합의와 목표 설정

언어치료사와 가족은 모든 문제에 대한 이해를 공유한 후 새로운 정보를 찾아내기 시작한다. 이 과정은 가족 각자의 문제에 대한 의견을 듣는 것을 포함한다. 언어치료사의 전문적인 접근은 의사소통장애아동의 가족 구성원으로부터 문제를 정확히 파악하는 데 집중된다. 그리하여 가족 구성원들과 임상가는 모든 문제에 대하여 발전적인 감각을 가지게 되며, 변화의 가능성에 대한 감각도 가지게 된다.

일반적으로 가족들은 전문가가 목적을 명확히 해주는 것을 선호한다. 이 단계에 이르면 가족들은 변화를 일으키기 위해 그들이 능동적인 참여자라는 것을 이해하게 된다. 치료사가 가족에게 존중을 나타냄에 따라 가족은 '동등한 협조자'라는 성격의 형태로써 언어치료사의 의견을 존중하게 된다. 임상가가 치료 목적을 설정할 때에도 그는 가족에게 결정을 확신하게 해주거나 승인하는 기회를 줄 수 있다. 이것은 가족 구성원들이 변화된 행동의 특정 세부사항을 이해하고 의견을 일치시키는 중요한 과정이다. 다음은 언어치료사가 보고한 한 사례이다

첫 번째 회합에 참석 : 순희(4세 2개월), 어머니, 오빠(8세)
주된 어려움 : 순희의 말을 이해하는 데 어려움이 있다.

<가족 특성과 상호작용>

· 순희가 말한다. → 어머니는 순희가 하는 말을 이해할 수 없다. → 어머니는 순희에게 어머니가 한 말을 반복하라고 한다. → 순희는 좀 더 분명하게 이야기 한다. → 어머니는 때때로 순희에게 보상한다. → 어머니가 반응을 하지만 여전히 순희의 말을 이해하지 못하며 순희에게 이 사실을 이야기한다. → 순희는 나가 버린다.

· 순희는 이야기할 기회가 있을 때 가족 구성원들이 그녀가 하는 말을 이해하기를 원한다.

· 어머니는 순희에 대해서 책임감을 가지고 있으며, 조용하고 즐거운 환경을 형성하도록 노력한다.

<가동점>

· 어머니는 순희를 강화시키고 순희는 어머니의 칭찬에 잘 반응한다.

· 머니는 노래 부르기, 순희에게 책 읽어주기, 순희와 함께 이야기 만들기를 즐긴다.

· 순희는 최소한의 자극으로 오류가 있는 많은 발음들을 교정한다.

<언어 특성>

· 모음 전 /k/를 /t/로 대치
· /l/를 /w/로 대치 또는 /l/ 생략
· 음절들의 순서를 정하는 데 있어서의 어려움과 다음절 단어에 대한 오류

<첫번째 목표>

· 어두 위치에서 /k/의 정확한 조음
· 말의 리듬에 유의하면서 음과 음절의 순서를 정확히 정하는 능력의 향상

<첫 번째 과제>

· 순희와 부르고 싶은 노래 목록을 만들어서 다음 주에 지참할 것. 이번 주에 그녀와 노래를 부를 때 3음절 단어에 특히 유의해서 경청하며 그것이 어떻게 발음되는지 살펴보기

· 순희가 /k/ 발음(예; 놀 때, 노래할 때, 이야기 할 때 등)으로 시작하는 많은 단어를 당신이 듣고자 한다는 변명거리를 만든다.

가족들과 과제를 토론하고 기술을 보여준 후 가족은 순희와의 대화에서 빈번하게 나오는 /k/ 발음으로 시작하는 몇 개의 단어를 자발적으로 이야기하였다.

한 시간의 회합에서 순희의 말에 대해 많은 것을 알게 되었으며, 가족이 어떻게 그녀를 도울 것인가도 알게 되었다. 회합이 거듭될수록 더 많은 정보를 얻게 되었고 첫 번째 회합에서 변화를 이끌어내기 위한 목표와 과정에 대해서 충분히 알 수 있게 되었다. 어머니는 순희에게 친절하고, 끈기 있고, 자연적인 방식으로 자극하고 보상하는 방법을 즉시 알게 되었다. 순희의 오빠는 순희와 놀아주며, 대화를 많이 나누도록 도와주었다.

목표는 임상가에 의해서 설정되었지만 가족에게 동의의 기회가 주어졌다. 순희가 많은 발음 범주에 있어서 /k/를 정확히 사용하였고 어머니가 다소 쉽게 정확한 발음을 자극시킬 수 있었기 때문에 목표음으로 선택되었다. 아울러 부모들은 그것을 /t/와 쉽게 구분하고 /k/를 확인할 수 있었기 때문이었다. 그들의 첫 번째 과제는 순희의 발음을 교정하는 것보다는 그녀가 그 발음을 듣게 하는 것이었다. 흥미롭게도 다음 번 회합에서 순희는 어른들이 과제의 성공에 대해서 토론하고 있을 때 그녀가 혼자 놀면서 크게 이야기한 단어 속에서 그 발음을 정확히 사용하였다. 순희에게 리듬의 사용을 강조하는 것은 발음의 전반적인 발전을 위한 토대를 제공하는 것이었다. 이 목적은 다음절 단어들에 있어서 순서적인 오류를 개선하기 위해서 지향하였다. 가족들이 순희와 노래하는 것을 즐김으로써 말의 리듬을 강조하는 일차적 수단으로 사용하였다.

6. 책임 부여

각각의 회합은 임상가의 전문적인 판단에 근거한 책임 부여로 결말을 맺는다. 책임 부여는 목적이 가족 구성원들에 의하여 이해되는지, 가족의 상호작용 형태

에 적합한지, 또는 가족 자원들에 근거하고 있는지에 대해 생각 없이 주어지는 모순된 경향이 있다. 가족들이 치료에 참여할 때 책임 부여는 그들이 자연 환경의 의사소통 상호작용 내에서 변화를 조장하는 것을 돕도록 이루어지며, 세 가지 방식의 책임 부여를 사용한다.

1) 책임 부여 형태

(1) 탐지 책임 부여

때때로 임상가는 가족 구성원들이 의사소통장애의 세부 사항에 대하여 더 친숙해 지도록 요구한다. 이러한 경우에 책임은 가족이 문제에 대해서 더 많이 알 수 있도록 부여된다. 이것은 '탐지' 또는 '주의'라는 단어나 구로 시작하므로 '탐지 책임'이라고 일컬어진다. 즉, 임상가는 가족 구성원들이 특정한 상황에서 장애아동의 행동 또는 행동의 변화에 주목하기를 원한다. 예를 들면, "순희가 과거동사를 사용하고 몇 가지 예를 사용하는 것에 주목하세요.", "순희가 가장 유창하게 말하는 상황에 주의를 기울이고 다음에 우리가 만날 때 말씀해 주세요.", "순희가 가장 말을 많이 하는 상황에 주의를 기울이고 그것이 어떤 것이었는지 다음에 말씀해주세요.", "어떤 상황에서 순희가 어머니가 말하는 발음을 얼마나 자주 모방하는지 주목하세요." 등이다.

탐지 책임의 다른 목적은 부모, 형제, 장애인, 배우자, 또는 다른 가족 구성원의 행동을 더 자세히 아는 것이다. 때때로 이것으로부터 임상가만 배우는 것이 아니라 가족 구성원들도 배우게 된다. 두 가지 목적이 다 합리적이다. 가족은 중재를 요청 받는 상황이 그들에게 익숙할 때 직접적인 중재를 수행하는 데 좀 더 효율적이다. 이러한 형태의 책임 부여는 가족 구성원들이 일반적으로 알고 있거나 전에는 눈치채지 못했던 환경 변수들의 영향에 대해 더 큰 이해를 가져온다. 이러한 것에 대한 책임 부여의 예는 "순희가 상황들을 잘 통제하고 다루는지 살펴보세요."라고 하는 책임 부여는 말더듬 아동의 가족에게 주어질 수 있다. 그들은 아동의 유창함이 특정한 상황에 대해 일련의 통제권을 가지고 있을 때 개선되었다는 것을 눈치채었다. 다른 예로, "순희가 말을 끝내고 다른 사람이 말을 시작하기 전의 '쉼'에 주의하세요.", "순희에게 얼마나 자주 질문을 하는지 혹은 당신이 말했던 것을 그녀에게 반복하게 함으로써 상호작용을 하는지 주목하세요." 그리고 "순희가 무엇을 원하는지를 암시할 때 당신은 무엇을 하는지 주목하세요."

이러한 책임 부여의 탐지 형태는 회합 중간에 가족이 꺼낸 것들에 대해서 이해를 증진시키기 위해 가족들에게 가끔씩 부여된다. 위의 예에서 순희의 부모들은 순희의 말더듬이 그의 언니와 마찬가지로 부모의 말하는 속도와 관련이 있다는 것을 알아냈다. 이것에 대해 토론하고 가족들이 말의 속도를 천천히 하는 가운데 순희와 놀게 하였다. 책임 부여는 그들이 말하는 속도의 일면을 생각하기 위해 주어졌다. 이렇게 한 후에, 다음 주에는 그들의 대화에서 입장 전환 행동을 인지할 수 있었을 뿐 아니라 그것에 대해서 무엇인가 하려고 하였다. 그렇게 해서 가족이 순희의 유창함과 관련된 요소들을 더 잘 이해할 수 있음에 따라 탐지 과제는 중재 과제가 되었다. 그러한 책임 부여는 빈번히 그들의 대화에 집중되어 있으므로 가족 구성원의 행동을 변화시키는 효과가 있다. 그들의 '주목'에 대한 책임 부여는 가족 구성원의 행동에 대해 긍정적인 측면에서 새로운 평가를 가족 구성원들이 할 수 있도록 도와줄 뿐만 아니라, 심지어 그들이 벌써 도우려고 하는 것에 대한 긍정적인 평가이다. 가족 구성원들은 그들 자신의 지원에 대한 평가가 진전될수록 좀 더 효율적인 참여자가 된다.

가족에게 탐지 책임을 부여하는 또 다른 목적은 그들 또는 임상가가 개인의 의사소통장애에 대한 환경의 영향에 대해 알도록 하는 것이다. 예를 들면, 순희는 TV가 켜져 있을 때보다 꺼져 있을 때 말을 더 많이 했는지를 알아내기 위한 과제가 가족에게 주어졌다. 그들은 VTR이 작동하고 있지 않으며, TV를 많이 보고 있지 않을 때 그들과 반응하는 것처럼 보인다고 보고하였다. 모든 경우에 있어서 과제 부여는 언어 변화를 목적으로 해야 한다.

(2) 중재 책임 부여

책임 부여의 두 번째 형태는 좀 더 전형적인 것이며 가족 구성원들에게 명백히 해야 할 것과 하지 말아야 할 것에 대한 책임 부여를 포함한다. 이러한 형태의 책임부여는 행동을 포함하기 때문에 '중재 책임 부여'라 명명한다. 중재 책임 부여는 세 가지 중에 한가지로 장애아동과의 대화 환경을 바꾸기 위해 만들어진다. 세 가지 방법은 (1) 특정한 방법으로 가족 구성원들이 장애아동과 상호작용을 시작하거나 반응하게 하는 것, (2) 가족 구성원들이 그들 사이에서 특정한 방법으로 상호작용을 하게 만드는 것, (3) 가족 구성원들이 장애아동과 어떤 이익이 되는 행동에 종사하도록 하는 것 등이다. 예를 들면, "순희와 어머니가 대화를 할 때 어머니가 그녀에게 칭찬하거나 그녀가 말하는 상황을 녹화하세요."라고 말하는 것이다. 가족이 순희와 대화 할 때의 상황을 녹화하도록 요청되었던 위의 예에서 목적은 순희의 말에 그들이 어떻게 반응하고 다시 이야기하는지에 대해서 임상가에게 좀 더 나은 정보를 주는 것이었다. 어느 정도 그들이 잘하는 일에 대해서 보상하고 격려해 주는 것이 중요하며, 누구도 책임 부여를 긍정적이고 도움이 되는 차원 이외에 생각하지 않는다. 이것은 어떤 경우에 임상가들이 긍정적인 특성보다는 가족에 대해서 부정적인 특성을 찾으려고 하기 때문에 중요한 점이다. 참여 능력에 대해 긍정적인 생각을 가지고 있는 가족들은 기술과 효율성 면에서 향상될 것이다.

중재 책임 부여를 체계적으로 만드는 것이 중요하다. 다시 말하면, 가족 구성원들이 자연적인 상호작용의 범주에서 행동하도록 만드는 것이다. 이것은 자연적인 상호작용에서 연습이나 훈련을 부과하는 것과는 반대되는 개념이다. 누구도 가족 구성원에게 같은 책임을 부과시킴으로써 언어치료사가 하는 일을 똑같이 하려고 해서는 안 된다. 그것보다는 임상가가 대화 기술을 부과함으로써 자연 환경의 장점을 유지시키려고 해야 하며, 전형적인 가족 상호작용들이 장애아동을 도울 수 있도록 개선시켜 주는 것이 바람직하다.

(3) 효율성 평가 책임 부여

책임 부여에 대한 세 번째 형태는 특정한 중재와 전체적인 치료 계획의 결과를 평가하는 것이다. 몇 가지 예는 다음과 같다. "순희는 자발적으로 정확한 동사 형태를 사용하기 위해서 문장을 수정하는지 경청하세요.", "순희는 당신과 간단한 대화를 가지려고 해요, 이러한 예들을 적으세요.", "순희가 이번 주에 자발적으로 하는 말을 들으면 그 단어를 적어 놓으세요." 임상가는 '효율성 평가'의 형태에서 도출된 정보를 회합 도중에 관찰된 행동과 비교할 수도 있다. 가족 구성원들은 집에서 들었던 것과 유사한 것을 집어낼 수 있으며, 어떤 경우에는 가정에서의 장애아동의 행동과, 회합 도중에 보였던 행동과의 차이점을 설명할수도 있다. 정보는 또한 가족 구성원들의 역할과 능력을 조명하기 위해 사용될 수도 있다. 책임부여는 임상가의 변화에 대한 연결 고리이다. 치료의 성공 혹은 실패는 책임 부여의 적절성과 책임 부여가 전달되는 방법에 달려 있다.

이상 세 가지 형태의 책임 부여를 요약하면, 탐지 책임은 가족 구성원이 문제에 대해 더 잘 알 수 있도록, 임상가가 가족과 장애아동에 대해서 좀 더 알 수 있도록, 가족 구성원들이 표현하는 새로운 통찰력 또는 인식을 강화하기 위해 주어진다. 두 번째 형태인 중재 책임은 가족 구성원이 무엇을 해야 하고 하지 말아야 할지에 대해서 초점이 맞추어 진다. 마지막으로, 효율성 평가 책임은 치료 프로그램의 효과를 결정하기 위해서 또는 일어났었던 변화에 대해 가족 구성원의 관심을 끌기 위해서 주어진다.

2) 책임 부여 전달

첫째로, 책임 부여를 전달하는 데 있어서 하나의 가장 중요한 요소는 임상가의 의도이다. 각각의 책임 부여에 대해서 정말로 긍정적인 의도를 가지고 있는 임상가는 가족으로부터 의도를 숨기는 것이 불가능하다. 가족들은 가족의 부적합함, 불완전한 지식, 부정확성을 들추어내기 위하여 책임 부여를 하는 임상가의 의도를 인식하게 된다. 가족의 부정적인 특징을 부각시키는 임상가는 가족 구성원들이 그들 자원을 철회하고 평가절하 시켜서 반응하기 때문에 책임 부여의 결과를 알 수 없을 것이다.

둘째로, 가족이 이미 언급하는 것, 가족과 함께 미리 토론이 되었던 것, 또는 관련된 회합에서 나타났던 것을 참조해서 책임 부여를 하는 것이 일반적으로 가장 적절하다. 다시 말하면, 성공적인 책임 부여는 가족의 현실관과 일맥상통하는 것이다. 또한 적절한 책임 부여는 논리적인 순서로 되어 있기 때문에 가족들은 다음 단계에 대해서 놀라지 않는다. 따라서 임상가는 책임 부여를 할 때 이러한 연속적인 관련을 만드는 것이 필요하다.

셋째, 가능하다면 언제라도 임상가는 책임 부여를 보상의 의미로써 실시해야 한다. 임상가가 가족 구성원들이 잘하는 것들에 대해서 확립하려고 하기 때문에 다음 책임 부여와 관련하여 가족의 특정한 노력에 대해서 보상하려는 것은 자연스러운 것이다. 예를 들면, "순희에게 말을 하라고 시키는 것보다는 어머니가 그녀에게 말을 하려는 것에 더 잘 반응해요. 저는 그것이 어렵지만 어머니가 훌륭하게 일을 해내고 있다는 것을 알아요. 이번 주 어머니가 그 아이와 책을 보고 있을 때 잠깐 멈추어 보세요. 한 두 문장을 읽고 나서 멈추세요. 그가 단어를 이야기하지 않으면 다시 계속 읽으세요. 그에게 질문을 하지 말고 계속 읽으세요."와 같은 말을 한다.

넷째, 임상가는 가족에게 책임 부여가 가능한 것인지와 그들이 생각하기에 효율적인지를 물어보아야 한다. 일반적으로는 긍정적인 반응이지만 때때로 그것에 대한 염려도 있다. 가족 구성원들이 책임 부여에 대해 이해하고 해낼 수 있다고 믿게 하는 것은 중요하다.

다섯째, 임상가는 책임 부여에 대해 설명하고 가족 구성원들에게 그것을 시도해 보라고 요구한다. 이것은 임상가가 가족 간의 결합을 강조해서 다시 가족을 강화시키게 된다. 가족 구성원이 책임을 수행할 때 임상가는 성과를 정확히 평가하여 그들에게 피드백을 줄 수 있다. 그들이 잘 하는 것에 대하여 보상하고, 개선될 여지가 있는 행동에 대해 개선책을 제시하라.

마지막으로, 임상가는 책임 부여에 대해 이야기를 한 후 임상가는 글로써 가족에게 전달해야 한다. 책임 부여에 대한 형식은 날짜, 참석하는 사람의 이름, 강화에 대한 언급, 자세한 책임 부여 내용, 다음번 회합의 날짜/시간이다.

책임 부여는 임상가가 좋은 의도를 가지고 가족과 친숙한 현실 정보를 그들에게 이야기할 때 대부분 성공적으로 이루어진다.

단원 요약

- 가족 중심 치료를 위해 먼저 언어치료사의 패러다임에 변화가 있어야 한다. 첫째, 단일 사실에서 다중 사실로, 단일 지향에서 다중 지향의 변화인데 이 이념은 사물이나 사실을 볼 때 획일적으로 보는 것이 아니라 다양한 측면에서 보아야 한다는 복시각적 견해와 같다. 이 견해에 의하면 의사소통장애아동의 진단과 치료에 다양한 접근을 통해 이루어져야 함을 의미한다. 둘째, 명명행동에서 상호작용 형태의 확인 작업으로는 의사소통과정에서 상호작용의 형태를 확인하는 것이 명명보다 문제의 본질을 정확히 볼 수 있다는 관점이다. 셋째, 문제 중심에서 해결 중심으로는 상호작용 과정을 규명함에 의해 문제를 보는 것보다 원인을 찾아 해결에 초점을 두는 관점이다. 넷째, 원인-결과변화에서 체제변형으로는 선형적인 원인-결과보다는 가족체제의 변형에 의한 접근을 강조하는 입장이다.
- 가족 중심 치료의 치료 단위는 장애아동-임상가의 양자관계가 아니라 가족-임상가 시스템이다. 치료의 본질은 상담이며, 상담은 평가와 치료의 역할을 한다.
- 가족 중심 치료 절차의 두 번째 쟁점은 협조 유도와 유지이다. 임상가는 가족의 협조와 참여를 이끌어 내는 것이 치료의 결정적인 요소이다. 이를 위한

방법으로는 가족 구성원들의 특기 파악, 감정 인정, 관심 존중, 비완전성 허용, 힘의 부여, 독특성 인정, 특이한 과제 창출 등이 있다.

- 가족 중심 치료 절차의 세 번째 쟁점은 가족 소집이다. 임상가는 먼저 서비스를 할 전문적인 내용을 검토하고 이것에 기초하여 가족 소집의 범위를 결정한다. 다음으로 가족 구성원들의 개개 일정을 검토하여 일정을 확정한다.
- 가족 중심 치료 절차의 네 번째 쟁점은 문제에 대한 이해의 공유이다. 이를 위해 먼저 가족의 견해를 이해해야 하며, 이것은 상호작용 형태의 확인과 성공적이고 자연적인 상호작용 기술 즉, 가동점을 확인함으로써 가능하다. 다음으로 임상가의 견해로 표준화된 평가를 통해 이루어지며 이때는 반드시 가족을 참여시키는 것이 바람직하다.
- 가족 중심 치료 절차의 다섯 번째 쟁점은 변화에 대한 합의와 목표의 설정이다. 가족과의 충분한 토의를 거쳐 임상가가 목표를 설정하고 가족의 동의를 얻어야만 한다.
- 가족 중심 치료 절차의 여섯 번째 쟁점은 책임 부여이다. 가족들에게 문제의 본질과 상호작용 형태를 찾는 탐지 책임, 중재 책임, 평가 책임 등을 부여한다.

생각할 내용

- 효율적인 가족 중심 치료를 위해 가족, 임상가의 측면에서 갖추어야 할 내용
- 가족의 상호작용 형태 분석의 기준과 방법
- 가족 중심 치료를 위한 책임 부여의 효율적 방법

제11장 의사소통장애아동 가족 중심 치료의 상담기술

의사소통장애 치료에 있어서 가족의 참여는 상담기술을 전체 치료 과정에 통합시킬 때 가장 효율적이다. 치료에 있어서 상담을 언어·청각장애의 평가 및 치료와는 별개의 부수적인 치료 기법이라고 생각해서는 안 된다. 그보다 상담은 임상가가 장애아동과 가족으로 하여금 말, 행동, 임상 효율성을 증대시키는 방식에 반응하도록 함으로써 변화를 만들어 낸다. 이 장에서는 가족과 함께 치료 시에 사용되는 세부적인 기술에 대해 설명하고, 상담 기술의 통합적 사용을 토론하며, 가족 중심 치료와 관련된 슬픔 과정과 연관된 사건들을 조망하게 된다.

1. 상담기술의 사용

여기에 제시되는 상담기술은 가족 중심 치료에서 언어치료사가 아동, 부모, 배우자, 상담사, 심리학자, 교사, 회사원, 조부모, 가족 구성원들 및 같이 일하는 사람과 성공적으로 상호작용을 원하는 모든 사람에게 사용할 수 있다. 이러한 기술들은 일반적으로 창의적인 변화를 이끌어 내기위한 사람들과의 접촉을 시도할 때 사용되어 질 수 있다.

1) 합류

합류(joining)는 가족이 가족 중심 치료 체제에 들어오는 것을 의미하며, 언어치료사는 이 과정을 통하여 가족 체제에 접근될 수 있고 수용될 수 있다. 이것은 가족의 자원적인 능력을 인정하고 고양시키며, 가족 구성원들의 확립된 역할을 존중하며, 가족 개인의 자기 가치를 확인시킴으로써 이루어진다(Simon, et al. 1985). 합류 과정에서 가족 구성원들은 임상가가 자신들의 견해를 이해하고 존중한다는 것을 깨닫게 된다. 이러한 가족 견해에 대한 임상가의 적응은 가족 구성원이 치료에 대한 전문적인 견해를 이해하려는 의지를 고양시킨다. 합류는 협동의 측면을 창조하는 상호 유익한 과정이다.

합류 과정은 전화 통화 또는 개인간의 접촉으로 시작되어지며 첫 번째와 그 다음의 회합으로 계속해서 이어지게 된다. 대부분의 전문가들은 새로운 가족 집단에 대하여 진심으로 알고 싶은 감정들을 경험하게 된다. 첫 번째 회합이 시작될 때 임상가는 가족 구성원들을 존중하면서 경청하고, 언급 없이 반응하며, 장애아동 가족들이 직면하는 걱정, 만족, 희망의 감정들을 파악하게 된다. 합류 과정이 진행되고 있다는 초기 조짐으로는 가족이 다음 모임에서 임상가와 함께 계속적으로 치료를 받고 싶어하는 것을 들수 있다. 치료가 계속될 때 가족과 임상가는 점점 더 협동적으로 상호작용을 하게 된다. 신뢰를 가진 연대감이 형성되어서 연합된 의사 결정과 의사소통장애아동의 가족 환경에 긍정적인 변화를 가져오게 된다. 점차적으로 가족이 치료 과정에 참여할 수 있도록 하는 연대가 계속해서 이루어진다.

합류 과정을 형성하는데 있어 도움이 될 수 있는 행동들에는 일상적인 문제에 대한 경청, 듣는 사람의 자세, 가족의 이해 수준에 상응하는 언어 및 용어의 사용, 호응반응(미소, 찡그림, 당황한 표정) 및 각 가족 구성원들의 독특한 흥미와 장점에 대한 확인 등이 있다. 이러한 대부분의 행동들은 전문가가 가족 구성원과 장애아동의 시각에 대해 충분히 이해할 수 있을 때 자연적으로 발전하게 된다.

2) 참여

가족 참여(attending)는 주로 임상가의 우호적이고 개방된 자세를 통하여 촉진된다. 따라서 임상가는 자신의 자세를 변화시켜서 각 가족 구성원과 눈 맞추기를 하고, 의자는 테이블을 중심으로 원형으로 배열해야 한다. 눈 맞추기, 고개 끄덕이기, 자연스럽게 친근한 얼굴 표정하기 같은 구어와 비구어적 의사소통 단서를 볼 수 있게 한다. 각자의 생각, 감정, 바램, 의사소통장애에 대한 불안감을 이해하려는 강한 욕구가 임상가에 의해 생겨나야 한다. 이러한 욕구는 가족에게 전달이 되며, 아울러 가족 구성원은 세심하게, 걱정을 해주는 전문가에게 긍정적으로 반응하며 참여한다.

3) 명료화

명료화(clarification)는 분명하지 않은 사고, 정서, 행동 등의 내용을 명백하게 하는 것으로 재진술이나 환언과 비슷한 기능을 가지고 있다. 그러나 피상담자가 표현하고자 하면서도 분명하지 못한 것에 대해 상담자가 추측하고, 이 추측을 피상담자에게 전달한다는 점에서 환언이나 재진술과는 다르다.

장애아동 및 가족 구성원의 구어적 혹은 비구어적 표현과 의사소통 의도는 임상가가 그들을 주목하고, 고개를 끄덕이며 반응하고, 때때로 '음~'이란 말을 사용하고, 그들이 말한 것을 다시 정리해서 이야기할 때 분명해 진다. 즉, "저는 당신의 이야기를 매우 경청하고 있어요."와 같은 반응들이 화자에게 전달되는 것이다 (Benjamin, 1981).

명료화는 상담을 받는 사람이 이야기했거나 이야기하려고 하는 것에 대하여 상담원이 다시 이야기해 주는 것이다(Benjamin, 1981). 그러한 반응들은 더욱 명료화가 되도록 간소화될 수 있으며, 화자가 표현하는 의도는 항상 유지되어야만 한다. 목표는 화자가 그의 생각을 명확히 하도록 도와주어 화자의 견해를 분명하게 하는 것이다. 명료화는 화자가 계속 말할 수 있도록 해주며 또한 합류 과정을 진전시킨다. 다음은 의사소통장애아동이 있는 가족에게서 사용되었던 명료화의 예이다.

(1) 1차 명료화

아버지 : 내가 철수에게 말을 걸면 그는 전혀 말을 하지 않아요. 음~, 그러나 나의 아내는 적어도 철수에게 어떤 소리를 내게하거나 손으로 동작을 만들어내도록 할 수 있어요.

임상가 : 철수에게 말을 시키기 위해 정말 열심히 노력하셨군요. 그러나 좋은 결과가 나오지 않았군요. 어머니는 아이가 좀 더 쉽게 반응할 수 있도록 해주는 것 같습니다.

아버지 : 예, 저는 철수가 제 말을 들을 수 있는지 없는지, 그냥 잠자코 있는것인지, 또는 내가 말을 잘 못하는 것은 아닌지 도무지 모르겠어요.

임상가 : 문제의 원인에 대해서 많은 생각을 하신 것처럼 보이는데요. 그 일에 대하여 상당히 알고 싶어 하시는 것 같습니다.

아버지 : 예, 선생님이 그 문제를 도와주실 것 같아서 오늘 여기에 왔습니다. 뭐가 잘못되었다고 생각하십니까?

임상가 : 예, 좋은 질문입니다. 같이 일하면서 어머니가 파악했던 문제들에 대해서, 그리고 언어평가를 하면서 저는 이 문제에 대한 해답을 찾을 수 있을 것이

라고 생각합니다.

유용한 정보가 간단한 명료화 과정으로 얻어졌다. 임상가는 아버지가 걱정하며 말을 이끌어내기 위한 노력들이 헛수고였으며, 전문가로부터의 도움을 구하고 있다는 것을 알아내었다. 임상가는 자기의 견해를 아버지가 이해하고 참여할 수 있는 단어들을 사용하였다. 이 초기 상태에서 '답을 하는 사람'이 되는 일방적인 차원에서 탈피하기 위해 주의 하였다. 대신 임상가는 문제에 대한 심층적인 탐구가 필요하다고 지적하였다.

명료화는 유용한 상담 기술이다. 왜냐하면 가족 구성원들이 임상가가 이야기한 내용 중에서 빠뜨린 부분을 알 수 있도록 해주기 때문이다.

(2) 2차 명료화

임상가 : 아버지께서는 문제의 원인에 대한 많은 것들을 생각하셨습니다. 문제의 원인을 정말 알고 싶어 하시는 것 같군요.

아버지 : 글쎄요. 문제가 어떤 것인지 정말 모르겠습니다. 철수에게 무엇이 이런 문제를 일으키는지에 대해서는 큰 관심이 없지만 그 문제에 대해 무언가 하고 싶습니다.

임상가 : 좋아요. 원인이 아버지에게 그다지 중요하지 않지만 정말 도움이 되는 일을 시작하고 싶어 하시는군요.

아버지 : 예, 벌써 철수가 3살이니까 지금쯤 말을 해야 하지요. 우리가 무엇을 할 수 있는지 알고 싶어요.

임상가 : 좋습니다. 저는 철수 어머니의 생각을 알고 싶습니다. 그런 후 언어평가를 하고 문제를 해결하기 위해 우리 모두가 무엇을 할 수 있는지에 대해 알 수 있을 겁니다.

1차 명료화는 '답'에 대한 기대감을 나타내었으며 2차 명료화는 '행동'에 대한 기대감을 나타내었다. 아버지의 견해에 대한 이러한 이해는 임상가가 계획을 수립하고 적절한 과제를 계획하는 데 도움을 줄 것이다.

4) 반영

반영(reflection)은 피상담자의 태도 또는 내면화된 사고를 반사하는 것이기 때문에 감정 이입적 이해가 이루어져야 가능하게 된다. 거울에 자기 자신을 비추어 볼 수 있듯이 피상담자가 자신의 감정, 태도, 사고를 상담자를 통해 명확히 볼 수 있게 하는 것이 반영의 역할이다.

Carol Rogers(Rogers, 1965)가 설명한 반영 기술은 명료화와 비슷하지만 개인이 좀 더 깊은 내용에 접근할 수 있도록 도와주기 위해서 감정을 다시 표현하는 것을 포함한다. 임상가는 강한 감정들이 표현되거나 또는 화자의 말에 대한 감정의 정도가 분명할 때 반영을 사용할 수 있다. 이것은 심한 머리 부상, 구개파열을 가지고 태어난 아이, 실어증을 유발시키는 발작행동과 같은 의사소통장애와 연관된 위기를 가족이 경험하게 될 때 일어날 가능성이 많다.

반영은 장애아동과 가족 구성원들 사이에 일단 관계 성립이 이루어졌다면 위기가 아닌 상황에서도 사용될 수 있다. 어떠한 임상가들은 감정의 표현에 익숙하여 심각한 상황이 아닐지라도 첫 번째 가족 모임 중간에 반영을 사용한다. 치료 초기에서 이 기술의 성공은 임상가의 의도에 달려 있다. 만약 의도가 존경과 이해를 보여주고 말해지는 것을 명확히 반영하는 것에 있다면, 그 기술은 임상가가 가족의 협동을 고양시키기 위하여 사용된다. 다음은 첫 회합에서 반영 청취를 사용하는 예이다.

임상가 : 아버지의 이야기로는 어머니께서 철수가 어머니에게 이야기 할 수 있도록 조장하고 때때로 동작도 사용하게 한다던데 좀 더 자세히 이야기 해 주시겠습니까?

어머니 : 글쎄요, 제 생각으로는 철수가 저와 함께 있을 때 더 많은 단어들을 사용한다고 생각합니다. 그러나 무슨 말이든지 시키려고 하는 저의 모습에 때때로 실망을 느껴요. 왜냐하면 그 애가 말하기 싫은 것에 대한 반항적인 표현으로 동작을 사용한다고 보기 때문에 동작을 사용할 때는 정말 스트레스를 받아요.

임상가 : 어머니는 상당히 화가 나 계신 것 같군요. 그리고…

어머니 : 예, 그 애가 정말 나쁜 아이는 아니지만 불평하기 시작하거나 저에게 돌아서 버릴 때는 도대체 무엇을 원하는지 알기가 어려워요. 저는 정말 도무지 모르겠어요.

임상가 : 음… 이 문제는 어머니를 상당히 괴롭히고 있으며, 어머니는 철수에

게 반응하는 방법을 알아냄으로써 두 사람이 좀 더 즐겁게 대하도록 하고 싶어 하신 것 같습니다.

어머니 : 예, 그렇게 된다면 정말 좋겠지만 어떻게 그런 일이 일어나게 할 수 있는지 도무지 모르겠어요.

임상가 : 예, 이 모두는 어머니와 아버지에게 힘들었으며, 두 분 모두 철수가 말하도록 자극시키기 위해서 무엇을 할 수 있는지에 대해서 알고 싶어 하시는 것 같군요. 저는 두 사람이 파악한 것에 대해서 몇 가지 질문을 더 하고 싶습니다. 그렇게 해서 우리가 무엇을 할 수 있는지에 대해 생각해 봅시다. 좋습니까?

어머니 : 물론입니다. 그 애가 말하게 된다면 무엇이라도 해보겠어요. 감사합니다.

반영의 사용은 어머니가 좌절감을 나타내도록 도와주었다. 임상가는 문제를 계속해서 풀어나가는 데 공동의 노력을 요구하며 가족의 생각과 개념들이 존중되고 중요하다는 점을 지적하였다.

5) 요약

요약문은 각 회합의 마지막에 만들어진다. 예를 들어, 첫 번째 회합에서 가족 인터뷰가 끝났을 때 임상가는 말한 것에 대해서 요약 해야 한다. "아버지께서는 철수의 말하는 문제에 대해서 무엇인가를 해주고 싶어 하시고 어머니께서는 때때로 어떻게 해야 할지 몰라 매우 낙담 하지만 아직도 다른 것을 시도할 충분한 힘을 가지고 있습니다. 두 분은 정말 철수의 대화에서 어떠한 변화를 가져오고 싶어 하며 도움이 될 만한 생각들을 제가 제시하기를 희망하십니다. 이것이 지금까지 저에게 말씀하신 것에 대한 요약이 되겠습니까?"

임상가는 가족의 언어기준에 상응하는 어휘를 사용해야 하는 점을 항상 기억해야 하며, 요약은 그 문제에 대한 민감성을 계속해서 보여주어야 한다. 말로써 요약하는 것은 가족 구성원들과 임상가가 표현된 여러 가지 견해를 이해하고 있다는 것을 확신시킨다. 기대와 요약의 행동은 임상가가 가족의 언어 문제에 대한 견해와 관련된 중요한 자료를 체계화하고 통합하도록 도와준다.

6) 상호작용 형태의 확인

대개 가족의 상호작용은 두 가지 형태로 확인한다. 질문을 하고 나서 이러한 질문들에 대하여 명료화하는 문장들을 사용함으로써 가족의 반응을 확인하는 방법이 있다. 그리고 가족 모임에서 자발적으로 이루어지는 상호작용을 관찰하여 확인하는 방법이 있다.

임상가 : 어머니께서는 철수가 말할 수 있도록 노력한 경우가 여러 번 있었다고 했는데 그렇게 했던 가장 최근이 언제입니까?

어머니 : 글쎄요. 정확한 시간을 기억하기 어렵습니다.

아버지 : 당신이 부엌에서 무언가를 만들려고 하고 있을때 그 애가 법석을 떨며 계속 뭐라고 말했는데 이해할 수 없어 했잖아.

어머니 : 맞아요. 그러한 것이 매일 일어나는 것 같아요. 어제 밤에도 일어났어요. 전 정말 바빴거든요. 왜냐하면 저는 직장에서 방금 집으로 돌아왔고 당신은 청소를 하고 있었는데 철수가 야단법석을 떨었잖아요. 대개는 밤에 소동을 부리는 것 같아요. 그리고 저에게 무슨 말을 하려고 했지만 저는 도무지 알아들을 수가 없었어요.

임상가 : 좋아요. 매일 좋은 예가 있군요. 그것을 제가 살펴보려는 겁니다. 그래서… 부엌에서 어머니는 먹을 것을 만들고 있었고 아버지는 청소를 하고 있었고.

어머니 : 예, 그리고 순희(10개월 된 큰 딸)가 배가 고파서 야단법석을 부린 것 같아요.

임상가 : 좋아요. 그럴 때는 정말 정신이 없겠네요. 그리고 그 와중에 어머니에게 무엇인가를 이야기하려고 하는데 어머니는 알아들을 수 없었단 말이죠. 그럴 때는 어떻게 하시죠?

어머니 : 예, 대개는 제가 하는 일을 그만 두고 그 애를 쳐다보고 이야기해요. "한 번 더 이야기 해봐. 이해할 수가 없구나."

임상가 : 그럼 어떻게 되죠?

어머니 : 그런 소리를 또 내게 되고 저는 그 소리가 무엇인지 계속 생각해요.

임상가 : 어떤 식으로 생각해 내려고 하시죠? 무엇을 하세요?

어머니 : 글쎄요. 때때로 철수가 뭘 가리킬 때 일반적으로 음식 종류를 가리킬 때는 무슨 말을 하려고 하는지 알 수 있어요. 그래서 저는 이렇게 말하곤 해요. "사과, 그것이 네가 원하는 거니? 사과?"

임상가 : 어머니가 사과가 있는 방향을 가리키고 철수에게 사과를 원하는지를 물었을 때 그 애의 반응은요?

어머니 : 글쎄요. 제 추측이 맞을 경우에 그 애는 고개를 끄덕이고 저는 대개 사과를 주게 되고 잠시는 좋아해요. 제가 틀렸다면 철수는 크게 소리를 지르고 저는 그 애가 뭘 원하는지 계속해서 생각해내요. 두 번째 또는 세 번째의 추측이 틀리는 경우에 저는 포기하고 철수는 울면서 남편에게 달려가요. 남편은 그 애와 놀아 주든지 "뭐 그런 걸"하면, 철수는 조용해지죠.

임상가 : 그래서 철수가 어머니에게 무엇인가를 이야기하려고 하고, 어머니는 그의 동작과 소리로 추측할 수가 있고, 몇 분간은 그 애가 즐거워한단 말이죠. 만약 추측이 틀리면, 계속해서 이야기하고 때때로는 울며 남편이 주위에 있으면 남편에게 달려가고 말이에요.

어머니 : 어…예, 바로 그거예요.

임상가 : 아버지가 보기에 그런 식으로 일어난다고 생각하세요?

아버지 : 예, 그 애의 말을 이해하는 것이 불가능하기 때문에 심지어 추측하려 들지도 않는다는 것을 제외하면요.

임상가 : 그럼 대신 뭘 하세요?

아버지 : 대개는 철수와 놀아 준다든지 해서 조용하게 만들어서 아내가 식사 준비를 끝마칠 수 있도록 해요. 왜냐하면 그때 제가 배가 몹시 고프기 때문이죠!

이 간략한 상호작용의 대화에서 많은 도움이 되는 정보들을 알아내었다. 철수는 그의 어머니와 대화하고 싶은 분명한 욕구가 있지만 어머니에게 그의 의도를 전달하는 것이 쉽지 않았다. 하지만 어머니는 상당한 스트레스가 있어도 철수가 의미하는 것을 이해하려고 하며, 아버지는 철수의 행동으로 일이 복잡하게 될 때 도와주려고 하였다. 아울러 부모들에 의해서 보여지는 비언어적인 그들끼리의 정서적 동맹은 그들이 정상 생활에서의 힘든 시기에 서로를 격려한다는 것을 의미하였다.

확인은 가족에게 무엇이 잘못되었는지를 알아내기 위해서 사용되는 것이 아니다. 그것은 상호작용 형태를 찾아내기 위해, 특히 변화에 대해 접근되어질 수 있는 것과 그 때 의사소통장애를 치료하기 위해 사용되는 것들을 밝혀내기 위해 사용되어 진다. 이러한 예는 무엇을 생각해 낼 수 있는 창의적인 어머니, 지원적이며 무엇인가 하려는 의지가 있는 아버지를 보여준다. 어머니와 아버지는 그들의 어려움에도 불구하고 다정한 관계를 즐기는 것처럼 보였으며 서로에게나 임상가에게 협조할 수 있는 의지를 보였다. 이러한 자원들은 임상가와 가족이 변화에 대해서 계속 추구해 나갈 때 매우 유용할 것이다.

두 번째 종류의 확인은 가족 구성원들이 자발적인 상호작용의 예들을 만들어 낼 때 일어난다. 예를 들면, 성인이 된 딸이 실어증 어머니와 대화를 시도하려고 한다든지, 오빠가 언어발달지체를 가진 누이와 놀아준다든지, 아버지가 머리를 다친 아이와 문제점에 대해 토론한다든지 할 때 임상가는 어떻게 가족 구성원들이 의사소통장애가 있는 아이와 상호작용 하는지를 알기 위해 이러한 행동들을 관찰하고 싶어 한다. 만약 자연적으로 일어나지 않는다면 임상가는 가족 구성원들에게 문제점을 토론하라고 이야기하며, 책을 아이에게 읽어 주라고 하거나, 청소년과 함께 게임을 하는 등의 행동을 하게 해서 확실하게 이해한다.

확인은 임상가가 상호작용 형태에 대한 자료를 수집할 수 있도록 돕는다. 이러한 자료는 임상가의 정보 파일에 '저장'되어 있으며, 가족의 특이한 상호작용을 바람직한 언어변화에 적절하게 연결시키기 위해 사용된다. 확인과정은 또한 가족 구성원들 자신이 변화된 행동으로 이끄는 생각을 밝혀내게끔 도와준다. 가족 구성원이 의사소통장애에 대해 새롭고 다른 측면에서 상호작용이 있는 사건들을 생각할 때, 그들은 지금까지 밝혀지지 않았던 인식을 얻게 되는 경향이 있다.

7) 창의적인 전략화

가족 회합이 지속될수록 임상가와 가족은 자연적인 범위에서 경험한 문제점에 대해 이해를 발전시킨다. 그들은 긍정적인 변화에 대한 기대를 공유하고, 문제점이 내재되어 있는 형태를 확인하고, 임상치료를 한다. 임상가 - 장애아동 - 가족 팀은 변화를 창조하기 위하여 이러한 과정을 사용하여야 한다.

변화를 이끌어내는 과정인 창의적인 전략화는 치료사들이 가족과 공동 작업함으로써 이루어진다(Madanes, 1981). 전략적인 치료사들은 현존하는 문제를 풀 수 있는 방법을 포함한 명확한 목표를 정해 둔다.

언어치료사는 처음 가족과의 접촉에서 창의적인 전략화 과정을 시작하며 정보가 모아지고 요약됨에 따라 변화에 대한 전략들을 계속해서 생각해 낸다. 전략화는 언어 변화를 유도해 낼 수 있는 과제를 창출하는 데 초점을 둔다. 현실을 존중하면서 가족들을 고양시킬 수 있는 과제를 설계하도록 주의한다. 창의적인 전략화는 전체 치료과정을 음미하며 임상가의 전문성을 반영하여 계속 발전시키는 태도로 가족의 독특한 형태에 결합시키는 것이다. 이것은 긍정적인 언어 변화의 치료 시스템을 만들어 나가는 것이다.

8) 과제 부여

두 가지 기술이 과제를 부여하는 데 도움이 되는데 칭찬과 평등한 과제의 사용이 그것이다. 첫째, 칭찬의 사용이 과제를 부여하는 데 훌륭한 선행 조건이 된다. 언어치료사가 각각의 가족에 대해 칭찬하는 것은 전체적으로 가족 혹은 개인 구성원들에게 돌아가지만 가족 인터뷰 부분에서 수집된 정보에 기초를 두어야만 한다. 칭찬은 다음과 같이 일반적인 것 이를 테면, "여러분들이 모여서 어머니를 최대한 돕기 위해 시간을 할애해 주셔서 매우 감동을 받았습니다. 어머니에 대한 여러분들의 관심은 정말 훌륭합니다. 아버지께서는 철수와 주의 깊고 조용하게 놀아 주시는 것 같아요… 이것은 그 애가 아버지와 함께 이야기하는 것에 주의를 기울이게끔 해 줍니다. 계속해서 그렇게 해주세요."이다.

둘째로, 과제는 가족 자원들과 주의 깊게 연관되어져야 하며 평등한 형태로 부여되어야 한다. 과제 부여는 다음과 같은 말로 서두를 시작할 수 있다. "무엇을 시도하는 게 어때요.", "제가 무엇을 했을 때 철수에게 도움이 되는데 당신이 이러이러한 일을 하면 어떨까요?", "저는 당신이 이것에 대해서 어떻게 생각하시는지 궁금하군요." 이러한 종류의 과제 부여는 평등함을 보여주며 임상가와 가족이라는 협조적인 관계의 중요성을 계속해서 강조한다. 책임 부여는 평등한 방식으로 정형화될 때나 가족 자원을 요망되는 언어 변화와 연결시키기 위해 주의 깊게 고안될 때 받아들여진다. 가족들에 의해서 제시된 수정과 변화는 환영할 만하며 이러한 것들은 과제 부여가 그들의 능력에 좀 더 적합할 수 있도록 만들어 준다.

2. 상담과 치료의 통합적 접근

상담기술을 사용하기 위한 특정한 사건과 시간들이 항상 예측되어 질 수는 없다. 하지만 임상가가 상담기술들을 치료과정에 통합시키게 만드는 여러 가지 치료 상황들이 있다. 이러한 상황들은 가족의 협조와 참여를 얻는 것, 장애아동과 가족 구성원들을 면담해서 진단적인 혹은 다른 정보를 얻는 것, 평가 결과를 제출하는 것, 장애아동과 가족 구성원들에 의해서 표현되는 감정들에 반응을 하면서 정보를 얻는 것 등이 포함된다.

1) 가족의 협조와 참여 이끌어 내기

대부분의 가족들은 치료팀에 참여하고 협조하는 데 안정된 능력을 보이면서 임상가와 가족 치료 경험으로 접근해 간다. 어떤 가족 구성원들은 참가하는 데 적극적이지 않은 신호를 보여주는데 이를 테면, 흥미가 없어 적대적이거나 다른 감정을 나타낼 수도 있다. 이러한 행동들은 임상가가 가족에 참여하여 정열적으로 청취하며, 표현되는 다양한 견해에 대해 존중을 보여 줌으로써 변화 시킬 수 있다. 각각의 가족 구성원이 의사소통장애를 가진 구성원을 깊이 걱정하고 있다는 가정을 가지고 상담기술을 사용함으로써 가족의 독특한 협조 형태를 발견하는 데 도움이 된다.

2) 진단적 또는 다른 정보를 얻기 위한 장애아동 및 가족과의 면담

면담기술은 임상가의 상담기술에 중요한 사항이다. 명료화, 반영, 요약은 언어 변화에 대한 가족의 협조 형태와 연관되는 능력을 크게 향상시킨다. 이러한 면담 기술은 첫 번째 회합의 성공적인 결과를 가져오는데 결정적이며 치료가 계속되면서 지속적으로 사용된다.

3) 평가 결과 제시

언어치료사와 청각사는 때때로 장애아동과 가족 구성원들에게 정보가 바람직하지 않기 때문에 평가 결과를 공유하기 힘들다고 통지해야하는 즐겁지 않은 일에 부딪치게 된다. 이 경우에는 감정이입적인 청취, 명료화, 요약이 사용된다.

4) 감정의 표현에 대한 반응

의사소통장애아동은 자연적으로 가족 구성원들에 의해서 표현될 수도 있는 일련의 감정들을 야기시킨다. 이러한 감정들은 각각의 가족 구성원 간에 다를 수도 있다. 만약 영구적인 장애와 연관되어 있다면, 이러한 감정들은 가족의 생활주기 동안에 나타나고, 사라지며 그리고 다시 나타난다. 임상가 혹은 다른 전문가들이 이러한 감정들(예: 화를 내지 마세요. 철수에게 보청기를 착용하고 나서 말을 할 수 있게 가르칠 겁니다)을 무시하거나 혹은 박탈한다면 가족의 정상적인 감정의 과정은 치료에 해가 되게 전환될 수 있다. 감정의 솔직한 표현은 가족이 치료의 중대한 과업에 종사할 수 있도록 인정이 되고 지지를 받아야 한다. 임상가가 눈물, 화, 우울, 그리고 다른 정상적인 감정을 받아들이고 적절히 대응할 수 있을 때 대부분의 가족들은 더 이상의 심리상담을 받을 필요가 없다.

3. 비애와 상실 과정의 이해

의사소통장애아동을 가지고 있는 가족들과 치료할 때 비애와 상실에 대한 문제는 치료과정이 시작됨에 따라 나타나고 사라지고, 다시 나타나고 사라지고, 다시 나타날 수 있다. Moses(1985)에 따르면 "특수 교육자·청각사·언어치료사들은 심리학자·사회사업가 또는 정신의학자 보다 이런 상황에 처해 있는 사람들을 직접적으로 더 적절하게 다루어야 하는 사람들이다."라고 하였다. 전문가가 반영청취를 사용하고 그러한 상황들이 일어날 때의 감정표현에 대응할 때 비애와 상실의 과정을 정상화시키고 가족구성원들이 그들의 감정과 생각에서 벗어날 수 있다.

1) 상실의 단계

충격(impact)은 가족과 장애아동이 미래에 장애를 일으킬 만한 손상 혹은 사고에 대해 처음 알게 되었을 때 일어난다. 양측 입술과 구개파열, 심각한 청각 손실, 머리 부상, 혹은 발작은 충격 단계를 야기 시키는 사건들의 예이다. 의사소통장애가 생명을 위협하는 사고의 결과 중 하나일 때 사랑하는 사람이 죽지 않을 것이라는 신념 때문에 짧은 기간 동안은 다소 안도의 시간이 있을 수 있다(spanbock, 1987). 그러나 이러한 감정은 현실에 접어들면서 곧 사라진다. 사고 후에 애를 태우면서 진단 결과를 기다린 끝에 그들의 두려움을 확인시켜 주는 진단에 접하게 된다. 충격은 청각 손실이 최종적으로 인식되고, 유아의 소아마비가 진단되거나, 머리 부상의 영향이 명백해질 때 일어난다. 충격의 기간에 가족 구성원들은 무감각, 감각의 상실, 매스꺼움, 고통, 근육 긴장, 육체적·정신적 평형상실 등을 많이 경험하게 된다.

다음으로 부인(denial)의 단계는 충격 직후, 수 주 혹은 몇 달 후에 시작될 수 있다. Moses(1985)는 "부인은 필요한 것이고, 중요하며 사람이 내면의 힘과 '처리가 안 되는 것'에 대한 외부적인 원조를 받기 위해 필요한 시간을 준다."라고 하였다. 또한 Luterman(1984)은 "부인은 매우 정상적인 인간의 행동이며, 우리 모두에게 일어난다."라고 하였다. 부인의 단계 동안 가족 구성원들은 긴장, 고통, 반대감정 병존, 불신, 화, 회피 및 치료를 위해 이러 저리 돌아다니게 될 수도 있다. 이때 임상가는 명료화, 반영, 중립적인 질문을 매우 효율적으로 사용할 수 있다. 가족 구성원들은 부인이 현재 있더라도 변화에 대한 계획에 착수할 수 있을 것이다.

다음의 단계가 슬픔(grief)인데 슬픔은 울음으로 자주 표현된다. 화, 움츠림, 불면증, 죄의식, 자기의심, 의구심과 과거를 털어버리려고 하는 것이 이 단계와 연관된 일반적인 표현들이다. 슬픔을 받아들이는 것은 반영을 통해서 나타나며, 이것이 일어날 때는 모든 가족 구성원들이 눈물을 거두고 치료 과정을 계속해 달라고 요청하는 것에서 나타난다.

가족 구성원들은 "최악의 상태는 아니다."라는 안심을 하며 새로운 힘과 확신을 보여주면서 활동적이 되며 새로운 지식과 기술을 구하게 된다. 감정의 다른 표현들은 이 단계에서 다시 나타날 수도 있지만 일반적으로는 희망과 같은 신선한 긍정적 감정을 가진다. 충격, 부인, 슬픔의 단계 동안에 느껴진 감정들을 자유롭게 표현하도록 허용되어진 사람들은 새롭게 이 단계에 접근하게 된다. 명료화, 중립적 질문, 창의적인 전략화, 책임 부여는 이 시기에 임상가에 의해 이용될 수 있다.

최종적인 단계는 종결이다(Fortier & Wanlass, 1984). 이때의 가족 구성원들은 전반적으로 침착하고 긴장이 풀어진 상태이며 변화된 가족 구성원에 적응이 되어 있는 상태이다. 가족 구성원들은 초기 단계에 현저했던 신체적인 증상들이 상당히 감소함을 인정하였다. 예를 들면 가족 구성원들은 "저는 다시 갈 수 있을 것 같아요" 혹은 "다시 식사를 즐길 수 있게 되었어요" 등이다.

2) 상실 과정의 변인

가족의 모든 개인은 상실의 경험에 대해 다르게 반응하며 다른 속도와 시간

조절로서 각 단계를 거슬러 나갈 수 있다. 예를 들면, 아버지는 과정의 초기 국면 동안 작은 감정을 보여줄 수 있다. 아마 이것은 아내의 슬픔을 개방된 표현이라는 견지에서 강하게 남기고자 하는 그의 의지이거나 또는 감정을 일반적으로 잘 표현하지 않는 사람인 경우 그런 특정한 성격이 나타난다. 실망, 슬픔, 화와 같은 감정 표현을 파트너와 솔직하게 잘 이야기 하지 않기 때문에 이런 감정들을 보여 주는 데 있어서 매우 개방적일 수 있다. 자기의 생활양식이 솔직하게 감정을 털어놓는 것이라면 슬픔과 상실이 경험될 때 계속적으로 명백하게 표현할 것이다. 이러한 개인차에 대한 존중은 아주 중요하며 전문가는 사람들에게 그들이 무엇을 느껴야 하며 어떤 단계를 경험해야만 하는지에 대해 이야기해서는 안 된다.

슬픔의 과정은 부드럽게 거쳐 가고 끝나는 것이 아니다. 단계는 계속 반복되며 슬픔과 고통이 발전 단계에서 다시 떠오를 수 있으며 '작은' 슬픔의 과정이 최초의 충격이 일어난 후 몇 시간 혹은 몇 일, 몇 년에 걸쳐 남아 있을 수 있다. 아들이 유치원 생활로 다시 전환했을 때 상실 과정의 요소들이 다시 나타나서 그의 부모들은 새로운 슬픔을 수일에 걸쳐서 겪을 수 있지만 이것은 상실과정의 초기 단계에 있었던 것처럼 강렬하지는 않다. 이러한 감정들은 아들이 학교를 다니기 시작할 때, 같은 또래 친구들이 데이트와 운전을 시작할 때, 어른이 되어서 독립할 시기가 왔을 때, 부모가 나이 들어서 그의 인생을 돌보는 것에 대해 걱정할 때 다시 나타나기 시작할 수 있다.

상담기술은 가족 중심 치료의 모든 국면 동안 언어치료사의 효율성을 증대시킨다. 토마토 소스의 향료처럼, 직조된 천과 파란 실처럼 또는 현악 오케스트라의 제 2바이올린처럼, 이러한 기술들은 치료 과정 및 결과의 통합된 부분이 되었다. 가족 중심 치료는 상담기술의 사용 없이도 가능하지만 이러한 대인관계 기술이 치료의 과정동안 임상가에 의해 사용될 때 좀 더 만족스럽고, 완전하며 성공적으로 되는 것이다.

단원 요약

▪ 상담기술의 내용에는 합류, 참여, 명료화, 반영, 요약, 상호작용 형태의 확인, 창의적인 전략화, 과제 부여 등이 있다.

합류는 가족 중심 치료 체제에 가족이 들어오는 것을 의미하며, 가족의 자원적인 능력을 인정하고 고양시키고, 가족 구성원의 역할을 존중하며, 가족 개인의 자기 가치를 확인시킴에 의해 이루어진다. 합류는 첫 전화 또는 첫 만남부터 시작되며 가족구성원들이 점차적으로 가족 중심 치료에 적극적으로 합류한다.

가족 참여는 주로 임상가의 우호적이고 개방된 자세를 통해서 촉진된다. 따라서 임상가는 자신의 자세를 변화시켜서 각 가족 구성원과 눈 맞추기를 해야 하며, 의자는 테이블을 중심으로 원형으로 배열이 되어져야 한다.

명료화는 분명하지 않은 사고, 정서, 행동 등의 내용을 명백하게 하는 것으로 재진술이나 환언과 비슷한 기능을 가지고 있다. 그러나 피상담자가 표현하고자 하면서도 분명하게 하지 못한 것에 대해 상담자가 추측하고, 이 추측을 피상담자에게 전달한다는 점에서 환언이나 재진술과는 다르다.

반영은 피상담자의 태도 또는 내면화된 사고를 반사하는 것으로 감정 이입적 이해가 이루어져야 가능하게 된다. 거울에 자기 자신을 비추어 볼 수 있듯이 피상담자가 자신의 감정, 태도, 사고를 상담자를 통해 명확히 볼 수 있게 하는 것이 반영의 역할이다.

요약은 회합의 끝에 이루어지고, 회합 중의 내용을 가족에게 확인시키며, 이를 통해 임상가의 견해를 전달한다.

상호작용의 형태 확인 방법에는 질문을 통해서 또는 자발적인 상호작용을 관찰하여 확인하는 방법이 있다.

창의적인 전략화는 임상가 - 장애아동 - 가족 팀의 변화를 창조하기 위해 이 과정을 사용한다.

과제 부여는 칭찬과 평등의 원리에 의해 부여하여야 가족의 적극적인 협조를 이끌 낼 수 있다.

▪ 상담과 치료의 통합적 접근은 상담과 치료를 서로 상호적 관계로 보는 관점이다. 이를 테면, 치료과정에서 평가결과의 제시와 면담과정은 상담으로 통합될 수 있다.

▪ 치료과정에서 가족들의 비애와 상실의 감정은 지속적으로 나타났다 사라졌다를 반복한다. 임상가는 이러한 감정의 변화를 이해하고 가족들이 벗어날 수 있도록 도와주어야 한다.

생각할 내용

- 가족 중심 치료에서 상담기술의 기저에 있는 이념
- 상담과 치료의 통합적 접근을 위해 언어치료사의 자격조건
- 비애와 상실의 감정이 나타났다 사라졌다하는 과정의 반복 이유

제12장 의사소통장애아동 가족 중심 치료기법의 적용

가족은 가족관계를 여러 해에 걸쳐서 시작, 발전, 변화 그리고 지속해 나간다. 수명이 연장됨으로써 가족은 시간이 지남에 따른 세대 간의 연관성이 복잡하게 확장되어 나간다. 각각의 세대는 구성원이 가족 체제에 들어오고 나감에 따라 한 국면에서 다음 국면으로 발전·변화하는 단계들을 거치게 된다. 이를 테면, (1) 구속되지 않는 청년기, (2) 결혼을 통한 가족으로의 참여, (3) 어린 자녀가 있는 가정, (4) 청소년 자녀들이 있는 가정, (5) 자녀들을 사회에 참여시키는 가정, (6) 인생 후반기의 가정 등이다(Carter & McGoldnick, 1980). 발전을 방해하는 것 예를 들면, 이혼, 재혼, 병, 조기 사망, 또는 장애 같은 것들은 이러한 단계를 거쳐 나가는 가족들에게 중대한 영향을 미친다. 이 장에서는 발전 단계에 대한 논의를 2가지의 넓은 범주 즉, 초기 아동기, 아동기 및 청년기로 나누었다. 이것은 이 단계들이 의사소통장애의 치료와 연관이 있기 때문이다.

1. 초기 아동기의 적용

1) 초기 아동기의 가족 변화 요인

아이들이 출생하여 가족 체제에 들어감에 따라 많은 변화들이 가족들에게 요구된다.

(1) 새로운 가족 구성원

부모가 자녀들을 출산하는 데 일부 가지고 있는 사전의 지식이 도움은 되지만 그 지식만으로 새로운 가족 구성원의 출현을 준비하는 것은 완전하지 못하다. 어떤 가족 전문가들은 첫 번째 아이의 출산을 설명하기 위해서 '위기'라는 용어를 사용하였다(LeMasters, 1957 ; 1972, Dyer, 1963). 가족의 분열, 만성피로, 그리고 아이의 기질은 부모들이 새로운 가족 구성원에 적응해 나갈 때 영향을 받는 요소들이다. 아이가 성숙하고 또 한명의 아이가 더 생겨서 가족에 참여하게 됨에 따라 발생하는 새로운 도전들은 부모들을 어렵게 한다. 따라서 아이들이 있는 부부는 인생의 후반기에 있는 부부보다는 결혼 생활에서 만족감을 덜 느끼는 것으로 보고되기도 한다(Rollins & Feldman, 1970).

아이가 발달적인 장애를 가지고 태어나거나 문제가 초기에 확인되는 경우, 가족 구성원들은 '꿈의 상실'에 직면하게 되고(Moses, 1985), 한 때 생각했던 그들의 완벽한 아이에 대한 꿈은 파괴되며 가족은 '새로운' 아이를 알게 되는 발달적 지체 과정을 겪게 된다.

초기 아동기 장애의 문제와 직면하는 대부분의 가족들이 겪어야 하는 또 다른 상황은 부모가 치료에 관련된 많은 전문가들의 의견 과잉이다. 이러한 복잡한 의견을 부모들은 준비 없이 혼란스러움과 함께 받게 된다. 그러나 적절한 의견을 제시해 주는 전문가를 만나는 부모들은 어린 아이를 바르게 양육하는 즐거움과 문제를 해결할 때의 즐거움으로 강화된다.

(2) 새로운 부모 역할

장애아이가 태어날 때 부부는 서로간의 관계를 변화시켜야만 한다. 특히, 한쪽의 부모에게 전문가들과의 상담에 아이를 데려가는 책임이 부여될 때 어려움이 발생한다. 왜냐하면, 전문가들의 처방된 지시에 따라야 하고 그 정보를 배우자에게 전달해야 하기 때문이다. 대부분의 가정에서 아버지는 그의 에너지를 일을 하는 데 집중시키고 어머니가 이 역할을 맡는다. 많은 어머니들은 아이를 키우는 일이 중심사가 됨에 따라서 직업에 대한 계획을 자발적으로 포기하거나 줄여 나가게 된다. 언어치료사는 부모들에게 편리한 시간을 상담 시간으로 정함으로써 어린 아이들이 있는 가정의 행복에 중요한 기여를 할 수 있다. 아버지들은 그들의 참여가 유용하고 참여에 대한 요구가 명백할 때 기꺼이 참여자가 될 수 있다.

임상가는 부모들이 적절한 역할을 할 수 있도록 도와주어야 하며, 그렇게 해서 부모들에게 자녀에 대한 결정을 할 수 있게끔 힘을 줄 수 있는 것이다. 임상가는 부모의 역할을 빼앗지 않도록 주의해야만 한다. 대신에 부모들이 치료에 가져오는 상호작용 자원을 도와주고 고양시켜 주는 것이 더 적절하다.

2) 초기 아동기 사례 연구

(1) 언어 발달장애

Snow(1984)에 따르면 언어에 대한 우리의 사고에 있어서 지난 20년 동안 2가지의 주요한 변화들이 있었다. 첫째는 우리의 주안점을 언어에서 의사소통으로 이동시켰으며, 둘째는 어머니-아이 쌍방이 연구의 개체가 됨으로써 단지 아이만 연구 대상으로 포함시킨다는 관념을 바꾸었다. 나아가 지난 5년 동안 임상의 주안점은 어머니-아이의 쌍방에서 가족으로 확장되었다(Johnson et al., 1989).

다음은 언어 발달장애 아동인 '정수'에 대한 사례를 소개한다.

첫 번째 회합의 요지와 내용

- 아동과 가족 특성 파악
- 아동의 평가
- 아동에 대한 가족들의 이야기 듣기(문제에 대한 시각)
- 아동의 장애 판정에 대한 합의점 도출
- 아동에 대한 가족들의 상호작용 내용 확인(동기점 확인)
- 임상가-아동 상호작용의 부모 관찰
- 아동이 가장 잘 이루어졌던 상호작용과 환경의 확인
- 두 번째 회합에 가족의 참여 및 목표 확인
- 가족들에게 과제 부여

정수는 3세이며 말을 시키려고 하는 부모들의 노력을 무시해 버렸다. 그의 어머니는 매우 걱정을 하고 있었지만 아버지는 그렇지 않았다. 정수의 외할머니는 걱정을 가장 많이 하였으며, 딸에게 남편의 관심이 없음에도 불구하고 정수에 대한 치료를 하도록 격려하였다. 정수의 어머니는 정수에게 이용 가능한 검사 내용을 알았으며, 만약 정수가 문제를 가지고 있다면, 이 검사가 그 문제를 발견할 수 있는 좋은 방법이 될 거라고 결정을 내렸다. 검사와 평가를 통해 정수는 언어 발달지체가 있는 것으로 나타났다. 이 평가 직후, 임상가가 정수와 그의 부모 그리고 8살 난 누나를 만났다. 첫 번째 모임 동안에는 정수도 그의 아버지도 별로 말을 하지 않았다. 반면에 엄마와 딸은 아주 생기있게 문제와 그 밖의 일에 대하여 이야기하였다. 어머니는 명백하게 그 가족의 대변인이었으며, 말을 잘 하지 못하는 정수를 돕기 위해서 그녀가 한 행동들에 대해서 설명하였다. 이런 설명들 가운데는 정수와 함께 책을 보면서 그녀가 말한 단어들을 따라하게 했다는 사실도 포함되어 있었다. 아버지는 모임 내내 매우 조용하였지만 그 역시 정수가 이야기하는 것이 너무 느리다고 이야기 하였다.

모든 가족들의 견해를 듣고 난 후 임상가가 이해했던 부모들의 견해를 정리해서 정수가 의사소통장애를 가지고 있는지에 대한 서로 상이한 견해들의 합의점을 제시하였다. "아버지는 정수가 말을 할 수 있다고 생각하십니다. 그렇지만 정수는 흥미를 가진다거나 준비가 되어 있지 않습니다. 아버지는 교사들이 그 애가 손으로 어떤 도구나 기계적인 것을 잘 다루는 것을 발견할 때 그 애가 매우 똑똑하다고 생각하는 반면에, 지진아일 수도 있다고 이야기 할 때 정말 화가 나시죠? 그리고 어머니는 매우 걱정을 하고 있고, 정수와 함께 같이 책을 보아 왔으며, 그 애를 돕기 위해 어머니가 하는 말을 따라하라고 했습니다. 그러나 가끔씩은 정수가 따라했지만 대개는 그렇지 못했습니다. 정수 아버지, 만약 제가 정수 어머니와 의견이 일치한다면, 다시 말하면 정수가 치료를 받아야 한다면 어머니를 돕기 위해 참여해 주실 수 있으십니까?" 그의 아내를 돕는다는 명분으로 서비스에 참여하도록 그의 협조를 이끌어 내었다. 처음에 무관심했던 남편은 그의 아내를 위해 지금 무엇인가를 할 수 있기 때문에 능동적으로 참여하게 되었다. 정수와 가족 구성원들 사이의 상호작용을 보면 다음과 같다. 예를 들어, 정수는 축구공을 손으로 잡아서 공에 있는 선을 손으로 따라가는 것으로 놀았다. 그의 누나는 그의 관심을 끌기 위한 노력의 차원에서 말을 많이 걸었지만, 정수는 거의 반응하지 않았다. 그녀가 그의 손에서 공을 쳐서 떨어뜨렸을 때 전혀 대항하는 기색을 보이지 않았으며, 마루에서 퍼즐 장난감을 집어 들고 관찰하기 시작하였다. 어머니는 정수가 책에 흥미가 있으며, 책을 보는 동안 그 활동에는 관심을 보이지만 다른 일에는 관심이 없다고 이야기하였다.

임상가가 아버지에게 정수를 돌보기 위해서 무엇을 했느냐고 물어봤을 때 그는 마루에서 정수와 레슬링을 하고, 함께 TV를 시청하며, 장난감 자동차를 탔다고 대답하였다. 문제에 대한 부모들의 시각에 대하여 알아보고, 적절할 때 합의점을 찾고, 동기점에 대해서 경청하며, 그리고 규칙에 대해 살핀 후에 임상가는 어머니에게 임상가가 지켜볼 때 정수와 함께 책을 봐주도록 요청하였다. 정수는 어머니의 무릎 위에 앉아서 어머니가 정수에게 "이것이 무엇이니?"라고 물었을 때 그림을 가리켰다. 그는 어머니의 질문에 대한 단어를 말하지 않았다. 한번은 어머니가 "이것은 자동차야"라고 그림의 이름을 말하자 정수는 쳐다보았다. 그는 우리가 알아차릴 수 있을 정도로 발음을 하지 않았다. 곧 누나도 참여하여 그림에 대한 질문들을 하기 시작하였다. 약 2분 후에 아버지는 누나에게 와서 앉으라고 이야기하였다. 정수는 3~4분간의 연기에서 여러 가지 자원들이 명백해졌다. 첫째로 정수와 함께 공유한 관심의 초점을 얻기가 어려웠지만 그는 어머니가 보여준 처음 몇 장의 그림들을 쳐다보았다. 둘째로 그의 어머니가 그와 함께 책을 보는 것을 좋아했고 정수에게 그림의 이름을 명명하라고 격려시켰다. 셋째로 정수의 누나는 어머니가 정수를 돕는데 흥미가 있었다. 넷째로 아버지는 누나에게 와서 그와 함께 앉으라고 요청함으로써 그의 아내를 도왔다. 이것은 효율적으로 만들어 질 수 있는 자원들이었다. 이러한 것들을 자원화 함으로써 임상가는 동일 구조의 과제 즉, 가족이 이미 관여하고 있는 활동들에 적합한 것을 줄 수 있을 것이다. 임상가가 더 이상의 탐구를 위해 염두에 두었던 다른 잠재적인 자원들은 아버지가 정수와 함께 장난을 치며 레슬링을 하는 것, 아버지가 정수를 차에 태우고 다니는 것, 그리고 누나가 정수와 노는 것을 즐겨한다는 것이다. 이 시점에서 임상가는 부모들에게 몇 개의 블록과 장난감 동물들을 가지고 정수와 함께 놀아 주도록 요청하였다. 정수는 동물 중의 하나를 집어내었으며 부모가 그에게 다른 동물들을 보여주고 그 동물들의 이름이 무엇이었는지를 물었을 때 그것을 꼼꼼히 살피고 있었다. 정수는 질문에 대답하지 않았으며, 그와 함께 대화하려고 그들이 시도할 때 쳐다보지도 않았다.

점차적으로 임상가는 부모와 정수가 마루에서 함께 노는데 참여하게 되었으며, 시각적인 접촉을 증가시키고, 하나 또는 그 이상의 관심에 대한 공유 초점을 설립하고, 그리고 정수로부터 단어와 적절한 행동 반응 등을 이끌어 내기 위한 노력으로 정수와 상호작용할 수 있는 여러 방법들을 실험하기 시작하였다. 임상가가 정수와 함께 상호작용을 할 때, 부모들이 대화를 멈추고 지켜보았다. 임상가가 장난감의 이름을 조용히 이야기하고 정수가 그것을 분명하게 볼 수 있도록 하였을 때, 정수가 쳐다보았다. 임상가는 다정하게 그의 등을 두드려 주었으며 정수를 언어로써 조용하게 강화시켰다. 임상가가 아무 말도 하지 않고 '말'을 블록의 위에 얹어 놓았을 때, 정수는 마치 무엇이 일어난 것처럼 다시 보았다. 임상가는 '말'을 다시 가리켰지만 정수는 아무런 말도 하지 않았고 계속해서 지켜만 보았다.

정수에게 이름을 이야기하라고 하는 것보다는 물체의 이름을 이야기하는 것, 정수를 신체적인 접촉과 조용한 언어로써 강화시키는 것, 물체를 가리키는 것 등의 기술은 정수의 관심을 얻는 데 유용한 것처럼 보였다. 정수는 평가 동안에 어떤 단어도 이야기하지 않았지만 상호작용의 10분 동안에는 조용하게 한 번 혹은 두 번 발음을 하였다. 임상가는 그러한 정수의 행동을 강화하였다.

다시 한 번 부모들은 임상가가 아이와 함께 상호작용을 할 때 마루에 앉아서 면밀히 살폈다. 그들은 말을 거의 하지 않았지만 그것도 상호작용의 한 부분이다. 정수의 협조가 이루어진 것은 그가 가족들과의 참여에서 느낀 편안함에 주로 기인했던 것 같다. 첫 번째 모임의 목적 중 한 가지는 정수가 참여했던 가장 상호작용적이었던 행동과 그것을 둘러싼 환경을 결정하는 것이었다. 처음 50분 동안에는 정수의 부모와 누나가 상호작용 행동에 정수를 끌어들이는 것이 힘들었다. 여하튼 정수는 누나가 가리켰을 때 그의 어머니와 함께 책에 있는 여러 개의 그림을 쳐다보았다. 임상가는 그들이 처음 그 책을 보기 시작하고 장난감 인형들과 블록을 그와 함께 가지고 놀았을 때 정수가 어머니에게 반응했던 긍정적인 방법에 대해 토론하였다. 시간이 끝날 무렵에 임상가는 만약 부모들이 모임을 계속하길 원한다면 다음 모임에서 좀 더 알아내기 위하여 정수와 상호작용을 하고 그 모임에서 목표를 토론할 것이라고 하였다. 부모들은 다음 모임에 참석하겠다고 동의하였다.

임상가는 어머니가 정수와 함께 책을 보는 것과 그 활동의 중요성에 대한 그녀의 인식에 대해 칭찬을 하였다. 또 부모들이 자녀들과 온화함을 유지하고 있음을 칭찬했으며, 아버지가 누나에게 정수와 함께 앉아 주도록 요청했을 때 누나가 얼마나 잘 반응하는지에 대해 주목했다고 이야기하였다. 우리는 또한 누나가 임상가와 이야기하고 특히 정수의 말을 경청하며 때때로 정수가 원할 때 단어를 이야기하고 정수가 소리를 낼 수 있도록 다른 이야기를 하지 않은 것에 대해 칭찬을 하였다. 임상가는 다음과 같은 과제들을 부여하였다.

① 정수가 어머니를 쳐다볼 때 어머니께서는 정수와 '연결되어'있다고 느끼는 시간을 주목하시오. 이러한 상황들에 대해 유의를 하고 다음 시간에 가지고 올 수 있도록 메모를 해 두십시오.

② 어머니께서는 정수가 흥미가 있다고 믿을 때, 정수와 함께 책을 보시고 그렇게 할 때는 그림의 이름만을 말하고, 정수의 반응에 유의를 하되 질문을 하거나 물건의 이름을 명명하라고 강요하지는 마십시오.

③ 아버지께서는 당신이 하는 일에 특별한 관심을 기울이고 당신이 '레슬링'을 하고 있을 때, 정수가 무엇을 하는지에 대해서 주목하십시오. 당신이 말을 얼마나 하는지, 정수가 울음소리를 내는 정도, 정수가 당신이 내는 어떤 "꿀꿀거리는 소리"와 "신음소리"를 흉내 내는지, 정수가 당신이 반응하기를 원하는 것에 대해서 무엇을 하는지에 대해 주목하십시오. 다음 주에 당신이 파악한 것에 대해 이야기 할 것이며, 당신이 하는 것을 우리에게 보여주십시오.

④ 누나, 너는 정수와 놀아 주는 방법이 좋았다. 특히 정수가 원할 때 이야기할 수 있도록 조용히 해 준 방법이 좋았다. 이번 주에는 네가 정수와 함께 놀아 줄 때 정수가 이야기하는 것 또는 소리를 내는 것에 대해서 주의 깊게 듣도록 해라.

⑤ 어머니는 정수의 청력검사에 대해 약속을 하도록 사무실로 전화하십시오.

이와 같이 임상가는 모든 사람이 이야기할 수 있도록 과제를 토론했고 한 주 후에 만나기로 동의하였다.

두 번째 회합의 요지와 내용

- 과제에 대한 토론
- 잘한 점 칭찬
- 가족-아동 대화의 촉진방법 토론
- 가족-아동 상호작용 촉진방법 토론
- 차기 회합 과제 부여

두 번째 모임은 과제에 대한 토론으로 시작하였다. 부모들은 정수의 관심을 끌어내고 시각적으로 그와 상호작용을 하며 정수의 상호작용 행동의 일면을 발달시키기 위한 기술들의 어려움에 대해서 예리하게 인식하고 있었다. 아버지는 그 상황을 "3살짜리 정수에 의해 무시될 때 정말 기분이 나쁘다."라고 설명했으며, 어머니가 근심하였던 것에 대해 좀 더 이해했다고 지적하였다. 부모들은 그가 손가락으로 집어먹을 수 있는 음식을 요구하면서 찬장을 가리켰을 때, 정수가 그들을 보았다는 것을 관찰하였다. 우리는 그 사건을 추적하여서 정수가 부모를 보았을 뿐만 아니라 그가 음식의 상표를 어렴풋이 이야기했다는 것을 알아내었다. 어머니와 아버지가 어떻게 반응했는지를 물었을 때 둘은 그에게 음식을 주었다고 말하였다. 임상가는 정수가 어렴풋이 이야기했던 단어들을 따라 했는지 또는 그가 단어를 말 한 것에 대해 기쁨을 나타내었는지에 대해서 구체적으로 질문하였을 때 부모들은 그에게 단지 음식을 주었을 따름이라고 이야기하였다. 임상가는 가족들에게 정수가 단어를 말할 때마다 얼마나 기뻐하는지를 정수에게 알려줌으로써 그에게 단어를 다시 말 할 수 있게끔 제안하였다.

어머니는 정수와 책을 보는 것을 잘 진행하였으며 어머니가 정수에게 명명을 요구하는 것보다는 그림의 이름을 명명해 주었을 때, 정수가 듣는 것에 특히 관심을 보였다고 보고하였다. 그러나 어머니는 정수가 사물들의 이름을 명명하지 않았으므로 그를 도와주지 못했다고 근심을 나타내었다. 임상가가 무엇이 정확히 일어났는지를 추적했을 때 어머니는 어머니가 이름을 말해 준 후에 정수가 몇 번 그림을 가리키게 되었는지를 설명하였다. 임상가는 어머니에게 이것은 진정한 발달이며 훌륭한 일을 했다고 이야기하였다.

임상가는 어머니 및 아버지와 함께 가족-정수 대화의 발달을 토론하였으며, 사회적인 상호작용과 그것의 일부분으로서 청취의 중요성을 강조하였다. 두 사람은 만족스러운 것처럼 보였다. 정수에게 질문을 하고 단어들을 이야기하라고 하였지만 단어들을 이끌어 내지 못했다는 점을 임상가는 지적하지는 않았다. 임상가는 아버지의 레슬링과제에 대해서 토론하였고, 아버지는 레슬링이 정수로부터 많은 반응들을 이끌어 냈다고 생각하였다. 정수는 그를 쳐다보았을 뿐만 아니라 아버지를 간질였으며, 그리고 반응을 기다렸다. 아버지는 자기가 내었던 소리를 정수가 흉내 내었다는 것을 알아차렸으며, 정수의 모방에 대응하여 이것들을 다시 반복했다고 보고하였다. 임상가는 이것이 어떻게 정수가 자연적으로 모방할 수 있는 단어들을 만들어 내게 되었는지에 대해 토론을 하였고, 이것이 다음 과제 속으로 투입되어야만 한다고 결정하였다.

임상가가 아버지와 정수의 레슬링에 대해서 이야기하고 있을 때 정수는 누나와 장난감을 가지고 자발적으로 놀고 있었기 때문에 임상가는 아버지에게 정수에 대한 주의를 요청하였으며, 정수가 그 전 주에 하였던 축구공의 선을 따라가는 것에 비해 이러한 형태의 놀이는 얼마나 다른 것인가에 대해 토론하였다. 아버지와 정수는 임상가를 위해서 '레슬링 경기'를 보여주었으며, 임상가가 그들의 행동을 보았을 때 아버지는 으르렁거리며 신음소리를 내었고, 정수는 즉시 흉내 내었다. 아버지가 한 단어를 이야기했지만 정수는 반응하지 않았다. 그럼에도 불구하고 이것은 임상가가 확장시킬 수 있는 분명한 자원이었다.

세 번째 회합에서 15번째 회합의 요지와 내용

- 청력검사
- 단어 확장
- 구 확장
- 효율적인 대화방법 모색 증진
- 가족 구성원의 대화방법 확인 증진
- 임상가의 지식과 가족의 능력 결합
- 유치원 교사와 가족 연결
- 초등학교 담임교사와 가족 연결

임상가는 정수와 그의 가족들을 6개월 동안 14번을 더 만났다. 청력검사의 결과는 정상적인 청각 민감도를 보여주었다. 정수는 점점 더 반응을 계속하였으며, 단어들과 짧은 구를 자발적으로 말하기도 하였으며, 임상가는 정수가 단어들을 사용했던 목적에 유의하고 여기서 확장을 하였다. 모두가 정수가 인사의 목적으로 다른 사람들의 행동을 규제하고, 정보를 교환하고 감정을 표현하기 위해 언어를 사용하는 것을 관찰하였다(Carrow-Wool folk & Lyuch, 1982). 그는 여전히 즉시 말하지 못하였고 그의 또래들만큼 말하진 못했지만 진전이 있었으며, 점점 더 다른 사람에게 반응적이었으며, 학습이 보다 가능해졌다. 과제들은 첫 번째 모임에서 사용된 것과 같은 형태의 접근법이 사용되었는데 임상가가 정수로부터 이끌어 낼 수 있었던 가장 대화적인 방법들을 모색하고 이것을 증진시켜, 가족 자원들에게 확인 증진시키며, 임상가의 지식을 가족의 능력과 결합시켰다.

정수는 14번째 모임부터 유치원에 다니기 시작했으며 임상가는 정수와 그의 가족을 유치원교사에게 연결시키는 전이 과정을 시작하였다. 이 유치원 교사는 임상가와 함께 15번째 모임에 참가하였으며, 정수가 그의 가족 구성원들과 상호작용하는 것을 관찰하였다. 임상가는 유치원 직원 모임에 참여하였으며 정수가 지난 6개월 동안 이루어 낸 발달들은 그의 가족의 전문성과 정수에 대한 그들의 관심과 연관되어 있다는 점을 인정하였다. 임상가는 어머니와 아버지가 가장 효과적이었던 어떤 활동들을 설명하도록 격려하였고 선생님과 언어치료사가 계속해서 정수 가족의 자원들을 이용할 것이라고 생각하였다. 선생님과 언어치료사 모두 정수에 대한 관심과 능력에 대해서 아버지와 어머니를 칭찬함으로써 반응하였다. 그들은 계속해서 서비스를 주고 유치원의 활동을 확장하도록 하는 것이 좋겠다고 지적하였다. 아버지와 어머니는 주요한 언어 서비스는 유치원 교사에 의해 제공되어야 한다고 동의하였다. 더 나아가서 그들은 집에서 정수의 언어 발달을 조장하기 위해서 무엇을 해야 할지를 확인하였고, 정수가 학교의 범위 내에서 서비스를 받는 것에 대해 준비가 되었다. 임상가는 아버지와 어머니가 많은 시간 동안 멀리 떨어져 있기로 계획했기 때문에 여름 서비스 스케줄은 세우지 않았다. 임상가는 그 해 가을에 정기적으로 그들을 만나는 것을 중단했지만 몇 번 동안 어머니는 임상가에게 정수가 그녀 및 아버지와 상호작용을 하는 비디오테이프를 보내 주었고 그들의 상호작용 기술과 정수의 반응에 대해서 전화 대화를 가졌다. 마지막 접촉에서 정수는 정규 유치원에 등록하였으며 그러한 범주에서 언어 서비스를 제공받았다.

(2) 구개파열

구개파열 전문가들은 치료 계획을 가족 구성원들과 함께 하는 것을 강조하고 있다(Goetz, 1982; Hahn, 1979; Schwartz, 1982).

구개파열아동 어머니는 초기 여러 해 동안에 직면한 것과 그 후 서비스 배치에 대한 그녀의 반응과 결정들에 대해서 다음과 같이 설명한다.

초기의 어머니 이야기

"기대감이 많은 부모로서 나는 환희, 기대 그리고 기쁨의 감정으로 차 있었다. 나는 어머니가 되는 것이었다. 그 아이가 사내 아이일까 아니면 딸 아이일까? 어떻게 이름을 지을까? 누구랑 닮았을까? 이러한 것이 나에게는 얼마나 행복이었는지 모른다. 그러나 아이가 장애를 가지고 태어났다는 사실을 알았을 때의 엄청난 실망감이란!"

"의사가 나에게 아이가 양측 구개파열을 가지고 태어났다고 말했을 때 나는 그 애가 그렇게 심한 기형아라는 사실을 알고 정말 허탈했었다. 나에게 이러한 일이 생길 줄 몰랐다. 왜 신이 나를 벌하는 걸까? 나는 항상 부모와 아이 간에는 직접적인 유대가 있다고 들어왔다. 그러나 나는 아이에 대한 사랑을 느끼지 못했다. 아무것도 느낄 수가 없었다."

"다른 사람들은 심장의 이상이 생기거나 다른 문제가 있는 것이 아니므로 하나님께 감사하라고 했다. 그것은 나에게 위로가 되지 못했다. 심장의 이상은 볼 수 없지만 얼굴의 기형은 볼 수 있다. 누구도 그의 출생에 대해서 축하해 주지 않았다. 나의 남편이 그 애를 보았을 때 그는 말했다. 오! 그것은 그렇게 큰 문제가 아니야. 맙소사! 그가 뭐라고 이야기 하는 거야? 나만이 허탈해 하고 충격 받으며 두려워하는 것인가? 어떻게 대처해 나갈까?"

"나의 아이가 태어났을 때 고려해야 할 수술, 치열교정, 언어치료, 청각장애와 정서적 문제 등 의학적인 보호와 광범위한 치료에 대해서 나는 지식이 없었다. 내가 부딪친 것은 전문가들의 '전문적인 이기주의'뿐이었다. 나에게 필요한 것은 내 아이의 행복을 위한 다른 사람들의 진정한 관심이었다."

수술과정에서의 어머니 이야기

"외과의사가 들어와서 창호는 '정상'으로 보이진 않지만 치료할 수 있다고 이야기했다. 이젠 어떻게 해야 할까? '집으로 가서 아이와 노세요.' 어떻게 내가 그렇게 할 수 있을까? 어떻게 내가 이 아이와 기뻐할 수 있을까? 어떻게 내가 이 아이를 감히 사랑할 수 있을까? 내가 병원에 머무르고 있는 동안 나의 남편은 단지 한번 방문했다."

"집으로 아이를 데리고 왔을 때 나는 그 애를 돌볼 자신이 없었으며, 돌보고 싶다는 확신도 서지 않았다. 이런 저런 것을 헤쳐 가는 동안 나는 그가 얼마나 아름다운 눈을 가지고 있으며, 너무나 밝게 웃는 것을 보았다. 아이는 존재하였으며 살아 있었다. 그리고 나는 마음속 깊이 상처를 받고 있었다."

"아이는 첫 번째 수술을 받았다. 세 시간을 기다린 후에 외과의사는 매우 흥분되어서 나왔다. 그는 즉시 나를 회복실로 데려가서 나에게 보여주었다. 나의 아이가 입술을 가진 것을 보았다. 아이는 웃고 있었고 몇 바늘을 꿰맨 상태였다. 그들은 아이를 방으로 데려와서 나에게 안으라고 했다. 난 무서웠다. 난 그 아이를 어떻게 돌봐야 할 지 몰랐다. 간호사들이 나를 도왔고 나는 잘 해내었다. 나의 남편은 아이를 보러 오지 않았다. 부기가 가라앉고 봉합한 실을 제거한 후 난 그 아이의 사진을 찍었다."

"다음 몇 달 동안에 나는 아이와 즐길 수 있었다. 아이는 기어다니기 시작했고 그 다음엔 걸었으며 마침내 '엄마'라고 말했다. 나는 그렇게 흥분이 될 줄은 생각 못했다. 이러한 감정들에는 흥분과 두려움이 내재하고 있었다. 남편과 나는 이혼을 했다. 내가 경제적으로 그리고 정서적으로 아이를 돌볼 수 있을 것인가? 나는 최선을 다할 것을 결심하였다."

"아이가 2세 반이 되었을 때 4번째 수술을 했다. 아이가 울면서 '더 이상 엄마, 더 이상 수술은 안 돼! 착한 소년이 되도록 약속할게요.'라고 말하였다. 그 아이에게 성형 수술이 필요하다고 생각하고 있던 내 자신이 미웠다. 나는 왜 그 아이의 외모에 대하여 그렇게 관심을 가졌을까? 나는, 그 아이를 정말 사랑했는지 생각하였다. 나는 병원의 창문을 바라보고 뛰어내리고 싶었다. 나는 더 이상 할 수 없어. 나는 내가 아이에게 힘들게 하는 것을 참을 수가 없었다. 나는 진실로 그 아이를 사랑했었다. 나는 그의 행복을 위해 전문적인 도움을 구하게 되었다."

첫 번째 클리닉에서의 어머니 이야기

"담당 의사는 '팀 접근'을 제공할 수 있는 클리닉에 보내야 한다고 주장하였다. 첫 번째 클리닉에 다닌 후, 각 전문가들의 종합적인 의견을 나에게 보내 왔다. 보고서를 읽었으나 그것을 이해할 수 없었다. 왜냐하면 그것은 전문가들을 위해서 전문가들에 의하여 씌어진 것이었다. 내가 그 보고서를 설명해 달라고 요청하였을 때 전문가들은 나에게 그 아이를 평가에 데리고 오면 그들이 알아서 할 것이라고 했다. 그들은 구개파열 아이의 치료방법을 알고 있었다. 문제는 내가 내 아이를 그들이 왜 치료하고 어떻게 치료하고 있는지를 모른다는 것이었다. 그 아이의 발달을 촉진시킬 수 있을까? 혹시라도 그 아이의 발달을 지연시키는 행동을 한다면? 그 어느 것 하나도 내가 알 수 있는 방법이 없었다. 나는 아이에게 이용 가능한 선택들에 대해 좀 더 알기 위해 두 번 그리고 때로는 세 번의 의견을 구하기도 하였다."

가족 참여 치료에 대한 어머니 이야기

"내 아이가 언어치료를 시작하려고 하였을 때, 가족을 치료에 포함시키고 있는 클리닉에 대해서 듣게 되었다. 만일 가족 구성원들이 목적을 이해하고 아이의 언어 발달을 도울 수 있다면 치료가 더 개선될 수 있다고 설명을 해 주었다. 결과는 놀라울 만한 것이었다. 임상가, 전문가, 부모 그리고 아이는 하나의 팀으로서 아이의 행복에 필요한 목적들을 성취할 수 있었다."

치료 결정에 대한 어머니 이야기

"그의 언어평가 결과는 긍정적이었지만 다른 모든 면들이 다 그런 것은 아니다. 나는 그 아이가 다른 치료 영역에 포함되는 것이 쉽지 않다는 것을 발견하였다. 가능하다면 부모로서 아들의 치료를 위해 유능한 결정을 내리고 싶다. 반면에 부모는 전체적인 모든 유형의 치료과정에서 각각의 전문가만큼이나 중요한 역할을 한다는 것을 알고는 상당한 심리적인 부담도 느꼈다."

치료과정

어머니는 아이가 20개월이었을 때 임상가와 만났다. 그녀는 전문가들을 방문하는 데 능숙하였지만 결정 과정의 참여에는 다소 소극적이었다. 아이의 아버지와는 1년 전에 이혼을 하였다. 그 때 이후로 아버지와는 접촉이 없었으며 아이에 대한 어떤 지원도 없었다. 아버지가 모임에 참여해야 된다는 임상가의 제안은 어머니에 의해 받아들이지 않았으며, 어머니가 양육권을 가진 부모였기 때문에 그녀의 결정은 존중되었다.

걸음마 단계인 이 아이는 완전한 양측 구개파열을 가지고 태어났다. 갈라진 입술과 구개는 입술 부근의 상처가 심했으나 수술로써 회복되었다. '의사'에 대해 대단히 두려워하는 아이는 임상가와 상호작용이 요구될 때 눈물로 거부 반응을 하면서 방의 구석으로 피하는 것이 첫 번째 모임에서 자주 관찰되었다. 아이의 정상적인 두려움은 존중되었으며, 첫 번째 모임의 대부분은 어머니가 아이에 대한 기대와 그녀가 알아낸 언어 특성에 대해서 설명하는 것을 듣고 자료를 수집하는 것에 주안점을 두었다.

초기 단계의 치료가 시작됨에 따라 아이의 수줍음은 사라지고 밝고 적극적인 성격이 나타났다. 중요한 목표는 아이가 발음을 위한 구강 기류를 발달시키는 것이었다. 이차 목표는 언어 발달을 조장함과 윗입술의 동작 기능을 증가시키는 것이었다. 어머니는 이러한 목표를 달성하기 위해 고안된 많은 활동들에 참가하였다. 아이로 하여금 그녀의 얼굴을 보게 하고 그녀가 '바바바바바', '파파파파'라고 말하는 동안 아이가 그녀의 입술을 만지게 하는 등 다양한 감각적 피드백을 제시하여 자음의 발음을 늘리게 하는 것이 초기 과정의 목표들이었다. 매주 모임이 이루어졌으며 각각의 모임마다 목표와 치료과정이 어머니와 아이의 상호작용 형태에 적합하게 하기 위해 그리고 언어 변화를 유도해내기 위해 수정되고 변화되었다. 아이의 언어 발달은 아주 향상되었다. 언어의 변화는 과비성과 비강 기류 방출을 계속하는 특성이 있었지만 어머니가 집에서 그와 함께 꾸준히 치료함으로써 점진적인 언어 변화를 만들어 내었다.

아이가 성숙하고 좀 더 말이 많아졌을 때 적절한 발음에 대해 강화시키는 어머니의 능력은 전문가 수준이었다. 그 이후 성형외과 수술이 행해졌으며, 이 수술로 인해 치료의 공백이 있었다. 수술이 끝난 후, 가족 중심 치료가 다시 시작되었으며 아이의 조음 유창성은 계속해서 향상되었다. 그러나 이러한 유창성이 바람직한 수준이 아니었음으로 다시 인두 수술이 행해졌다. 이러한 변화들이 일어났을 때 아이는 유치원에 등록했으며, 어머니는 회사로 돌아갔는데 처음에는 시간제로 나중에는 정식으로 일하게 되었다. 아이는 친구들과 우정을 쌓을 수 있었으며, 어머니는 마침내 그녀의 생활에 다른 사람들과 어울릴 수 있는 시간을 만들 수도 있게 되었다. 즉, 정상적인 생활 형태가 나타나기 시작하였다. 그러는 동안에 언어 서비스는 매달마다 방문을 통해 유지되었다. 이러한 모임 동안에 어머니는 그녀가 사용하고 있는 상호작용 언어 기술을 설명하였으며, 임상가는 그때마다 그녀가 필요로 하는 새로운 방법들을 제안하곤 하였다. 아이가 유치원에 들어갔을 때 어머니는 유치원에서 계속 언어치료를 시켜야겠다고 결심했으며, 그동안 진행되었던 치료과정을 계속 공유하기 위해 유치원에서의 치료 과정을 포함하였다.

어머니의 아직 끝나지 않은 여정의 감동적인 이야기는 우리들 각자에게 장애 아동에 대한 새로운 이해를 느끼게 한다.

(3) 말더듬

가족 중심 치료가 초기 말더듬의 치료에서 매우 유용한 방법이다. 가족 구성원들이 느끼는 부담감, 고뇌, 방어, 우울 등의 감정이 때로는 임상가에게도 느껴진다.

다음은 말더듬 아동인 '동철'의 사례이다.

아동과 가족들의 특성과 상호작용 개요

동철은 4세였으며 단어의 5%에서 10% 정도 음과 음절반복을 하였다. 비유창함과 함께 목근육의 긴장을 동반하였다. 그의 가족은 어머니, 어릴 때 그 자신이 말더듬에 대해 치료를 받았던 아버지, 가족의 생활에 대해 세부적인 것까지도 아는 것처럼 보이는 밝고 말이 분명한 7세의 형으로 구성되어 있었다.

동철 가족의 대화는 자주 있는 편이었고 빨리 진행되는 편이었다. 동철의 어머니는 말을 많이 하였다. 동철의 형도 또한 말을 많이 했으며 그와 동철은 첫 번째 모임의 대부분 동안 함께 놀았다. 동철의 아버지는 이따금씩 이야기했으며, 때때로 이야기 할 순서를 빼앗기기도 했고, 누군가에 의해 대화가 짧게 끊기기도 하였다. 동철의 부모는 교수였으며, 그들은 교육과 자기 개발을 매우 중요하게 여겼다. 부모는 동철을 수용하였으며 긴장하지 않고 편안한 아이인 것을 그 아이의 장점으로 이야기하였다. 가족 구성원들은 그와 함께 있는 것을 즐거워하였다. 부모들은 동철의 유창성에 대해 걱정 했지만 동철이가 점점 더 유창해질 것이라고 믿었다.

첫 번째 회합

첫 번째 회합에서 가족들이 함께 게임을 즐기고, 동철과 형은 책을 읽거나 읽어 주는 것을 좋아했으며, 이런 것들이 거의 매일 밤마다 일어난다는 사실을 발견하였다. 또한 동철은 성격이 부드럽고 좀처럼 화를 내지 않았다. 동철의 형은 그와 함께 노는 것을 좋아했고 천성적으로 돕는 편이었으며 부모들은 스스로 어머니가 말을 많이 하는 편이라고 보고하였다. 그들은 말을 천천히 해야 된다고 생각을 했지만 일상생활에서 말을 빨리한다는 사실에 동의하였다.

첫 번째 회합에서 임상가는 동철과 함께 게임만을 했으며 거의 말을 하지 않았다. 임상가의 모든 말들은 자연스러웠지만 속도를 줄여서 이야기하였다. 게임을 하는 동안 매우 조용하였으며, 게임이 끝난 후에 게임동안에 일어났던 일에 대해서 토론을 하였다. 부모들은 어른이 아이와 함께 게임을 할 수 있으며 대부분의 시간동안 이야기를 하지 않고도 아이의 흥미를 유지시킬 수 있다는 것에 대해 놀라움을 표현하였다. 이러한 생각은 첫 번째 과제의 근간을 이루었는데 이것은 그들의 말의 속도를 늦추어야만 한다는 부모들의 표현과 일치하는 것이었다. 말을 많이 하지 않고 질문을 하지 않으면서 아이와 함께 상호작용할 수 있는 방법을 경험했다는 것은 복시각적인 결과였다. 과제는 말의 속도를 좀 더 늦추는 것이 핵심이며 구체적인 과제는 다음과 같은 것이었다.

매일 15분 동안 동철과 대화할 때는 천천히 말하도록 하며, 특별히 다음에 유의한다.

① 천천히 말하는 것이 적절한가?

② 천천히 말한 것이 동철의 말에 대해 영향을 미치는가?

. 말의 속도를 느리게 하였는가?

. 유창함이 드러났는가?

. 말을 더 많이 했는가?

두 번째 회합에서 종결까지

두 번째 회합은 말의 속도와 멈추는 시간, 부모들에 의한 질문의 사용 그리고 상호작용에 대한 유의점에 관한 주제를 다루는 것으로 구성되었다. 비유창함의 기간과 관계되는 다른 변수들도 조사되었다. 예측한 것처럼 동철의 유창함은 10개월 치료기간 동안 변화하였다. 가족은 비유창성과 연관되는 것처럼 보이는 다른 상황들의 영향력에 대해서도 알게 되었다. 그들은 동철의 말을 끊는 것을 중지하였고, 그의 대화 차례가 되었을 때는 끝낼 때까지 충분한 시간을 주었으며, 그들이 질문의 수를 줄였을 때, 또 동철에게 말하라는 요구를 줄였을 때 그의 유창성이 증가했다는 것들에 대해 주목하였다. 치료는 상호간의 동의로 17번째 만남에서 종결되었다. 부모들은 1달 동안에 말더듬 현상을 들을 수 없었고, 만약 비유창함이 다시 생기더라도 환경을 조절함으로써 말더듬을 통제할 수 있다고 믿었다.

(4) 청각장애

언어치료사는 어린 청각장애 아이의 치료과정에 부모, 형제 그리고 가능하면 조부모들을 포함해야만 한다. 부모들은 치료과정의 참여로 의사소통 선택권에 대하여 배울 수 있는 기회를 가지게 된다(Moores, 1985; Northern & Downs, 1974). 아울러 치료 서비스에 부모들의 활발한 참여와 그들의 힘이 아이를 도우는 쪽으로 지향될 때 그들의 스트레스는 감소된다.

아이가 매일 생활하는 범주 내에 있는 중요한 가족들이 임상가와 함께 의사소통 능력을 유도하는 전략들을 선택하고 발달시키며, 실행하고 강화할 때, 아이의 의사소통 환경은 매우 풍부해진다. 참여는 부모들이 의사결정 과정에 능동적으로 개입할 수 있도록 힘을 준다. 만약 가족 구성원들이 치료과정에서 제외된다면, 그 아이는 자기를 양육하고 사랑하며 대화 할 수 있는 가장 큰 도움을 받을 수 있는 사람으로부터 고립되게 된다.

다음은 청각장애아동인 '영미'의 사례를 소개한다.

아이의 가족 배경

영미는 정상 부모 사이에서 태어난 첫째 아이였다. 언어치료사와 가족의 최초 접촉은 영미가 2세 6개월이었을 때였다. 치료가 진행됨에 따라 과거의 정보들이 점차적으로 밝혀졌다. 어머니의 임신, 산고 및 출산은 정상이었다. 어머니는 영미를 위해 비서직에서 3개월의 휴가를 사용한 후에 다시 직장으로 되돌아갔다. 컴퓨터 프로그래머인 아버지는 큰 회사의 회계사로 일했는데 직장으로 가는 데 만 1시간이 걸렸다. 할머니는 그녀의 첫 손녀를 돌보게 되어서 기뻐하였다.

의사의 진단

영미의 부모들은 영미가 영아였을 때 뭔가 잘못되었다고 의심하였다. 영미가 6개월이 되었을 때 소아과 의사는 그들에게 딸이 기민하고 총명하며 조용한 유아들 중의 한 명이라고 말하였다. 그 말은 부모가 혹시 딸이 청각장애는 아닐까라고 두려워하고 있었는데 부모에게는 안심이 되는 것이었다. 할머니는 다시 한 번 전문가의 의견을 구해보라고 하였다. 왜냐하면 영미와의 매일 접촉에서 무엇인가 잘못되었다는 것을 그녀에게 확신시켜 주었기 때문이었다. 아버지는 할머니 의견에 동의했지만 진단을 나중으로 미루기로 하였다. 부모들의 집요한 걱정은 영미가 신체적으로 성숙하였지만 언어가 발달하지 못하였기 때문에 지속되었다. 영미가 두 살이 되었을 때, 부모의 동의로 할머니는 영미를 병원에 데려갔는데 거기서 이비인후과의사의 진단을 받아보라는 권유를 받았다. 어머니는 딸에게 청력검사가 필요하다는 사실을 받아 들였고, 검사를 받도록 하였다. 부모는 영미를 대학 병원으로 데려갔는데 거기서 검사한 결과, 지금까지의 걱정이 확정되었다. 집요한 의심은 끝이 났으며 상황의 현실성이 노출되었다. 영미는 보청기를 착용해야 하는 중증의 양측성 청각 손실을 가지고 있었다.

그 때 어머니는 임신 4개월이었다. 영미를 위해 무엇이 필요한지를 알고 아버지의 동의와 지원 아래 직업을 그만두게 되었다. 이것은 그녀가 친구들의 상호지원체제로부터 떨어져 나가는 동시에 가족의 소득면에서도 중요한 손실을 가져왔다. 할머니는 도움이 필요할 때 언제든지 돕기로 동의하였다. 청각사와 이비인후과의사는 청능훈련과 함께 보청기를 사용하는 것이 바람직하다고 하였다.

첫 번째 회합

첫 번째 회합에서 목표가 정해졌다. 영미는 부모 및 할머니와 상호작용을 할 때 매일 유용한 단어들을 인식하고 사용할 수 있도록 도움을 받는 것이었다. 이 목표는 영미와 대화를 발달시키려는 가족의 기대와 일치하는 것이었다. 할머니, 어머니, 그리고 아버지는 특정한 단어 혹은 구가 대화를 도와주는 상황을 조사하고, 그러한 단어들과 구들의 목록을 만들도록 지시를 받았다. 과제가 부여되었을 때, 부모들은 즉시 리스트로 만들 수 있는 단어들과 구들을 토론하기 시작하였다. 그들은 효과적인 대화가 가능할 것이라는 제안에 고무되었다. 임상가는 영미의 심각한 청각 손실을 고려할 때 최선의 방법으로 토탈 커뮤니케이션 접근 방식을 제안하였고 그것에 대해 설명하였다.

공식적인 언어 테스트는 이루어지지 않았다. 왜냐하면 임상가가 영미에게 주의집중을 시킬 수가 없었기 때문이었다. 그러나 임상가는 영미의 연령 수준에서 일탈되는 행동과 아버지와 할머니가 그녀를 성공적으로 통제하지 못하는 몇 가지의 상호작용들을 관찰하였다.

두 번째 회합에서 종결까지

아버지, 어머니, 할머니, 할아버지 등이 단어와 구의 목록을 가지고 영미와 함께 두 번째 회합에 참석하였다. 추가로 가족 구성원들은 영미가 의미를 전달하기 위해 사용하였던 제스처들도 확인하였다. 부모는 무엇인가 시작된 것에 대하여 안심을 나타내었고 영미와 토탈 커뮤니케이션을 시도하고 싶다고 이야기하였다. 그들은 또한 "영미가 우리에게 더 많은 관심을 보이므로" 영미와 좀 더 대화를 잘 할 수 있게 된 것처럼 보인다고 언급하였다. 임상가가 수화에 익숙했으므로 부모들에게 다른 청각 재활 기술들을 사용함과 동시에 수화적인 방법을 사용할 수 있도록 요청하였으며, 부모들은 기꺼이 동의를 하였다. 2주 동안에 부모들은 보청기를 좀 더 잘 사용할 수 있는 시도를 하기로 결정하였으며, 영미에게 보청기를 보다 긴 시간동안 성공적으로 착용할 수 있게 하는데 진전을 보였다.

치료가 진행될수록, 영미의 언어 기술은 극적으로 발달되었으며 그녀의 행동에 있어서 수반하는 변화도 주목되었다. 가족 이외의 사람들에게 영미의 말은 알아듣기가 힘들었지만 그녀가 사용하고 있는 몇 가지 단어들과 구들을 이해할 수 있다는 것에 부모들은 환희를 느꼈다. 영미는 불평 없이 보청기를 착용하는 법을 배웠다. 10개월의 치료 후에 임상가의 도움으로 영미는 발달적으로 적절한 의사소통 기술을 배웠다.

유치원에서의 적용

영미를 유치원에 입학을 시켜서 다른 아이들과 좀 더 상호작용을 할 수 있게 하려는 기대는 다른 가족 문제를 야기시켰다. 특수학교 교사는 영미가 집에서 버스로 한 시간 떨어져 있는 유치원에 등록하기를 권하였다. 두 부모는 영미가 그런 통학을 하기엔 너무 어리므로 집에서 가까운 청각장애 아동들을 위한 유치원에 등록하기를 원하였다. 그로 인해 영미를 부모들이 선택하는 유치원에 등록시켰다. 유치원 교사는 전체 학급원생들에게 몇 개의 기본적인 수화를 소개하였고 아울러 교사가 수화를 사용하는 방법을 학습하게 되었다. 한편 임상가는 영미가 보청기를 착용하여 청각 능력을 최대한 이용할 수 있도록 돕기 위해 유치원 교사와 함께 치료하였다.

가족이 영미의 언어를 강화시키고 그들이 수화 시간에 참여함으로써 수화를 발달시키려고 노력했을 때 영미의 이해능력은 계속해서 발달하였다. 영미는 통합유치원에서 적절하게 잘 지냈지만 두 부모는 그곳이 그녀를 위한 최선의 장소가 아닐 거라며 근심하였다. 어머니는 직장으로 되돌아가고 싶었지만 영미의 학교 배치에 대한 중요한 결정이 이루어질 때까지 연기하였다.

2. 중기 아동기 및 청년기의 적응

1) 중기 아동기 및 청년기 가족 변화 요인

초등학교의 생활은 아동이 점점 독립적으로 적응해 가고, 그들의 신체적 요구에 잘 적응해 나가며, 친구들과의 관계에 있어서도 점점 원활해져가기 때문에 부모들에게 유치원의 생활보다는 긴장을 덜하게 한다. 아울러 학교로의 전이는 아이가 개인적인 능력을 개발하기 위해 점점 더 많은 기간동안 가족 구성원들과 분리되게 한다. 이것은 부모들의 초기 양육 의무의 압박으로부터 조금이나마 부담을 덜어주게 된다. 그러나 청년기가 시작될 때 많은 가족들은 자녀에 의해 새로운 가치, 감정, 기대가 가족에 도입됨에 따라서 불안정해지게 된다.

(1) 부모와의 상호작용

자녀양육에는 자녀의 독립심과 개인의 의사결정을 격려시켜 주면서 적절한 경계(제한)들을 정할 필요가 있다. 유아들을 면밀히 관찰하면 엄마, 아이, 그리고 다른 가족 구성원들 간에 경계를 명확히 한다. 잘 양육하는 가정에서는 자녀가 성숙해 질수록 자녀의 사생활에 대한 결정을 스스로 내릴 수 있도록 격려하기 때문에 가족의 경계가 더 이상 필요 없게 된다. 학교생활은 개인의 능력 개발, 동료 간의 관계, 그리고 정체성 확립으로 인해 가족으로부터 분리되어 나감에 따라 아이에게는 중요하다. 유능한 부모들은 이것을 이해하고 경계의 규정과 개인적인 의사결정의 자유 사이에서 적절한 균형을 유지하려고 한다. 아이가 성숙할수록 실수도 생기고, 교훈을 배우며 성공을 경험하게 된다. 이러한 점차적인 인생의 전개에 따라 아이는 자신의 발달 능력과 상응하여 마침내 성숙하고 책임감 있는 한 성인으로 발달하여 가끔 부모들을 놀라게 한다.

경계와 개인의 자유를 절충하는 것은 쉽지 않다. 장애아동에게 가해지는 경계들에 대한 결정들은 성장과 성숙을 방해하지 않으면서 이루어져야만 한다. 부모들은 아이의 능력에 맞게끔 기대치를 조절해야 하며, 이것은 복잡하고 어려운 과제이다.

(2) 형제와의 상호작용

형제관계는 새로운 중요성을 가진다. 만약 부모들이 초기 몇 해 동안 의사소통 장애를 가진 아이의 요구로 너무 많은 시간과 노력을 쏟게 되면 정상형제로부터 반감을 유발할 수 있다. 장애아동보다 나이가 많은 형제는 장애형제의 양육 책임을 부모와 일부 공유하기 때문에 원치 않는 '제 3의 부모'가 되기도 한다. 형제들은 때때로 의사소통장애 형제를 돕는 일을 부모와 공유함으로써 바람직한 태도와 능력이 길러지는 이점도 있다. 그러나 나이든 형제가 의사소통 장애 형제 또는 자매를 돕는 것과 그 자신의 정상적인 발달과제 사이에 적절한 균형을 유지할 수 있도록 주의가 기울어져야만 한다. 가족 중심치료는 특수한 요구를 가진 장애아동에게 혜택을 주면서 아울러 다른 형제에게는 이러한 과정을 도울 수 있는 훌륭한 기회를 제공한다.

임상가는 항상 의사소통장애아동의 형제들이 가족 회합에 참여하도록 권유한다. 나이가 어린 형제들은 모든 회합에 참여하도록 하는 반면에 나이가 많은 형제들은 정상적인 청소년기의 활동과 회합이 서로 상충하지 않을 때만 참석하도록 한다. 형제들은 임상가가 치료 과정을 계획하고 발전시키는데 훌륭한 자원이다.

(3) 또래와의 상호작용

또래관계의 중요성은 장애아동을 가진 가족들에 있어서 더욱 강조된다. 모든 연령층의 사람들이 의미있는 우정을 개발하고자 하는 강한 욕망이 있으며, 특히 이것은 아동기 후반이나 청소년기 전반에 강하다. 발달 장애아가 친구를 갖고 싶어 하고 동료들과 잘 어울리는 아이가 되고 싶어하지만 저지당하거나 거절의 고통을 맛보아야만 하는 경우가 많다. 비록 모든 특수한 요구를 지닌 아이들과 청소년들이 이러한 문제에 직면하지도 않지만 정상적으로 발달하는 아이들보다는 더 빈번하다.

(4) 확대 가족과의 상호작용

부모 이외의 확대 가족 구성원들은 학교에 다닐 동안 장애아동과 그의 부모에게 있어서 계속해서 중요하다. 조부모들은 그들 자신의 나이에 관계되는 변화들을 인식하게 되고, 큰 아이들은 그들의 초점을 전이시키기 시작한다. 특수한 요구를 가진 아이의 양육 특성과 차이점들을 평가하고 다루어 왔던 가족들은 조부모, 고모, 삼촌들에 의해 제공되는 지원과 도움을 반가워한다. 대부분의 경우 언어치료사는 세대들 간의 협조관계를 밝혀내게 되며, 아울러 그들의 협조를 권유한다. 특히, 가족들은 조부모들에 의해서 제공되는 도움을 감사하게 생각한다.

2) 사례연구

조음 음운장애

최근 '총체적 언어접근법'의 경향에 따라 가족 중심 치료 모델을 적용하여 일반화의 정도가 매우 크게 일어나며, 가족 구성원은 일상생활의 활동에 효율적인 중재를 할 수 있다는 것을 깨닫는다. 이 과정에서 가장 중요한 원칙은 아이가 분명히 할 수 있는 활동들을 부여하는 것이다. 이것은 아이와 가족이 성공적이라는 절대적인 확실성의 범주에서 음소들을 유도해 내고 연습하는 것을 의미한다. 과제는 자연적인 범위 내에서 가능한 노력으로 최대한의 만족에 가까운 행동에 대해 성공을 보상하는 데 기초를 두고 있다. 그리고 가족 구성원들에게 목표들을 명백하게 이해시켜야 한다. 이것은 가족에게 힘을 주고 그들이 성공적일 수 있다는 것을 설명하는 중요한 요소이다. 목표는 성취될 수 있는 것으로, 각 회합은 가능한 가장 성공적인 행동들을 찾는 것으로 구성되어야 한다. 행동은 가족에 의해서 쉽게 탐지될 수 있어야 하며, 그렇게 해서 적절하게 보상될 수 있는 것이어야 한다.

다음은 조음 음운장애를 가진 '영철'의 사례이다.

아동의 특성

임상가가 13세의 영철을 만났을 때는 그의 말을 분간할 수 없었으며, 무뚝뚝하고, 겁이 많고, 말이 없는 소년이었다. 어머니가 영철을 언어치료실로 데리고 왔으며, 임상가는 그와 함께 상호작용을 시도했으나 실패하였다.

첫 번째 회합

첫 번째 회합 동안에 임상가는 영철의 말을 들었지만 시간의 대부분은 치료 시 필요한 적절한 상호작용 체계를 규정하려고 하는 데 사용되었다. 임상가는 기숙사가 치료실과 조금 떨어져 있었으므로 어머니에게 일주일에 한 번 정도 치료받는 것으로 이야기 하였다.

두 번째 회합

두 번째 회합은 일주일 후 영철이가 다니고 있는 학교의 상담원과 함께 이루어졌다. 상담원은 영철이가 두 명의 다른 소년들에 의해 놀림을 받았고 겁을 먹었다는 것을 설명하였다. 영철은 그 말에 동의를 했고 두 소년의 이름을 이야기 하였다. 영철은 자발적으로 하려고 했고 상담원과 함께 연습하는 것을 더욱 좋아하였다. 임상가는 상담원이 영철을 모임에 데려오고 그들이 기숙사에서 함께 일하는 데 동의하였다. 이리하여 치료의 체계는 영철, 상담원, 임상가로 구성되었다. 임상가가 접촉할 수 없었던 하위 체계는 기숙사에 있는 다른 소년들이었다.

영철의 말은 리듬과 억양의 부족한 사용, 종성 자음의 생략, 모음 전과 모음 간 /g/음 대신에 성문 폐쇄음 사용, 유음의 생략 혹은 유음을 파열음으로 대치, 그리고 일관된 오류 등이 주요 특징이었다. 임상가는 조음 검사, 자극 모방력 검사를 하였고, 말의 샘플을 발음하게 하였으며, 상담가도 영철의 언어평가에 참여하였다. 그리고 상담원이 정확한 음, 음절, 그리고 단어들을 발음하도록 하였다. 상담원은 그 상황에서 분명히 편안해 하였고, 영철에게 적절한 강화를 주었다. 상담원의 관심은 영철로부터 흥미를 이끌어내는 것으로 보였다. 임상가는 이것을 또 다른 자원이라고 보았다. 상담원은 영철의 말에서 리듬이 부족하다는 것을 알게 되었다.

임상가는 특정한 음소 혹은 음소 집단에 대한 목표를 설정하는 것을 연기하기로 결정했으며, 그보다는 영철이의 말의 리듬에 관한 인식을 향상시킬 수 있는 일반적인 초기 목표를 설정하기로 하였다. 임상가는 영철이 완벽하게 말할 수 있었던 4개, 2개, 그리고 3개의 단어들로 된 구를 발견하였다. 과제는 상담원이 다양한 상황에서 이러한 것들을 유도해내는 것이었고 그것을 자발적으로 가능한 재미있게 할 수 있도록 만드는 것과 영철을 적절히 강화하는 일이었다. 영철은 이러한 활동에 적극 참여하고 협조하기로 동의하였다.

두 번째 과제는 상담원이 영철이가 구를 말했을 때 완벽하게 들리는 구들에 대해서 주의를 기울이고 그 리스트를 치료실로 가져오는 것이었다. 두 과제가 영철의 능력에서 긍정적인 특성에 초점이 맞추어져 있다는 것에 유의해야 한다. Wilcox(1989)가 지적하듯이 조음오류 치료는 장애아동의 능력에 맞게 점차적으로 실행해 나가는 것이 중요하다. 성공과 적절한 보상을 경험하게 되는 가족과 장애아동들은 더 많은 도전을 해 나갈 수 있도록 강화를 받는다. 동시에 중재가 성공적이 아닐 때는 실망을 이겨내기가 더 어려워진다.

세 번째 회합

세 번째 회합에 영철, 상담원, 영철의 동료들이 참여하였다. 영철과 상담원은 자연적인 연습상황에서 '구'들을 끼워서 사용하는 것을 즐겨했으며, 상담원은 조음의 측면에서 다른 소년들의 흥미를 끌었다. 이것은 동료들과 영철을 새로운 방법으로 묶는 자원이 되었으며, 영철의 친구들이 영철을 놀리지 않게 되었다. 영철이 '정상적으로 대화'할 수 있는 능력을 알게 됨에 따라 새로운 친구들도 얻게 되었다. 상담원은 영철이가 잘 말하는 몇 가지의 추가적인 구들을 제시하였다. 임상가는 이 모임에서 상담원이 영철에게 그것을 이야기하게 하고, 영철의 동의로 친구들을 이 활동에 포함시켰다. 모두가 영철의 '정상적인 대화'에 기뻐하였으며 과제는 일주일 더 지속되었다.

네 번째 회합

네 번째 회합에서 영철이 자신의 소리를 정상적으로 내기 위해 입 모양을 과장되게 한다는 것을 알았다. 임상가는 그가 잘 발음했을 때는 그가 했던 것에 대해 정확히 무엇을 느꼈는지에 대해 이야기를 나누었다. 영철과 상담원은 영철이가 완벽하게 말할 수 있었던 추가적인 '구'들의 목록을 개발하는 데 협조했다. 또한 임상가는 영철이가 /k/는 발음할 수 있었기 때문에 이전에는 어려웠던 /g/발음을 유도하였다.

다섯 번째 회합

다섯 번째 회합에서 영철은 6 단어에서 /g/를 정확하게 발음할 수 있었다. 그리고 그와 상담원은 이러한 단어를 사용할 때의 속도를 증가시키는 연습을 하였으며, 그것들을 서로 다른 리듬의 배열을 가진 '구'들에 결합시키는 기술을 사용하였다. 이것은 두 과제를 결합시키는 방법이었으며, 하나를 사용하여 다른 하나를 도와주는 것이었다. 영철과 상담원 모두가 이러한 변화에 대해 보상을 받았다.

이때쯤, 영철의 언어 변별 능력이 향상되었다. 그의 대인관계도 주목할 만큼 나아졌다. 처음으로 그는 행사에 참여했으며 친구들과 상호작용을 시작하였다. 또한 그는 좀 더 신중하게 걸어서 앉았고, 밑으로 쳐다보기 보다는 그의 머리를 들어서 앞으로 쳐다 볼 수 있었으며, 적절하게 얼굴의 표정을 변화시킬 수 있었다. 영철, 상담원, 다른 직원, 그리고 많은 동급생들도 이러한 변화들에 기뻐하였다.

단원 요약

- 초기 아동기의 가족 변화 요인은 새로운 가족 구성원의 출현과 이로 인한 새로운 부모의 역할이다. 이때 의사소통장애아동의 출현은 가족들에게 새로운 가족과 접촉하게 되고 아울러 새로운 부모역할을 가지게 됨으로써 많은 가족 변화를 가져오게 된다.
- 중기 아동기 및 청년기의 가족 변화 요인은 부모와의 상호작용, 형제자매와의 상호작용, 동료와의 상호작용, 확대 가족과의 상호작용 등이다.

생각할 내용

- 초기 아동기와 중기 이후의 아동기 및 청년기에 가족 중심 치료기법의 적용에서 공통점과 차이점
- 가족 중심 치료기법의 실제 적용상 구체적인 세부 절차
- 장애유형에 따라서 특별히 고려해야 할 가족 중심 치료기법

참 고 문 헌

김동연 · 석동일 외 (1987). 유아의 특수교육. 전주: 신아출판사.

서울장애인 종합복지관 (1992). 장애아동 부모를 위한 교육입문. 서울: 기쁜소식.

석동일 외 (2003). 한국어 자동화 음운변동 분석 프로그램. 대구: Visual RET.

석동일 (2004). 조음 음운장애 치료. 대구: 대구대학교출판부.

송재남 외 (2004). 놀이로 쑥쑥 자라나는 언어. 서울: 도서출판 특수교육.

신문자 · 김영태 (2002). 우리말 조음·음운 평가. 서울: 학지사.

언어치료연구회 (2000). 엄마는 나의 첫 말동무. 서울: 도서출판 특수교육.

이규식 · 석동일 외 (2004). 의사소통장애 치료교육. 서울: 학지사.

이금진 역 (2002). 엄마도 할 수 있어요. 서울: 학지사.

여광응 · 조용태 역 (1994). 장애유아의 조기교육. 서울: 도서출판 특수교육.

이재연 · 김경희 (1990). 부모교육. 서울: 양서원.

이재연 · 최영희 (1990). 의사소통과 가족관계. 서울: 도서출판 특수교육.

이종구 · 이영심 역 (1991). 언어장애와 조기교육. 서울: 보육사.

이현복 · 김선희(1991). 한국어 발음검사. 서울: 국제출판사.

정문자 역 (1990). 부모교육 원리와 방법. 서울: 교육과학사.

정보인 · 윤현숙 (2004). 0~5세 발달단계별 놀이 프로그램. 서울: 교육과학사.

최민숙 (2002). 가족참여와 지원. 서울: 학지사.

Administration for Children and Families. (1993). *Head Start program performance standards: Performance standards for services to children with disabilities in the Head Start Program (CFR, 45, Part 1308)*. Washington, DC: U.S. Department of Health and Human Services, Administration of Children, Youth, and Families.

Albertini, J., Smith, J., & Metz, D. (1983). Small group versus individual speech therapy with hearing impaired young adults. *Volta Review*, 85, 83-87.

Allen, K. E. (1992). *The exceptional child: Mainstreaming in early childhood education.* Albany, NY: Delmar.

American Academy of Pediatrics. (1990). Children with health impairments in schools. *Pediatrics, 86*, 636-638.

American Speech-Language-Hearing Association. (1984). Committee on prevention of communicative disorders. *Asha, 26*, 35-38.

American Speech-Language-Hearing Association. (1990). The role of the speech-language pathologist in service delivery to infants, toddlers, and their families. *Asha, 32*(2), 4.

American Speech-Language-Hearing Association. (1998). Provision of English -as-a-second-language pathologist in school settings, Position statement and technical report. *ASHA, 40*(suppl. 18).

Americans with Disabilities Act of 1990 (ADA), PL 101-336. (July 26, 1990). Title 42, U.S.C. 12101 et seq: U.S. statutes at Large, 104, 327-378.

Andrews, J. & Andrews, M. (1986a). A short-term family systems approach to speech-language treatment as a supplement to school-based services. *Seminars in Speech and Language, 7*, 407-414.

Andrews, J. & Andrews, M.(1986b). A family-based systemic model for speech-language services. *Seminars in Speech and Language, 7*, 359-365.

Backus, O., & Beasley, J. (1951). *Speech therapy with children. Cambridge.* MA: Houghton, Mifflin.

Bailey, D. B., McWilliam, P.J., & Winton, P.J. (1992). Building family-centered practices in early intervention: A team-based model for change. *Infants and Young Children, 5*(1), 78-82.

Barbour, N. H. & Seefeldt, C.A. (1992). Developmental continuity form preschool through primary grades. *Childhood Education, 68*(5), 302-304.

Barbour, N. H., & Seefeldt, C.A. (1993). *Developmental continuity across preschool and primary grades: Implications for teachers.* Wheaton, MD: Association for Childhood Education International.

Baumrind, D. (1978). Parental disciplinary patterns. *Developmental Psychology, 1*, 726-734.

Benner, S. M. (1992). *Assessing young children with special needs: An ecological perspective*. White Plains, NY: Longman Publishing Group.

Bennett, T., Raab. M., & Nelson, D. (1991). The transition process for toddlers with special needs and their families. *Zero to Three, 11*(3), 17-21.

Boyer, E. L. (1991). *Ready to learn: A mandate for the nation*. Princeton. NJ: Carnegie Foundation for the Advancement of Teaching.

Bredekamp, s., & Rosegrant, T. (Eds.). (1992). *Reaching potentials*. Washington DC: National Association for the Education of young Children.

Bricker, D., & Crip, J.J.W(1992). *An activity-based approach to early intervention*. Baltimore: Paul H. Brookes Publishing Co.

Bricker, D. D., Peck, C.A.,& Odom, S.L. (1993). Integration: Campaign for the new century. In C.A. Peck, S.L. Odom, & Bricker (Eds.), *Integration young children with disabilities into community programs*. Baltimore: Paul H. Brookes Publishing Co, 271-276

Brown, L., & Irwin, L. (1992). *Parent to parent: Encouraging connections between parents of children with disabilities*. Madison: University of Wisconsin. Waisman Center, Wisconsin Personnel Development Project.

Carrow-Woolfolk, E. & Lynch, J. (1982). *An integrative approach to language disorders in children*. New York: Grune & Stratton.

Carta, J., Atwater, J. B., Schwartz, I.S., & Miller, P.A. (1990). Applications of ecobehavioral analysis to the study of transitions across early educational settings. *Education and Treatment of Children, 13*(4), 298-315.

Carta, J. J., Schwartz, I. S., Atwater, J. B., & McConnell, S. R. (1991). Developmental appropriate practice: Appraising its usefulness for young children with disabilities. *Topics in Early Childhood Special Education, 11* (I), 120.

Carta, J. J., Elliott, M., Orth-Lopes, L., Scherer, H., Schwartz, I. S., & Atwater, J. B. (1992). Project SLIDE: *Skills for learning independence in diverse environments (teacher's manual)*. Kansas City: University of Kansas, Juniper Gardens Children's Project.

Casby, M. W. (1989). National data concerning communication disorders and special educiation. *Lannguage, Speech, & Hearing Services in Schools, 20*, 22-30.

Casby, M. W. (1992). An intervention approach for naming problems in children. *American Journal of Speech-Language Pathology, 1*, 35-42.

Cooper, E. (1966). Client-clinician relationships and concomitant factors in stuttering therapy. *Journal of Speech and Hearing Disorders, 9*, 194-199.

de Shazer, S. (1985). *Keys to solution in brief therapy*. New York: W.W.Norton.

Diamond, K. E., Spiegel-McGill, P., & Hanrahan, P. (1988). Planning for school Transition: An ecological-developmental approach. *Journal of THE Division for Early Childhood, 12*(3), 245-252.

Division for Early Childhood. (1993). *Recommended practices of quality in programs for infants and young children with special needs and their families*. Reston, VA: Council for Exceptional Children, Division for Early Childhood.

Drew, M., & Law, C. (1990). Making early childhood education work. *Principal, 69*(5), 10-12.

Drotar, D., Baskiewicz, A., Irvin, N., Kennel, J. H., & Klaus, M. H. (1975). The adaptation of parents to the birth of an infant with a congenital malformation: A hypothetical model. *Pediatrics, 56*, 710-717.

Dunst, C. J., Johanson, C., Trivette, C. M., & Hamby, D. (1991). Family oriented early intervention policies and practices: Family-centered or not? *Exceptional Children, 58* (2), 115-126.

Dyer, E. (1963). Parenthood as crisis: A restudy. *Marriage and Family Living, 25*, 196-201.

Epps, W. J. (1992). Program coordination and other real-world issues in strengthening linkages. In Sticking together: Strengthening linkages and the transition between early childhood education and early elementary school-summary of a national policy forum. Washington, DC: U.S. Department of Education, Office of Educational Research and Improvement.

Epstein, N. & Bishop, D. (1981). Problem centered systems therapy of the family. In A. S. Gurman & D.P.KnisKern (Eds.), *Handbook of family therapy*. New York: Brunner/Mazel, 444-482

Epstein, N., Bishop, D., & Baldwin, L. (1982). McMaster model of family functioning: A view of the normal family. In F. Walsh (Ed.). *Normal family process*. New York: Guilford Press.

Erikson, E. H. (1950). *Childhood and society (2nd ed.).* New York: Norton.

Essa, E. L. (1990). *Practical guide to solving preschool behavior problems.* Albany, NY: Delmar.

Featherstone, H. (1980). *A difference in the family.* New York: Basic Books.

Fillmore, L. W. (1992). Policy issues of developmentally appropriate curricula, parental involvement, and multiculturalism. In Sticking together: Strengthening linkages and the transition between early childhood education and early elementaryschool-Summary of a national policy forum. Washingyon, DC: U.S. Department of Education, Office of Educational Research and Improvement.

Fine, M. J. (1988). *The Second Handbook on Parent Education.* N. Y.:Academic Press.

Flahive, M., & White, S. (1982). Audiologists and counselling. *Journal of the Academy of Rehabilitative Audiology*, 5, 28-35.

Fressinelli, L., Superior, K. & Meyers, J. (1983). A consultation model for speech and language services. *ASHA, 25*, 25-30.

Gabel, H. D. (1972). *Effects of parent group education and group play psychotherapy on maternal child-rearing attitudes.* Unpublished doctoral dissertation, University Rochester.

Gallagher, J. J., Cross, A., & Scharfman, W. (1981). Parental adaptation to a young handicapped child: The father's role. *Journal of the Division for Early Childhood*, 3, 3-14.

Gath. A. (1977). The impact of the abnormal child upon the parents. *British Society of Psychiatry, 130*, 405-410.

Giangreco, M. F., Cloninger, C. J., & Iverson, V. (1992). Choosing options and accommodations for children (COACH): *A guide to planning inclusive education.* Baltimore: Paul H. Brookes Publishing Co.

Gibbs, E. d., & teti, D. V. (Eds.). (1990). *Interdisciplinary assesment of infants: A guide for early intervention professionals.* Baltimore: Paul H. Brookes Publishing Co.

Goetz, N. (1982). Parental perspectives and concerns. *Seminars in Speech, Language and Hearing*, 3, 274-279.

Goffin, S. G., & stegelin, D. A. (1992). *Changing kindergartens: four success stories.*

Wachington, DC: National Association for the Education of Young Children.

Goldstein, H., & Kacsmarek, L. (1992). Promoting communicative interactions among children in integrated intervention settings. In S. F. Warren & J. Reichle (Eds.), *Causes and effects in communication and language intervention*. Baltimore: Paul H. Brookes Publishing Co, 81-111

Gordon, I. (1975). *The infant experience*. Columbus, Ohio: Chas. E. Merrill.

Gordon, I. (1976). Parenting, teaching, and child development. *Young Children, March*, 173-183.

Graue, M. E. (1993). *Ready for what? Constructing meanings of readiness for kindergarten*. Albany: State University of New York Press.

Grossman, F. K. (1972). *Brothers and sisters of retarded children*. Syracuse, NY: Syracuse University Press.

Hahn, E. (1979). Directed home training program for infants with cleft lip and palate. In K.R. Bzoch (Ed.), *Communicative disorders related to cleft lip and palate*. Boston: Little, Brown and Company, 311-317

Hains, a. H. (1992). Strategies for preparing preschool children with special needs for the kindergarten main stream. *Journal of Early Intervention, 16*(4), 1-12.

Hains, A. H., & Rosenkoetter, S. (1991). *Planning transitions for young children with special needs and their families: Wisconsin manual*. McPherson: Associated Colleges of Central kansas, Bridging Early Services Transition Project.

Hains, A. H., Rosenkoetter, S. F., & Fowler, S. A. (1991). Transition planning with families in early intervention programs. *Infants and Young Children*, 3, 38-47.

Hamner, T. J., & Turner, P. H. (1985). *Parenting in contemporary Society*. N. Y.: Parentice-Hall.

Hanline, M. F. (1993). Facilitating integrated preschool service delivery transitions for children, families, and professionals. In C. A. Peck, S. L. Odom, & D. D. Brcker (Eds.), *Integrating young children with disabilities into community programs: Ecological perspectives on research ad implementation*. Baltimore: Paul H. Brookes Publishing Co, 113-146

Hass, W. H., & Crowley, D. S. (1982). Professional information dissemination to parents of preschool hearing-impaired children. *Volta Review, 84*, 17-23.

Heron, T. E., & Harris, K. C. (1993). *The educational consultant: Helping professionals, parents, and mainstreamed students.* Austin, TX: PRO-ED.

Indiana First Steps. (1991). Community partners through the individualized family service plan. Bloomington: Indiana University, Institute for the Study of Developmental Disabilities.

Israelite, N. K. (1986). Hearing impaired children and the psychological functioning of their normal hearing siblings. *Volta Review*, 88, 47-54.

Jesien, G., & Tuchman, L. (1992). *Early intervention self-assessment and planning gukde on family-centered services and interagency collaboration.* Madison: Wisconsin Department of Health and Social Services, Birth to Three Program.

Kohler, F. W., & Strain, P.S. (1990). Peer-assisted interventions: Early promises, notable achievements, and future aspirations. *Clinical Psychology Review, 10,* 441-451.

Kohler, F. W., & Strain, P.S. (1993). The early childhood social skills program: Making friends during the early childhood years. *Teaching Exceptional Children, 25*(2), 41-42.

Kubler-Ross. E. (1969). *On death and dying.* New York: Macmillan.

Ladd, G. W. (1990). Having friends, keeping friends, and being liked by peers in the classroom: Predictors of children's early school adjustment? *Child Development, 61*, 1081-1100.

Lamb, M. (1976). Effects of stress and cohort on mother and father infant interaction. *Developmental Psychology, 12*(5), 435-443.

Lavell, N., & Keog, B. (1980). Expectation and attribution of parents of handicapped children. In S. S. Gallagher (Ed.), *Parents and families of handicapped children*, San Francisco: Josey-Bass.

Lazzari, . M. (1990). *The transition source book: A practical guide for early intervention program.* Tucson, AZ: Communication Skill Builders.

LeMasters, E. (1957). Parenthood as crisis. *Marriage and Family Living, 19,* 352-355.

Lerner, J., Mardell-Czudnowski, C., & Goldenbergh, D. (1987). *Special Education for the Early Childhood Years.* NJ: Prentice-Hall.

Lerner. W. (1988). *Parents' and audiologists' perspectives regarding counseling.* Unpublished master's thesis, Emerson College, Boston, MA.

Lloyd, L., Spradlin, J., & Reid, M. (1968). An operant audiometric procedure for difficult-to-test patients. *Journal of Speech and Hearing Disorders, 33*, 236-242.

Lobato, P. J. (1990). *Brothers, sisters, and special needs: Information and activities for helping young siblings of children with chronic illnesses and developmental disabilities*. Baltimore: Paul H. Brookes Publishing Co.

Lynch, E. W., & Hanson, M. J. (Eds.). (1992). *Developing cross-cultural competence: A guide for working with young children and their families*. Baltimore: Paul H. Brookes Publishing Co.

Mahoney, G., Robinson, C., & Powell, A. (1992). Focusing on parent child interactions: The bridge to deveolpmentally appropriate practices. *Topics in Early Childhood Special Education, 12*(1), 105-120.

Manolson, A., (1985). *It takes two to talk: A Hanen early language parent guide book*. Toronto: Early Language Resource Centre.

Martin, F., George, K., O'Neal, J., & Daly, J. (1987). Audiologists' and parents' attitudes regarding counseling of families of hearing impaired children. *Asha, 29*, 27-33.

Matson, D., & Brooks, L. (1977). Adjusting to multiple sclerosis: An explorative study. *Social Science and Medicine, 11*, 245-250.

McCarthy, P., Culpepper, N., & Lucks, L. (1986). Variability in counseling experiences and training among ESB accredited programs. *Asha, 28*, 49-53.

Meadow, K. (1981). Burnort in professionals working with deaf children. *American Annals of the Deaf, 126*, 13-19.

Meisels, S. J. (1992). Early intervention: A matter of context. *Zero to three, 12*(3), 1-12.

Meisels, S. J., & Shonkoff, J. P. (1990). *Handbook of early childhood intervention*. New York: Cambridge University Press.

Minuchin, S. (1974). *Families and family therapy*. Cambridge, MA: Harvard University Press.

Moore, P. (1982). Voice disorders. In G. Shanes & E. Wiig(Eds.), *Hunan communication disorders*. Columbus, OH: Merrill.

Moses, K. (1985). *Dynamic intervention with families. In: Hearing-impaired children and youth with developmental disabilities: An interdisciplinary foundation for*

service. Washington, DC: Gallaudet College Press, 82-98
Northern, J. L. & Downs, M. P. (1974). *Hearing in children.* Baltimore: Williams and Wilkins.
Odom, S. L., McConnell, S. R., & McEvoy, M. A. (Eds.). (1992). *Social competence of young children with disabilities: Issues and strategies for intervention.* Baltimore: Paul H. Brookes Publishing Co.
Office of Special Education Programs (OSEP). (1992). *To assure the free appropriate public education of a children with disabilities: Fourteenth annual report to congress on the implementation of the Individuals with Disabilities Education Act.* Washington, DC: W.S. Department of Education.
Olson, D., Russell, C., & Sprenkle, D. (1983). Circumflex model of marital and family systems: VI. Theoretical update. *Family Process.* 22, 69-83.
Orelove, F. P., & Sovsey, D. (1991). *Educating children with multiple disabilities: A transdisciplinary approach (2nd ed.).* Baltimore: Paul H. Brookes Publishing Co.
Pearlin, L., & Schooler, S. (1978). The structure of coping. *Journal of Health and Social Behavior, 19,* 2-21.
Peck, C. A., Carlso, P., & Helmstetter, E.(1992). Parent and teacher perceptions of outcomes for typically developing children enrolled in integrated early childhood programs: A statewide survey. *Journal of Early Intervention, 16*(1), 53-63.
Peck, C. A., Odom, S. A., & Bricker, D. D. (Eds.). (1993). *Integrating young children with disabilities into community Programs: Ecological perspectives on research and implementation.* Baltimore: Paul H. Brookes Publishing Co.
Pedersen, F. (1976). Does research on children reared in father absent families yield information on father influences? *Family Coordinator. 25,* 359-463.
Perkins, W. P. (1997). *Speech pathology: An applied behavioral science (2nd ed.).* St Louis: Mosby.
Prizent, B. & Duchan, J. (1981). The function of immediate echolalia in autistic children. *JSHD, 46,* 241-249
Rogers. C. (1951). *Client centered therapy.* Boston: Houghton, Mifflin.
Rollins, B. & Feldman, H. (1970). Marital satisfaction over the family life cycle.

Journal of Marriage and the Family, 32, 20-28.

Rollins, W. (1988). Counseling spouses of the communicatively impaired. *Seminars in Speech and Language, 9*, 269-277.

Safford, P. L.(1989). *Integrated teaching in early childhood: Starting in the mainstream.* Whith Plains, NY: Longman.

Sager, C. (1978). *Marriage contract and couple therapy*. New York: Rawson, Wade.

Sainato, D. M., & Strain, P. S. (1993). Integration success for preschoolers with disabilities. *Teaching Exceptional children, 25*(2), 36-37.

Salisbury, C. L., & Vincent, L. J. (1990). Criterion of the next environment and best practices: Mainstreaming and integration 10 years later. *Topics in Early childhood special Education, 10*(2), 78-89.

Sandow, S., & Clarke, D. B. (1977). Home intervention with parents of severely subnormal, preschool children: An interim report. *Child Care, Health and Development, 4*, 29-39.

Satir, V. (1967). *Conjoint family therapy*. Palo Alto, CA: Science and Behavior Books.

Schlesinger, H. S. (1985). Deafness, mental health, and language. In F. Powell, T. Finitzo-Hieber, S. Friel-Patti, and D. Henderson (Eds.), *Education of the hearing impaired child.* San Diego: College-Hill Press, 103-116

Schrader, M. (1998). *Parent Articles: Enhance Parent Involvement in Language Learning*. Communication Skill Builders.

Schwartz, L. (1982). Social services for the family with a cleft palate child. *Seminars in Speech, Language and Hearing, 3*, 268-273.

Schwirian, P. (1976). Effects of the presence of a hearing impaired preschool child in the family on begavior patterns of older "normal" siblings. *American Annals of the Deaf, 121*, 373-380.

Scott, S. (1984). Mobilization: A natural resource of the family. In J. C. Hansen & E. I. Coppersmith (Eds.), *Families with handicapped members*. Rockville, MD: Aspen Systems Corporation, 98-110

Ski Hi, Communicative Disorders Institute. (1985). National Summer Conference, Utah State, University, Ogden, Utah.

Skinner, B. F. (1953), Science and human behavior. New York: macmillan.

Snow, J. A. (1991). Dreaming, speaking, and creating: What I know abort community. *Developmental Disability Bulletin, 19*(12), 12-27.

Spiegel-McGill, P., Reed, D. J. Konig, C. S., & McGowan, P. A. (1990). Parent education: Easing the transition to preschool. *Topics in Early Childhood special Education, 9*, 66-77.

Stephens, P., & Rous, B. (1992). *Facilitation packet for the development of a system for the transition of young children and families*. Lexington, KY: Child Development Centers of the Blue Grass.

Superior, K., & Lelchook, A. (1986). Family participation in school based programs. *Seminars in Speech and language, 7*, 395-414.

Tanner, D. C. (1980). Loss and grief implications for the speech-language pathologist and audiologist. *Asha, 22*, 916-922.

Tomm, K. (1984). One perspective on the Milan systemic approach: Part I. Overview of development, theory and practice. *Journal of Marital and Family Therapy, 10*, 114-125.

Williams, D. M. L., & Darbyshire, J. O. (1982). Diagnosis of deafness: A study of family responses and needs. *Volta Review, 84*, 24-30.

Williams, S. C. (1986). Family-focused treatment: A speech-language pathologists role in a home-based parent training program. *Seminars in Speech and Language, 7*, 383-393.

Yalom, I. (1989). *Love's executioner*. New York: Basic Books.

찾 아 보 기

· 저자소개 - 석동일
대구대학교 언어치료학과 명예교수/ 전 재활과학대학 학장/ 전 재활과학대학원 원장/ 전 특수교육 · 재활테크노파크 사업단 단장/ 전 특수교육 · 재활과학원 원장/ 전 청각 · 조음음운장애연구소 소장/ 전 국제키비탄 대구클럽 회장/ 전 한국언어치료전문가협회 이사장/ 전 한국언어치료학회 학회장

[저서]
청각장애아 교육(대구대학교출판부, 2007)
청각학개론(대구대학교출판부, 2007)
음운장애치료(대구대학교출판부, 2000)
청각재활(대구대학교출판부, 2002)
조음음운장애치료 4개정판(대구대학교출판부, 2013)
기질적 조음음운장애치료(대구대학교출판부, 2004)
청각장애아 교육(학지사, 2004)
의사소통장애 치료교육(학지사, 2004)
청각장애아동 언어지도와 치료방법(대구대학교출판부, 2006)
조음음운장애치료의 실제(학지사, 2006)
청각과 언어재활의 실제(시그마프레스, 2009)
조음음운장애 수준별 치료 프로그램(학지사, 2008)
한국어표준 그림 조음음운검사(학지사, 2008)

의사소통장애아동 부모교육과 참여

1판1쇄 – 2006년 9월 5일
1판2쇄 – 2009년 2월 20일
1판3쇄 – 2016년 8월 20일
지은이 – 석 동 일
펴낸이 – 홍 덕 률
펴낸곳 – 대구대학교출판부
주소 – 경북 경산시 진량읍 내리리 15번지
전화 – (053)850-5662
팩스 – (053)850-5669
찍은곳 – 동아문화사
등 록 – 경산 제11호
정가 13,000원
ISBN 89-7794-396-5-93370